全国测绘地理信息类职业教育规划教材
高等职业教育"现代学徒制"教学改革示范教材

# 无人机摄影测量

主　编　吕建涛　苏建平　蒋志超
主　审　王正荣

黄河水利出版社
·郑州·

## 内容提要

本书系统地介绍了摄影测量基础理论和数字摄影测量基本方法；无人机摄影测量系统的构成及各部分的作用和特点；无人机航测数据种类和特点，无人机数据采集的任务规划、作业流程及质量要求；无人机摄影测量数据处理流程和技术要求；倾斜摄影测量及应用；常用无人机摄影测量软件平台等；无人机数据处理的基本操作（以国外 Pix4Dmapper 和国内 SVSDPA 及 eFeature 无人机数据处理软件为例）；无人机摄影测量在传统测绘、应急保障、国土管理与监测等领域的典型应用等。

本书适合于职业技术院校和成人教育院校摄影测量与遥感技术、工程测量技术、国土测绘与规划、地理国情监测技术、地籍测绘与土地管理、测绘地理信息技术、测绘工程技术等测绘地理信息类相关专业使用，也可供测绘工程技术人员阅读参考。

**图书在版编目（CIP）数据**

无人机摄影测量/吕建涛，苏建平，蒋志超主编.
—郑州：黄河水利出版社，2021.1 （2023.1 重印）
全国测绘地理信息类职业教育规划教材 高等职业教育“现代学徒制”教学改革示范教材
ISBN 978-7-5509-2894-7

Ⅰ.①无… Ⅱ.①吕…②苏…③蒋… Ⅲ.①无人驾驶飞机-低空飞行-航空摄影测量-高等职业教育-教材
Ⅳ.①P231

中国版本图书馆 CIP 数据核字（2021）第 007415 号

策划编辑：陶金志 电话：0371-66025273 E-mail：838739632@qq.com

出 版 社：黄河水利出版社 网址：www.yrcp.com
地址：河南省郑州市顺河路黄委会综合楼 14 层 邮政编码：450003
发行单位：黄河水利出版社
发行部电话：0371-66026940、66020550、66028024、66022620（传真）
E-mail：hhslcbs@126.com
承印单位：河南承创印务有限公司
开本：787 mm×1 092 mm 1/16
印张：16.5
字数：400 千字
版次：2021 年 1 月第 1 版 印次：2023 年 1 月第 2 次印刷

定价：45.00 元

# 前 言

无人机摄影测量是新型测绘技术与航空平台技术、信息技术的高度集成。该技术以无人机为平台,新型数码相机等为传感器,以摄影测量理论和计算机图像处理技术为基础,以自动化、智能化、专业化方式,快速获取并处理小面积、真彩色、大比例尺、强现势性的航测影像数据。无人机摄影测量具有分辨率高、机动灵活、操作简单、成本低廉、响应迅速、应用简便等特点,是卫星遥感和传统大飞机摄影测量的有力补充,在基础测绘、灾害应急处理、国土资源调查与管理、矿山开发与监测、交通、能源和数字城市等方面有着广泛的应用,目前已经逐渐成为测绘行业常见的测绘手段,也是世界各国争相研究和发展的重要技术。

本书编写时主要遵循以下原则:

(1)重应用也重基本理论和方法。本书项目二、项目三系统地归纳了摄影测量的基本理论和数字摄影测量的基本方法,为后续无人机航测数据获取与处理的教学提供基础。

(2)降低理论内容的深度。适当降低理论深度,但不是简单地删减,而是通过大量的归纳和总结,保持了相关内容的系统性和联系性。

(3)图文并茂。以大量的插图和表格形式说明各项技术工作的内容、特点、程序步骤和技术要求。

(4)校企合作。将行业技术规范的具体要求与教材内容较为紧密地结合起来,并对部分应用性内容适当加入一些生产单位的经验或结论,更符合职业教育规律和高素质技能人才的培养规律。

本书为高等职业教育"现代学徒制"教学改革示范教材,体现校企合作、深度融合,由云南能源职业技术学院、云南省地矿测绘院、上海华测导航技术股份有限公司合作编写。

本书由吕建涛、苏建平、蒋志超担任主编,由闫建雄、张强、肖永东担任副主编,由王正荣担任主审。全书由云南能源职业技术学院吕建涛负责结构设计、内容统筹和统稿。云南能源职业技术学院吕建涛编写项目一、项目二、项目三,肖永东编写项目四;云南省地矿测绘院苏建平编写项目五,闫建雄、顾正雄、马燕燕编写项目六、项目七;上海华测导航技术有限公司蒋志超编写项目八,张强、张亚东编写项目九。此外,云南能源职业技术学院测绘教研室杨楠、徐晓艳、朱劲松、余颖妍、毛敏、王瑞祥等也参与了本书的编写工作,在资料收集、编写方案论证、插图绘制、文字编校等方面做了大量工作。

本书在编写过程中参阅了部分同类教材和相关研究成果及网上资料。在此,本书编者对所参考、引用的有关书籍的广大作者表示衷心的感谢。

由于时间仓促和编者水平有限,书中错误和缺点在所难免,恳请广大读者批评指正。

**编 者**

2020 年 10 月

# 目 录

# 项目一　绪　论

## 任务一　摄影测量学的定义、任务及分类

### 一、摄影测量学的定义和任务

摄影测量学(photogrammetry)是利用光学或数码影像,研究被摄物体信息的获取、处理、提取和成果表达的一门信息科学,是研究和确定被摄物体的形状、大小、性质和相互关系的一门学科与技术。它包括的内容有:获取被研究物体的影像,单张和多张像片处理的理论、方法、设备和技术,以及将所获取的成果如何用图形、图像或数字进行表达。

摄影测量学是测绘学的分支学科,它的主要任务是测绘各种比例尺的地形图,建立地形数据库或数字地面模型,进行影像的分析与应用,为各种地理信息系统(GIS)和土地信息系统(LIS)提供基础数据。摄影测量学要解决的主要问题是几何定位和影像解译。几何定位就是确定被摄物体的大小、形状和空间位置。几何定位的基本原理源于测量学的前方交会方法,它是根据两个已知的摄影站点和两条已知的摄影方向线,交会出构成这两条摄影光线的特定地面点的三维坐标。影像解译就是确定影像对应的地物的性质。常规的影像解译方法是根据地物在像片上的构像规律,采用人工目视判读方法结合实地调查核实确定地物的属性。当前,利用计算机技术自动识别和提取被摄物体信息是摄影测量学的主要研究方向之一。

摄影测量的主要特点是无须接触物体本身,在影像上进行测量和解译,因而很少受气候和地理等条件的限制。所摄影像是客观物体或目标的真实反映,信息丰富,形象直观,人们可以从中获得所研究物体的大量几何信息和物理信息。摄影测量适用于大范围地形测绘,成图更快,效率较高,产品形式多样,可以生成纸质地形图、数字线划图(digital line graphics,DLG)、数字高程模型(digital elevation model,DEM)、数字正射影像(digital orthophoto map,DOM)和数字栅格地图(digital raster graphics,DRG)等地图产品。其中,DEM、DOM、DRG、DLG 被合称为 4D 数字产品。

摄影测量学的应用领域十分广泛。只要物体能被摄成影像,都可使用摄影测量的方法和技术解决某一方面的问题。被摄影物体可以是固体、液体或气体,也可以是静态的或动态的,也可以是微小的(如电子显微镜下的细胞)或巨大的(宇宙星体)。这些灵活性使摄影测量除用于地形测绘外,还可用于工业、建筑、生物、医学、农业、环境、气象、军事、考古等方面。因此,摄影测量学可成为多领域应用的一种测量手段和数据采集与分析的方法。

### 二、摄影测量学的分类

摄影测量学可从不同角度进行分类。

按摄影距离的远近，摄影测量学可分为航天摄影测量、航空摄影测量、地面摄影测量、近景摄影测量和显微摄影测量。地面摄影测量是将摄影机安装在地面上对目标进行摄影，用于小范围的地形测量和工程测量等。通常把用于非地形测量目的的地面摄影测量称为近景摄影测量。航空摄影测量是将摄影机安装在飞机上，对地面进行摄影，主要用于地形测量，是1∶5 000~1∶10万国家基本地形图和大型工程勘测设计等各类用图的重要测量手段。航空摄影测量是摄影测量最主要的方式，也是本书讲述的主要内容。航天摄影测量又称为遥感技术，它是把包括摄影机在内的传感器安装在人造卫星、航天飞机上，对地面进行遥感，用于资源调查、环境保护、灾害监测、地质调查、地形测绘和军事侦察等领域，也可用于农业林业、气象等领域。

按用途的不同，摄影测量学可分为地形摄影测量与非地形摄影测量。地形摄影测量就是以地表形态为研究对象，生产各种比例尺的纸质地图、数字地图、数字地面模型和数字影像地图等产品。非地形摄影测量一般是指近景摄影测量，主要应用于变形观测、工业、建筑、生物医学、考古、弹道轨道和爆破等领域。

按处理技术手段（或发展阶段）的不同，摄影测量学可分为模拟法摄影测量、解析法摄影测量和数字摄影测量。模拟法摄影测量原理是将摄影过程进行几何反转，其成果为各种纸质图件，如地形图、专题图等，它必须经过数字化才能进入计算机中。解析法摄影测量和数字摄影测量除可提供各种图件外，还可直接为各种数据库和GIS提供基础地理信息。

## 任务二　传统摄影测量的发展概况

摄影测量发展至今，经历了模拟法摄影测量、解析法摄影测量和数字摄影测量三个发展阶段。

### 一、模拟法摄影测量阶段

1839年法国人Daguerre（达盖尔）和Niepce（尼普斯）发明了摄影技术，摄影测量学开始了它的发展历程，因此摄影测量已经有180多年的历史。1859年法国人AimeLaussedat（劳赛达特）首次用地面摄影方式测绘建筑物，他被称为摄影测量学的创始人。1901年德国人Pulfrich（普尔弗里希）研制成了第一台用于测量像片上像点坐标的仪器——立体坐标量测仪，后来奥地利的Orel（奥雷尔）研制成自动立体测图仪，于是在理论和技术上开始形成地面立体摄影测量。1910年在奥地利成立了国际摄影测量学会（international society for photogrammetry，ISP），后更名为国际摄影测量与遥感学会（international society for photogrammetry and remote sensing，ISPRS）。

19世纪末至第一次世界大战前，很多学者进行了空中摄影的试验。1858年Nadar（纳达）成功地在气球上拍摄到地面的照片。1918年美国的莱特兄弟发明了飞机，使航空摄影测量成为可能。第一次世界大战中，第一台航空摄影机问世后，使航空摄影测量成为20世纪以后大面积测制地形图最有效的快速方法。利用飞机进行航空摄影，促进了航空摄影测量迅速发展。

此后，各厂商研制和生产了各类模拟测量仪器，这些仪器主要是用于地形测量。此阶段是模拟航空摄影测量的黄金时代，在我国它一直延伸到20世纪70年代。

模拟摄影测量的基本方法是对摄影过程进行几何反转,即利用光学或机械方式模拟摄影过程,采用两个投影器模拟摄影时相邻两张像片的空间位置、姿态和相互关系,形成一个比实地缩小了的光学立体模型。这一模拟过程就是实现摄影过程的几何反转。

## 二、解析法摄影测量阶段

随着计算机技术的发展,摄影测量由模拟法逐渐向解析法过渡。由于电子计算机的问世,人们自然想到如何用它来完成摄影测量中复杂的几何解算和大量的数值计算,从此开始进入解析摄影测量时代。解析摄影测量的研究始于20世纪30年代,提出了解析法空间前方交会、后方交会和双点交会;20世纪50年代发展了解析空中三角测量(精确测定点位的摄影测量方法)、解析测图仪与数控正射投影仪(利用数字投影方法进行量测、制图和制作正射像片)。德国人斯密特于20世纪50年代建立了解析摄影测量的基本理论,这一理论随即应用于解析空中三角测量。

电子计算机技术的发展使航测成图时所需地面控制点的摄影测量加密已发展到使用电子计算机及相应软件阶段,称为测图控制点加密的解析空中三角测量。它是运用建立投影光束、单个模型、航带模型或区域数学模型,根据少量地面控制点,按最小二乘法原理进行平差计算,解求出各加密点的地面坐标和测图时所需的像片外方位元素。解析空中三角测量能很好地处理像点坐标的系统误差和粗差,保证了成果的高精度和高可靠性,成为摄影测量内业测图控制点加密的主要方法。

解析法摄影测量的另一个标志就是解析测图仪的研制成功。1957年美国的海拉瓦提出了解析测图的思想,并于20世纪60年代初研制成第一台解析测图仪,当时主要用于美国军方。到了20世纪七八十年代,解析测图仪得到了快速发展,1976年德国Zeiss公司首次推出Planicomp C-100,随后欧美许多著名的摄影测量仪器制造商,如瑞士的Wild和Kern等公司,开始生产解析测图仪,使解析测图仪进入商用领域。解析测图仪由一台立体坐标测量仪、一台专用的电子计算机及相应的接口设备组成,它的操作与模拟的立体测图仪没有本质的区别。由于解析测图仪是根据数学关系式来建立立体模型的,因而可以预先做各种系统误差的改正,而且它可以处理各种类型的像片,扩展了摄影测量的应用领域。

解析测图仪是世界上首先实现测量成果数字化的仪器。我国在20世纪60年代初期也开始了此项研究,解析测图仪在机助软件的控制下,将在立体模型上测得的结果保存于计算机中,最后由数控绘图仪绘图。解析测图仪的产品可以是纸质的线划图,也可以是数字地图和数字地面模型等数字产品,便于建立测量数据库。1987年后,解析测图仪的发展进入以数据库管理系统下的数据采集工作站的发展阶段,成为数据更新的重要手段,也使测量与编图融为了一体。20世纪80年代,我国也相继研制出HT、JX-1、APS-1、DPG等型号的解析测图仪。

## 三、数字摄影测量阶段

解析法摄影测量的进一步发展就是数字摄影测量。随着计算机技术的发展和数字图像处理、模式识别等技术在摄影测量领域的应用,摄影测量开始进入数字摄影测量阶段。

从广义上讲,数字摄影测量是指从摄影测量与遥感所获取的数据中,采用数字化图形或数字/数字化影像,在计算机中进行各种数值、图形和影像处理,以研究目标的几何和物理特性,从而获得各种形式的数字化产品和目视化产品。获得数字/数字化影像的方法有两种:一种是直接用数字航摄仪、数码相机等各种数字传感器获得,称为数字影像;另一种是用各种数字化扫描仪,对胶片类或相纸类的像片进行扫描,获得数字化影像。数字化产品包括数字线划地图(DLG)、数字高程模型(DEM)、数字正射影像图(DOM)、数字栅格地图(DRG)测量数据库等。目视化产品包括地形图、专题图、剖面图、透视图、正射影像图、电子地图、动画地图等。

美国于20世纪60年代初研制成全数字自动化系统DAMC,它是把模拟的像片进行扫描,转换成由灰度表示的数字影像,利用计算机代替人眼进行立体观测,实现摄影测量的自动化。1988年瑞士Kern公司推出世界上第一台商用数字摄影测量系统DPS1。1992年在国际摄影测量与遥感学会大会上,几家国际著名的大公司推出了基于SUN、SGⅠ工作站的数字摄影测量系统,标志着摄影测量真正进入数字摄影测量时代。武汉大学研制的VirtuoZo全数字摄影测量系统和中国测绘科学研究院研制的JX-4A数字摄影测量工作站都属于目前世界上较成功的系统。

总之,数字摄影测量是一门相对年轻的学科,由于利用计算机替代人眼,使得其无论在理论上还是在实践上都将得到迅速的发展,目前它已经与新的传感器和其他的测量仪器相结合,使数据的采集和处理更加简便、高效。

综上所述,摄影测量经历了模拟法、解析法和数字化三个发展阶段。数字摄影测量与模拟法摄影测量、解析法摄影测量的区别在于:它不再依赖精密而昂贵的光学和机械仪器;处理的原始资料是数字影像或数字化影像;处理过程中以计算机视觉代替人眼进行立体观测,实现几何信息的自动提取;其产品的形式是数字的,包括数字地图、数字地面模型、数字正射影像和数字景观图等。摄影测量三个发展阶段的特点见表1-1。

**表1-1　摄影测量三个发展阶段的特点**

| 发展阶段 | 原始资料 | 投影方式 | 仪器 | 操作方式 | 产品 |
|---|---|---|---|---|---|
| 模拟法摄影测量 | 像片 | 物理投影 | 模拟测图仪 | 手工 | 模拟产品 |
| 解析法摄影测量 | 像片 | 数字投影 | 解析测图仪 | 机助 | 数字产品<br>模拟产品 |
| 数字摄影测量 | 数字化影像<br>数字影像 | 数字投影 | 数字摄影测量系统 | 自动化+<br>人工交互 | 数字产品 |

## 任务三　无人机摄影测量的发展现状

无人机摄影测量是将无人机技术运用于测绘领域而产生的新方向,是新型测绘技术与航空平台技术、信息技术的高度集成,是对传统卫星遥感测绘和有人机航空测绘的有效补充。无人机摄影测量具有飞机结构简单、操纵灵活、使用成本低、反应快速的特点,可以灵活、快速地获取到高分辨率、大比例尺和高现势性的航空影像。无人机测绘可广泛用于地形图测绘、应急抢险、高危区域调查、环境遥感监测和军事应用等。

无人机测绘技术主要包括飞行器技术、传感器技术、飞机控制技术、通信技术、影像处理技术等。早期的无人机主要应用于军事领域。20世纪80年代以来,随着计算机技术、控制技术、通信技术的发展,以及各种质量轻、体积小、探测精度高的新型传感器的出现,无人机性能不断提高,应用领域也不断扩大。目前,世界上各种用途、各种性能指标的无人机已达数百种,续航时间和载荷质量也有显著提升,为搭载多种传感器、执行多种任务创造了条件。除用于军事领域外,无人机测绘技术也逐步用于基础地理信息测绘、应急测绘保障、工程变化监测、文化遗产保护、自然灾害监测与评估、数字城市建设、城市规划管理等领域。

## 一、国外无人机测绘技术进展

气球是最早的航空摄影平台,早在1858年,Tourmachon以热气球作为摄影平台,获取了巴黎的空中影像。随后,随着摄影技术的简化,其他手段如风筝(1882年英国气象学家E. D. Archibald曾使用)、火箭(1897年瑞士发明家Alfred Nobel曾使用)等,也开始用于航空摄影。1909年W. Wright用自制的飞机获取了一张运动图像,意味着载人航空摄影的开端,随后航空摄影技术在军事中确立并迅速发展。

20世纪末,集成电路系统和雷达控制系统的发展是现代无人机航摄系统得以发展的关键。1979年Pabil和Wester等用雷达控制旋转翼无人机,搭载光学相机做了第一次试验,并于1980年用直升机模型搭载中型Rolixi相机做了第二次试验,这是世界上首次将旋转翼无人机平台用于航摄。该试验为以后无人机在航空摄影中的应用开辟了先河,从那时候开始,旋转或固定翼、单旋翼或多旋翼、遥控或自动控制平台开始在航摄系统中大量使用。20世纪80年代,飞行控制技术取得重大突破,可实现自主飞行和预编程控制飞行,无人机续航时间、载荷质量、作业半径都有显著提升。目前,各种不同性能、用途的无人机种类已经达到上百种,为搭载多种传感器、执行多种任务创造了条件。

传感器方面,大量中小型传感器开始进入市场。中等大小的传感器可达8 000万像素,能胜任中等规模的项目,而同等规模项目在2006年前后只能用大型传感器完成。高质量镜头和集成技术的发展为航摄任务的完成奠定了坚实基础,也拓宽了摄影传感器的应用范围。一些生产厂商、集成商(如Trimble、Optec)及行业用户已经开始将中小型相机用于专业影像生产。中小型相机与一些小型的稳定器结合起来,质量轻,易于携带,可以很好地用于应急预警。不同种类的传感器组合起来可以进行多波段、高光谱的摄影,广泛用于农业、环境监测等领域。大量的中小型倾斜摄影相机在市场中也开始应用,可以按照固定、旋转、可移动等方式安装,满足不同任务需求。

除安装和集成技术提升外,用于硬件和导航的控制系统与常规的飞行管理系统(fight management system,FMS)相比,性能也有了很大提升。小型和价格相对低廉的激光扫描设备开始与相机集成,并通过软件解决了任务计划及导航等问题。成像传感器与激光扫描仪、视频成像传感器等设备能根据任务进行适应性集成,并可将获取的数据存储在数据库中,在导航点接入时实现导航点与信息的对接。

新技术方面,倾斜摄影技术取得重大突破,为人类观察世界提供了新的视角。虽然早在第一次世界大战时期,军事上已经通过双翼机搭载老式Graflex相机从空中获取倾斜影像进行军事侦察,但由于倾斜影像的倾角大,难以进行大范围拼接,用户转向使用容易拼接的、以垂直方式获取的影像。以垂直角度呈现地物信息,与人们日常观察的世界存在较大差异,使用户深受困扰。随着复杂算法和数字影像处理技术的发展,逐步改变了这种状况,倾斜摄影又重新回到人们的视野。倾斜摄影技术颠覆了以往正射影像只能从垂直角度拍摄的局限,通过在同一飞行平台上搭载多台传感器,同时从垂直、倾斜等不同角度采集影像,将用户引入符合人眼视觉的真实直观世界。倾斜影像不仅能够真实地反映地物情况,而且通过采用先进的定位技术,嵌入精确的地理信息、丰富的影像信息、更高级的用户体验,极大地扩展了影像的应用领域。美国的 Pictometry 公司拥有倾斜摄影数据获取、服务、应用开发的完整解决方案,使得用户能够查看和测量任何与倾斜影像有关的坐标、长度、宽度、高度等要素,并能使影像与 GIS 数据完美叠合集成,提供影像在线访问服务,在倾斜摄影领域占据主导地位。2010 年北京天下图公司将 Pictometry 倾斜摄影解决方案首次引入国内,使倾斜摄影技术的应用逐渐在国内展开。

## 二、国内无人机测绘技术进展

我国无人机发展较晚,起步于 20 世纪 50 年代末。20 世纪 90 年代以来,国内大学和科研院所相继成立了无人机专门研究机构。21 世纪初,中国航天集团一些下属院所、民营企业也开始研制无人机,加快了我国无人机的发展步伐。

2005 年 8 月,北京大学、中国科学院与中国贵州航空工业集团共同研制的多用途无人机遥感观测系统在黄果树机场首飞试验成功,标志着我国民用无人机对地观测技术跨入实用阶段。中国测绘科学研究院使用多台哈苏相机组合成像,有效地提高了无人机航摄效率。刘先林院士等主持研发的 SWDC 系列数字航空摄影仪是一种能够满足航空摄影规范要求的大面阵数字航空摄影仪,具有高分辨率、高几何精度、体积小、质量轻等特点,对天气条件要求不高,能够在阴天云下摄影,且具备飞行高度低、镜头视场角大、基高比大、高程测量精度高、真彩色、镜头可更换等特点。SWDC 系列数字航空摄影仪作为空间信息获取与更新的重要技术手段,产品性价比高,高程精度指标达到同类产品的国际领先水平,整体技术指标达到国际先进水平,是国内首台可用于中小比例尺地形图测绘的“航空相机”,为国产化集数字航空摄影与航空摄影测量为一体的解决方案奠定了基础。

2012 年 10 月,由中国测绘科学研究院牵头研制的新一代航空遥感系统“高精度轻小型航空遥感系统”在中国测绘创新基地通过验收。该项目突破核心部件及系统集成的关键技术,成功研发了高精度轻小型组合宽角数字相机、轻小型机载激光雷达(LiDAR)、高精度与小型化位置和姿态系统(POS)及稳定平台四类核心产品和高效快速数据处理系统,形成了完整的满足不同社会需求的高精度、轻小型航空遥感业务运行系统。与国外同类产品相比,具有体积小、质量轻、功能全、成本低、操作方便等优点,并且完全具有自主知识产权,可用于高分辨率对地观测、大比例尺测绘、重大自然灾害应急响应、数字城市建设等方面,为国家重大工程提供了技术支撑,填补了国内空白,打破了国外同类产品的技术垄断和技术壁垒,提升了我国在航空影像获取领域的技术能力和市场的国际竞争力。

无人机摄影测量是传统航空摄影测量和卫星遥感的有力补充,它在获取区域高分辨率影像、灵活高效、低成本方面有着明显的优势。特别是随着无人机与数码相机技术的不断发展,以无人机为平台的数字航测技术也越来越显示出其独特的优势,在重大工程建设、应急处理、国土监察、资源开发及城镇建设等方面都发挥着越来越重要的作用。

航空摄影测量主要方法对比见表 1-2。

表 1-2 航空摄影测量主要方法对比

| 项目 | 卫星 | 载人机 | 无人机 |
|---|---|---|---|
| 使用高度 | 高(太)空 | 中低空 | 低空 |
| 制约因素 | 轨道位置、大气影响 | 大气影响、天气影响、空域审批 | 天气影响、空域审批 |
| 主要应用比例尺 | 1:25 000 及更小比例尺的数字产品 | 1:5 000 及更小比例尺的数字产品 | 1:500 及更小比例尺的数字产品 |
| 主要数据成果 | 多光谱数据、卫星照片等 | 多光谱数据、航空照片 | 小型无人机:航空照片<br>中型无人机:各类传感器 |
| 常用任务载荷 | 卫星专用数据采集设备 | 专业航摄相机等 | 各类民用全画幅数码相机 |
| 劣势 | 拍摄时效性较差,易受卫星轨道、太阳光照位置影响,当有大气云团覆盖地表时,无法进行数据采集。目前可提供地面分辨率 0.5 m 以上精度的数据,数据更新周期较长 | 拍摄时易受大气云团及阴雨雪等天气影响,造成废片。同时,我国航空测绘相关的空域申请非常严格,周期较长,机组人员、机场停机等使用成本较高 | 因主要用于低空摄影测量,不受大气云团影响,但易受天气因素的影响,对天气要求较高,空域审批难度同载人机 |

## 思考题

1. 什么是摄影测量学？摄影测量学的主要任务是什么？有何特点和用途？
2. 简述摄影测量发展的三个阶段及其对地理信息系统技术的作用。
3. 根据本书内容并查阅资料,谈谈无人机摄影测量的特点、发展和适用性。

# 项目二 摄影测量基础知识

## 任务一 摄影测量对航空摄影的要求

### 一、航空摄影测量基本流程

航空摄影测量的基本工作流程为:航空摄影—航测外业—解析空中三角测量—测绘产品生产(地形图、正射影像图等)。

**(一)航空摄影**

将航空摄影机安装在航摄飞机上,按设计的飞行和摄影参数,从空中对测区地面进行有计划的摄影,以取得适合内业生产要求的航摄像片。

**(二)航测外业**

航测外业工作包含像片控制测量和像片调绘两项内容。像片控制测量是用常规测量方法测定像控点坐标与高程,即利用地面控制点把航摄像片与地面联系起来;像片调绘是在室内和实地判读、调查和绘制内业测图必需的地理要素。

**(三)解析空中三角测量**

利用连续摄取的具有一定重叠的航摄像片,依据航测外业测定的少量野外控制点,以摄影测量解析方法建立同实地相应的航线模型或区域网模型(光学的或数字的),利用测量平差方法解算测区内所有航片外方位元素和加密点的平面坐标与高程,为后续生产作业提供数据,也称空三加密。

**(四)测绘产品生产**

依据航摄像片、航测外业成果及解析空三成果,在室内专用的航测仪器上进行地形图测绘、正射影像图制作等测绘工作。

### 二、航空摄影的实施

**(一)航空摄影机**

摄影机分为两类:量测摄影机和非量测摄影机。其中,量测摄影机属于专业摄影机,也称航空摄影仪;非量测摄影机指普通的家用摄影机。

相比非量测摄影机,航摄仪具有以下特点:

(1)具备非常良好的光学特性,其物镜的畸变差很小,透光力强、焦面照度分布均匀、光学影像反差大。

(2)机械结构非常稳定,能在较长时间内保持各部件间内在关系不发生变化,且摄影过程高度自动化。

(3)具有压平装置、减震装置,新型航摄仪还有像移补偿器,以减少像片的压平误差与摄影过程中的像移误差。

(4)内方位元素已知,像面框架有框标标志。

传统的航空摄影机的像幅主要有 18 cm×18 cm 与 23 cm×23 cm 两种,现代航空摄影机多用后者。航空摄影机通常根据其主距或像场角大小进行分类,实际应用过程中应根据摄影要求的不同选用不同型号的摄影机。

根据镜头主距值的不同,航摄仪分为长焦距、中焦距和短焦距三种,见表 2-1。

**表 2-1 航空摄影机的分类**

| 像场角(2β) | 焦距 | |
|---|---|---|
| | 18 cm×18 cm | 23 cm×23 cm |
| 常角(<75°) | 长焦距(≥200 mm) | ≥255 mm |
| 宽角(75°~100°) | 中焦距(80~200 mm) | 102~255 mm |
| 特宽角(>100°) | 短焦距(≤80 mm) | ≤102 mm |

物镜焦平面上中央成像清晰的范围称为像场,像场直径对物镜后节点的夹角称为像场角 $2\beta$。根据像场角的大小,摄影机可分为常角、宽角和特宽角三种。

根据表 2-1,显然,当像幅固定时,摄影机的主距和像场角具有对应的关系。在航高固定时,摄影机的像场角和主距决定了所摄地表面的面积,像主距短,场角就大,摄得的面积也大,摄影的比例尺较小;反之,则摄得的面积小,摄影的比例尺就较大。

**(二)航空摄影的实施**

航空摄影是航测生产的一部分,为了取得摄影测量的原始资料,需要对测区进行有计划的摄影。航空摄影的实施过程一般分为签订任务委托书或合同、航摄技术设计、空中摄影实施、摄影处理、资料检查验收等几个主要环节。以下对它们做简要介绍。

1. 航空摄影任务委托书的主要内容

(1)根据测区的范围和图幅数,划定需航摄的区域范围,按经纬度或图幅号在计划图上标示出所需航摄的区域范围,或直接标示在中、小比例尺的地形图上。

(2)确定基本航摄比例尺。

(3)根据测区地形和测图仪器,提出航摄仪的类型、焦距、像幅的规格。

(4)确定像片重叠度。

(5)规定航摄资料成果的内容、数量、方式和期限。航摄资料成果包括航摄底片、航摄像片(非数字型航摄仪)、像片索引图、畸变测定成果、航摄机鉴定表、航摄像片质量鉴定表等。

2. 航摄技术设计的主要内容

(1)收集航摄地区已有的地形图、控制测量成果、气象等有关资料。

(2)划分航摄分区。

(3)确定航线方向和敷设航线(航线方向一般为东西方向,且一般按图廓线敷设)。

(4)计算航摄所需的飞行数据和摄影数据(主要是绝对航高、摄影航高、像片重叠度、航摄基线、航线间隔距、航线数、曝光时间间隔和像片数等)。

(5)编制领航图。

(6)确定航摄的日期和时间。

3. 空中摄影实施

空中摄影应选在天空晴朗少云、能见度高、气流平稳的天气进行,摄影时间最好是中午前后的几个小时。飞机做好航空摄影各项准备工作后,依据领航图起飞进入摄区航线,按预定的曝光时间和计算的曝光间隔连续地对地面摄影,直至第一条航线拍完。然后飞机盘旋转弯180°进入第二条航线进行拍摄,直至一个摄影分区拍摄完毕,再按计划转入下一摄影分区拍摄(见图2-1)。

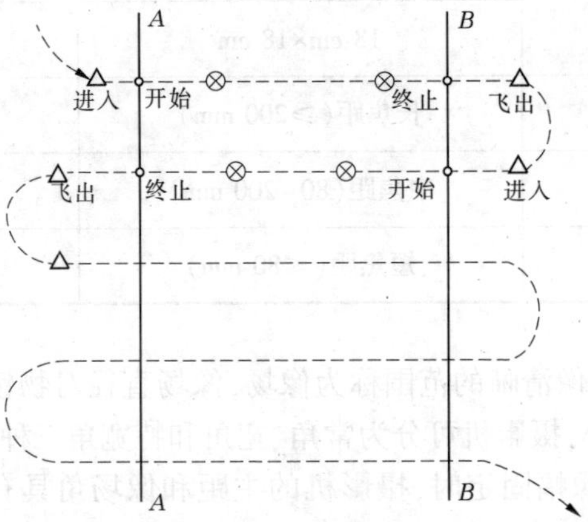


图 2-1　航空摄影过程

4. 摄影处理

非数字型航摄仪的摄影处理包括底片冲洗、正片晒印、像片索引图的制作、质量检查等工作。数字型航摄仪则不需底片冲洗和正片晒印两项工作。

5. 资料检查验收

按航空摄影技术规范、合同及航摄技术设计中的条款进行检查验收。

## 三、摄影测量对航空摄影的要求

航摄像片是摄影测量最基本的原始资料,其质量的优劣直接影响到后续作业的效率、成果的精度及经济指标。航空摄影时,应当使所拍摄的一系列像片相互间有一定的联系,并且没有漏洞地覆盖着整个指定面积。为达到此目的,对航空摄影所获得的像片有两方面的要求,即影像质量要求和飞行质量要求。

### (一)影像质量要求

(1)航摄像片上所有地面景物的细节必须充分地显露,并具有适当的密度。

(2)相邻地物的影像和同一地物的细节影像都应具有明显的、眼睛能觉察到的反差。

(3)亮度相同的物体,不论它构像于像幅中的任何位置,都应获得相同的色调和密度。

上述要求对航空摄影机结构、物镜和操作提出了很高的要求,现代航摄仪的工作方式是按要求进行参数设置后自动拍摄。

**(二)飞行质量要求**

1. 像片倾角

航摄仪对地面摄影时,摄影物镜的主光轴与铅垂线的夹角 $\alpha$ 称为像片倾角(见图 2-2)。应用水平像片测绘地形图的作业要比应用倾斜像片作业方便得多。但是,目前的航空摄影技术只能使像片倾角保持在 3°以内,这种摄影被称为竖直摄影(或近似垂直摄影)。一般情况下,地形测图都使用竖直摄影的像片作业,而三维建模多使用倾斜摄影。

2. 航摄比例尺

如图 2-3 所示,航摄比例尺为像片上一段距离 $l$ 和地面上相应距离 $L$ 之比,当像片水平,地面水平时,从相似三角形理论可知,$1:m=l/L=f/H$ 表示。

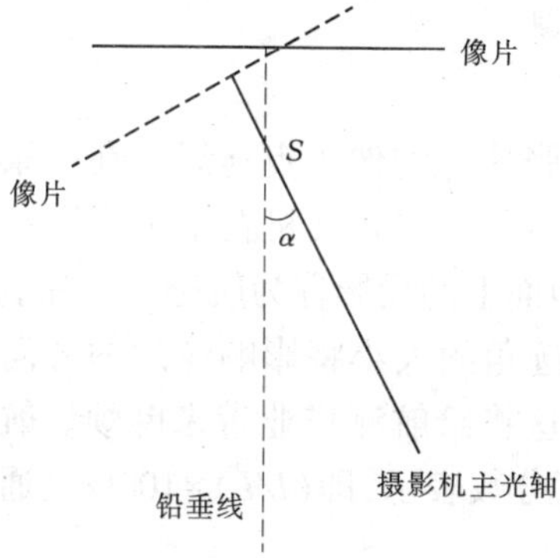


图 2-2 像片倾角示意图

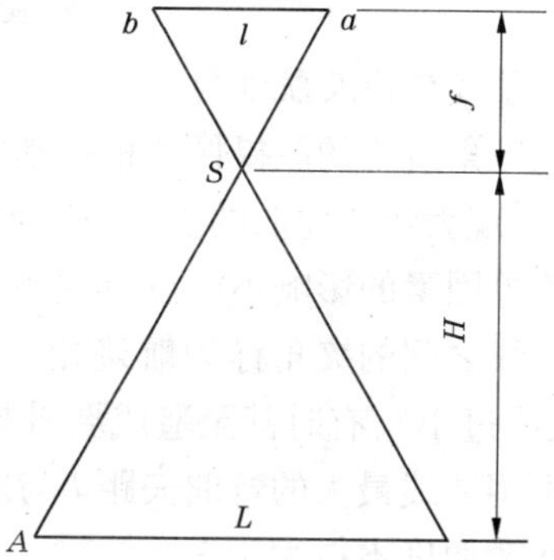


图 2-3 摄影比例尺示意图

当像片有倾斜,地面有起伏时,在像片上摄影比例尺处处不相等。但对于近似垂直摄影的情况,仍然可以用它近似计算摄影比例尺。

摄影比例尺越大,像片地面分辨率越高,有利于影像的解译和提高成图的精度。但摄影比例尺过大,则会增加摄影费用,增大后续处理的工作量,所以摄影比例尺要根据测绘地形图的比例尺与获取地面信息的需要来确定。测绘中比例尺地形图(如 1:5 万)时,摄影比例尺应略大于或接近于测图比例尺,测绘大比例尺地形图(如 1:2 000 或更大)时,摄影比例尺应小于测图比例尺。具体要求需按测图规范执行。

当选定了摄影机和摄影比例尺后,航高就被确定,航空摄影时就要求按计算的航高 $H$ 进行摄影飞行,以获得要求的摄影像片。飞行中很难精确确定航高,但差异一般不得大于计划航高的 5%。同一航线内,各摄影站的航高差不得大于 50 m。

3. 像片重叠度

为了在同一航线的相邻像片之间建立立体模型及航线之间正确拼接,航摄像片除要覆盖整个测区外,还要求像片间有一定的重叠,如图 2-4 所示。

同一条航线内相邻像片之间的影像重叠称为航向重叠,重叠部分与整张像幅的长度之比的百分数称为重叠度,要求在 60%~65%。相邻航线的重叠称为旁向重叠,重叠度要求在 30%~35%。地面起伏大时,设计重叠度要增大,才能保证像片立体量测与拼接的需要。

为了地形图测绘的需要,空中摄影要按航摄计划的航高和设计的方向呈直线飞行,并保持各航线的相互平行。

图 2-4　像片重叠度示意图

4. 航线弯曲及航迹角

把一条航线的航摄像片根据地物景象叠拼起来，每张像片的像主点连线不在一条直线上，而呈现为弯弯曲曲的折线，称为航线弯曲，如图 2-5 所示。它是飞机在空中摄影过程中受气流等因素的影响不能按直线飞行造成的。航线在地面上的投影称为航迹。实际航线与设计航线之间的夹角称为航迹角。由于航线弯曲与航迹角的大小将影响像片的旁向重叠(过大或过小)，有时甚至造成要补摄一条或半条航线，这将给航测作业带来麻烦。航线弯曲度可用航线最大的弯曲矢距 $l$ 与航线长度 $L$ 之比的百分数表示，即 $(l/L)\times100\%$。通常规定航线弯曲度不得大于 3%。

5. 像片旋角

在一张像片上相邻像主点连线与同方向框标连线间的夹角称为像片旋角，如图 2-6 所示。一般规定旋角不得大于 6°，个别情况下不得超过 10°。像片旋角过大会减小立体像对的有效作业范围，另外，当按框标连线定向时，会影响立体观测效果。

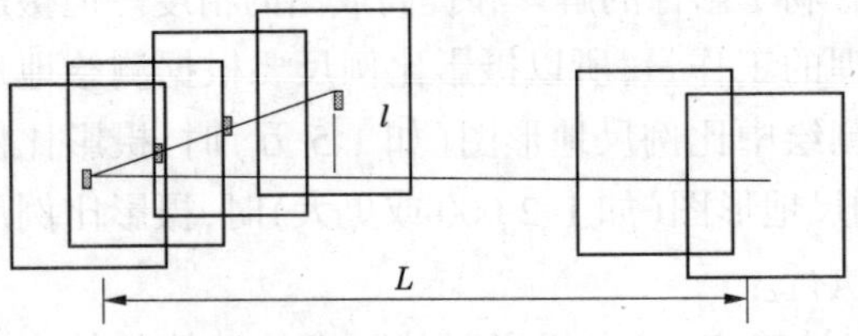


图 2-5　航线弯曲示意图

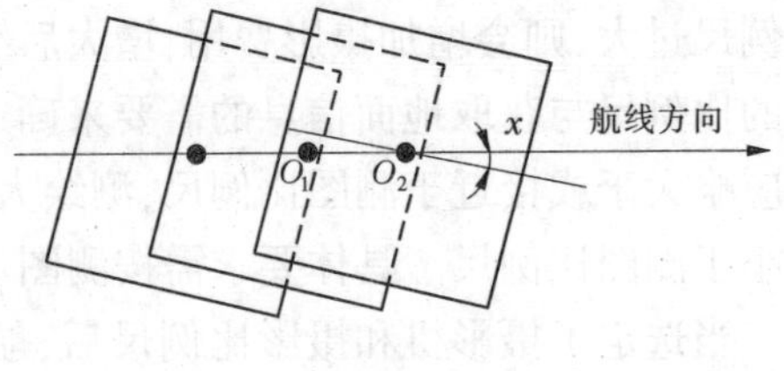


图 2-6　像片旋角

6. 图廓的保证

空中摄影时要超出图廓线多摄一部分，一则便于航测成图时接边，二则可避免图廓处产生漏洞。特别要注意紧接摄影区域边界的图幅，要考虑邻接的非摄区图幅在以后测图时因地物特征的变化所造成的接边困难。因此，相关规范规定：

(1)摄区边界的图廓，航向超出图廓线不少于一条基线，旁向超出图廓线一般不少于整张像片的 50%，最少不少于整张像片的 30%；大像幅常规飞行，旁向超出图廓线不少于整张像片的 24%。

(2)摄区内各分区之间相接时，如航摄方向相同，旁向正常接飞，航向各超出分区线一般不少于一条基线，最少不少于半条基线。航摄方向不同时，基线保证同上，旁向超出分区线一般不少于整张像片的 30%，最少不少于整张像片的 20%；大像幅一般不少于整张像片的 24%，最少不少于整张像片的 16%。

# 任务二　单张像片解析

摄影测量就是根据被摄物体在像片上的构像规律及物体与对应影像之间的数学关系，获取被摄物体的几何属性和物理属性，因此在单张航摄像片上，物体的构像规律及物体与影像之间的数学关系是经典摄影测量学理论的解析基础。

## 一、航摄像片上的重要点、线、面

### （一）中心投影与正射投影

用一组假想的直线将物体向几何面投射称为投影。其投射线称为投影射线，投影的几何面称为投影面。当投影射线汇聚于一点时，称为中心投影，投影射线的汇聚点 $S$ 称为投影中心（见图 2-7）。

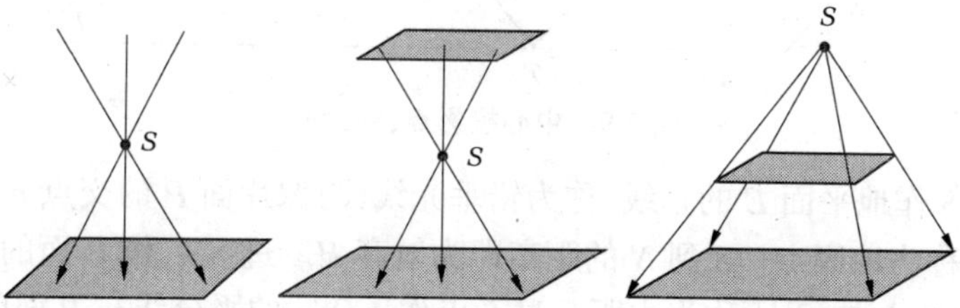


图 2-7　中心投影

中心投影有两种状态，当摄影中心 $S$ 位于像平面 $P$（像片）和被摄物体之间时，像片所处的位置称为负片位置（也称阴位），是摄影时的情况。现假设以摄影中心为对称中心，将像片转到物空间，即投影平面与被摄影物体位于投影中心的同一侧，此时像片 $P$ 所处的位置称为正片位置（也称阳位），利用摄影底片晒印像片或摄影测量内业时就是这种情况。

无论像片处在正片位置或负片位置，像点与物点之间的几何关系并没有改变，数学表达式仍然是一样的。在讨论与中心投影有关的问题时，可根据需要采用阴位或阳位。

从几何意义上说，航摄时物镜中心相当于投影中心，像片平面是投影面，像片平面上的影像就是摄区地面点的中心投影。摄影测量的主要任务之一，就是把地面按中心投影规律获得的摄影比例尺像片转换成指定比例尺的正射投影地形图。

当投影光线都相互平行时，这种投影称为平行投影。其中，当投影射线与投影平面成斜交时，称为斜投影；当投影射线与投影平面成正交时，称为正射投影（见图 2-8）。

### （二）透视变换中的重要点、线、面

航摄像片是所摄地面景物的中心投影，即对于地面为水平面的航摄像片，像平面与地平面存在透视对应关系，掌握其中一些特殊点、线、面，有助于定性和定量地分析航摄像片的几何特性。

如图 2-9 所示，$E$ 表示地平面，$P$ 为倾斜像片，将像片面扩大与地平面相交的迹线 $TT$ 称为透视轴，两平面的夹角 $\alpha$ 称为像片倾角。

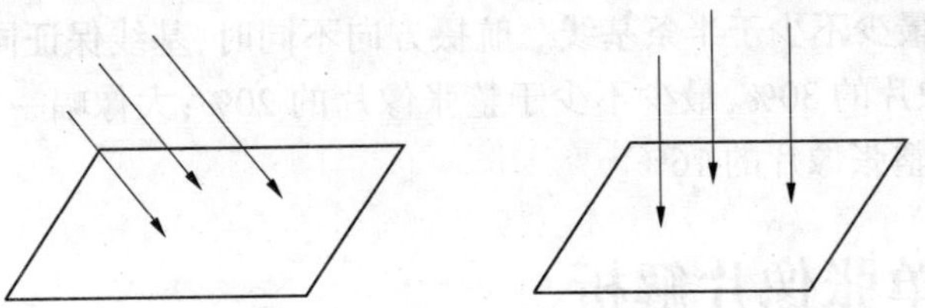

图 2-8 平行投影与正射投影

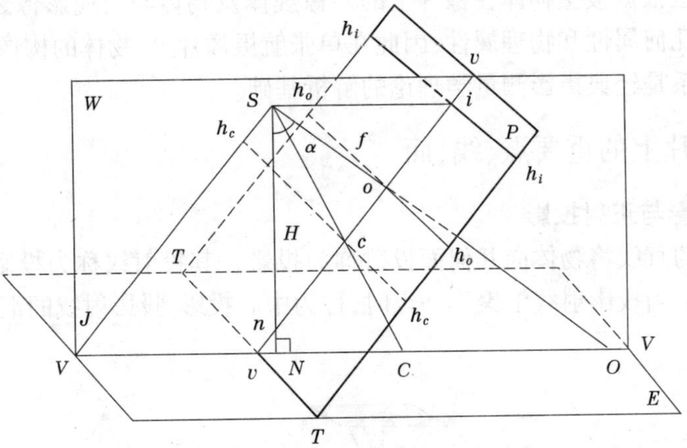


图 2-9 中心投影点、线、面

过摄影中心 $S$ 作地平面 $E$ 的垂线，称为铅垂光线，与像片面 $P$ 的交点 $n$ 称为像底点，与地平面的交点 $N$ 称为地底点。$S$ 到 $N$ 的距离即为航高 $H$。过 $S$ 点作 $P$ 面的垂线，称为主光轴，其交点 $o$ 称为像主点，垂距称为主距。过 $S$ 点作 $\angle OSn$ 的平分线与 $P$ 面的交点 $c$ 称为等角点，与 $E$ 面的交点 $C$ 称为等角点的共轭点。

过铅垂线 $Sn$ 与主光轴 $So$ 作的平面称为主垂面 $W$，它与 $E$ 面的交线 $VV$ 称为摄影方向线，与 $P$ 面的交线 $vv$ 称为像片主纵线，表示像片面的最大倾斜方向线。

在主垂面 $W$ 内，过 $S$ 点作 $VV$ 的平行线，交 $vv$ 线于 $i$ 点，称为主合点，它是 $E$ 面上一组平行于 $VV$ 线的平行线束在 $P$ 面上构像的会聚点。过 $S$ 点作线的平行线交 $vv$ 于 $J$ 点，称为主遁点，它是 $P$ 面上一组平行于 $vv$ 线的平行线束在 $E$ 面上构像的会聚点。而 $n$ 点是一组垂直于 $E$ 面的平行线束在 $P$ 面上构像的会聚点。

过 $P$ 面上的 $i$、$o$、$c$ 点，作 $TT$ 的平行线，得到 $h_ih_i$、$h_oh_o$、$h_ch_c$。其中，称 $h_ih_i$ 为地平线或真水平线，称 $h_oh_o$ 为主横线，称 $h_ch_c$ 为等比线。

上述各点、线在像片上是客观存在的，但除像主点在像片上的近似位置容易找到外，其他点、线均不能在像片上直接找到，而需经过求解才能得到。这些点、线对于定性和定量地分析航摄像片上像点的几何特性有着重要的意义。

## 二、摄影测量常用坐标系

摄影测量几何处理的任务是根据像片上像点的位置确定相应地面点的空间位置，为此首先必须选择适当的坐标系来定量地描述像点和地面点，然后通过一系列的坐标变换，建立二者之间的数学关系。摄影测量常用的坐标系有两大类：一类是用于描述像点的位置，统称为像方空间坐标系；另一类是用于描述地面点的位置，统称为物方空间坐标系。

## (一)像方空间坐标系

### 1. 像平面坐标系

像平面坐标系用以表示像点在像平面上的位置,通常采用右手坐标系。在解析法摄影测量和数字摄影测量中,常根据框标来确定像平面坐标系,称为像片框标坐标系。如图 2-10(a)所示,以像片上对边框标的连线作为 $x$、$y$ 轴,其交点 $P$ 作为坐标原点,与航线方向相近的连线为 $x$ 轴。在像点坐标量测中,像点坐标值常用此坐标系表示。若框标位于像片的四个角上,则以对角框标连线的角平分线确定坐标轴,交点为坐标原点,见图 2-10(b)。

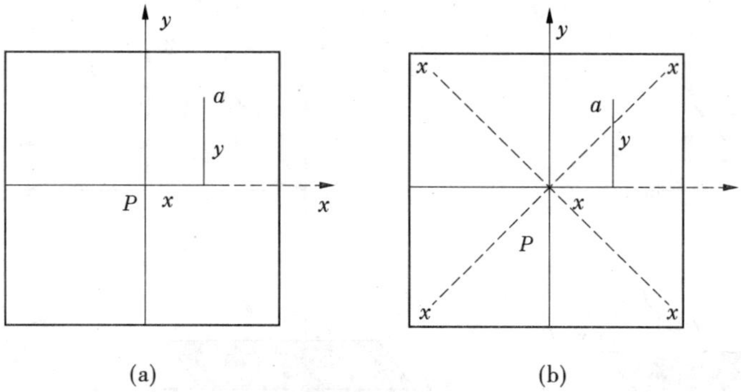


图 2-10 框标坐标系

在摄影测量解析计算中,像点的坐标应采用以像主点为原点的像平面坐标系中的坐标。为此,当像主点与框标连线交点不重合时,须将像片框标坐标系中的坐标平移至以像主点为原点的坐标系,见图 2-11。当像主点在像片框标坐标系中的坐标为 $x_o$、$y_o$ 时,则量测出的像点坐标 $x$、$y$ 换算到以像主点为原点的像平面坐标系中的坐标为 $x-x_o$、$y-y_o$。

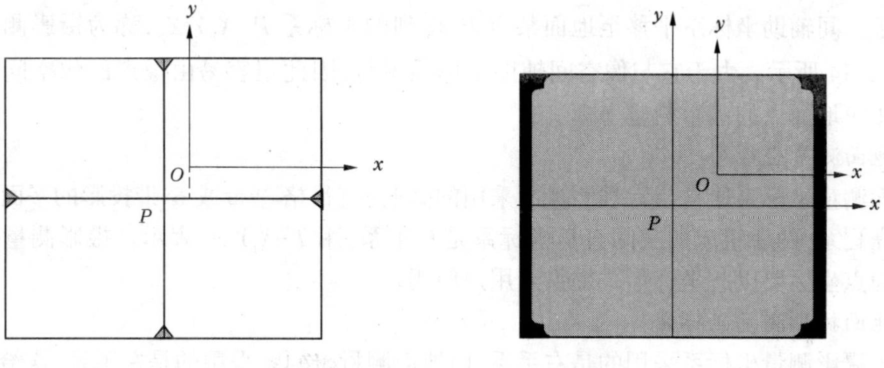


图 2-11 以像主点为原点的像平面坐标系

### 2. 像空间坐标系

为了便于进行空间坐标的变换,需要建立起描述像点空间位置的坐标系,即像空间坐标系。以摄影中心 $S$ 为坐标原点,$x$、$y$ 轴与像平面坐标系的 $x$、$y$ 轴平行,$z$ 轴与主光轴重合,形成像空间右手直角坐标系 $S-xyz$,如图 2-12 所示。在这个坐标系中,每个像点的 $z$ 坐标都等于$-f$,而 $x$ 和 $y$ 坐标等于像点的像平面坐标,因此像点的像空间坐标表示为 $x$、$y$、$-f$。每张像片的像空间坐标系是各自独立的。

3. 像空间辅助坐标系

像点的像空间坐标的特点是每张像片的像空间坐标系不统一，这给计算带来了困难。为此，需要建立一种相对统一的坐标系，称为像空间辅助坐标系，用 $S-UVW$ 表示。此坐标系的原点仍选在摄影中心 $S$，坐标轴系的选择视需要而定，通常有三种选取方法。其一是取铅垂方向为 $Z$ 轴，航向为 $X$ 轴，构成右手直角坐标系。其二是以每条航线内第一张像片的像空间坐标系作为像空间辅助坐标系，见图 2-13。其三是以每个像片对的左片摄影中心为坐标原点，摄影基线方向为 $X$ 轴，以摄影基线及左片主光轴构成的面作为平面，构成右手直角坐标系。

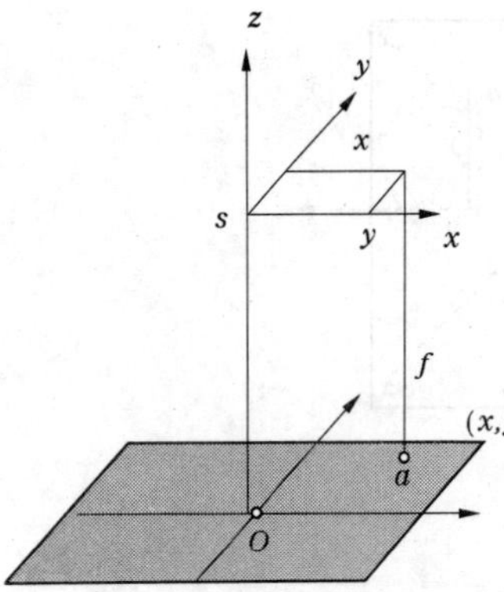


图 2-12 像空间坐标系

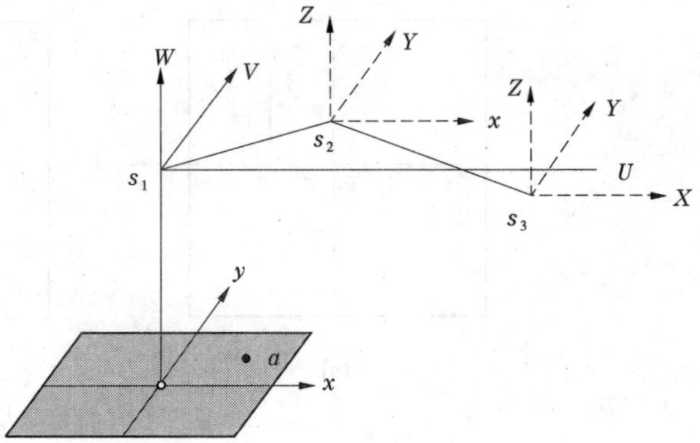


图 2-13 像空间辅助坐标系

**(二) 物方空间坐标系**

物方空间坐标系用于描述地面点在物方空间的位置，包括以下三种坐标系。

1. 摄影测量坐标系

将像空间辅助坐标系平移至地面某点 $P$，得到的坐标系 $P-X_pY_pZ_p$，称为摄影测量坐标系，如图 2-14 所示。由于它与像空间辅助坐标系平行，因此很容易由像点的像空间辅助坐标求得相应地面点的摄影测量坐标。

2. 地面测量坐标系

地面测量坐标系通常指常规测量所采用的高斯-克吕格 3°带或 6°带投影的平面直角坐标系和高程系，两者组成的空间直角坐标系是左手系，用 $T-X_tY_tZ_t$ 表示。摄影测量方法求得的地面点坐标要以此坐标形式提供给用户使用。

3. 地面摄影测量坐标系

由于摄影测量坐标系采用的是右手系，而地面测量坐标系采用的是左手系，这给由摄影测量坐标到地面测量坐标的转换带来了困难。为此，在摄影测量坐标系与地面测量坐标系之间建立一种过渡性的坐标系，称为地面摄影测量坐标系，属于右手直角坐标系。

## 三、航摄像片的内、外方位元素

摄影测量的任务是要通过像片上的像点坐标解析出其对应的地面点坐标。为此，首先要确定航空摄影瞬间摄影中心、像片、地面三者之间的几何关系，即摄影中心和像片在设定的物方空间坐标系中的位置与姿态，描述这三者几何关系的参数称为像片的方位元素。其中，表示摄影中心与像片之间相关位置的参数称为内方位元素，表示摄影中心和像片组成的

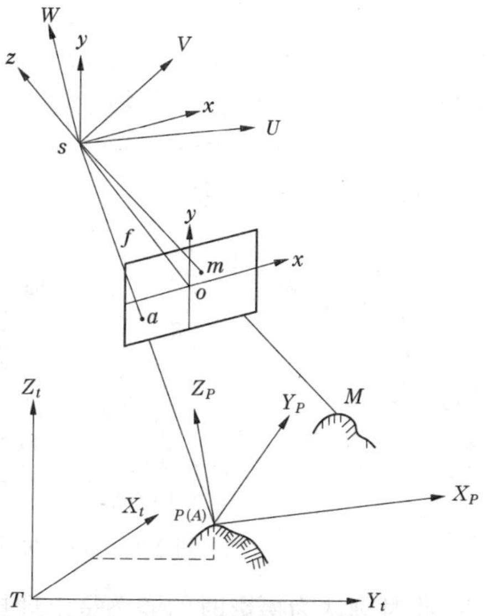

图 2-14　摄影测量坐标系

摄影光束在地面坐标系中的位置和姿态的参数称为外方位元素。

摄影测量的本质是摄影过程的几何反转。在模拟摄影测量作业中,将像片装入投影镜箱后,若保持点光源与像片的位置关系等于三个内方位元素,即可得到和摄影瞬间完全相似的投影光束,若再使投影光束相对地面的位置和姿态与拍照时一致,即恢复外方位元素,就可获得缩小的、与真实地面完全相似的影像,这就是摄影测量生产作业的基本思想。

### (一)内方位元素

内方位元素是描述摄影中心与像片之间相关位置的参数,包括三个参数,即摄影中心 S 到像片的垂距(主距)及像主点 o 在像片框标坐标系中的坐标 $x_o$、$y_o$,如图 2-15 所示。

内方位元素值一般视为已知,它是由摄影机制造厂家通过对摄影机进行鉴定得到的,鉴定的数据写在仪器说明书上。在制造摄影机时,一般应将像主点置于框标连线交点上,但安装中有误差,所以内方位元素中的 $x_o$、$y_o$ 是一个微小值。内方位元素值的正确与否,直接影响测图的精度,因此对航摄机须做定期的鉴定。

### (二)外方位元素

在恢复了内方位元素(恢复了摄影光束)的基础上,确定摄影光束在摄影瞬间的空间位置和姿态的参数,称为外方位元素。一张像片的外方位元素包括六个参数,其中有三个是直线元素,用于描述摄影中心的空间坐标值;另外三个是角元素,用于表达像片面的空间姿态,如图 2-16 所示。

1. 三个直线元素

三个直线元素是指摄影瞬间摄影中心 S 在选择的地面空间坐标系中的坐标值 $X_S$、$Y_S$、$Z_S$,地面空间直角坐标系可以是左手系的地面测量坐标系,也可以是右手系的摄影测量坐标系,后述问题如无特别说明,则一般是指摄影测量坐标系。

2. 三个角元素

角元素是描述像片在摄影瞬间空间姿态的参数,其中两个角元素用于确定主光轴在空间的方向,另一个角元素用于确定像片在像片面内的方位。实际摄影时,摄影机的主光轴不

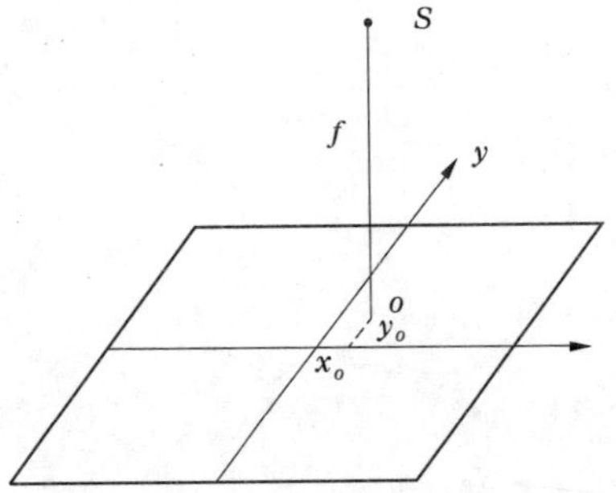


图 2-15　内方位元素

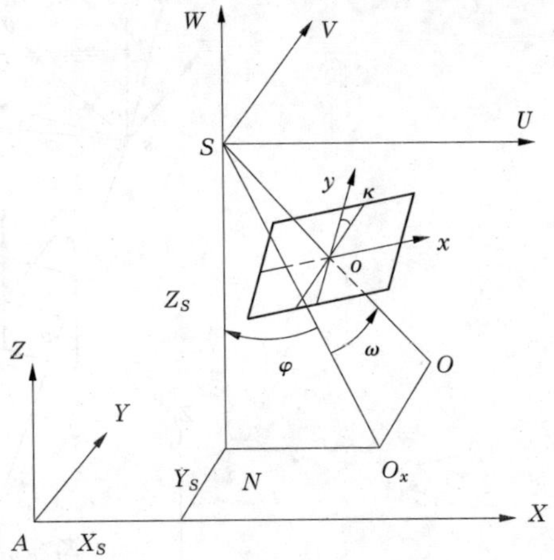


图 2-16　外方位元素 $\varphi-\omega-\kappa$ 系统

可能铅垂，像片也不可能水平，此时刻认为摄影时的姿态是由理想姿态绕空间三个坐标轴依次旋转三个角值后得到的，这三个角值称为像片的三个外方位元素。角元素通常有三种表达方式：

(1)以 $Y$ 轴为主轴的 $\varphi-\omega-\kappa$ 系统。

(2)以 $X$ 轴为主轴的 $\omega'-\varphi'-\kappa'$ 系统。

(3)以 $Z$ 轴为主轴的 $A-\alpha-\kappa_V$ 系统。

上述三种角元素表达方式中，$A-\alpha-\kappa_V$ 系统多用于模拟摄影测量仪器处理单张像片时；而在立体测图中，一般采用 $\varphi-\omega-\kappa$ 系统或 $\omega'-\varphi'-\kappa'$ 系统。在解析摄影测量中，则都采用 $\varphi-\omega-\kappa$ 系统。

外方位元素三个线元素相当于摄影时的位置参数，摄影位置不同，摄影得到的影像自然不同。摄影位置确定了，若摄影机的拍摄方向(姿态)不同，其得到的影像也不相同。只有摄影位置确定、摄影姿态确定，像片上影像才能与地面点实现一一对应，即实现了摄影过程的几何反转。角元素反映了摄影瞬间的姿态角，也可以理解为像空间坐标系和地面测量坐标系之间的三个夹角，也可理解为航空摄影时飞机的俯仰角、滚动角、航偏角。

综上所述，当求得像片的内外方位元素后，就能恢复拍摄瞬间摄影光束的形状、空间位置和姿态，实现摄影过程的几何反转，即用投影的方法重现出与地面完全相似的影像。

## 四、像点的坐标转换

要利用像点坐标计算对应地面点的坐标，必须建立像点坐标与地面点坐标的数学关系，而由于摄影测量使用了多套坐标系，必然涉及不同空间坐标系之间的坐标变换。

### (一)像点的空间坐标变换

取得像点的像平面坐标$(x,y)$后，加上 $z=-f$ 即可得到像点的像空间直角坐标$(x,y,-f)$。像点的空间坐标变换是指将像点的像空间直角坐标$(x,y,-f)$变换为像空间辅助坐标$(u,v,w)$。这种变换是像点在共原点的两个空间直角坐标系中的坐标变换，在数学上，空间直角坐标的变换是正交变换，即一个坐标系按某种顺序依次旋转三个角度即可变换为另一个同原点的坐标系，其关系式如下：

$$\left.\begin{aligned}u&=a_1x+a_2y+a_3(-f)\\v&=b_1x+b_2y+b_3(-f)\\w&=c_1x+c_2y+c_3(-f)\end{aligned}\right\}\tag{2-1}$$

写成矩阵形式为：

$$\begin{bmatrix}u\\v\\w\end{bmatrix}=\begin{bmatrix}a_1&a_2&a_3\\b_1&b_2&b_3\\c_1&c_2&c_3\end{bmatrix}\begin{bmatrix}x\\y\\-f\end{bmatrix}=R\begin{bmatrix}x\\y\\-f\end{bmatrix}\tag{2-2}$$

其中：$R$ 由 9 个方向余弦组成，分别由外方位元素中的三个角元素计算而来。

**(二)方向余弦的确定**

角元素有三种不同的转角系统，所以用角元素表达方向余弦也有三种表达式，但任何一种的最终结果都是一致的。下面仅以 $\varphi-\omega-\kappa$ 系统为例，推导方向余弦的表达式(见图 2-17)。

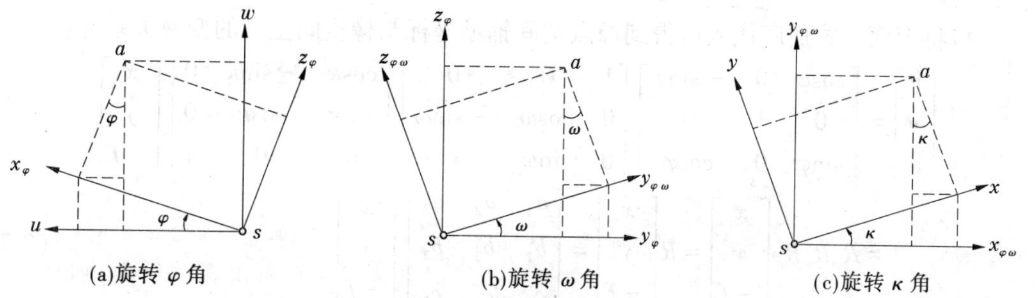


**图 2-17 方向余弦的确定**

(1)如图 2-17(a)所示，当坐标系 $S—uvw$ 绕 $v$ 轴旋转 $\varphi$ 角后得到 $S—x_\varphi y_\varphi z_\varphi$ 时，由于 $v$ 坐标不变，像点 $a$ 在两种坐标系中的坐标变换关系为：

$$\left.\begin{aligned}u&=x_\varphi\cos\varphi-z_\varphi\sin\varphi\\v&=y_\varphi\\w&=x_\varphi\sin\varphi+z_\varphi\cos\varphi\end{aligned}\right\}\tag{2-3}$$

写成矩阵形式为：

$$\begin{bmatrix}u\\v\\w\end{bmatrix}=\begin{bmatrix}\cos\varphi&0&-\sin\varphi\\0&1&0\\\sin\varphi&0&\cos\varphi\end{bmatrix}\begin{bmatrix}x_\varphi\\y_\varphi\\z_\varphi\end{bmatrix}=R_\varphi\begin{bmatrix}x_\varphi\\y_\varphi\\z_\varphi\end{bmatrix}\tag{2-4}$$

(2)再绕 $x_\varphi$ 轴旋转 $\omega$ 角，形成坐标系 $S—x_{\varphi\omega}y_{\varphi\omega}z_{\varphi\omega}$，如图 2-17(b)所示，因 $x_{\varphi\omega}$ 与 $x_\varphi$ 轴重合，因此所有像点的 $x_\varphi$ 坐标不变，则任意一点 $a$ 在两坐标系中的坐标关系式为：

$$\left.\begin{aligned}x_\varphi&=x_{\varphi\omega}\\y_\varphi&=y_{\varphi\omega}\cos\omega-z_{\varphi\omega}\sin\omega\\z_\varphi&=y_{\varphi\omega}\sin\omega+z_{\varphi\omega}\cos\omega\end{aligned}\right\}$$

写成矩阵形式为：

$$\begin{bmatrix} x_{\varphi} \\ y_{\varphi} \\ z_{\varphi} \end{bmatrix} = \begin{bmatrix} 1 & 0 & 0 \\ 0 & \cos\omega & -\sin\omega \\ 0 & \sin\omega & \cos\omega \end{bmatrix} \begin{bmatrix} x_{\varphi\omega} \\ y_{\varphi\omega} \\ z_{\varphi\omega} \end{bmatrix} = R_{\omega} \begin{bmatrix} x_{\varphi\omega} \\ y_{\varphi\omega} \\ z_{\varphi\omega} \end{bmatrix} \tag{2-5}$$

(3)最后绕已与主光轴方向 $So$ 重合的 $z_{\varphi\omega}$ 轴旋转 $\kappa$ 角，得到坐标系 $S—xyz$ 坐标系，如图 2-17(c)所示，因 $z$ 与 $z_{\varphi\omega}$ 轴重合，任何点的 $z$ 坐标不变，则任意点 $a$ 在两坐标系的坐标关系式为：

$$\left.\begin{aligned} x_{\varphi\omega} &= x\cos\kappa - y\sin\kappa \\ y_{\varphi\omega} &= x\sin\kappa + y\cos\kappa \\ z_{\varphi\omega} &= z \end{aligned}\right\}$$

写成矩阵形式为：

$$\begin{bmatrix} x_{\varphi\omega} \\ y_{\varphi\omega} \\ z_{\varphi\omega} \end{bmatrix} = \begin{bmatrix} \cos\kappa & -\sin\kappa & 0 \\ \sin\kappa & \cos\kappa & 0 \\ 0 & 0 & 1 \end{bmatrix} \begin{bmatrix} x \\ y \\ z \end{bmatrix} = R_{\kappa} \begin{bmatrix} x \\ y \\ -f \end{bmatrix} \tag{2-6}$$

(4)将上面公式逆序代入可得到像点空间辅助坐标与像空间坐标的变换关系为：

$$\begin{bmatrix} u \\ v \\ w \end{bmatrix} = \begin{bmatrix} \cos\varphi & 0 & -\sin\varphi \\ 0 & 1 & 0 \\ \sin\varphi & 0 & \cos\varphi \end{bmatrix} \begin{bmatrix} 1 & 0 & 0 \\ 0 & \cos\omega & -\sin\omega \\ 0 & \sin\omega & \cos\omega \end{bmatrix} \begin{bmatrix} \cos\kappa & -\sin\kappa & 0 \\ \sin\kappa & \cos\kappa & 0 \\ 0 & 0 & 1 \end{bmatrix} \begin{bmatrix} x \\ y \\ -f \end{bmatrix}$$

$$= R_{\varphi} R_{\omega} R_{\kappa} \begin{bmatrix} x \\ y \\ -f \end{bmatrix} = R \begin{bmatrix} x \\ y \\ -f \end{bmatrix} = \begin{bmatrix} a_1 & a_2 & a_3 \\ b_1 & b_2 & b_3 \\ c_1 & c_2 & c_3 \end{bmatrix} \begin{bmatrix} x \\ y \\ -f \end{bmatrix} \tag{2-7}$$

式中：

$$\left.\begin{aligned} a_1 &= \cos\varphi\cos\kappa - \sin\varphi\sin\omega\sin\kappa \\ a_2 &= -\cos\varphi\sin\kappa - \sin\varphi\sin\omega\cos\kappa \\ a_3 &= -\sin\varphi\cos\omega \\ b_1 &= \cos\omega\sin\kappa \\ b_2 &= \cos\omega\cos\kappa \\ b_3 &= -\sin\omega \\ c_1 &= \sin\varphi\cos\kappa + \cos\varphi\sin\omega\sin\kappa \\ c_2 &= -\sin\varphi\sin\kappa + \cos\varphi\sin\omega\cos\kappa \\ c_3 &= \cos\varphi\cos\omega \end{aligned}\right\}$$

也可反求转角

$$\left.\begin{aligned} \tan\varphi &= -\frac{a_3}{c_3} \\ \sin\omega &= -b_3 \\ \tan\kappa &= \frac{b_1}{b_2} \end{aligned}\right\}$$

## 五、共线方程及应用

### (一)共线方程的概念及作用

航摄像片与地形图是两种不同性质的投影,摄影测量就是要把中心投影的像点变换为正射投影的地图信息。为此,就要讨论中心投影像点与相应物点的构像方程式。

设摄影中心 $S$ 与地面点 $A$ 在摄影测量坐标系中的坐标分别为($X_S,Y_S,Z_S$)和($X_A,Y_A,Z_A$),则地面点 $A$ 在像空间辅助坐标系中的坐标为 $X_A-X_S,Y_A-Y_S,Z_A-Z_S$,而相应像点 $a$ 在像空间辅助坐标系中的坐标为($U,V,W$)。如图 2-18 所示,由于 $S$、$a$、$A$ 三点共线,因此从相似三角形关系得:

$$\frac{u}{X-X_S}=\frac{v}{Y-Y_S}=\frac{w}{Z-Z_S}=\frac{1}{\lambda}$$

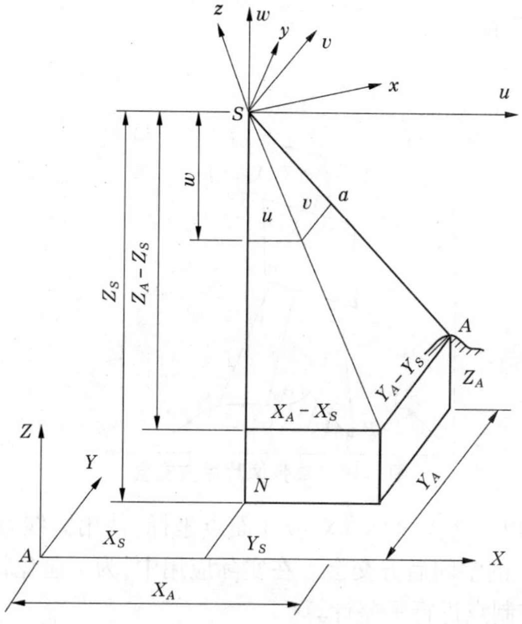


图 2-18 共线方程推导

式中 $\lambda$——比例因子,以矩阵表示为:

$$\begin{bmatrix}u\\v\\w\end{bmatrix}=\frac{1}{\lambda}\begin{bmatrix}X-X_S\\Y-Y_S\\Z-Z_S\end{bmatrix}\tag{2-8}$$

根据像空间坐标与像空间辅助坐标的转换关系式有:

$$\begin{bmatrix}x\\y\\-f\end{bmatrix}=R^{\mathrm{T}}\begin{bmatrix}u\\v\\w\end{bmatrix}=\begin{bmatrix}a_1&a_2&a_3\\b_1&b_2&b_3\\c_1&c_2&c_3\end{bmatrix}\begin{bmatrix}u\\v\\w\end{bmatrix}\tag{2-9}$$

将式(2-8)代入式(2-9)后,前两式除以第三式得:

$$\left.\begin{aligned} x &= -f\frac{a_1(X-X_S)+b_1(Y-Y_S)+c_1(Z-Z_S)}{a_3(X-X_S)+b_3(Y-Y_S)+c_3(Z-Z_S)} \\ y &= -f\frac{a_2(X-X_S)+b_2(Y-Y_S)+c_2(Z-Z_S)}{a_3(X-X_S)+b_3(Y-Y_S)+c_3(Z-Z_S)} \end{aligned}\right\} \tag{2-10}$$

式(2-10)称为中心投影的构像方程,即物点、投影中心和相应像点的共线条件,也称共线方程。共线方程是中心投影构像的数学基础,也是各种摄影测量处理方法最重要的理论基础。

**(二)共线方程的应用——单像空间后方交会**

如果已知一张像片的6个外方位元素,就能确定摄影瞬间被摄物体与航摄像片的对应关系。因此,如何获取像片的外方位元素,一直是摄影测量工作者探讨的问题。目前,外方位元素主要利用雷达、全球定位系统、惯性导航系统等方式获取,也可用摄影测量空间后方交会法获取,如图2-19所示。

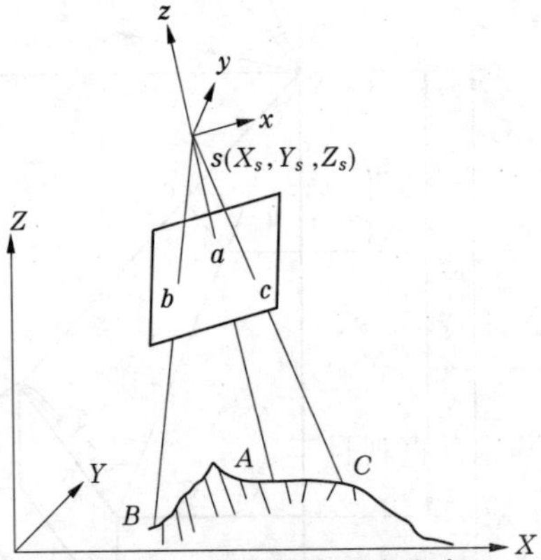

**图2-19　单张像片后方交会**

利用航片上的3个以上像点坐标和对应地面点坐标,使用共线方程计算像片外方位元素的方法,称为单张像片的空间后方交会。在实际应用中,为了避免粗差,应有多余检查点,因此一般需要4~6个控制点进行平差计算。

共线条件方程的严密关系式是非线性函数,为了便于计算机处理,要对它进行线性化,按泰勒级数展开取至一次项,然后对未知数赋予近似值,列误差方程进行解算,再将解算结果作为近似值,重复上述步骤直到两次解算结果之差小于规定值。

## 六、航摄像片的像点位移

**(一)像点位移的概念**

航摄像片是地面景物的中心投影,地图是地面景物的正射投影,只有当地面水平、无高差,且航摄像片也水平时,中心投影才与正射投影等效,航摄像片才具有地形图的数学特征(距离、夹角关系等)。当航摄像片有倾角或地面有高差时,所摄得的像片上的构像与理想情况下的构像产生的差异,称为像点位移,它包括像片倾斜引起的位移[见图2-20(a)]和地形起伏引起的位移(又称为投影差)[见图2-20(b)],其结果是使地面上的几何图形在像片上成像时产生变形及影像比例尺处处不等。

除上述两种几何因素外,一些物理因素也会引起像点位移。在航摄像片的摄影过程和

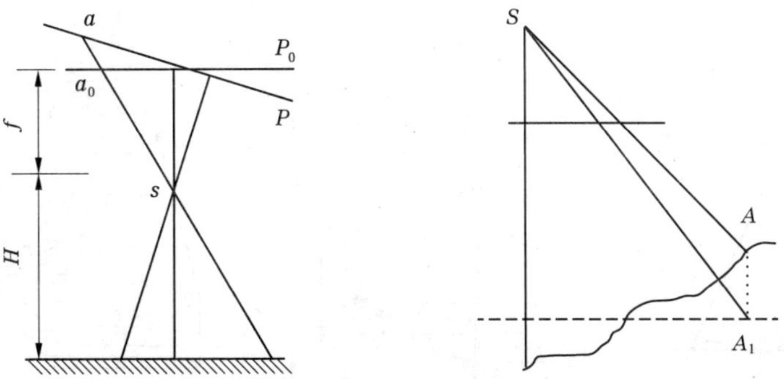


(a)像片倾斜造成的像点位移　　(b)地面起伏造成的投影差

**图 2-20　像点位移及投影差**

摄影处理过程中,由于摄影物镜的畸变差、大气折光、地球曲率及底片变形等因素的影响,地面点在像片上的像点位置发生位移,破坏了三点共线的条件,称为物理因素引起的像点位移。这类像点位移在每张像片上的影响都有相同的规律,属于系统误差,很难用光学机械的方法模拟改正,但可以用数学模型来描述。因此,在模拟立体测图中一般不考虑这种误差,但在解析空中三角测量加密控制点时,由于误差的传递累积,对加密点成果的精度有明显的影响,必须事先对原始数据中的像点坐标进行改正。此外,解析测图仪和数字摄影测量系统一般也具有改正这种误差的功能。

**(二)正射影像图及像片纠正**

1. 正射影像图

相比地形图,航摄影像图虽然有直观且丰富的信息,但由于像点位移的存在,航摄影像并不能与地表景物保持相似并按固定比例缩小,而表现为中心投影的构像。因此,如果能将因像片倾斜和地形起伏等引起的位移变形进行改正,使之既有地形图的投影性质和坐标属性,又能保持原有丰富的影像信息,则对于地球空间信息科学的研究和应用,特别是对于地理信息系统(GIS)的应用是十分有价值的。

将中心投影的航摄影像转变为正射投影的影像图是摄影测量的主要任务之一。像片平面图或正射影像图是地图的一种,它是用像片上的影像表示地物的形状和平面位置的地图形式,有非常广泛的用途。

正射影像:指在像片上消除了因像片倾斜和地形起伏产生的像点位移,具有正射投影性质的像片。

正射影像图:指用正射影像编制的带有公里格网、图廓内外整饰和注记的平面图。

2. 像片纠正

正射影像图的制作方法是像片纠正。所谓像片纠正,是指消除因像片倾斜产生的像点位移,限制、减小因地形起伏产生的投影差,同时归化影像比例尺的工作,其实质是将中心投影的像片变成具有正射投影性质的像片。像片纠正主要有以下两类方法。

1)投影变换类纠正

投影变换类纠正以单张像片作为纠正单元,利用光学投影方式,根据透视变换原理进行像片纠正的方法。此种方法根据地形起伏的情况可选择三种方式:一次纠正、分带纠正及光学微分纠正(见图 2-21)。

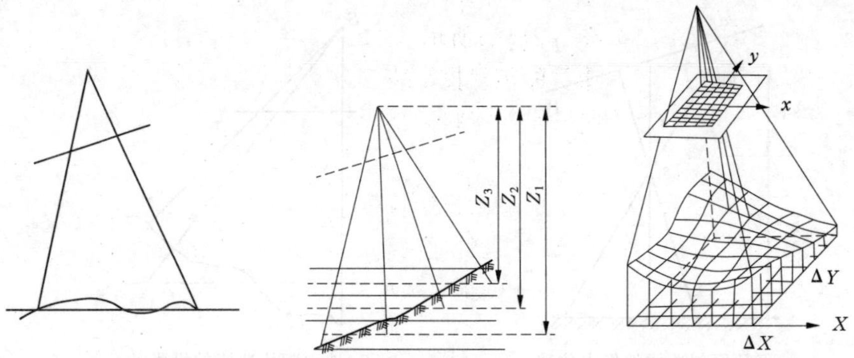


(a)一次纠正　　(b)分带纠正　　(c)光学微分纠正

图 2-21　投影变换类纠正

(1)一次纠正法。

一次纠正法是指在一张纠正像片的作业范围内,由于地势非常平坦,使得任何像点的投影差都不超过测图规范的限差(0.4 mm)要求,此时可采用一次纠正法对整张像片进行纠正,即只处理像片倾斜带来的像点位移,不处理地面起伏造成的投影差,如图 2-21(a)所示。

(2)分带纠正。

分带纠正指在一张像片范围内,有一定高差但坡度变换较平缓,可按照地形高程,将作业区划分为若干带区,使每一带区内地形起伏引起的投影差小于规定的值,见图 2-21(b)所示。分别对每一带区纠正晒像,然后镶嵌成为一张纠正像片。此种方式一般适用于丘陵地区。

在模拟摄影测量中,用于平坦地区像片纠正或分带纠正的仪器称为纠正仪,它是纯光学机械纠正仪器,如图 2-22(a)所示。

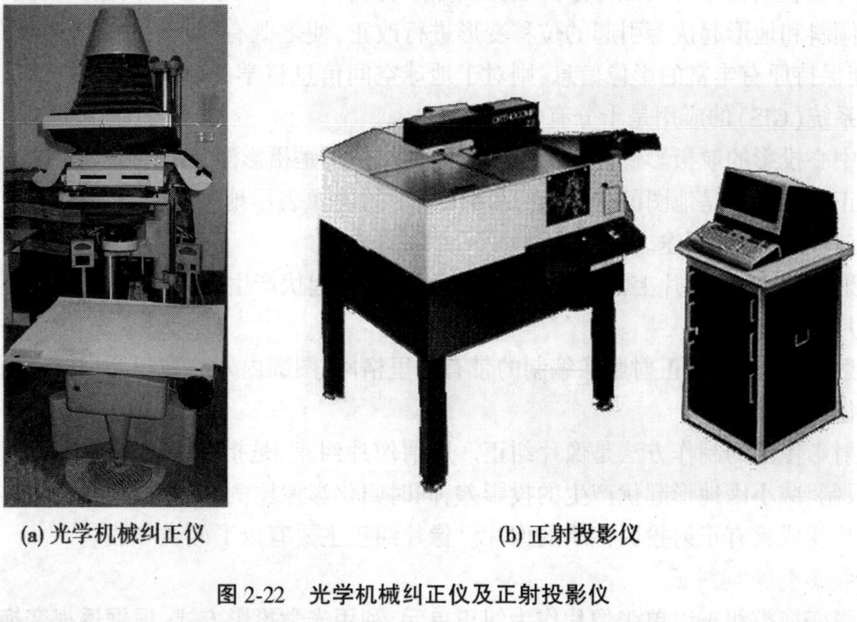

(a) 光学机械纠正仪　　(b) 正射投影仪

图 2-22　光学机械纠正仪及正射投影仪

(3)光学微分纠正(正射投影技术)。

对于地形起伏较大的地区,分带纠正无法进行时, 则只能用一个足够小的面积作为纠正单元，并根据该纠正单元的地面实际高程进行纠正，使之实现从中心投影到正射投影的正确变换，这就是光学微分纠正，如图 2-21(c)所示。

光学微分纠正是利用光学投影类的正射投影装置对像片中的微小纠正单元进行逐个纠正并扫描晒像的纠正方法。纠正单元是呈线状的小块面积，因为宽度极小，因此也称为缝隙纠正。

光学微分纠正是利用计算机控制的正射投影仪进行的，它是解析摄影测量阶段制作正射影像图的主要方法，适用于地形起伏较大的地区制作正射影像图，如图 2-22(b)所示。

投影变换的纠正方式，在数学关系上受到了很大的限制，因此在实现过程中做了不同程度的似近(忽视纠正单元内的高差)。

因此，对于地形复杂、起伏较大的山地地形，上述光学纠正方法难以达到精度要求。

另外，近代遥感技术中许多新的遥感器的出现，产生了不同于框幅式摄影像片的影像，使得经典的光学纠正仪器难以适应这些影像的纠正任务。

2)数学解析纠正

随着数字摄影测量的发展，目前正射影像图的生产完全采用数学解析的方法进行。即以数字影像的像元(像素)为纠正单元(可小到 25 μm×25 μm)，根据内外方位元素和数字高程模型，利用计算机图像变换法对每一像元进行逐个纠正。这种直接利用计算机和数学模型对数字影像的逐个像元进行纠正方法，称为数字微分纠正。其产品为数字正射影像图(DOM)。

**(三)模拟法正射影像图制作步骤简介**

模拟法正射影像图制作方法随着全数字摄影测量的普及，目前早已被淘汰，简要介绍其制作步骤是为了让初学者了解早期的摄影测量生产方法，更好地理解前面的基础知识。

模拟法正射影像图制作采用光学机械法纠正仪进行投影变换(见图 2-23)，通过投影晒像，获得某一比例尺的正射影像图，适合较为平坦的地区。

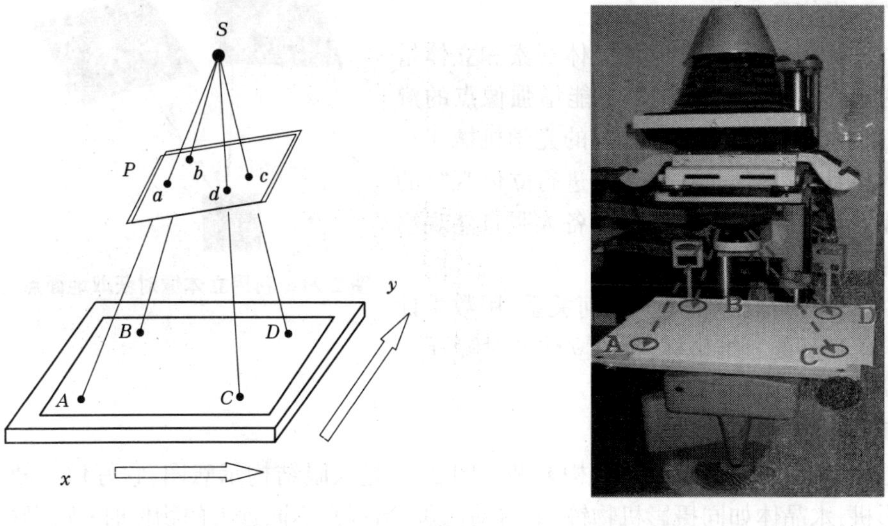


(a)光学机械纠正原理　　(b)纠正仪

**图 2-23　光学机械纠正原理及纠正仪**

(1)准备一张有坐标格网的图纸，将所纠正航片范围内合理分布 4 个控制点(实测或空三加密的)按要求的成果比例尺展绘在图纸上,并将图纸放置于纠正仪承影板上。

(2)将刺有4个控制点的透明正片放入纠正仪的投影器相应位置。

(3)打开投影器灯光,像片影像被投影于承影板的图纸上,此时像片上4个控制点的影像与图纸上4个控制点的位置并不重合。

(4)通过转动纠正仪上的2个手轮和脚盘,使承影板前后倾斜、左右倾斜、升降,并结合图纸的旋转、平移,使得4个控制点的影像和图纸上4个控制点的位置重合。

(5)关闭所有灯光,将图纸换为相纸,压平并设置好合适的投影曝光时间,重新曝光。

(6)对曝光后的相纸进行显影、定影、晾干。

(7)完成整个区域的影像纠正后,按图幅参数进行镶嵌,获得正射影像图。

通过升降、倾斜、平移及旋转这些动作,使中心投影像片上的4个控制点与正射投影图纸上的4个控制点逐渐趋近直至完全重合,即用模拟方法恢复了像片的内、外方位元素,使投影光束与摄影光束完全相似,获得具有正射投影性质的影像。

## 任务三　立体像对解析基础

### 一、立体视觉与立体观察

在摄影测量中,恢复单张像片的内、外方位元素,实现摄影过程几何反转后,并不能确定被摄物体点的位置,而只能确定该点所在的摄影方向线。因此,要求得被摄物体点的物方坐标,必须利用具有一定重叠的两张像片,构成立体模型来确定被摄物体的空间位置,如图2-24所示。

立体模型是双像解析摄影测量的基础,用数学或模拟的方法,重建地面立体模型,并根据立体模型而获取地面的三维信息。

因此,在摄影测量中广泛应用立体观察和立体量测,不仅是摄影测量原理的要求,还能增强像点的辨认能力,提高了量测的精度。除传统的光学机械纠正仪器外,摄影测量仪器都是在对像对进行立体观察的情况下作业的,仪器的观察系统应具备人眼自然观察的相应条件。

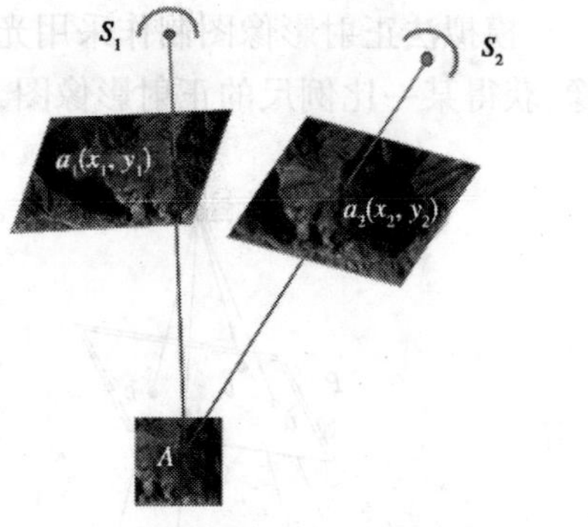


图2-24　利用立体像对获取地面点位置

按照立体像对与被摄物体的几何关系,用数学计算方式来求解物点的三维坐标,称为立体像对解析。

**(一)人造立体视觉原理**

1.人眼的天然立体视觉

人眼是一个天然的光学系统,结构复杂。图2-25是人眼结构示意图,它好像一架完美的自动摄影机,水晶体如同摄影机物镜,能自动调焦,当观察不同远近的物体时,视网膜上都能得到清晰的构像。瞳孔就像光圈,视网膜如同底片,接收物体的影像信息。

单眼观察景物时,人们感觉到的仅是景物的透视像,就像只有一张像片,不能正确判断景物的远近。只有用双眼观察景物,才能判断景物的远近,得到景物的立体效应,这种现象称为人眼的天然立体视觉。

人眼为什么能观察景物的远近呢？见图 2-26，当双眼凝视物点 $A$ 时，两眼的视轴本能地交于该点，此时的交向角为 $\gamma$。当观察附近的 $B$ 点时，交向角为 $\gamma+d\gamma$。由于交向角的差异，$A$、$B$ 点在视网膜上的构像弧长不相等，其差 $\Delta=ab-a'b'$，称为生理视差。

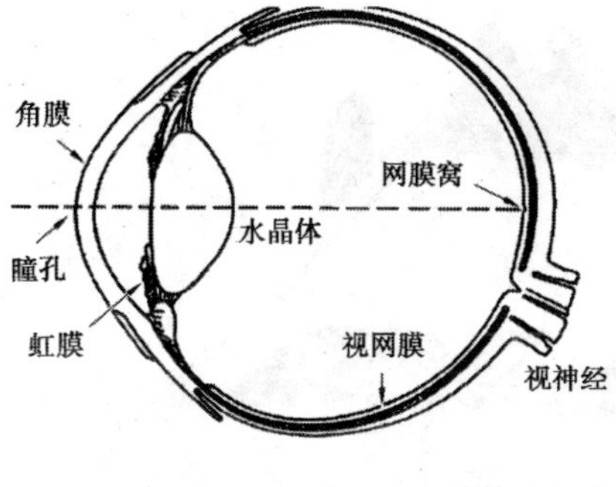


图 2-25 人眼结构示意图

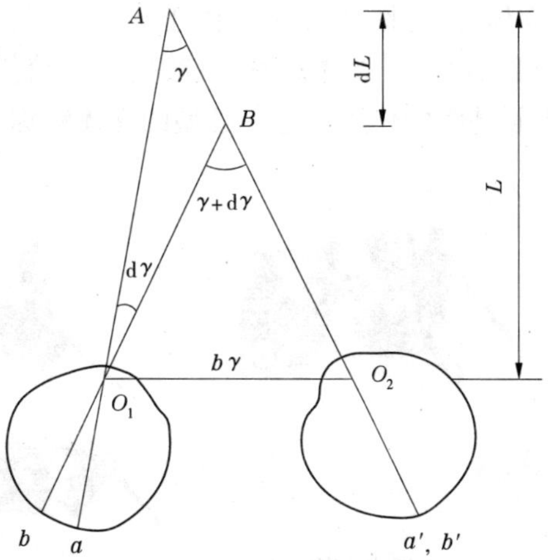


图 2-26 人眼的立体视觉

科学研究表明：由交会角不同而引起的生理视差通过人的大脑就能做出物体远近的判断，因此生理视差是产生天然立体感觉的生理基础，正是从这一原理出发而获取人造立体视觉。

2. 人造立体视觉

利用相邻像片组成的像对进行双眼观察（左眼看左片，右眼看右片），同样可获得所摄地面的立体模型，并且可进行量测，这样就奠定了立体摄影测量的基础。

借用二维构像信息，在视觉上感受三维空间物体存在的过程称为人造立体视觉。

综上所述，人造立体视觉必须符合自然界立体观察的四个条件：

（1）两张像片必须是在两个不同位置对同一景物摄取的立体像对。

（2）每只眼睛只能观察像对的一张像片。

（3）两像片上相同景物（同名像点）的连线与眼基线应大致平行。

（4）两像片的比例尺应相近（差别 $<15\%$）。

用上述方法观察到的立体与实物相似，称为正立体效应。如果把像对的左右像片对调，左眼看右像片，右眼看左像片，或者把像对在原位各自旋转 180°，这样产生的生理视差就改变了符号，导致观察到的立体景物远近效果正好与实际景物相反，这称为反立体效应。

**（二）立体观察方法**

由于人眼习惯凝视（两眼看同一点），且人的眼基距有限，观察视场小，因此如果直接用双眼观察立体，不易满足前述立体观察四个条件中的第二条，会造成看不到立体视觉或成像的视觉模型不稳定，而且眼睛极易疲劳。因此，我们主要借助立体镜法、互补色法、偏振光法和液晶闪闭法四种方法观察立体。其中，前两种方法主要用于模拟法摄影测量，后两种方法主要用于解析法摄影测量和数字摄影测量。

1. 立体镜法(分像)

当立体镜主距 $f_c$ 与像片主距 $f$ 相等时,观察者感觉到的视模型与实地相似。若 $f_c>f$,即像片主距小于立体镜主距时,实物的远近凸凹在视模型上被夸大,即地面起伏变大,当然,这种变形有利于高程的量测。

桥式立体镜[见图 2-27(a)]由于基线太短,不利于观察大像幅的航摄像片。为了对大像幅的航摄像片进行立体观察,可改用焦距较长的透镜,并在左右光路中各加入一对反光镜,起扩大眼基距的作用。这一类型的立体镜称为反光立体镜,如图 2-27(b)所示。

(a) 桥式立体镜　　(b) 反光立体镜

图 2-27　立体镜

2. 互补色法(分色)

混合在一起变成白色光的两种色光称为互补色光。最常用的互补色为品红—绿、品红—蓝。如图 2-28 所示,在暗室中,用两个投影器分别对左右片进行投影。在左投影器中插入红色滤光片,右投影器中插入绿色滤光片。观察者带上左红右绿的眼镜就可以达到分像的目的,从而观察到立体了。

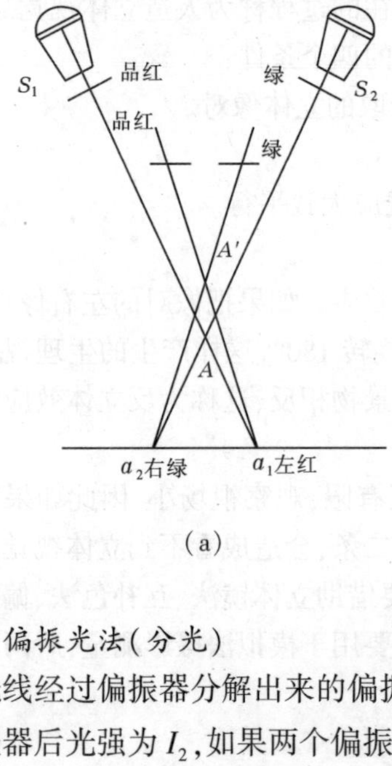


(a)

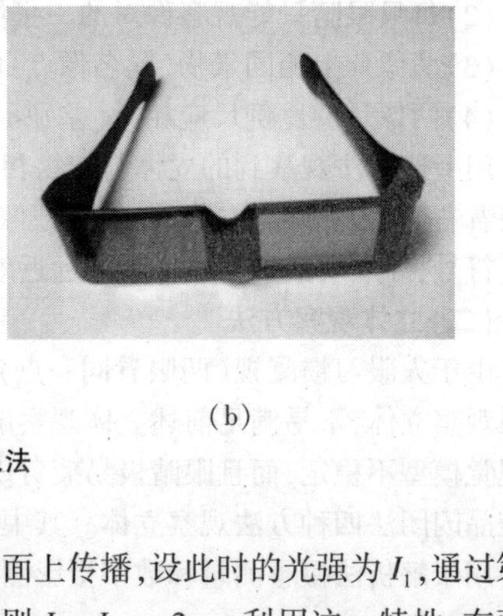

(b)

图 2-28　互补色法

3. 偏振光法(分光)

光线经过偏振器分解出来的偏振光只在偏振平面上传播,设此时的光强为 $I_1$,通过第二个偏振器后光强为 $I_2$,如果两个偏振器的夹角为 $\alpha$,则 $I_2=I_1\ \cos2\alpha$。利用这一特性,在两张影像的投影光路中分别放置偏振平面相互垂直的偏振器，得到波动方向相互垂直的两组偏振光影像。观察者带上与偏振器相互垂直的偏振眼镜，这样就能达到分像的目的，也就可以观察到立体。

4. 液晶闪闭法(分时)

它由红外发生器和液晶眼镜组成。使用时红外发生器一端与显卡相连，图像显示软件按照一定的频率交替显示左右影像，红外发生器同步发射红外线，控制液晶眼镜的左右镜片交替打开和关闭，达到分像的目的，从而观察到立体。

**(三)立体量测**

通过立体观测设备不仅要能观察到地面的立体模型，而且要能在模型上进行量测，获取模型点坐标或在像片上量测像点坐标，从而通过模型点坐标或像点坐标确定地面点的三维坐标。立体量测有用双测标和用单测标量测两种方法。

(1)双测标量测法是用两个刻有量测指标的测标放在两张像片上，或放置在左右像片观察光路中，如图 2-29(a)所示，两 T 形测标可在像片上做 $x$ 和 $y$ 方向的共同移动和相对移动。借助两测标在 $x$、$y$ 方向的共同移动，使得其中的左测标对准左像片上某一像点 $a$；然后保持左测标不动，使右测标在 $x$、$y$ 方向做相对移动，达到对准右像片上的同名像点 $a'$，在立体观察下，能看到一个空间的测标与立体模型上的 $A$ 点相切。此时，记下左右像点的坐标 $(x_a, y_a)$，$(x'_a, y'_a)$，可得到像点坐标量测值。或者设置测标于某一高程，用左右手轮运动，保证测标沿立体模型表面紧贴移动，即可驱动测图设备绘出等高线。这时，若左右移动右测标，可观察到空间测标相对于立体模型表面做升降运动，或沉入立体模型内部，或浮于模型的上方。因此，立体坐标量测就是要使左、右测标同时对准左、右同名像点，使测标切准模型点的表面。这就是摄影测量中像点坐标立体量测的原理。

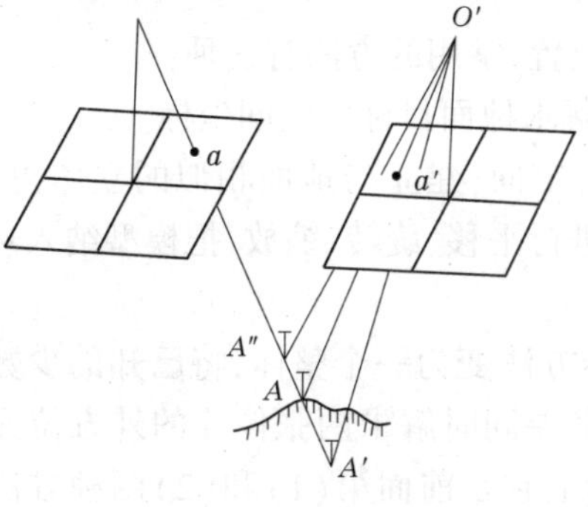


(a)双测标量测法

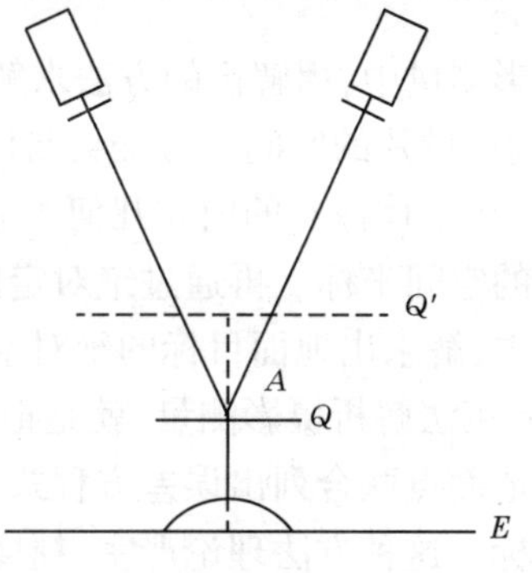


(b)单测标量测法

图 2-29 立体量测

(2)单测标量测法是用一个真实测标去量测立体模型，如图 2-29(b)所示。用一个测绘台进行模型点的量测，测绘台的水平小承影面 $Q$ 中央有一小光点测标，小承影面可上下移动，而整个测绘台可在承影面上做水平方向移动，当光点测标与某一地面点 $A$ 相切时，测标的位置就代表量测点的空间位置$(X,Y,Z)$，按此高度沿着立体模型表面保持相切地移动测绘台，则测绘台下端的绘图笔随即绘出运动轨迹，此轨迹就是该高程的等高线。

**(四)立体像对及其点、线、面**

见图 2-30，$S_1$、$S_2$ 为相邻摄站；其连线 $B$ 称为摄影基线；在 $S_1$、$S_2$ 拍摄的具有一定重叠度的两张像片称为立体像对；地面点 $A$ 在两张像片上的构像 $a_1$、$a_2$ 称为同名像点；构像光线 $AS_1a_1$ 和 $AS_2a_2$ 称为同名光线，显然，同名光线共面；过摄影基线 $B$ 的平面称为核面，在摄影瞬间，地面任意一点的两条同名光线与摄影基线（三线共面）位于同一平面内，称为某点的核面；核面与像平面的交线称为核线；而摄影基线与像平面的交点称为核点，且像面上所有核线必汇聚于核点。

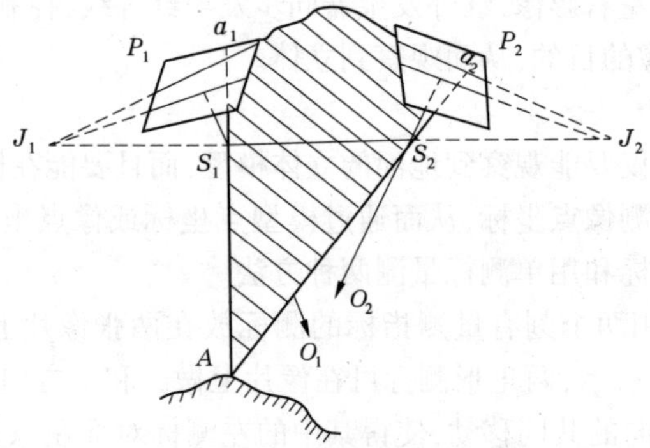


图 2-30 立体像对的点、线、面

摄影基线 $S_1S_2$，同名像点 $a_1$、$a_2$，同名光线 $AS_1a_1$、$AS_2a_2$。

核面：过摄影基线的平面。$A$ 点核面：过摄影基线和地面点 $A$ 的平面 $S_1S_2A$。

核线：核面与像平面的交线。

同名核线：核面与左、右像平面的两条交线，且同名像点一定在同名核线上。

核点：基线与像平面的交点 $J_1$、$J_2$。

## 二、双像解析法求解地面点位置的方法

在摄影测量中，用解析的方法求解地面点的位置，常用的方法有三种：

（1）利用像片的空间后方交会与前方交会来解求地面目标的空间坐标。

（2）利用立体像对的内在几何关系，进行相对定向，建立与地面相似的立体模型，计算出模型点的空间坐标。再通过绝对定向，将模型进行平移、旋转、缩放，把模型纳入规定的地面坐标系中，解求出地面目标的绝对空间坐标。

（3）光束法解析摄影测量，就是把上述的分步方法变为一个整体，将已知的少数控制点和待求的地面点联合列出误差方程式，进行统一平差同时解求两张像片的外方位元素与待定点的坐标。这种方法理论严密，精度较高，实际上它是前面第（1）和（2）两种方法的综合集成。

### （一）单张像片后方交会-立体像对前方交会法

根据前述知识，单个像点及所在像片的外方位元素只能确定其相应地面点所在的空间方向，若有立体像对上的同名像点，使两条同名射线在空间相交，其交点就是该地面点的空间位置。这种求解地面点的方法需要单张像片后方交会和立体像对前方交会两个步骤：

（1）应用单像空间后方交会求得像片的外方位元素。

（2）立体像对前方交会，就是利用立体像对两张像片的内、外方位元素和同名像点坐标，利用共线方程求解该点的物方空间坐标。

如图 2-31 所示，设在空中 $S_1$ 和 $S_2$ 两个摄站点对地面进行摄影，获得一个立体像对，任

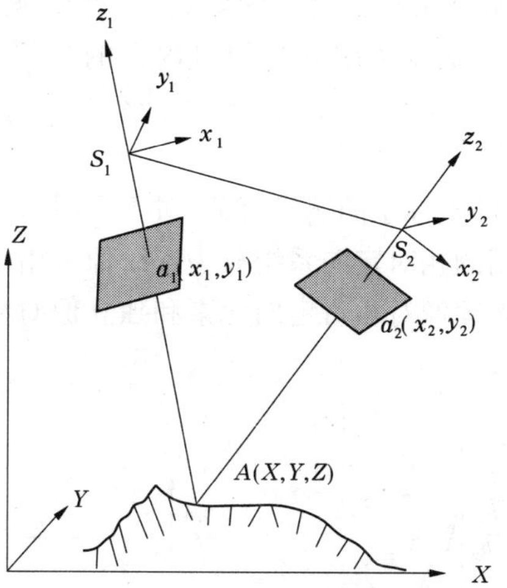


图 2-31　立体像对前方交会

一地面点 $A$ 在该像对的左右像片上构像为 $a_1$ 和 $a_2$。现已知两张像片的内、外方位元素,设想将像片按内、外方位元素值置于摄影时的位置,则同名光线 $S_1a_1$ 与 $S_2a_2$ 必然交于地面点 $A$。

$$\left.\begin{aligned} X - X_S &= (Z - Z_S)\frac{a_1(x - x_0) + a_2(y - y_0) - a_3 f}{c_1(x - x_0) + c_2(y - y_0) - c_3 f} \\ Y - Y_S &= (Z - Z_S)\frac{b_1(x - x_0) + b_2(y - y_0) - b_3 f}{c_1(x - x_0) + c_2(y - y_0) - c_3 f} \end{aligned}\right\} \tag{2-11}$$

解算特点:

(1)所需的控制点个数:(后方交会)每张像片至少需要 3 个。

(2)迭代运算过程,外方位元素较大且初始条件未知时,不能提供初始值。

(3)前方交会没有利用多余条件平差计算,仅适用于外方位元素已知、加密少量控制点。

**(二)相对定向-绝对定向法**

1. 相对定向与绝对定向的意义

确定一张航摄像片在地面坐标系统中的方位,需要确定 6 个外方位元素,即确定摄站三维坐标的 3 个线元素和确定摄影光束空间姿态的 3 个角元素。因此,确定一个立体像对的两张像片在该坐标系中的方位,则需要 12 个外方位元素。恢复立体像对中两张像片的外方位元素即能恢复其绝对位置和姿态,重建被摄地面在地面坐标系中的立体模型,完成摄影过程的几何反转。

在模拟摄影测量中,求取外方位元素并直接在投影器上恢复是非常困难的。因此,上述过程可以通过另一途径来完成。即暂不考虑像片的绝对位置和姿态,而只恢复两张像片之间的相对位置和姿态,这样建立的立体模型称为相对立体模型,其比例尺和方位均是任意的;然后在此基础上,将两张像片作为一个整体进行平移、旋转和缩放,达到绝对位置,即纳入指定地面坐标系;最后通过量测模型求得像点对应的地面点坐标。这种方法称为相对定向-绝对定向法。

恢复一个立体像对两张像片的相对位置,建立立体模型的过程称为相对定向。相对定向完成的唯一标准是:两张像片上所有的同名光线对对相交。

用于描述两张像片相对位置和姿态关系的参数，称为相对定向元素。由于不涉及像片的绝对位置，因此相对定向只需要利用立体像对内在的几何关系来进行，不需要地面控制点。

2. 相对定向元素

相对定向元素与空间辅助坐标系的选择有关，对于不同的像空间辅助坐标系，相对定向元素可以有不同的选择，常用的相对定向系统分为连续像对相对定向和独立像对相对定向。所以，相对定向元素也分为连续像对相对定向元素和独立像对相对定向元素，如图 2-32(a)和图 2-32(b)所示。

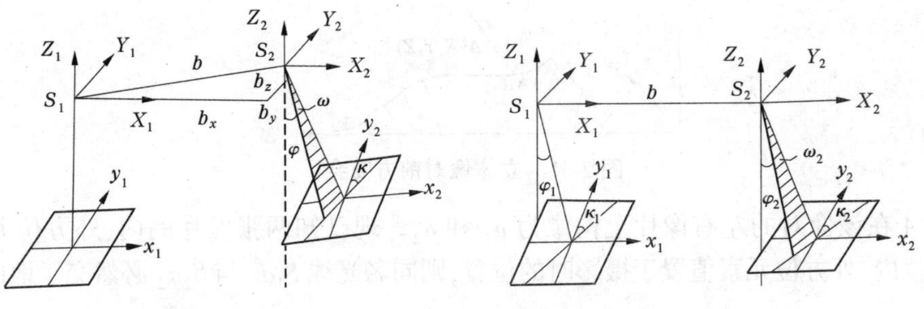


(a)连续像对相对定向元素　　(b)独立像对相对定向元素

**图 2-32　相对定向元素**

(1)连续像对相对定向元素是以左像片为准，表示右像片相对于左像片的相对方位元素，即 $b_v,b_w,\varphi_2,\omega_2,\kappa_2$，其特点是在相对定向过程中，只需移动和旋转右像片，左像片则始终固定不变。

(2)独立像对相对定向元素是将摄影基线水平固定，只使用两张像片的姿态元素，即 $\varphi_1,\kappa_1,\varphi_2,\omega_2,\kappa_2$，其特点是在相对定向过程中，只需旋转两张像片，无须平移。

3. 绝对定向及绝对定向元素

相对定向建立的立体模型，是一个以相对定向中选定的像空间辅助坐标系为基准的模型，它在地面坐标系统中的方位是未知的，其比例尺也是任意的。如果要确定立体模型在地面测量坐标系中的正确位置，就必须把模型点的摄影测量坐标转化为地面测量坐标，这项工作称为立体模型的绝对定向，它需要借助已知测量坐标值的地面控制点来进行。

如前所述，立体像对共有 12 个外方位元素，相对定向确定了 5 个元素后，绝对定向还需确定 7 个元素，这 7 个元素的求解过程实质是将立体模型进行空间相似变换，即通过平移、旋转、缩放，将立体模型纳入地面坐标系中，因此绝对定向的目的就是恢复立体模型在地面坐标系中的大小和方位。

绝对定向的 7 个定向元素为 $\lambda$、$\Delta X$、$\Delta Y$、$\Delta Z$、$\varphi$、$\omega$、$\kappa$。

其中 $\lambda$ 为比例因子，$\Delta X$、$\Delta Y$、$\Delta Z$ 为平移参数，$\varphi$、$\omega$、$\kappa$ 为旋转参数。

相对定向-绝对定向法求解地面点坐标，不论是模拟方式还是解析方式，都是摄影测量的基本方法。它至少需要两个平高点和一个高程点。

**(三)光束法解析空中三角测量**

为了减少外业的工作量，在内业利用少量外业控制点，用解析法摄影测量加密计算出每个像对所需要的定向控制点或其他待求点，用于立体测图、像片纠正等生产过程，这项工作称为解析空中三角测量。

光束法是解析空中三角测量(简称空三)的方法之一,也是最严密的平差方法。它是以一幅像片所组成的一束光线为基本平差单元,以共线方程作为平差的基础方程,以每张像片待定点的像点坐标为原始观测值,求解各张像片的外方位元素和所有待定点的地面坐标。光束法最初提出时,受当时计算机水平和计算技术的限制,未能广泛应用。但随着摄影测量和计算机技术的发展,这种平差方法得到广泛应用,并已成为解析空三加密的主流。

光束法是全区域统一建立误差方程式,整体解求全区域内每张像片的6个外方位元素及所有待求点的地面坐标,因此称为光束法区域网空中三角测量。

## 三、模拟法立体测图介绍

20世纪70年代以前设计与制造的立体测图仪,主要是用光学机械的方式,通过模拟方法实现摄影过程的几何反转,即用真实的投影光线或机械导杆代替摄影光线进行同名光线的交会,建立与地面完全相似的立体模型,然后在此立体模型上进行地物、地貌的测绘,并利用仪器上的承影面或与之相连的外接绘图桌,绘出地形原图。由于这类仪器是用模拟方法反转摄影过程,因此把它们统称为模拟测图仪,主要有多倍投影测图仪和精密立体测图仪两类,如图2-33所示。

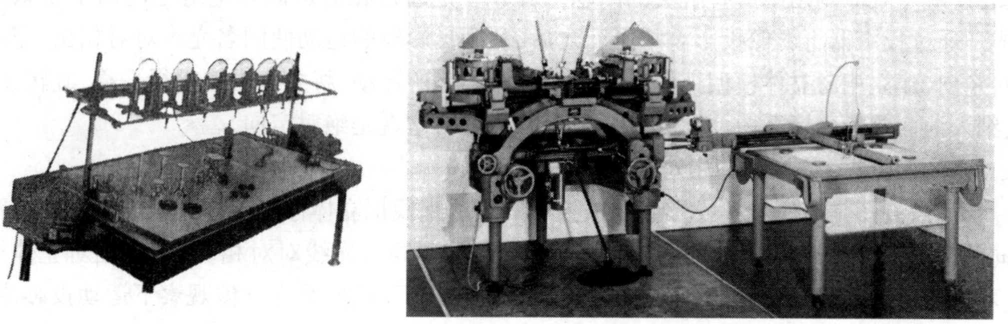

(a)多倍投影测图仪 (b)精密立体测图仪

图2-33 多倍投影测图仪及精密立体测图仪

### (一)模拟法立体测图原理——摄影过程的几何反转

如图2-34所示,地面点$A$、$M$、$C$、$D$发出的光线,通过相邻两摄影机物镜$S_1$和$S_2$,分别构像在左右像片上重叠范围内,成为两个摄影光束。两摄影站$S_1$和$S_2$的距离是空间摄影基线$B$。光线$AS_1$和$AS_2$、$CS_1$和$CS_2$等都是相应的同名光线,同名光线与基线总在一个平面内,即同名光线对对相交。

根据摄影过程的可逆性,将底片$P_1$和$P_2$装回到与摄影机相同的两个投影镜箱内,保持两个投影机的方位与摄影时方位相同,但物镜间的距离缩小了,即投影器从$S_2$移到$S_2'$处,此时投影基线为$S_1S_2'=b$。在投影器上,用聚光灯照明,则两个投影器光束中所有同名光线仍对对相交,构成空间的交点$A'$、$M'$、$C'$、$D'$等。所有这些交点的集合,构成与地面相似的光学立体模型。这个过程称为摄影过程的几何反转。因此,双像投影测图的原理,就是摄影过程的几何反转原理。如图2-35所示,在构成的立体模型中,利用一个有测标的测绘台在承影面上升降,使测标与模型中的地面相切,再加上测绘台的平面移动,测绘台下的绘图笔就可测绘出地形图。

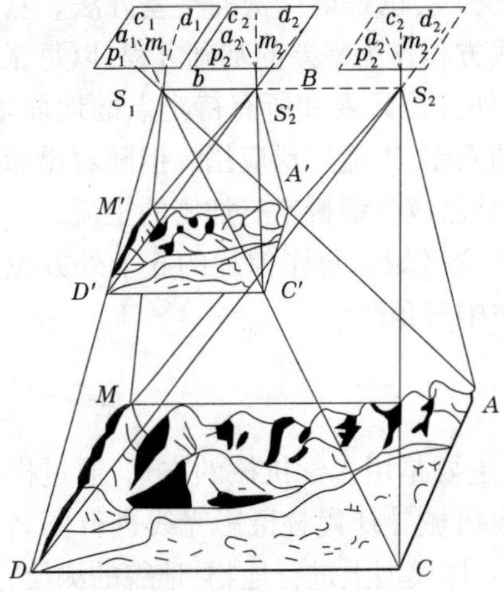


图 2-34　摄影过程的几何反转

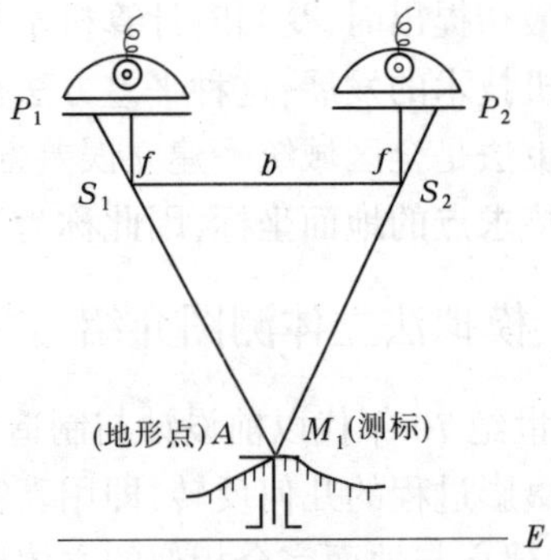


图 2-35　模型的立体量测

如何恢复测绘时投影光束的方位,使它与摄影时的方位相同,从而建立立体模型并进行测图,这就是双像测图中需要解决的问题。其方法是通过相对定向和绝对定向两个步骤来完成。通过投影器将影像投影至承影面之后,利用投影器的运动使同名光线对对相交,完成相对定向,建立相对立体模型。然后仍借助机械螺旋的运动,将立体模型进行平移、旋转、缩放,纳入地面测量坐标系中,并归化为指定的比例尺,这就是绝对定向。

**(二)模拟法立体像对的相对定向操作**

模拟法测图是应用光学投影或机械投影的方法来模拟立体像对摄影过程的反转。相对定向的目的是恢复两张像片的相对位置和姿态,达到同名光线对对相交,建立相对立体模型。在模拟测图仪上进行相对定向并不解求相对定向元素,而是在立体观察下运动投影器,使得若干特定点的同名光线相交,以达到重叠区所有同名光线对对相交。模拟测图仪有许多不同的类型,但相对定向作业步骤基本上相同。现以光学投影类的模拟测图仪为例,说明相对定向的基本方法。

如图 2-36 所示,设有两相邻像片 $P_1$ 和 $P_2$,在其重叠区域四周选刺 6 对同名像点 1 和 1′、2 和 2′、…、6 和 6′,然后将两张像片放置在投影器上,恢复内方位元素以后,光线经投影物镜投影到承影面上成像。此时,同名光线不相交,即在承影面或测绘台上,左右两张像片同名像点的影像 1 和 1′、2 和 2′、…、6 和 6′不重合,存在上下视差 $Q$,如图 2-37 所示。

通过调节投影器上的各个旋钮,改变两个投影器的位置和姿态,消除所有同名像点的上下视差,使 6 对同名光线相交,即可达到重叠区所有同名光线对对相交,完成相对定向的目的。

相对定向需要解求 5 个定向元素,因此在模拟测图仪上的立体观察下,应用投影器的运动,逐点消除定向点的上下视差,用模拟的方法完成相对定向元素的解求,同样需要选取 5 对定向点,为了有所检核,增加 1 对点,共需 6 对定向点。

**(三)模拟法立体像对的绝对定向操作**

完成相对定向后,就建立起与地面相似的立体模型。但此时模型比例尺、空间位置和姿

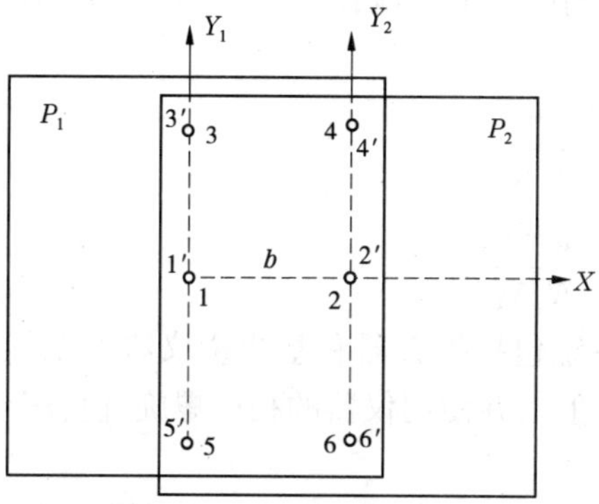


图 2-36 立体像对的相对定向

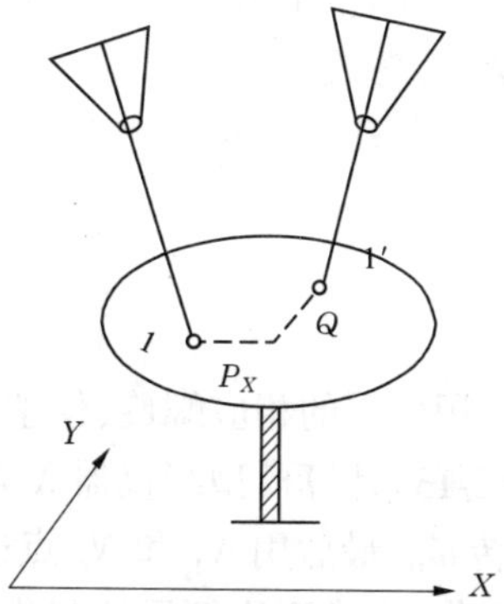


图 2-37 水平视差与上下视差

态均是任意的，为了利用立体模型进行量测，获取正射投影的地形图，还需要将该模型纳入地面测量坐标系中，并归化为测图比例尺。这一过程称为立体模型的绝对定向。

绝对定向元素有 7 个，即 3 个平移量 $\Delta X$、$\Delta Y$、$\Delta Z$，3 个旋转角 $\varphi$、$\omega$、$\kappa$，以及模型比例尺因子 $\lambda$。因此，对于模拟法绝对定向，至少需要 2 个平高点和 1 个高程点才能解求 7 个绝对定向元素。模拟法绝对定向基本步骤如下。

1. 准备底图

如图 2-38 所示，将 4 个野外实测或空三加密的控制点按测图比例尺展绘在图纸上。

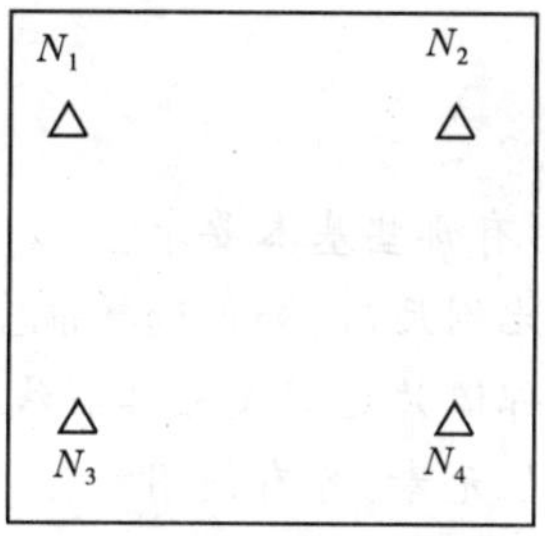


图 2-38 绝对定向图纸

2. 确定模型位置、方向和比例尺

(1)将底图安放在制图承影面或供测图的参考面上，使其中一个控制点如 $N_1$ 与相应模型点的投影重合，这项操作相当于求解了 $\Delta X$、$\Delta Y$。

(2)以 $N_1$ 点为中心旋转底图，使另一个控制点 $N_4$ 的模型点的投影落在底图 $N_1N_4$ 的连线上，这项操作相当于求解 $\kappa$。

(3)比较底图上 $N_1N_4$ 的长度与相应模型投影点间的长度，两者若不相等，表明模型比例尺不等于测图比例尺。这时沿投影基线方向移动其中一个投影器，改变投影基线的长度，直到两模型点的投影正好与底图上 $N_1$、$N_4$ 点重合，这一操作相当于求解比例尺因子 $\lambda$。

3. 模型置平

(1)任取某一点如 $N_1$ 为高程起始点，调整高程起始读数，使 $N_1$ 的高程读数等于实测高程，这项操作相当于求解 $\Delta Z$。

(2)进行模型置平。用测标分别立体切准模型点 $N_2$、$N_3$，读出相应高程读数，并计算出相对于 $N_1$ 的高差 $h_{21}$、$h_{31}$，同时求出 $N_2$、$N_3$ 相对于 $N_1$ 实地高差按图比例尺计算的数值 $h'_{21}$、

$h'_{31}$。比较 $h_{21}$ 和 $h'_{21}$,若相等,说明模型在 $X$ 方向已置平,否则按下式求出模型绕仪器 $Y$ 轴旋转的角度 $\varphi$:

$$\tan\varphi = \frac{h'_{21} - h_{21}}{N_1 N_2} \tag{2-12}$$

$$\tan\omega = \frac{h'_{31} - h_{31}}{N_1 N_3} \tag{2-13}$$

然后使用仪器的相应螺旋,使整个投影系统包括投影器和基线绕仪器 $Y$ 轴旋转 $\varphi$。同理根据式(2-13)计算模型绕仪器 $X$ 轴的旋转角 $\omega$,并使用仪器的相应螺旋,使整个投影系统绕 $X$ 轴旋转 $\omega$。最后用 $N_1$ 和 $N_4$ 点进行检查。

上述操作中,模型比例尺的归化是在模型置平前进行的,在模型置平操作之后,模型点的位置会发生小的变化。因此,上述步骤需要反复进行,直到达到精度要求。

**(四)地物和地貌的测绘**

多倍投影测图仪和精密立体测图仪由于其结构和承影面不同,测图时的设置和具体操作方法会有所不同,但在测绘时都必须将测标切准地物或地面,这需要较多的训练才能达到。

所有内容测绘完毕后,要进行检查和接边工作。像对与像对、航线与航线、图幅与图幅之间,都要接边。

## 思考题

1. 航摄像片与地图有什么不同?
2. 航空摄影测量中对航空摄影有哪些基本要求?
3. 根据成图需要,规定了摄影比例尺后,如何选择航空摄影机与航摄高度?
4. 航空摄影中,为什么要求相邻像片之间及相邻航线之间有一定的重叠?
5. 什么是航摄像片的内、外方位元素,各有何用?
6. 摄影测量中常用的坐标系有哪些? 各有何用?
7. 已知3个角元素及像点的像空间坐标,如何计算像空间辅助坐标?
8. 什么叫共线方程,为什么它在摄影测量中具有重要地位?
9. 什么叫像点位移? 它是什么原因造成的?
10. 什么是像片纠正? 为什么要进行像片纠正?
11. 像片纠正的方法有哪些? 各有什么特点?
12. 单像空间后方交会的目的是什么? 求解多少未知数? 至少需要几个地面控制点? 为什么?
13. 求解地面三维坐标为什么要用到立体像对?
14. 什么是立体像对前方交会?
15. 什么叫人造立体视觉? 观察人造立体视觉有哪些基本条件?
16. 双像解析摄影测量测求地面点三维坐标的方法有哪三种?
17. 什么叫相对定向? 相对定向完成的标志是什么?
18. 相对定向要不要外业控制点? 为什么?
19. 绝对定向的目的是什么? 定向元素有哪些? 至少需要几个地面控制点?

# 项目三　数字摄影测量基础

## 任务一　数字摄影测量概述

数字摄影测量的发展起源于摄影测量自动化的实践，即利用影像相关技术，实现真正的自动化测图。自动化测图的研究可追溯到20世纪30年代，但到1950年，才由美国工程兵研究发展实验室与Gausch and Lomb光学仪器公司合作研制了第一台自动测图仪，它是将像片上的灰度信号转化为电信号，利用电子相关技术实现自动化量测。在20世纪60年代，第一台解析测图仪AP-1问世，但没有实用性。直到1988年，在日本京都召开第16届国际摄影测量与遥感大会期间，展出了以DSP1为代表的数字摄影测量工作站，标志着数字摄影测量有了很大的发展。在国内，由原武汉测绘科技大学王之卓教授于1978年提出了发展全数字自动化测图系统的设想与方案，并于1985年完成了自动化测图系统WUDAMS（后发展为全数字自动化测图系统Virtuozo），采用数字方式实现了摄影测量自动化。到1992年在美国华盛顿召开第17届国际摄影测量与遥感大会期间，已经展出了一些较为成熟的产品，标志着数字摄影测量正在走向实用，并开始步入摄影测量生产。

此后的四年内，数字摄影测量得到了迅速的发展。1996年在维也纳召开的第18届IS- PRS大会上，已有19套数字摄影测量系统参加了展示，其中最具代表性的系统有：

（1）Leica公司的Helava扫描仪DSW300与工作站DPW770。

（2）Intergraph公司的扫描仪AS1与工作站Integraphstation。

（3）Zeiss厂的扫描仪SCA1与工作站PHODIS。

（4）Vision International公司的工作站Microsoft。

（5）Vaxel的扫描仪Vaxe 400。

（6）原武汉测绘科技大学的VirtuoZo。

这些系统基本上实现了摄影测量几何处理的自动化，即利用数字影像灰度信号，采用数字相关技术自动识别、量测同名像点，并在此基础上通过解析计算，进行相对定向和绝对定向，建立数字立体模型，进而进行数字高程模型生成、等高线绘制、数字正射影像图制作及为地理信息系统提供基础信息等工作，并开始把GPS技术引入摄影测量，以确定摄影时刻影像的方位元素。目前，数字摄影测量已成为主流的摄影测量作业方法。

数字摄影测量是基于数字影像处理与摄影测量的基本原理，应用计算机技术、数字影像技术、模式识别等多学科的理论与方法，提取所摄对象用数字方式表达的几何与物理信息的摄影测量学的分支学科，我国著名摄影测量学家王之卓教授称其为全数字摄影测量。

模拟时代的摄影测量作业大部分依赖于各种各样的摄影测量仪器，例如坐标量测仪、立体测图仪、纠正仪、正射投影仪等。每种仪器均各具不同的用途，其设计、结构、通用性、灵活性、精度、输入输出等亦各异。解析测图仪则前进了一大步：在一台解析测图仪上便可完成多种不同类型的任务;而数字摄影测量系统则又在解析测图仪的基础上前进了一大步,它集各种功能于一体,且其应用范围也得到了极大的扩展,如影像位移的去除、任意方式的纠正、多幅影像的比较分析、图像识别、影像数字相关等,还能进行图像特征自动提取,并在此基础上进行双像、多像带几何约束的匹配,以及顾及邻元条件的多块匹配,进而生成数字正射影像、数字高程模型,或直接为机器人视觉系统服务。数字摄影测量系统的这些功能使它的应用领域获得极大的扩展。

应当指出,目前数字摄影测量系统仍处于发展的时期,其自动化功能仅限于几何处理,即可以进行自动内定向、相对定向,自动建立数字高程模型、制作正射影像图。其他的工作采用半自动或人工的方式进行。特别是地物的测绘,目前几乎全部是人机交互方式。虽然已有关于道路和房屋等的自动、半自动提取研究成果的报道,但距离实用化还有较远的距离。因此,提高数字摄影测量的自动化程度是未来重要的研究方向,但限于当前科学技术发展的水平,改进半自动目标提取功能乃是各数字摄影测量系统技术进步的方向。

## 任务二　数字影像获取、表达及内定向

数字影像可以分为两大类:第一类是栅格影像,也称位图。这类影像有两种获取途径:一是直接用数字式传感器得到,例如用数码相机拍摄;二是利用影像数字化器对胶片、纸质类影像通过影像数字化过程获得,例如用扫描仪对像片进行扫描。第二类称为矢量影像,它们一般是利用各类计算机矢量绘图软件绘制的,是用数学关系描述点、线的几何特性、连接关系和色彩属性的影像。例如 AutoCAD 的 * . dwg 和 * . dxf、CorelDRAW 的 * . cdr、AdobeIllustrator 的 * . AI 格式的影像。数字摄影测量使用的是第一类影像,即栅格影像。

### 一、栅格式数字影像的获取及表达方法

#### (一)影像的灰度

如图 3-1 所示,设投影在透明像片上的光通量为 $F_0$,透过透明像片后的光通量为 $F$,则称 $T = F/F_0$为透光率,$O = F_0/F$ 为阻光率。很显然,像点越黑,则透过的光通量越小,阻光率越大。

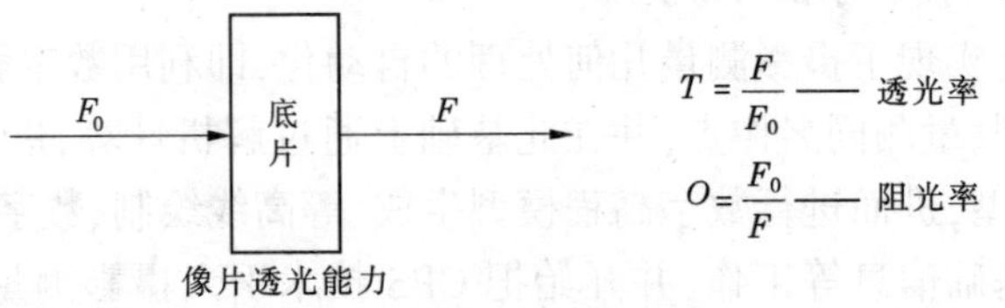


图 3-1　像片的透光能力

因此,透光率和阻光率都可以说明影像黑白的程度。由于人眼对明暗程度的感觉是按对数关系变化的,为了适应人眼的视觉,在分析影像的性能时,不直接用透光率或阻光率表示其黑白程度,而用阻光率的对数值表示为:

$$D = \lg O = \lg(1/T) \tag{3-1}$$

式中　$D$——影像的灰度。

当光线全部透过时,透过率等于 1,则影像灰度等于 0;当光通量仅透过百分之一,即阻

光率是 100 时,则影像的灰度是 2,实际的航空底片灰度一般在 0.3~1.8。

**(二)数字影像的获取——采样与量化**

数字影像的获取方式主要有两种:一种是数字式传感器直接获取,另一种是胶片影像扫描数字化。不论哪种方式,其本质过程依然是采样与量化两项内容。

像片是一个连续分布的平面,在将其进行数字化成像过程中不可能将每一个连续的像点全部记录,而只能每隔一个间隔($d$)记录一个点的灰度值,这个过程称为采样,$d$ 称为采样间隔。采样后影像是不连续的等间隔排列,采样过程会给影像的灰度带来误差。例如相邻两个像点之间影像被丢失,亦即影像的细部受到损失,若要减少损失,则采样间隔越小越好。但是采样间隔越小,数据量越大,增加了运算工作量和提高了对设备的要求。究竟如何确定采样间隔,应根据精度要求和影像分解力。另外,还要考虑到数据量和存储设备的容量。

通过上述采样得到每个点的灰度值是实数,而灰度值如果用实数表示,则一幅数字影像的存储空间将非常大。解决这一问题的方法是对灰度值进行量化处理,即将像点上连续变化的灰度值离散化,获得规定区间内整数表达的灰度值,这一过程称为量化。其方法是将透明像片有可能出现的最大灰度变化范围进行等分,等分的数目称为“灰度等级”,然后将每个点的灰度值在其相应的灰度等级内取整。计算机中数字均用二进制表示,一个 bit 有 0 和 1 两位,可表示黑白两级灰度,1 byte = 8 bit,可表示 $2^8$ = 256 个灰度级,0 为黑,255 为白(见图 3-2)。量化过程会给影像的灰度带来“四舍五入”的凑整误差,其最大为±0.5 个密度单位。量化误差与密度等级有关,密度等级越大,量化误差越小,但会增大数据量。

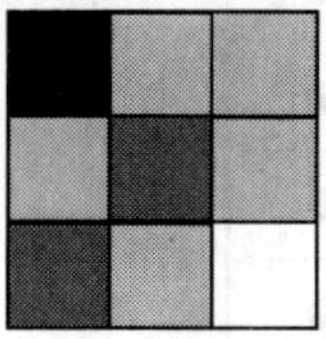

$$\longrightarrow \begin{bmatrix} 0 & 180 & 150 \\ 130 & 90 & 180 \\ 100 & 180 & 250 \end{bmatrix}$$

图 3-2　采样和量化后的数字像片

**(三)数字影像的表达**

经过影像数字化以后得到的数字影像如图 3-2 所示,图中每个正方形称为一个像素(Pixel)或像元。整张图用一个二维矩阵表达[见式(3-2)]:

$$g=\begin{bmatrix} g_{0,0} & g_{0,1} & \cdots & g_{0,n-1} \\ g_{1,0} & g_{1,1} & \cdots & g_{1,n-1} \\ \vdots & \vdots & & \vdots \\ g_{m-1,0} & g_{m-1,1} & \cdots & g_{m-1,n-1} \end{bmatrix} \tag{3-2}$$

矩阵中的每个元素的值是各像素的灰度值,是介于 0~255 的某个整数,代表像素的黑白程度,矩阵元素在矩阵中的行、列号表示像素的位置:彩色影像使用红、绿、蓝三个矩阵表示,矩阵元素为 $R$、$G$、$B$ 的不同灰度级。

## 二、数字影像的内定向

由于经典的摄影测量学已经有一套完整的像方和物方坐标系,并建立了严密的像点坐标与对应物点坐标的关系式,因此只需要确定数字影像中各像素的扫描坐标(传感器坐标系)与像平面坐标之间的转换关系,就可利用原有的摄影测量理论,这一过程称为数字影像的内定向。

一般认为,数字影像的变形主要是在影像数字化成像过程中产生的,而且主要是仿射变形。因此,扫描坐标系和像片坐标系之间的关系可以用以下关系式来表示:

$$\left.\begin{aligned} x &= h_0 + h_1 i + h_2 j \\ y &= k_0 + k_1 i + k_2 j \end{aligned}\right\} \tag{3-3}$$

其中,$h_0$、$h_1$、$h_2$、$k_0$、$k_1$、$k_2$ 称为内定向参数,其数值由像片上 4 个或 8 个框标的扫描坐标及其相应的像平面坐标(相机鉴定值)组成误差方程式,用平差运算求得。

## 任务三　数字影像相关

### 一、数字影像重采样

数字影像只记录采样点的灰度级值,当对原始影像进行处理时,求得的新像点一般不会正好与原始像片上某个像元素的中心重合(非采样点),这样要获取新像点的灰度值,就要在原采样的基础上,根据周围已知像点灰度值内插计算新样点的灰度值,即再一次采样,称为重采样,如图 3-3 所示。数字影像重采样的方法有很多,这里简要介绍几种常用方法。

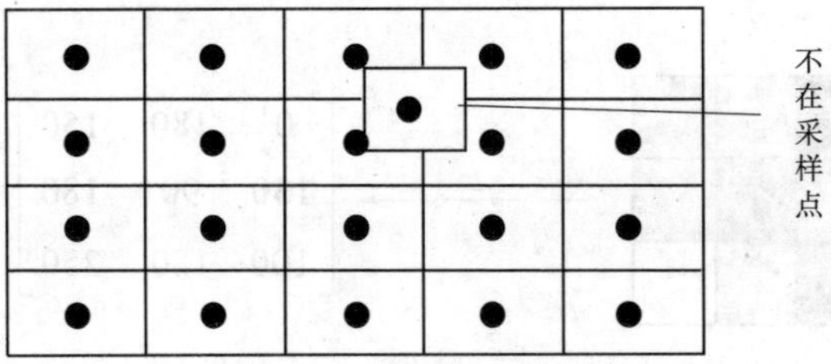


图 3-3　需重采样的像点

#### (一)最邻近像素法

最邻近像素法的算法就是:新像点的灰度值等于与其最接近的原始像素的灰度值。最邻近像素法的优点是算法简单,计算量很小,因此运算速度较快,但它仅使用距待测采样点最近的像素的灰度值作为该采样点的灰度值,没有考虑其他相邻像素点的影响,因而重新采样后灰度值有明显的不连续性,图像质量损失较大,会产生明显的马赛克和锯齿现象。

#### (二)双线性插值法

双线性插值法是利用新像点周围 4 个原始像素灰度值,通过两次线性插值计算获取新像点灰度值的方法。这种算法基本克服了最邻近像素法灰度值不连续的问题,消除了锯齿现象。但此方法仅考虑待测样点周围 4 个直接邻点灰度值的影响,依然会导致缩放后的图像质量受到部分损失,图像边缘会有一定程度的模糊。

#### (三)双三次插值法

在几何运算中,双线性插值法的平滑作用可能会使图像的细节产生退化,在进行放大处理时,这种影响更为明显。双三次插值法是双线性插值法的改进算法,它输出图像的每个像素都是原图16个像素(4×4)运算的结果。该算法不仅考虑到周围4个直接相邻像素点灰度值的影响,还考虑到其灰度值变化率的影响,因此克服了前两种方法的不足之处,能够产生比双线性插值法更为平滑的边缘,计算精度很高,运算速度也不很慢,处理后的图像像质损失最少,效果最佳。

重采样时应该选择哪种算法,应根据实际情况对几种算法进行比较,既要考虑时间方面的可行性,又要考虑变换后的图像质量,这样才能达到较为理想的结果。

## 二、数字影像相关的概念与方法

### (一)数字影像相关概念

在模拟法摄影测量和解析摄影测量阶段,都需要作业员通过人眼不断地从左、右像片上搜索同名像点,即在人眼的立体观察下,使测标切准立体模型点。这种通过人眼与脑的观测及判断进行影像定位、匹配与识别的过程,就是探求影像的相关。而全数字化摄影测量的核心问题是如何在两幅(或多幅)数字影像之间,以影像匹配代替传统的人工观测,自动识别同名像点。因为在最初的影像匹配中采用了相关技术,因此也常称影像匹配为影像相关。

影像相关就是利用相关函数,评价两块影像的相似性以确定同名像点,也称为影像匹配。而数字影像相关就是利用计算机通过数值计算的方式完成影像相关。

### (二)影像匹配方法

影像匹配是全数字摄影测量的核心问题,早期的自动化测图,是将像片上的灰度信号转化为电信号,以电子相关技术实现自动化量测。后来又利用信号的相乘、积分及滤波、傅里叶变换实现了光学相关。随着计算机技术的发展,将像片上的灰度信号转变为数字信号,以数值计算方式实现影像匹配,这种方法称为数字相关。但无论是电子相关、光学相关还是数字相关,其理论基础都是相同的。目前,数字影像匹配主要有以下几种方式。

#### 1. 基于坐标信息的影像匹配

严格地说,基于坐标信息的影像匹配是一种影像配准、拼接方法,主要利用POS(position and orientation system,POS)系统或者其他系统提供的地理坐标信息和无人机飞行姿态信息进行匹配。基于坐标信息的影像拼接的基本思路是:首先根据间接法对原始影像进行微分纠正,接着根据POS提供的影像的经纬度信息将影像投影到统一的坐标系下,根据坐标信息对影像直接进行配准。

目前带有POS系统的无人机应用越来越多,但对于一些低成本小型无人机,由于载重有限,其携带的POS系统的精度不高,主要用途是负责无人机的导航和无人机飞行姿态的控制。这种情况下会造成相邻影像间存在较大的配准误差,拼接合成影像的效果不佳,难以适应实际生产。但是与其他方法相比,它能对大量的影像数据进行快速的拼接合成,匹配合成的影像具有地理坐标信息可以空间定位,对于需要快速掌握全区域信息及分布情况的场景,例如减灾救灾、无人机测量航拍检查等,该方法有较好的效果。

#### 2. 基于灰度的数字影像相关

基于灰度信息的数字影像匹配,算法简单直观,较容易实现。但因为过分依赖影像的灰度信息,对噪声和灰度差异的抗干扰性较差,常常导致不能对影像进行有效的匹配;而且该方法无论采用哪种相似性指标,其计算量都比较大,搜索速度也较慢。但随着计算机性能的大幅提高及计算方法的改进,目前该方法发展比较成熟,广泛用于数字摄影测量。

1)基于灰度的数字影像相关的概念

即首先在左片取出以待定点为中心的 $n \times n$ 个像点($n$ 为奇数)的灰度阵列作为目标区,然后在右片估计出同名像点可能出现的范围,以此定出一个 $l \times m$ 的灰度阵列($m$、$l>n$)作为搜索区。相关过程就是把目标区的灰度阵列依次与搜索区同样大小的阵列配对,再根据对应像点的灰度差按某一相关数学模型进行计算,逐个判断它们的相似程度并最终找出同名像点。

在搜索区寻找同名像点时,若搜索工作在 $x$、$y$ 两个方向进行,此时相关运算是二维的,称为二维影像相关,如图 3-4(a)所示;若搜索工作只在一个方向进行($l = n$),此时相关运算是一维的,称为一维影像相关,如图 3-4(b)所示。

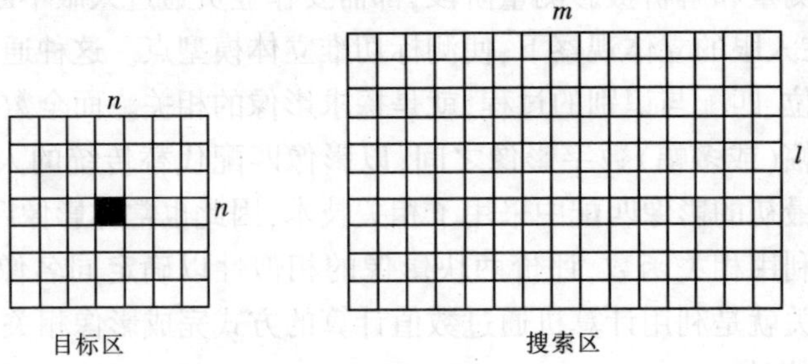


(a)二维影像相关

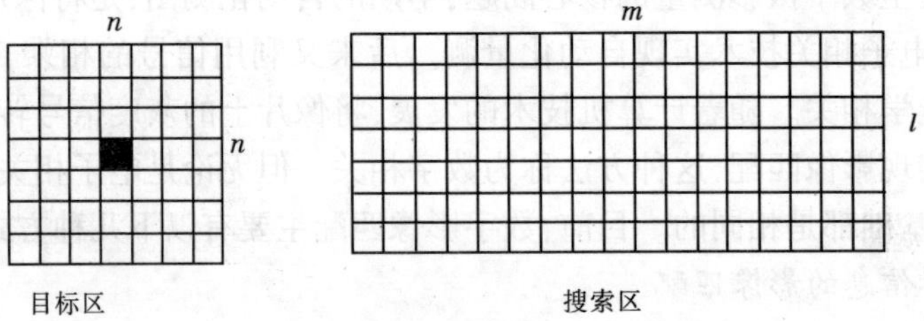


(b)一维影像相关

**图 3-4　影像相关**

2)基于灰度的数字影像相关的算法

基于灰度的数字影像相关以不同的理论定义出不同的匹配测度,形成了不同的匹配算法。常用的匹配算法有相关系数法、协方差法、最小二乘影像匹配法三种。

相关系数法和协方差法是以相关系数和协方差为测度,当测度最大时,即认为对应的相关窗口相似度最高,其中心点就是待定点的同名像点。由于相关系数法和协方差法没有顾及像片存在的辐射变形和几何变形,因此它们的匹配精度都不是很高,达不到子像素级的精度。最小二乘影像匹配法在相关运算中引入变形参数,补偿两相关窗口之间由于辐射畸变和几何畸变产生的变形,并将此参数作为待定值,一同纳入最小二乘解算中,使匹配可达到 1/50 甚至 1/100 像素的高精度。

3)核线相关

通过上述分析的内容可知,影像在匹配的过程中,目标区及搜索区都是二维窗口,无论哪种匹配算法,计算量都比较大,例如相关系数法需要计算$(m-n+1) \times (l-n+1)$个相关系数,计算量是很大的。由摄影测量基本知识可知,同名像点一定位于同名核线上。这样利用核线的概念就能将沿着 $x$、$y$ 方向搜索同名像点的二维相关问题，变为沿同名核线进行匹配的一维相关问题，可以大大减少计算的工作量，加快搜索速度，提高匹配的可靠性和精度。

因此，核线相关就是沿同名核线进行数字影像相关以确定同名像点的方法。

确定同名核线可以利用核线固有的几何关系，分别确定左片、右片的核线(直线)方程(找到核线上的一些点)，即可确定同名核线，常用的方法有基于共面条件的核线解析关系和基于数字影像的几何纠正的核线解析关系。

由于数字影像是规则排列的灰度格网序列，而同名核线的位置确定后，核线上的像点并不会正好与原始像元素重合，因此为了获取核线的灰度序列，必须沿核线进行重采样。

3. 金字塔影像相关

影像相关时，需要综合考虑匹配结果的可靠性(或称为正确性)与精度(准确性)，通过近年来的理论研究与实践，得出目前广泛应用的从粗到精的相关策略。首先进行粗相关运算，找到同名像点的粗略位置，将其结果作为预测值；其次进行精确相关，即在逐渐变小的搜索区中进行匹配；最后用原始影像信号，得到最好的精度，这就是金字塔影像相关(也称为分频道相关或多级相关)的方法。

金字塔影像相关时，将数字影像分成若干层，从精度最低的一层开始进行相关，这一步称为粗相关。找到相关点位后，进入下一层影像，利用上一层相关点位作为这一层的初值进行相关运算。如此进行直到精度最高一层得到精确的相关结果。对原始数字影像分层的方法很多，最简单的一种方法是两像素平均法。

一般原始数字影像具有最高的分辨率(像素尺寸小)。两像素平均法是将原始影像两两取平均，得到分辨率比原始影像低一级的一层影像；然后对此层影像再用同样的方法处理后，得到一个分辨率更低一级的影像，如图 3-5 所示。依次进行下去，一般分到四级。这样就得到了一个分辨率由高到低、像素尺寸由小到大的影像层次。左、右影像的处理相同。

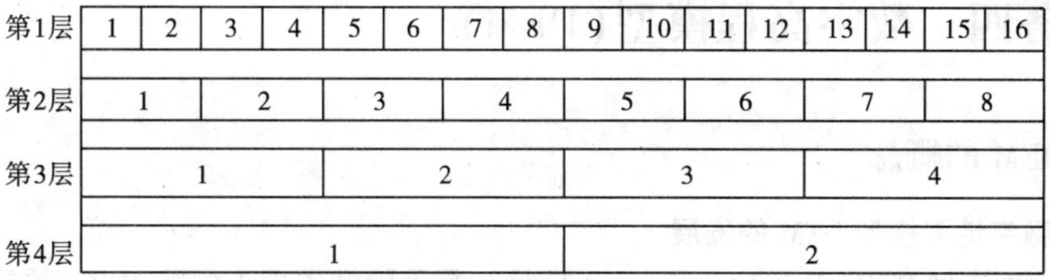


**图 3-5 两像素平均法**

以上分级是对一维影像的分析，实际相关是对二维影像的处理。通过每 2×2＝4 个像素平均为一个像素构成第二层(级)影像，再在第二级影像的基础上构成第三级影像，如此下去，最后构成如图 3-6 所示的影像。

这些影像叠置起来，很像古埃及的金字塔，因此，通常称为金字塔影像或分层结构影像。其每一级(层)影像的像素个数均是其下层的 1/4。影像相关时，先在最上层(像素个数最少的一层)进行影像相关，将其结果作为初值，再在下一层影像相关，最后在原始数字影像上相关，实现一个从粗到精的处理过程。

除上述方法外，影像匹配还有很多其他方法，如后来发展起来的最小二乘影像匹配、特征匹配与整体匹配等，目的都是提高影像匹配的可靠性。影像匹配完成以后，即获取了同名像点的像点坐标,接下来就可以解求地面点的坐标和像片的外方位元素。

4. 基于变换域的影像匹配

基于变换域的影像匹配是将影像先变换到频域,然后利用影像的频域信息来进行配准,变换域方法中傅里叶变换是其中最为典型的算法。傅里叶变换方法通过对影像进行变换,并通过在频域中的相位差峰值间接找到影像间的重叠区域。

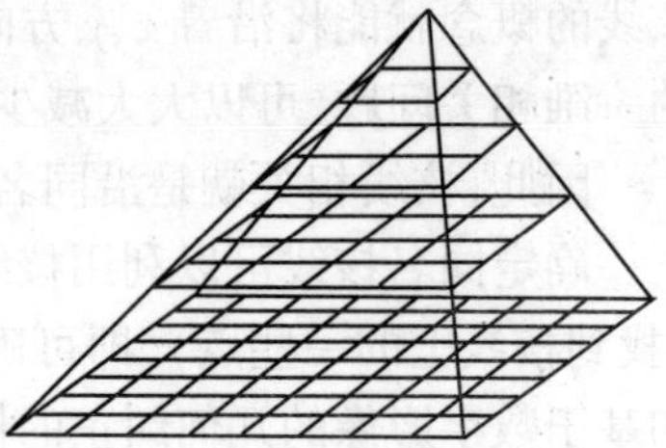

图 3-6 金字塔影像

该方法具有较高的匹配精度,但对影像间的重叠比例具有较高的要求,计算量一般都非常大,不能满足各类影像实时处理的要求。

5. 基于特征的数字影像相关

随着研究的深入和大量的实践,人们发现,尽管某些区域某种相关算法有可能达到较高的相关精度,但面对千姿百态、千变万化的自然界图像,基于灰度的区域相关有时却显得无能为力。例如对于具有均匀亮度的信息贫乏区域,或者在相关影像之间存在着较大比例尺差异或扭曲的区域,无论采取何种相关算法,都难以得到正确的相关结果。在这种情况下,人们根据人类视觉系统观察事物的方式和经验,提出了另一类搜索同名像点的方法,即基于特征的影像匹配方法。其基本思想是:①特征提取,即利用某种特征提取算子去提取影像中的特征(点、线、面);②特征描述,即利用一组参数对提取的特征进行描述;③利用参数进行特征匹配,即以特征的参数值为依据进行同名特征的搜索,继而获得同名像点。

基于特征匹配的影像匹配算法是目前研究的热点。与基于灰度的匹配算法相比,基于特征的匹配在抵御畸变、噪声、灰度变化等方面具有一定的稳健性,并且具有计算量小、速度快等优点,该方法的匹配性能主要取决于影像特征提取的质量。

## 任务四 数字高程模型(DEM)

### 一、DEM 的概念

#### (一)数字地面模型 DTM 的发展

数字地面模型 DTM(digital terrain model)最初是美国麻省理工学院 Miller 教授为了高速公路的自动设计于 1956 年提出来的。此后,它被用于各种线路工程的设计及各种工程的面积、体积、坡度的计算,任意两点间可视性判断及绘制任意断面图。在测绘中被用于绘制等高线、坡度坡向图、立体透视图,制作正射影像图与地图的修测。在军事上可用于导航及导弹制导。它是地理信息系统的基础数据,可用于土地利用现状的分析、合理规划及洪水险情预报等。

数字地面模型 DTM 的理论与实践由数据采集、数据处理与应用三部分组成。对它的研究经历了概念形成、DTM 内插问题研究、采样方法研究几个时期,20 世纪 80 年代以来,对 DTM 的研究已涉及 DTM 系统的各个环节,其中包括用 DTM 表示地形的精度、地形分类、数据采集、DTM 的粗差探测、质量控制、DTM 数据压缩、DTM 应用及不规则三角网 DTM 的建立与应用等。

当时国际上比较著名的 DTM 软件包有德国 Stuttgart 大学研制的 SCOP 程序、Munich 大学研制的 H1FI 程序、Hannover 大学研制的 TASH 程序、奥地利 Vienna 工业大学研制的 SORA 程序等,这些程序也都拥有广泛的应用模块,如等值线图、立体透视图、坡度图及土方的计算等。

**(二)DTM 与 DEM 的概念**

用图解的方式将地面上的信息(地形、地物及各种文字注记等)表示在图纸上,就得到常用的地形图。地形图的优点是比较直观,缺点是不便于地图的修测、存放和检索及用于 GIS。随着计算机的发展和工程设计自动化的要求及建立地理信息系统的需要,出现了用数字形式表示地面的方式,即数字地面模型(DTM)。

数字地面模型(DTM)定义为二维表面上连续变化的各类地理特征 $z$。$z$ 可以是地貌、地物、地面温度、降雨、磁场、重力、土壤类型等特征,若 $z$ 仅用于表达连续变化的地貌,即 $z=H$,称为数字高程模型(digital elevation model,DEM)。数字高程模型(DEM)是国家基础空间数据的重要组成部分,它表示二维地理空间上具有连续变化特征的地貌通过有限的地形高程数据实现对地形曲面的数字化模拟。其数学表达式为:

$$z(H)=f(x,y) \tag{3-4}$$

**(三)DEM 模式及特点**

1. DEM 模式

DEM 按其结构可分为两种模式:

(1)基于线单元的 DEM 模式(线模式):将采样点组织为带有高程值属性的简单多边形或多点弧段,按段为单元组成 DEM。基于线单元的 DEM 的结构与数据采样方式有关,如沿等高线采样与沿断面采样可构成不同的 DEM。

(2)基于面单元的 DEM 模式(点模式):将采样点按某种规则组成一系列规则或不规则的格网单元,并用这些格网单元组成的网络逼近原始曲面。规则单元如正方形格网 DEM(Grid),不规则单元如三角形 DEM(TIN)。

Grid 和 Tin 模式是目前 DEM 最常用的模式。

2. Grid 和 TIN 模式的特点

1)规则格网法(Grid)模式

规则格网法是把 DEM 表示成高程矩阵,此时,DEM 来源于规则矩形格网采样点或由不规则离散数据点内插产生(见图 3-7)。

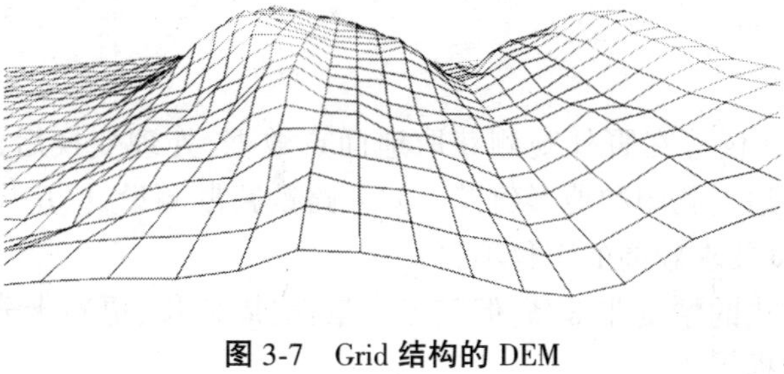

图 3-7 Grid 结构的 DEM

规则格网法优点:结构简单,数据存储量很小,各种分析与计算非常方便有效,高程矩阵特别有利于各种应用,已成为 DEM 最通用的形式。

Grid 模式的缺点：地形简单的地区存在大量冗余数据；不能精确表示复杂地形的关键特征，如山峰、洼坑、山脊等；如不改变格网大小，则无法适用于地形复杂地区。

2）不规则三角网（TIN）模式

将所有离散采样点按照优化组合的原则连接成互相连续的三角面去逼近真实地面（尽可能地确保每个三角形都是锐角三角形或是三边的长度近似相等），如图 3-8 所示。

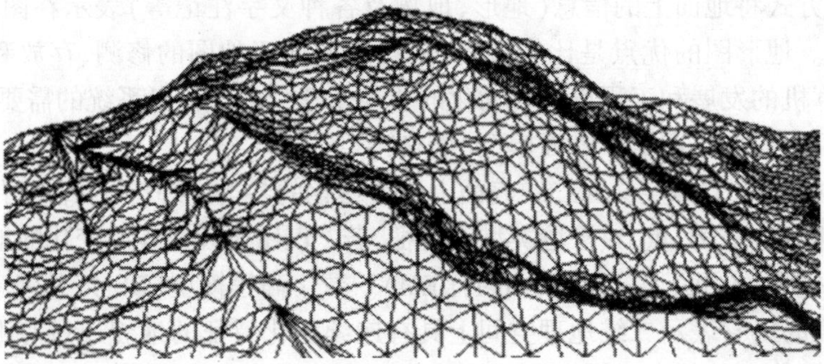

图 3-8　TIN 结构的 DEM

不规则三角网法 TIN 最主要的优点就是可变的分辨率，即可根据地形的复杂程度来确定采样点的密度和位置，能准确表示地形特征点和线，从而减少了地形较平坦地区的数据冗余，而且能更加有效地用于各类以 DTM 为基础的计算。

不规则三角网法的缺点：数据存储与操作都比较复杂，适用于一般小范围、大比例尺或高精度 DEM 的建立，不适用于大面积的 DEM 建立。

TIN 和 Grid 都是应用最为广泛的连续表面数字表达的 DEM 数据结构。在两者数据相同的情况下，TIN 具有更高的精度，它与正射影像或等高线套合都比较好。但随着采样点或数据密度的增加，两者之间的性能差别越来越不明显。

3）组合模式

上述 DEM 的两种模式优缺点都很突出，但在有些地区，无论单独用哪种方式建立 DEM，都会给最终成果带来缺憾。因此，出现了将上述两种模式组合使用的情况，称为混合网格（Grid-TIN）。

## 二、DEM 数据来源

数据点是建立数字高程模型的控制基础，获取 DEM 数据点的方法很多（见表 3-1），主要有以下几种方式。

**（一）地面测量**

GPS、全站仪、经纬仪等在野外观测获取地面点数据，处理变换后建成数字高程模型。一般用于大比例尺的地形测图和地形建模。如公路铁路勘测设计、房屋建筑、场地平整、矿山、水利等对高程精度要求较高的工程项目。

虽然地面测量方式的精度非常高，但其工作量大，周期长、更新十分困难，费用较高，一般不适合大规模的数据采集。

可在地面摄取立体像对，通过近景摄影测量方法获得小区域的 DEM。

表 3-1 DEM 的数据来源

| 方法 | 优点 | 缺点 |
| --- | --- | --- |
| 地面测量 | 精度非常高 | 工作量大,周期长、更新困难,费用较高 |
| 航空摄影测量 | 成熟的方法,精度高,可获取大比例尺 DEM | 成本高,周期长,且受航空管制 |
| 现有地形图数字化 | 成本低,操作简单 | 受原始地形图的精度、比例尺限制较大,很多地区无大比例尺图 |
| 卫星遥感 | 可以大范围获取 DEM | 受天气、数据分辨率影响较大,目前可获取的中比例尺 DEM |
| 干涉雷达技术 | 可以大范围获取 DEM,不受天气影响 | 目前获取大比例尺 DEM 较困难,随着高分辨率雷达卫星的上天会有所突破 |
| 激光雷达技术 | 精度高,可获取大比例尺 DEM | 起步阶段,技术门槛高 |

### (二)现有地形图数字化

地形图是地貌形态的传统表述方法,也是各种尺度 DEM 建立的主要数据源。

该方法是利用数字化仪对已有地形图上的信息(如等高线)进行数字化的方法。目前,常用的数字化仪有手扶跟踪数字化仪和扫描数字化仪。

应用地形图作为 DEM 数据源时要注意以下几点:

(1)纸质地形图工艺复杂,更新周期长,因此现势性较差,经济发达地区更明显。

(2)纸质地形图受环境影响易变形。

(3)地形图精度决定着地形图对实际地形表达的可靠性和准确性,它与地形图的比例尺、等高距、成图方法有关。不同比例尺的地形图,其所表示的几何精度和内容详细程度有很大的差别。地形图比例尺越小,对地形的综合程度就越大,所表示的地形就越概括和近似,反之亦然。

### (三)数字摄影测量

摄影测量是高精度大范围 DEM 生产最有价值的数据源,是 DEM 数据采集最常用、最有效的方法之一。传统的方法可以用解析测图仪、自动化测图系统或附有自动记录装置的立体测图仪(或立体坐标量测仪)获得数据点。其方式可以是对立体模型进行断面扫描,记录断面上等间隔点的 $Z$ 坐标,或在测绘等高线过程中,记录等高线上各点的 $x$、$y$ 坐标。随着摄影测量技术的发展,目前 DEM 数据采集主要用数字摄影测量系统进行人工、半自动或全自动的量测来获取数据。

### (四)航天遥感

航天遥感是获取大范围 DEM 数据的有效方法,通过卫星影像立体像对可以生产 DEM、DLG、DSM 等产品。近年来随着卫星传感器的发展,各类新型传感器能获取较高精度高分辨率的影像数据。随着分辨率的提高,获取的 DEM 精度也越来越高。在使用高质量控制资料时,垂直精度的中误差可达到 0.5 m,可满足 1:5 000 的地图比例尺生产。能制作卫星影像立体像对的卫星有 IKONOS、ALOS1、WORLDVIEW1-4、GEOEYE、SPOT6-7 、资源三号卫星、高景卫星、高分 7 号,但要注意卫星立体像对的影像并不是每个区域都有。

**（五）LIDAR+CCD 相机**

LIDAR 也叫机载激光雷达，是一种安装在飞机上的机载激光探测和测距系统，是由 GPS（全球卫星定位系统）、INS（惯性导航系统）和激光测距三大技术集成的应用系统，如加拿大 OPTECH 公司生产的 ALTM3100 系统和德国 IGI 公司生产的 LiteMapper5600 系统。上述两种系统都集成了 CCD 相机，它们与激光探测和测距系统协同作业，同步记录探测点位的影像信息，因此可直接获取高精度的数字高程模型（DEM）、数字地表模型（DTM）、数字正射影像图（DOM）。由于这种方法可以直接获取高精度正射影像数据，免去了影像处理环节，它的成果可以广泛应用于城市测绘、规划、林业、交通、电力、灾害等部门。

## 三、DEM 基本应用

数字高程模型有很广泛的应用，且新的应用还在不断地开发。在测绘中可用于绘制等高线、坡度、坡向图、立体透视图，制作正射影像图、立体景观图、立体匹配片、立体地形模型及地图的修测。在各种工程中可用于体积、面积的计算，各种剖面图的绘制及线路的设计。军事上可用于导航（包括导弹与飞机的导航）、无人驾驶或遥控飞行装置的控制、通信计划的制订、作战任务的计划等；在遥感中可作为分类的辅助数据；在环境与规划中可用于土地利用现状的分析、各种规划及洪水险情预报等。下面介绍基于矩形格网的多项式高程内插和等高线自动绘制。

**（一）求待定点高程**

不论哪种模式的 DEM，其数据点都是离散的，而在 DEM 的应用中，所需的点一般不会正好位于已知点（格网点）上，例如绘制断面图（见图 3-9），就需要内插计算断面方向线与格网边交点的高程。因此，根据周围已知格网点内插计算 DEM 范围内任意一点高程是 DEM 最基础的应用。

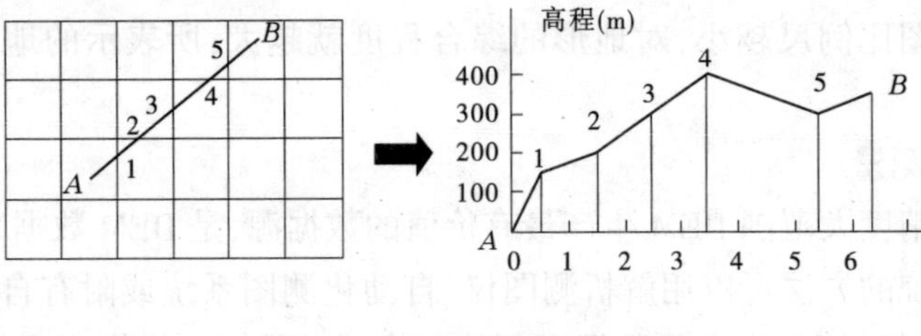


**图 3-9 利用 DEM 绘制断面图**

常用的高程内插方法有以下几种。

1. 线性内插

线性内插函数为：

$$Z_P(H) = a_0 + a_1x + a_2y \tag{3-5}$$

构造了一个倾斜平面，用 3 个格网点的坐标和高程求解出 3 个参数之后，就可计算该平面内任意点的高程。

线性内插法主要用于根据格网点、高程注记点和断裂线高程点内插等高线点。

2. 双线性内插

用双线性内插函数：

$$Z_P(H) = a_0 + a_1x + a_2y + a_3xy \tag{3-6}$$

构造一个抛物双曲面,用 4 个格网点的坐标和高程求解出 4 个参数之后,就可计算抛物双曲面内任意点的高程。

双线性内插法主要用于由格网点高程求等高线与格网边交点时计算中间交点高程,也可用于双线性有限元内插中。

3. 双三次曲面内插

若面积大、精度要求很高,可采用双三次曲面内插:

$$Z_P(H) = a_0 + a_1x + a_2y + a_3x^2 + a_4y^2 + a_5xy + a_6x^3 + a_7y^3 + a_8x^2y + a_9xy^2 + \cdots \tag{3-7}$$

用 16 个格网点的坐标和高程求解出 16 个参数之后,就可计算该曲面内任意点的高程。这种方法保证了相邻曲面之间的光滑,适用于连续变化的光滑地形。

**(二)自动绘制等高线**

根据规则格网排列的数字高程模型(DEM)自动绘制等高线,主要包括以下两个步骤。

1. 等高线追踪

即根据等高线高程和 DEM 格网点的高程,搜索、内插出等高线与格网边的交点位置,并按等高线的走向排队。主要有以下步骤:

(1)根据 $H_{\min}$ 和 $H_{\max}$,求出最低和最高的等高线:

$$\left.\begin{aligned} h_{\min} &= \mathrm{INT}\left[\frac{H_{\min} + \Delta h}{\Delta h}\right]\Delta h \\ h_{\max} &= \mathrm{INT}\left[\frac{H_{\max}}{\Delta h}\right]\Delta h \end{aligned}\right\} \tag{3-8}$$

式中　$h_{\min}$——最低的等高线高程;

$h_{\max}$——最高的等高线高程;

$\Delta h$——等高距。

(2)从最低或最高等高线开始,逐条搜索等高线与格网边是否有交点。

$$(Z_A - h)(Z_B - h) \leqslant 0 \tag{3-9}$$

式中　$h$——等高线高程;

$Z_A$、$Z_B$——格网边两端点的高程。

(3)若有交点,可即时求解交点位置,也可等一条等高线搜索完成,整体求解该等高线与格网边的交点坐标,并按要求排序、存储。

将离散的等高线点按要求排序,可按如下两个条件进行:①方向条件,即要求从已经排列好的两个等高线点出发,至下一个等高线点的方向变化为最小;②距离条件,即要求从一个已经排列好的等高线点到下一个点之间的距离为最小,一般来说,在排列时应综合考虑这两个条件,若仅考虑某一个条件有时候会导致等高线走向错误。

2. 等高线点内插

在上述顺序排列的等高线点之间,用某种数学曲线模型内插出更多的等高线点去逼近曲线(例如拟合、二次样条、三次样条),使显示和打印出的等高线成为光滑曲线。

需要这样做的原因,是由于在各类图形输出设备上,两点之间只能用直线相连,而上面获得的这些离散的等高线点相邻两点之间的距离往往大于绘图仪的步距。因此,若将这些离散的等高线点依次相连,只能获得一条不光滑的由折线组成的“等高线”。为了获得一条光滑的等高线,在这些离散的等高线点之间还必须插补更多的点,使相邻两点之间的距离与绘图仪步距相适应。

## 任务五　数字微分纠正

根据前面所学,数字微分纠正就是根据航空像片的内、外方位元素与数字高程模型,利用共线方程,用解析方法对原始数字影像进行像素级的纠正,获取数字正射影像。

### 一、基本原理与解算方案

在已知像片的内、外方位元素及数字高程模型的前提下,进行数字微分纠正与光学微分纠正一样,其基本任务仍然是实现两个二维图像之间的几何变换,因此首先要确定原始图像与纠正后图像间的几何关系。

设任意像元在原始影像与纠正后图像中的坐标分别为 $(x,y)$ 和 $(X,Y)$,它们之间存在着映射关系,即

$$\left.\begin{aligned} x &= f_x(X,Y) \\ y &= f_y(X,Y) \end{aligned}\right\} \tag{3-10}$$

$$\left.\begin{aligned} X &= \varphi_X(x,y) \\ Y &= \varphi_Y(x,y) \end{aligned}\right\} \tag{3-11}$$

式(3-10)是由纠正后的像点 $P(X,Y)$ 出发,根据像片的内、外方位元素及 $P$ 点的高程反求其在原始图像上相应像点 $p$ 的坐标 $(x,y)$,经内插出 $p$ 的灰度值后,再将灰度值赋给 $P$,这种方法称为反解法(或称间接法)。式(3-11)则反之,是由原始图像上的像点 $p$ 的坐标 $(x,y)$ 解算出纠正后图像上相应纠正点 $P$ 的坐标 $(X,Y)$,并将原始图像点 $p$ 的灰度值赋给纠正点 $P$,这种方法称为正解法(或称直接法)。

### 二、反解法(间接法)数字微分纠正

#### (一)计算地面点坐标

设正射影像上任意一像点(像素中心) $P$ 的影像坐标称为 $(X',Y')$,由正射影像左下角图廓点地面坐标 $(X_0,Y_0)$ 与正射影像比例尺分母 $M$ 计算 $P$ 点对应的地面点坐标 $(X,Y)$:

$$\left.\begin{aligned} X &= X_0 + MX' \\ Y &= Y_0 + MY' \end{aligned}\right\} \tag{3-12}$$

#### (二)计算像点坐标

应用共线条件式计算 $P$ 点相应在原始图像上的像点 $p$ 的坐标 $(x,y)$:

$$\left.\begin{aligned} x &= -f\frac{a_1(X-X_S)+b_1(Y-Y_S)+c_1(Z-Z_S)}{a_3(X-X_S)+b_3(Y-Y_S)+c_3(Z-Z_S)}+x_0 \\ y &= -f\frac{a_2(X-X_S)+b_2(Y-Y_S)+c_2(Z-Z_S)}{a_3(X-X_S)+b_3(Y-Y_S)+c_3(Z-Z_S)}+y_0 \end{aligned}\right\} \tag{3-13}$$

式中　$Z$——$P$ 点的高程,由 DEM 内插求得。

#### (三)灰度内插

由于所求得的像点坐标不一定正好落在其扫描采样的点上,为此这个像点的灰度值不能直接读出,必须进行灰度内插,一般可采用双线性内插,求得 $p$ 点的灰度值 $g(x,y)$。

**（四）灰度赋值**

最后将像点 $p$ 的灰度值赋给纠正后的像元素 $P$，即

$$G(X,Y)=g(x,y)$$

依次对每个像元完成上述纠正，即获得反解法纠正的数字影像，其基本原理如图 3-10 所示。

## 三、正解法（直接法）数字微分纠正

如图 3-11 所示，正解法数字微分纠正是从原始图像出发，将原始图像上逐个像元素用正解公式（3-14）求解纠正后的像点坐标。这一方案存在着很大的缺陷，因为在纠正后的图像上所得到的纠正像点是非规则排列的，有的像元素内可能出现“空白”（无像点），而有的像元素内可能出现重复（多个像点），因此很难实现纠正影像的灰度内插并获得规则排列的数字影像。

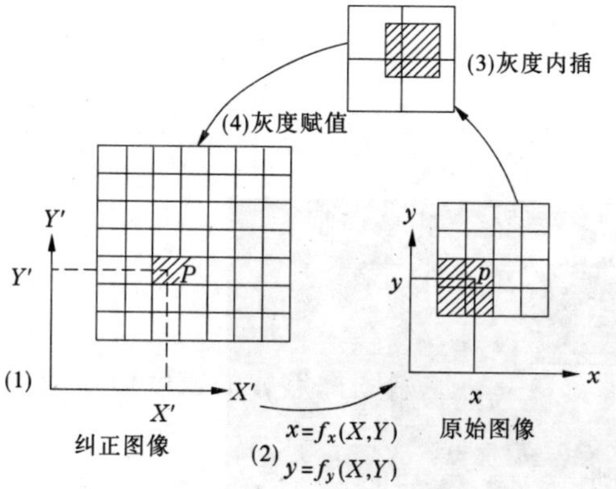


图 3-10　反解法数字微分纠正

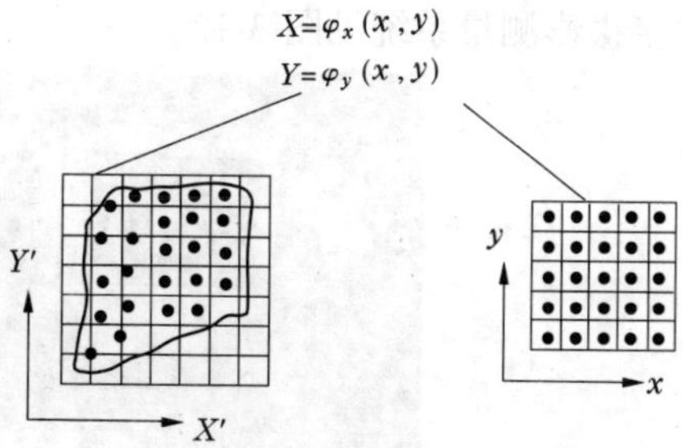


图 3-11　正解法数字微分纠正

由原始图像正求解出其像点相应的纠正坐标的表达式为：

$$\left.\begin{aligned}X-X_S&=(Z-Z_S)\frac{a_1x+a_2y-a_3f}{c_1x+c_2y-c_3f}\\Y-Y_S&=(Z-Z_S)\frac{b_1x+b_2y-b_3f}{c_1x+c_2y-c_3f}\end{aligned}\right\}\tag{3-14}$$

利用式（3-14）求解 $X$、$Y$ 坐标，还必须预先知道 $Z$ 值，但 $Z$ 值又是待定量 $X$、$Y$ 的函数，因此由式（3-14）计算 $X$、$Y$，实际上是由一个二维图像 $(x,y)$ 变换到三维空间 $(X,Y,Z)$ 的过程，需通过迭代求解完成。由于正解法的上述缺点，数字微分纠正一般采用反解法。

# 任务六　数字摄影测量系统介绍

## 一、数字摄影测量系统概述

**（一）数字摄影测量系统的发展及分类**

20 世纪 60 年代，第一台解析测图仪 AP-1 问世不久，美国研制出了全数字化测图系统

DAMC,但没有什么实用性。1988 年京都国际摄影测量与遥感协会第 16 届大会上,展出了由瑞士 Kern 厂与英国剑桥 GEMS 公司共同研制的第一台商品化的数字摄影测量系统 DSP1(Digital Stereo Photogrammetric System)。1992 年 8 月,在美国华盛顿第 17 届国际摄影测量与遥感大会上,已有多套较为成熟的产品展示,数字摄影测量工作站正在由试验阶段步入生产阶段。1996 年 7 月,在维也纳 18 届国际摄影测量与遥感大会上,展出十几套数字摄影测量工作站,这表明数字摄影测量工作站已进入了实用阶段。

数字摄影测量系统可按下面两类标准进行分类。

1. 按设计原理分类

(1)混合型数字摄影测量系统(早期)。

(2)全数字型数字摄影测量系统。

2. 按功能分类

(1)多用途型数字摄影测量系统。

(2)单一型专用数字摄影测量系统。

**(二)数字摄影测量系统的组成与功能**

1. 硬件组成

数字摄影测量系统见图 3-12。

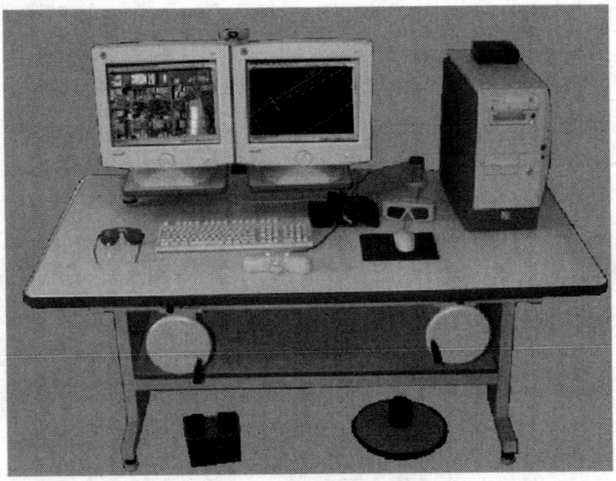

**图 3-12 数字摄影测量系统**

(1)计算机。

(2)立体观测设备。主要包括:

立体观测设备:互补双色镜片眼镜、闪闭式液晶眼镜系统、偏振显示屏、偏振光眼镜。

操作控制设备:手轮、脚盘与三维鼠标。

(3)输入、输出设备。影像数字化仪、矢量/栅格绘图仪。

2. 软件组成

(1)计算机操作系统。

(2)专业软件。

①数字影像处理软件。主要包括影像旋转、影像滤波、影像增强、特征提取。

②模式识别软件。主要包括:特征识别与定位(包括框标的识别与定位)、影像匹配(同

名点、线与面的识别)、目标识别。

③解析摄影测量软件,主要包括:定向参数计算、空中三角测量解算、核线关系解算、坐标计算与变换、数值内插、数字微分纠正、投影变换。

④辅助功能软件,主要包括:数据输入输出、数据格式转换、注记、质量报告、图廓整饰、人机交互。

一般情况下,②③④都集成在一套系统中。

3. 数字摄影测量系统的主要功能

(1)影像数字化。

(2)影像处理。

(3)量测(单像、双像、多像的自动与交互量测)。

(4)影像定向(自动与半自动内定向、相对定向和绝对定向)。

(5)自动空中三角测量。

(6)核线影像的构建、影像匹配。

(7)建立 DEM 及编辑。

(8)自动绘制等高线。

(9)正射影像的制作、镶嵌与修补。

(10)数字测图。

(11)制作影像地图。

(12)制作景观图与透视图。

## 二、数字摄影测量系统作业方式及生产流程

### (一)数字摄影测量系统的作业方式

原则上,数字摄影测量系统是对影像进行自动化量测与识别的系统。但数字摄影测量现在仍处在发展之中,对影像物理信息的自动提取和自动识别方面的研究还很不完善,即使是对影像几何信息的自动提取和自动量测,也还存在许多需要研究与解决的问题。因此,在现阶段其作业方式只可能是自动、半自动及人工操作三种方式相结合。

1. 自动化与人工干预

自动化与人工干预指在自动化作业过程中,无须任何人工干预。人工干预仅仅作为自动化系统的"预处理"与"后处理",即以交互方式为自动化作业做准备及善后工作,例如必要的数据准备、必要的辅助量测工作等以及自动化处理过程所残留的尚无法解决的问题、误差超限等。目前,以下这些操作可进行全自动化或几乎全自动化:

(1)内定向。

(2)相对定向。

(3)核线重采样。

(4)数字空三中的自动转点、平差计算。

(5)DEM 生成。

(6)数字微分纠正。

(7)DEM 自动生成等高线。

2. 半自动化与人工干预

半自动化与人工干预指作业开始前,需要作业人员给出一些简单的"帮助或指示",例如给出准确位置或概略位置、参数近似值等,系统就能自动地处理。而在作业结束后,需要人工判断结果是否合格,并人工修改作业前的"帮助或指示"重新作业。这种半自动化比起解析测图和计算机辅助测图中的人机交互操作,其自动化的程度则更进了一步。目前,以下这些操作采用这种方式:

(1)控制点识别。

(2)DEM 的交互式编辑。

(3)矢量测图等。

**(二)数字摄影测量系统的产品**

数字摄影测量系统的主要产品包括:

(1)影像元素或参数(空中三角测量加密成果或影像定向结果)。

(2)数字地面模型 DEM(或数字表面模型 DSM)。

(3)数字线划地图。

(4)数字正射影像图。

(5)透视图、景观图。

(6)可视化立体模型。

(7)各种工程设计所需的三维信息。

(8)各种信息系统、数据库所需的空间信息。

**(三)数字摄影测量系统的基本生产流程**

传统数字摄影测量基本作业流程如图 3-13 所示。

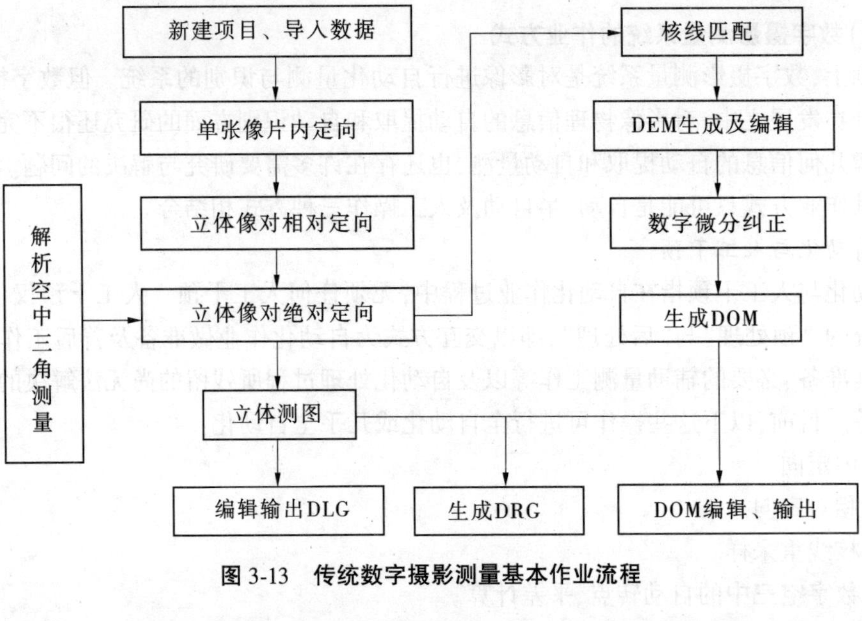


图 3-13　传统数字摄影测量基本作业流程

## 三、国内外常规数字摄影测量系统介绍

在数字摄影测量研究的早期,许多研究者在解析测图仪或坐标仪上附加影像数字化装

置及影像匹配等软件,构成在线自动测图系统。这些系统只对所处理的局部影像数字化,可以不需大容量的计算机内存与外存,例如早期的 AS-11B-X、GPM 及 RASTAR 系统均属于此类。这些系统的共同特点是采用专门的硬件数字化相关系统,速度快,但其算法已被固化无法修改。随着计算机内存容量的加大和运算速度的加快,可以在常规民用解析测图仪上附加全部由软件实现的数字相关系统,这种在解析测图仪(或坐标仪)上加装 CCD 数字相机的系统属于混合型数字摄影测量工作站。著名的混合数字摄影测量工作站有美国的 DCCS 与日本 TOPCON 的 PI-1000。

全数字型的数字摄影测量系统首先将影像完全数字化,而混合型系统中只对影像做部分数字化。这种系统无须精密光学机械部件,可集数据获取、存储、处理、管理、成果输出为一体,在单独的一套系统中即可完成所有摄影测量任务,因而有人建议把它称为数字测图仪。由于它可产生三维图示的形象化产品,其应用将远远超过传统摄影测量的范畴,因此人们更倾向于称其为数字摄影测量工作站(DPW)。第一套全数字摄影测量工作站是 20 世纪 60 年代在美国建立的 DAWC。20 世纪 80 年代以来,由于计算机技术的飞速发展,许多数字摄影测量工作站相继建立,较著名的商业化数字摄影测量工作站有:

美国 Helava 和瑞士 Leica 公司:DPW610/650/710/750 数字摄影测量系统;德国蔡司(Zeiss):PHODIS 数字摄影测量系统;美国 Intergraph 公司:ImageStaion SSK 数字摄影测量系统;武汉适普公司:VirtuoZo 数字摄影测量工作站;北京四维远见信息技术有限公司:JX-4 数字摄影测量工作站;武汉航天远景:MapMatrix 数字摄影测量工作站(见图 3-14)。

VirtuoZo 数字摄影测量工作站

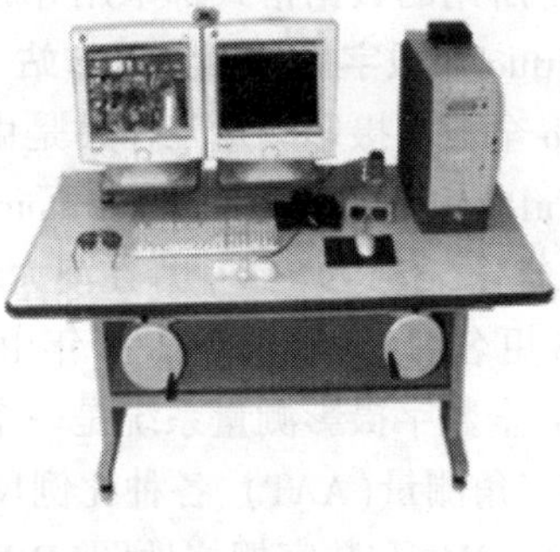

JX-4 数字摄影测量工作站

MapMatrix 数字摄影测量工作站

图 3-14 常见国产数字摄影测量工作站

(一)JX-4C 数字摄影测量工作站

JX-4C 是由中国测绘科学研究院刘先林院士主持,与北京四维信息技术有限公司共同研制开发的一套半自动化的微机数字摄影测量工作站。该工作站结合生产单位的作业经验,可以实现半自动或手动定向,有效监督下的相关算法计算 DEM,测图方式下的实时相关,实时边界提取,使 DEM、DLG 生产过程中,劳动强度下降,由于立体图形可以叠加至影像并且可以硬件放大、缩小、漫游,为 DEM 的立体编辑、DLG 的立体套合查漏创造了有利条件,JX-4C 一个最显著的特点是具有强大的立体编辑功能和产品质量的可视化检查。主要用于各种比例尺的数字高程模型(DEM)、数字正射影像图(DOM)、数字线划图(DLG)生产,是一套实用性强、人机交互功能好、有很强的产品质量控制的数字摄影测量工作站。

JX-4C 数字摄影测量工作站具有以下特点:

(1)精度高。子像元级的观测平台保证向量测图可达到很高的精度;采用 TIN 的立体编辑生成特征线、特征点,使 DEM 精度高,等高线形态好;由于 DEM 精度高加上正射纠正采用严密公式解算,使 DOM 达到很高的质量。

(2)JX-4C 采用 1 024×768 高分辨率的 24 bit 专业彩色立体图形图像漫游卡,双屏幕显示,使得系统处理立体影像时,立体影像清晰、稳定,具有不可比拟的优势。

(3)JX-4C 采用硬件漫游,并行数据传输,传输速率快,漫游速度快,且影像漫游非常平稳。

(4)JX-4C 在测大比例尺的矢量图时高程可达到很高精度,满足大比例尺规范要求。

(5)系统所用的数据格式都采用开放的国际常用的格式。

(二)VirtuoZo 数字摄影测量工作站

VirtuoZo 全数字摄影测量工作站是由武汉大学张祖勋院士主持研究和开发的,于 1985 年完成了 WuDAMS(Wuhan Digital Automatic Mapping System)1.0 版本。后与澳大利亚 Geonautics 公司合作,于 1994 年 9 月在澳大利亚正式推出第一个商品化的 SGI 工作站版本,并将 WuDAMS 更名为 VirtuoZo。1998 年由适普公司推出其微机 NT 版本。

VirtuoZo 全数字摄影测量系统是一个功能齐全、高度自动化的现代摄影测量系统,能完成自动空中三角测量(AAT)、各种比例尺数字线划地图(DLG)、数字高程模型(DEM)、数字正射影像图(DOM)和数字栅格地图(DRG)的生产。VirtuoZo NT 采用最先进的快速匹配算法确定同名点,匹配速度高达 500~1 000 点/s,可处理航空影像、SPOT 影像、IKONOS 影像和近景影像等。VirtuoZo NT 不但能制作各种比例尺的多种测绘产品,也是 GPS、RS 与 GIS 集成、三维景观、城市建模和 GIS 空间数据采集等最强有力的操作平台。VirtuoZo 不但改变了我国传统的测绘模式,提高了生产效率,同时在国民经济建设各部门得到了广泛的应用。

VirtuoZo NT 系统具有以下特点:

(1)一个全软件化设计、功能齐全和高度智能化的全数字摄影测量系统。

(2)高度自动化:影像的内定向、相对定向、影像匹配、建立 DEM、由 DEM 提取等高线和制作正射影像等操作,基本上不需要人工干预,可以批处理自动进行。

(3)高效率:相对定向在 1 min 以内,匹配同名点的速度达到 500 点/s 以上。

(4)灵活性:系统提供了"自动化"和"交互处理"两种作业方式,用户可以根据具体情况灵活选择。

(5)通用性:系统不仅能基于航空影像生产从 1:50 000 到 1:500 各种比例尺的 4D 产品

(DEM、DOM、DLG 和 DRG),还能处理近景影像、中等分辨率的卫星影像(如 SPOT、TM 卫星影像、IKONOS 卫星影像、QuickBird 卫星影像和可量测数码相机影像。

(6)采集三维基础地理信息的理想平台:基于 MicroStation 软件开发的数字测图接口模 Vlink,实现了 Virtuozo 和 MicroStation 之间的实时数据通信。它在 MicroStation 基本功能的基础上,针对测图生产的实际情况增加了新功能,形成了一个采编一体化的数字测图系统。

**(三) MapMatrix 数字摄影测量工作站**

MapMatrix 是由航天远景公司潜心研发的新型多源数字摄影测量平台。和传统数字摄影测量工作站相比,具备以下优势:作业过程自动化、采编入库一体化、数据处理海量化(TB 级)。支持从星载到机载(包括无人机)、到热气球成像的诸多数据源。使用多核处理技术、网络化并行处理技术、GPU 加速技术及计算机视觉领域的最新成果,将摄影测量作业模式从传统工作站模式提升到现代的网络化集群计算模式。MapMatrix 是我国成长最快的数字摄影测量平台。

## 思考题

1. 数字影像是如何表达的?
2. 什么是数字影像内定向? 如何进行内定向?
3. 为什么要进行数字影像重采样? 有哪几种方式?
4. 什么叫数字影像相关?
5. 基于灰度的影像相关主要有哪些方法? 为什么要进行核线相关?
6. 基于特征的影像匹配有什么特点和优点?
7. 基于面单元的 DEM 有哪两种模式? 各有什么优缺点?
8. 如何由数字高程模型自动绘制等高线?
9. 什么是微分纠正技术? 为什么说利用数字微分纠正技术就能实现高山地区的像片纠正?
10. 简述用数字摄影测量生产 4D 产品的基本步骤。
11. 国内生产单位常用的数字摄影测量系统有哪些?

# 项目四　无人机摄影测量系统组成

## 任务一　无人机摄影测量概述与系统组成

### 一、无人机摄影测量的概念及特点

无人机是无人驾驶飞机(unmanned aerial vehicle,UAV)的简称,是指利用无线电遥控设备和相应的控制程序可进行远程控制的不载人飞行器,这种飞行器不具备驾驶舱,但有自动驾驶仪。即无人机为不搭载操作人员,采用空气动力学原理为飞行器提供动力,能够在控制程序的引导下进行一定距离及高度的飞行,可重复性使用,且能够携带有效任务荷载的空中飞行器。当无人机作为一种平台,通过搭载传感设备,在飞行过程中快速获取作业区域的地理信息,并及时有效地进行数据处理、信息提取及分析应用的时候,就构成了无人机移动测量系统。无人机移动测量系统是无人机应用的一个重要分支,在现代高精度、高效率、自动化、智能化测绘中扮演着极为重要的角色。

随着我国社会经济的快速发展,各行各业在进行空间规划、设计及建设时对大比例尺、高分辨率的地理空间信息,尤其是高精度、高分辨率、强时效性的航空影像数据的需求呈爆发式的增长,而传统的航空摄影测量及遥感因其自身的一些特点,显现出其局限性。例如,现有的卫星遥感技术虽然能够获取大区域范围内的空间信息,但受到卫星运行周期、轨道高度、气象等因素的影响,其空间和时间分辨率难以保证;而航空摄影主要采用大中型固定翼飞机,受空域管制、气候等因素影响较大,缺乏机动性,且在实际应用中成本较高,对于大中型项目尚可,但对于小面积、短周期的测绘项目(尤其是应急测绘)一般不适应。

无人机测量系统的出现和发展打破了这种瓶颈,该技术以获取高分辨率数字影像为目标,以无人机为平台,高分辨率数码相机等为传感器,通过3S技术的融合应用,可获取小面积、真彩色、大比例尺、现势性强的航测遥感影像数据,可用于空间基础数据的快速获取及处理,为制作正射影像、地面三维模型及基于影像的地方区域测绘提供更加简单、可靠及直观的应用数据。

**(一)无人机摄影测量的优点**

作为卫星遥感和普通航空摄影测量的有效补充,无人机摄影测量为实现危险区域实时图像的获取、环境监测及应急指挥需求等提供了一种新的技术途径,具有广阔的发展与应用前景。总的来说,相对于其他测绘手段,无人机摄影测量具有如下优点。

1. 低成本

无人机及其所使用传感器成本远远低于其他遥感系统,无人机系统(包括传感器)的价格根据其层次、结构的不同,价格在几万、几十万不等,整体价格相对低廉,一般的单位都有能力承担。

2. 影像获取快捷方便

无须专业航测设备,普通民用单反相机即可作为影像获取的传感器。飞机操控手经过一定时间的培训学习即可掌握、操控整个无人机系统。这是目前唯一将摄影与测量集成在一起的航摄方式,可实现测绘单位实时按需进行航摄作业,在几十分钟之内即可获取测区的高清航测影像。

3. 机动性、灵活性及安全性较高

无人机因其自身的结构特点,无须专门的起降场地,只要在测区有一定范围的空旷、平坦、结实地块即可操作,飞控准备时间短,受空中管制和天气影响较小,特别适合在建筑物密集地区、地貌复杂地区及一些因特殊情况人员不能到达地区的航测工作,在实际航测工作中,即使出现设备故障等,也很少会出现毁坏地表及空中设备、人员伤亡的情况,具有很强的安全性。

4. 获取影像分辨率高

无人机可以在云下超低空飞行,有效弥补了卫星光学遥感及传统航空摄影测量经常受到高空云层遮挡等状况导致的分辨率低、影像缺失等现象。同时,低空多角度摄影能够获取建筑物等多平面的高分辨率纹理数据,弥补了传统大飞机摄影测量获取城市建筑物数据时建筑物相互遮挡问题,其空间分辨率可以达到厘米级别,可用于构建高精度 DEM 及空间三维模型。

5. 可实现大比例尺地形图绘制

无人机为低空飞行,其飞行高度一般在几十米到几百米的空中范围,属于近景航空摄影测量,其摄影测量精度地面分辨率可达到几十厘米甚至几厘米,完全符合 1:2 000,1:1 000 甚至 1:500 的各种地籍图、地形图及建设工程图的测量要求。

6. 工作周期短,时效性强

相对于常规的大比例尺地形图测量任务(在 100 $km^2$ 范围以内),可以在较短的几天时间之内,获取整个测区高分辨率的影像数据,然后将制图的工作重点转入内业,极大地提高了测绘作业尤其是实时测绘外业的工作效率。

**(二)无人机摄影测量的局限**

与传统摄影测量相比,无人机摄影测量系统也有一些使用上的局限,主要是以下几点。

1. 工作时间短、作业范围小

无人机系统因其飞行高度低,且由于无人机平台的限制,其动力无法保证长时间飞行,导致了无人机系统的一架次飞行时间较短,一般都在 2 小时以内,从而无法实现大面积的工作范围,一般只适用于小型测绘项目。

2. 平台姿态稳定性差、像片倾角和旋偏角大

无人机系统在飞行时由飞控系统或操控手远程遥控无人机,由于无人机平台较小,质量较轻、惯性不大,当空中气流较大时,会导致飞行器无法稳定飞行,其俯仰角、翻滚角及旋偏角就相对来说比较大。因此,其影像的倾角过大且倾斜方向缺乏规律,成果质量会低于传统航测规范要求。

3. 像幅小、数量多、基高比小

因飞机平台的不稳定性,倾角较大且不规律,会导致飞行航带不整齐,为了保证测区影像完全覆盖,通常的做法是大幅提高航向重叠度和旁向重叠度。同时,相对于专业数码航摄

仪,无人机的照相机像幅较小,在保证测区完整的前提下,影像数量成倍增加,其基高比也相应较小。

4.影像畸变大

无人机成像设备大部分使用非量测相机,其影像畸变大,边缘位置畸变可达40个像素以上。

以上这些无人机摄影的问题,给影像的匹配和空中三角测量等内业处理带来了相应的困难:

(1)由于姿态稳定性差、像片倾角大,比例尺差异大,降低了基于灰度的影像匹配的成功率和可靠性。

(2)像幅小、影像数量大,导致了空三加密工作量增大,效率降低,且对数据处理计算机的运算性能要求大幅提高。

(3)航向重叠和旁向重叠不规则,给连接点的提取和布设带来了困难。

(4)基高比小会造成高程测量的精度下降。

(5)如果忽略数字影像的畸变差而直接使用,将会影响空三的精度。

## 二、无人机摄影测量的系统组成

无人机摄影测量系统一般由飞行平台、任务荷载系统、地面控制系统、数据处理系统四个子系统构成,如图4-1所示。

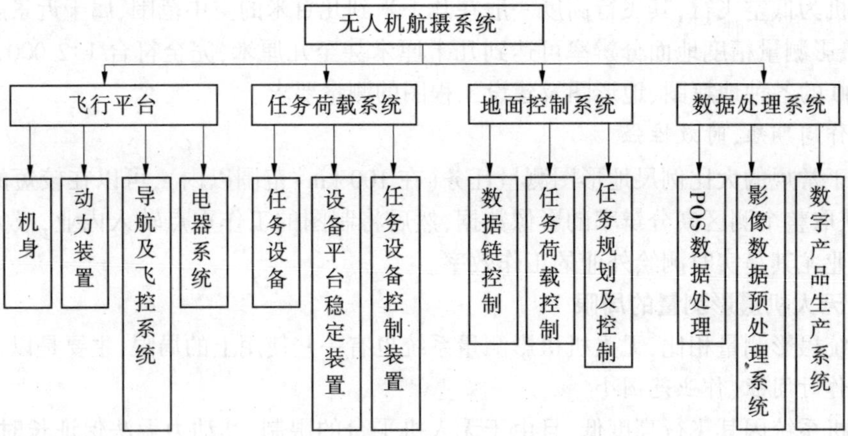


图4-1　无人机摄影测量系统

### (一)飞行平台

飞行平台即无人机本身,是搭载摄影测量任务传感器的载体,测量中常用的无人机平台有固定翼平台、多旋翼平台、混合翼平台,另外还有无人飞艇。无人机飞行平台主要包含机身、动力装置、导航及飞控设备、相应的电气系统四大部分。

动力系统指无人机的发动机及保证发动机正常工作所必需的系统和附件的总称,目前主流的民用无人机所采用的动力系统通常为活塞式发动机和电动机两种。

导航及飞控系统主要由各类传感器和飞控计算模块组成,其功能是向无人机提供相对于所选定的参考坐标系的位置、速度、飞行姿态,引导无人机沿指定航线安全、准时、准确地飞行。无人机导航及飞控系统常用的传感器包括角速率传感器、姿态传感器、位置传感器、迎角侧滑角传感器、加速度传感器、高度传感器及空速传感器等，这些传感器构成无人机导航飞控系统设计的基础。导航飞控计算模块是导航飞控系统的核心部件，具备如下功能：姿态稳定与控制、导航与制导控制、自主飞行控制、自动起飞、着陆控制。

机载电气系统主要由主电源、应急电源、电气设备的控制与保护装置及辅助设备组成。

### （二）任务荷载系统

任务荷载主要用于获取作业区航摄影像、视频等测量数据，由任务荷载设备、稳定平台、任务设备控制系统等组成。

无人机移动摄影测量中常用的任务荷载设备主要有高分辨率光学相机、红外传感器、倾斜摄影相机、激光雷达、视频摄像机等。

稳定平台的主要功能是稳定传感器设备及修正偏流角，以确保获得高质量的测量数据。即通过对飞控系统控制参数的设置，控制无人机沿着航线平稳飞行，保证摄影时的姿态角（倾角和旋角）满足常规测量任务的技术要求。

任务设备控制系统是根据接收的无人机的位置、速度、高度、航向、姿态角及设定的航摄比例尺和重叠度等数据，来控制相机对焦、曝光时间及曝光间隔，并对稳定平台进行实时控制。

### （三）地面控制系统

地面控制系统的功能包括任务规划与控制（主要是航路规划与荷载工作规划）、任务荷载控制和数据链控制三部分，其目的是联合飞行平台上的机载导航与飞控设备对飞行任务进行规划，并利用规划后所获得的飞行参数、拍摄参数和其他实时飞行状态参数实现对无人机的飞行控制、信息显示和任务荷载管理。

机载导航与飞行控制系统主要由姿态陀螺、磁航向传感器、飞控计算机、导航定位装置、电源管理系统等组成，可以实现对飞机姿态、高度、速度、航向、航线的精确控制，具有自主飞行和自动飞行两种模式，系统可以根据任务需求增减一些典型模块，具有容易实现冗余技术和故障隔离的特点。

地面控制系统主要由指令解码器、调制器、接收机、发射机、天线、微型计算机、显示器等组成，可以实时传送无人机和传感器的状态参数，供地面工作人员掌握无人机及传感器的信息，实现对无人机测量系统的控制。

### （四）数据处理系统

通过数据处理系统，将获取的无人机姿态数据（POS 数据）及任务荷载原始数据，经过 POS 数据处理、飞行质量检查、格式转换及预处理后，再使用摄影测量相关软件生产 DOM、DEM、DLG、高精度三维模型及应急专题地图等不同类型的数据产品，经过信息提取后，为工程建设、灾害监测、数字城市、地理国情普查等应用领域提供决策支持。

## 三、无人机摄影测量总体流程

当无人机摄影测量项目立项后，应当依据项目内容及精度要求，全面收集测区相关资料，制订技术方案，并根据技术方案确定的作业空域进行空域申请。无人机摄影测量总体流程如图 4-2 所示。

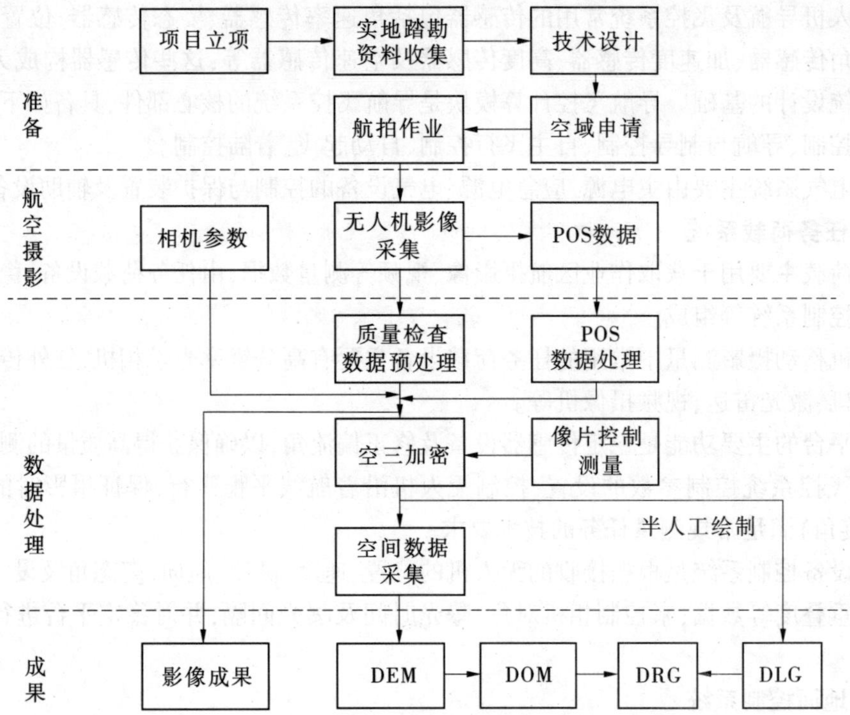


图 4-2　无人机摄影测量总体流程

**(一)编制航摄计划、申请空域**

无人机在航空摄影前,应充分收集与测区有关的地形图、影像等资料或数据,了解作业区地形、地貌、气候条件及机场、重要设施等情况,并根据具体的作业任务和《低空数字航空摄影规范》(CHZ 3005—2010)的相关规定,提前做好规划,编写航摄计划。航摄计划中的技术部分应包含测区基本情况介绍、航摄范围选定、无人机和航摄荷载型号选定、确定航摄比例尺及航高、确定航摄日期及无人机起降地点等。

为了确保无人机低空飞行的安全,提高空域资源利用率等,根据国家民航局发布的《民用无人驾驶航空器实名制登记管理规定》,从 2017 年 6 月 1 日起,对质量在 250 g 以上的无人机实施注册登记,除实名认证外,如果使用无人机进行航拍、正摄与倾斜摄影等空中作业,还需要申请空域。所以,在正式航摄之前,应充分做好航摄前的准备工作,向航空管理部门申请测区空域的飞行许可。

**(二)飞行作业**

依据无人机具体的飞行任务和航摄计划,飞行作业分为技术准备、航线设计、设备检查与安装调试、飞行作业(航拍)。

技术准备阶段工作人员需对作业区及作业区周围进行实地踏勘,确定起降场地、航高、飞行区域、遥控点、应急方案。航线设计就是根据航摄相机参数、航高、航摄比例尺、航摄区域等信息,按照要求的重叠度设计飞机的飞行线路。航线设计需要确定航摄比例尺、测区基准面、航高、像移量控制、曝光时间间隔等参数。

无人机每次飞行前须仔细检查设备的状态是否正常。检查工作应按照检查内容逐项进行,对直接影响飞行安全的无人机的动力系统、电气系统、荷载设备及航路点数据等应重点检查。完成检查测试后上传任务航线、设定自驾参数，并确认本次飞行任务航线正确性，然后择机发射起飞。

**（三）数据检查**

无人机在空中进行飞行作业时，由于飞行环境和天气状况的不同，会使得飞行航线偏移，导致影像质量下降，最终影响测绘产品的精度。因此，无人机在飞行任务结束后，可利用机载 POS 系统得到像片的位置和姿态数据，检查影像数据的质量和飞行质量是否符合规范要求。

飞行质量检查内容包括航向重叠度、旁向重叠度、像片倾角和旋角、航线弯曲度和航高差；影像质量检查包括影像是否清晰、色调是否一致、层次是否鲜明、反差是否合理、影像是否有重影、阴影和位置偏移等情况，是否影响数字测图及模型的建立。

无人机摄影测量系统飞行质量和影像质量的好坏决定了最终生成 GIS 产品的精度。因此，对摄影作业所获取的影像的质量检查就显得尤为重要，也能够清晰地掌握是否存在漏测的问题，并且可以得到及时的补救。

**（四）影像预处理**

在摄影任务结束且影像质量检查合格后，就可以对所摄原始影像进行预处理。

首先，对下载的影像进行整理，剔除试拍及超出测区的无用像片，如果是多镜头航摄影像，还要根据其镜头编号进行分目录单独存储。

其次，由于无人机摄影测量设备上所搭载的传感器多为非量测型普通相机，会存在光学镜头加工及装配误差，使得航摄影像会存在不同程度的非线性光学畸变误差，这样会影响图像的后期处理精度，因此需要对影像进行畸变差改正。

最后，由于原始影像在拍摄时存在不均匀光照、不同角度拍摄及存在拍摄时差等问题，所获取影像会有顺光或逆光、辐射量大小不同等问题，需要对影像进行归一化匀光匀色处理，使影像数据在色相、亮度和饱和度方面保持较好的统一，保证影像在镶嵌后的增强处理能够过渡自然且具有理想的可读性，以更好地应用于生产实践。

**（五）数据处理及产品生产**

对影像数据预处理后，即可借助相机参数、像片控制测量成果等资料进行空三加密计算，待空三加密精度满足相应规范要求后，即可进行相应测绘产品的生产。无人机摄影测量的产品一般包括数字正射影像 DOM 产品、数字高程模型 DEM（数字表面模型 DSM）产品、数字线划图 DLG 产品及高精度三维模型产品。

## 任务二　无人机飞行平台

### 一、无人机的现状与发展趋势

在民用无人机领域，我国的无人机用户基本上由政府部门、专业无人机开发公司、无人机使用单位及个人爱好者组成，根据使用目的及无人机结构与体型，可分为消费级和工业级两个市场。

**（一）消费级无人机现状及发展趋势**

顾名思义，消费级无人机就是用来进行大众消费及娱乐的无人机，目前消费级无人机完成的大部分任务是拍照,在无人机的性能上主要强调飞机的便携性和易操作性。一般来说,消费级无人机上搭载最多的就是相机、摄像头一类的拍摄设备,根据需要会配有云台和图传电台。消费级无人机行业主要是以生产消费级无人机为主,行业面向的客户主体是普通个人用户。

近年来,我国小型民用无人机市场规模增速达到50%以上,产品服务类型日益丰富,并且出现了全球性的独角兽企业"大疆创新",占据全球70%的消费级市场,标志着行业已经进入成长期。2015年我国大陆无人机市场总规模66.6亿元人民币,同比增长48%,约占全球市场规模的15%;2019年继续保持高速增长,达到134亿元人民币。

目前,行业内消费级无人机主要企业有深圳大疆公司、法国Parrort公司、美国3DR公司,以及国内知名的昊翔科技、零度智控、亿航公司等。主打行业级的无人机公司有易瓦特、科比特、极飞等。总的来看,出货量最大、销售额最高、市场份额最大的还是深圳大疆一家公司。其他几家公司近几年逐渐发力,在不断减少与龙头的差距,但是短期内估计难以改变大疆在消费级无人机领域一家独大的局面。

经过多年的探索实践,我国消费级无人机已处于国际前列。其中,大疆创新、零度智控、亿航等中国品牌更是独占鳌头,占据了全球消费级无人机市场的半壁江山,为我国无人机市场的扩张立下了汗马功劳。

从发展趋势来看,消费级无人机在今后的一段时间内,将在以下几个方面进行不断的进化及发展:

(1)芯片处理器厂商将助力无人机持续智能化。

目前的航拍无人机主要依靠人为操控飞行路线,完成特定飞行任务。2016年,厂商通过在飞行计算平台上陆续加入无人机自动避障功能,开始朝人工智能化方向发展,但是与实现完全智能无人化还有极大的差距。因此,技术的进一步演进,无人机未来将有可能通过深度的图像学习,最终实现人工智能化。

(2)"中国制造"将进一步推动无人机市场规模化。

大批的国内ODM(原始设计商)厂家逐渐布局无人机生产制造,突破无人机量产瓶颈,拉动上游元器件供应链在电池、材料等新技术的研发应用。"中国制造"将帮助无人机核心技术厂商迅速完成产品量产及迭代,推动无人机市场规模化。

(3)用户需求促使无人机产品两极化。

随着消费者与行业用户在无人机应用需求上的差异化,传统四轴航拍无人机将无法满足用户的具体使用需求。未来,无人机小型化、便携化、娱乐化将更能满足大众消费者需求;而无人机的专业化、定制化、系统化将帮助行业用户推动无人机的广泛应用。无人机产品两极化将逐渐凸显。

(4)行业应用促使无人机系统平台化。

目前,无人机应用已经逐渐从单一的影视航拍,扩展到安防、交通等众多领域,并与原有安防、交通领域信息平台与系统进行融合。除以大疆为代表的无人机解决方案商陆续推出更适用于细分领域的产品外,以视频为核心的安防行业解决方案商如海康威视、浙江大华等也陆续推出无人机行业解决方案。

**(二)工业级无人机现状及发展趋势**

工业级无人机是指作为一种高效便捷的辅助手段来替代原有工具以服务于各行各业的

日常工作中的无人驾驶的航空器。近几年来,工业级无人机市场呈现蓬勃生机,各领域潜在需求快速释放,成为无人机行业的下一个增长极,前景一片大好。

2010 年之前,我国工业无人机市场规模小,增长速度也比较缓慢,运用领域也基本只是在灾害救援、测绘等少数特殊领域。但在 2010 年之后,我国工业无人机的市场规模扩张迅速。2016 年,我国工业无人机行业市场规模达到 26.1 亿元,同比增长率高达 60%。应用领域方面,目前我国工业无人机应用较多的领域为政府部门,应用占比高达 45%,而其他领域的应用合计占比在 55%左右。

从工业级无人机行业发展趋势来看,首先,行业认知度提升助推行业应用深化。在比较长的一段时间内,各行各业对工业无人机的认知度依然较低,主要影响因素有两个:一是消费级无人机的热浪盖过了工业级无人机;二是消费级无人机技术要求低的特点给行业带来了先入为主的偏见。随着时间的推移,工业无人机成为新的热门话题。随着行业认知度的提升,工业无人机进入更广泛的行业领域将成为可能,也将助推行业应用不断深化,行业规模逐渐走向壮大。

其次,工业无人机技术的提升解决了行业痛点。工业无人机的技术瓶颈主要体现在续航时长、载荷质量、可靠性及作业半径上,尤其是续航时长和载荷质量上面临着较为艰难的技术困境。现有的工业无人机并不能完全满足在前述几个方面行业领域的应用,但随着行业企业在技术研发投入上不断提高,行业技术瓶颈的解决将是未来几年内极有可能发生的事。因此,一旦行业痛点解除,工业无人机的应用将持续深入而广泛,市场规模也将发生翻天覆地的变化。届时,长续航、高荷载产品将成主流,最大程度地满足客户对续航能力、高荷载的需求。

随着工业级无人机技术的不断发展,未来工业级无人机将呈爆发式增长。结合国际权威机构对未来工业级无人机行业发展趋势的判断,预计到 2023 年,全球工业级无人机市场规模将超过 300 亿美元。2018~2023 年行业年均复合增长率将维持在 45%左右。

### (三)无人机应用领域

像其他大多数高科技产品一样,无人机也经历了从军用到民用,应用场景不断扩张的征程,但无人机真正进入爆发式的民用市场是在 2010 年之后。

根据无人机所搭载设备的不同,其应用场景千变万化。目前,我国消费级无人机主要应用在航拍领域;而工业级无人机在国土、测绘、电力、物流、农业、林业及安防等方面体现出其巨大的使用价值,大多数都可以融入计算机的分析计算及人类智力感知,辅助使用者可以更加直观、更加高效地熟悉作业空间的综合信息。

### (四)我国无人机相关法律法规

我国无人机市场迎来了快速发展,但同时也面临着诸多风险,为此我国民航局等部门相继出台了一系列关于无人机管理、规范、应用等方面的法律法规和公告,旨在规范无人机的市场秩序,为无人机产业健康发展提供重要支撑,体现了我国对于无人机产业有序、持续发展的重视与支持。

2013 年,《民用无人驾驶航空器系统驾驶员管理暂行规定》中由中国 AOPA 协会负责民用无人机的相关管理。

2014 年,《低空空域使用管理规定(试行)》征求意见稿,将低空空域分为管制空域、监视空域和报告空域,其中涉及监视空域、报告空域的飞行计划,企业需向空军和民航局报备。

2015 年,《轻小型无人机运行试行规定》要求起飞全重 7 kg 以上无人机,必须接入“电子围栏”,不得在禁飞区使用无人机,无人机驾驶员需要持有操作执照。

2016 年,《关于促进通用航空业发展的指导意见》将低空空域定义由 1 000 m 以下,提升到 3 000 m 以下。

2016 年 9 月,《民用无人驾驶航空器系统空中交通管理办法》保障了民用航空活动的安全,强化了民用无人机飞行活动的管理。

2017 年 6 月,出台了《民用无人驾驶航空器实名制登记管理规定》,并正式上线了民用无人机登记注册系统,要求起飞质量超过 250 g 的无人机,必须实施登记注册。该规定建立了无人机登记数据共享和查询制度,实现了与无人机运行云平台的实时交联。

2018 年 6 月,《民用无人机驾驶航空器经营性飞行活动管理办法》正式生效。

2018 年 8 月,中国民用航空局飞行标准司印发《民用无人机驾驶员管理规定》。

## 二、无人机的分类及特点

### (一)无人机的分类

#### 1. 按用途分类

无人机搭载不同的设备,利用大数据和可视化技术,其应用范围不断扩大。无人机按用途可分为军用无人机和民用无人机。军用无人机可分为侦察无人机、诱饵无人机、电子对抗无人机、通信中继无人机、无人战斗机及靶机等;民用无人机包含消费级无人机和工业级无人机。消费级无人机主要应用于航摄领域;工业级无人机应用在国土、电力、农林、安防、勘探、测绘等领域。

#### 2. 按飞行平台架构分类

按照飞机形态及架构的不同,无人机可分为固定翼无人机、多旋翼无人机、无人飞艇、伞翼无人机、扑翼无人机等。

1) 固定翼无人机

固定翼无人机通过动力系统使机翼滑翔实现起飞和降落,具有携带方便、展开即飞、加工维修方便、安全性好、机动性强、抗干扰性强等特点,程控飞行容易实现、抗风能力强,是类型较多、应用最广泛的无人驾驶飞行器(见图 4-3)。

固定翼无人机的起飞方式主要有滑跑起飞和弹射起飞两种方式。滑跑起飞要求有一定距离且较为平坦的滑跑场地;弹射起飞时,在有风的条件下,选择逆风安置,最好安置在有高差的地方,以确保有比较充裕的空间和时间提高无人机的飞行速度,增加无人机的升力,及时修正起飞过程中的方向及位置偏差,从而保证飞行安全。

固定翼无人机在着陆方面,主要有滑跑降落、伞降及撞网回收等。滑跑降落时由于飞机起落架没有刹车装置,导致降落滑跑距离较长,且在狭隘空间着陆的时候,由于尾轮转向效率较低,当受到不利风向影响或跑道不理想时,容易出现飞机跑偏,具有一定的安全风险;伞降的时候容易受到风速影响,场地要平坦、开阔,降落方向一定距离内无突出障碍物、空中管线、高大树木及无线电设施,以避免与无人机相撞。但这类无人机续航时间长、飞行效率高、载荷大。

针对传统固定翼无人机起降方面对空间及跑道的要求,随着无人机工艺及技术的不断发展,目前在市面上出现了一种新的混合型固定翼无人机(见图 4-4),称为垂直起降固定翼无人机,它采用了固定翼加多旋翼的复合布局方式,能够实现飞行器的垂直起降和水平飞行,充分发挥了固定翼高效率的巡航能力及多旋翼的垂直起降能力,已逐渐成为工业级无人机市场的新宠。

图 4-3　固定翼无人机

图 4-4　混合型固定翼无人机

2)多旋翼无人机

多旋翼无人机是由多组旋翼动力系统组成的飞行平台,它在空中飞行的升力由一个或多个旋翼与空气进行相对运动的反作用获得,一般常见的有四旋翼、六旋翼、八旋翼(见图 4-5)。

多旋翼无人机具有良好的飞行稳定性,对起飞场地要求不高,适用于起降空间狭小、任务环境复杂的场合,具备人工遥控、定点悬停、航线飞行多种飞行模式,在城市大型应急、救援等方面具有明显的技术优势,缺点是续航时间最短,载荷小。

3)无人飞艇

无人飞艇是一种轻于空气的航空器,它利用气囊中封闭的轻质气体产生浮力,它与热气球最大的区别在于具有推进和控制飞行状态的装置(见图 4-6)。这类飞行器是一种理想的空中平台,无论是用来空中监视、巡逻、中继通信还是空中广告飞行、任务搭载试验、电力架线,都有较好的适应性。

图 4-5　多旋翼无人机

图 4-6　无人飞艇

3. 按尺度质量分类

无人机按照空机质量可分为四种:7 kg 以下为微型无人机,7~116 kg 为轻型无人机,0.116~5.7 t 为中型无人机,5.7 t 以上为大型无人机。

4. 按活动半径分类

无人机按照其活动半径,可分为:超近程:15 km 以内;近程:15~50 km;短程:50~200 km;中程:200~800 km;远程:超过 800 km。

5. 按飞行高度分类

无人机按照其飞行高度,可分为:超低空:0～100 m;低空:100～1 000 m;中空:1 000～7 000 m;高空:7 000～18 000 m;超高空:超过 18 000 m。

**(二)无人机主要特点**

与载人飞机相比,无人机具有如下优势:

(1)无人机体积较小,质量轻,机动灵活。

(2)由于没有驾驶员,因此可以省去驾驶舱及有关的环控及安全救生设备,机身成本大大降低,运行时的能量消耗也低于其他飞行器,从而降低飞机的运营成本。

(3)无人机现场组装后即可使用,起飞方式简单,对环境要求低,隐蔽性强,有较好的抗干扰性。

(4)不存在飞行员安全问题,飞机可以适应激烈的机动及恶劣的飞行环境,执行高危险性任务,其停留空间也不会受到人所固有的生理限制。

(5)在使用维护方面,无人机结构比较简单,不需要考虑停放场地建设及培训飞行员带来的高额成本,操作员只需在地面上进行训练,无须上天飞行。

## 三、无人机平台结构组成及飞行原理

无人机飞行平台按结构可分为固定翼无人机、多旋翼无人机、无人飞艇、伞翼无人机、扑翼无人机等,这里只简单介绍固定翼无人机与多旋翼无人机的基本飞行原理。

**(一)固定翼无人机**

固定翼无人机机体在组成结构(见图 4-7)方面主要包括:

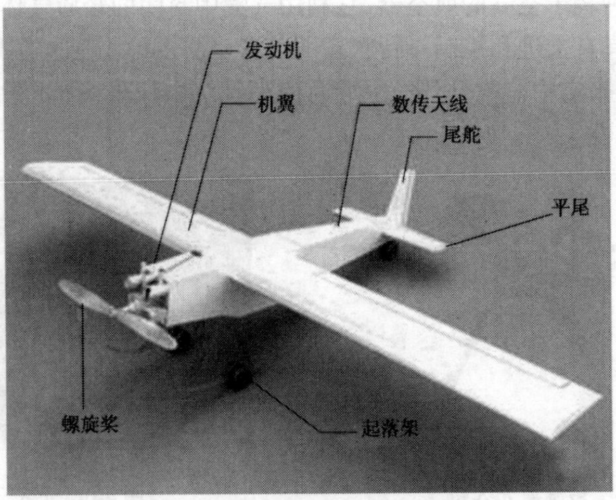


图 4-7　固定翼无人机组成结构

(1)机身、机翼及起落架。

(2)发动机、油箱(电池)。

(3)螺旋桨。

(4)机上飞行控制系统。

(5)通信天线。

(6)机载 GPS 及天线。

(7)导航控制与监控系统。

(8)人工控制飞行控制器。

(9)云台相机。

(10)地面供电设备。

(11)降落伞、弹射装置。

固定翼无人机平台结构主要有常规式或正常式(后置平尾)、鸭式、无尾或无翼、三翼面等形式。其飞行原理是:发动机运行中产生推力,使飞机向前运动,从而形成机翼与空气的相对运动,由于机翼的特殊构造,空气经过机翼上下表面时,机翼上表面的空气流速大,而下表面的空气流速小。流体等高流动时流速越大压强越小,因而在机翼下表面产生向上的压力比机翼上表面产生向下的压力大,这个压力差就为飞机飞行提供了升力,从而使飞机可以在天空飞行。图 4-8 为固定翼飞机的姿态控制原理。

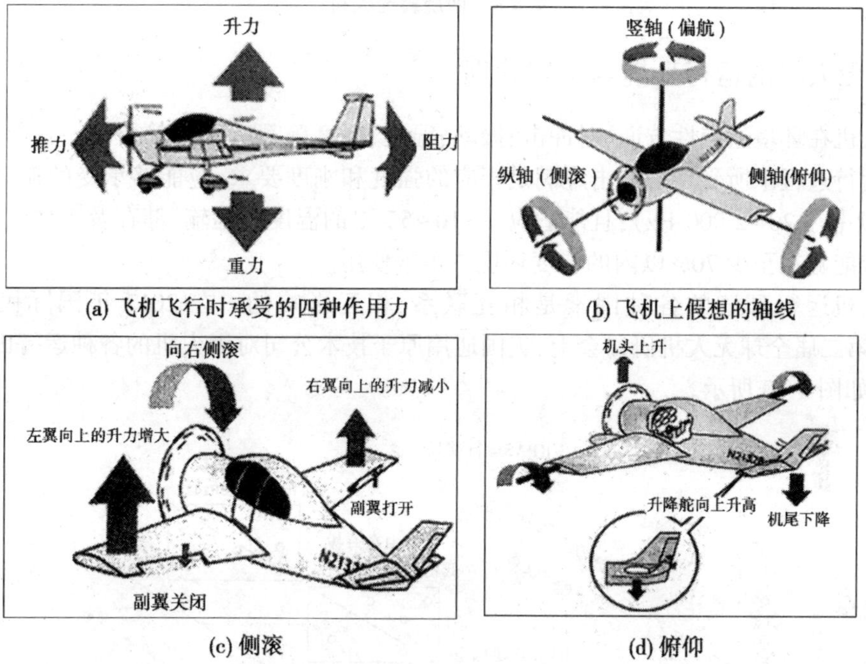


图 4-8 固定翼无人机的姿态控制原理

### (二)多旋翼无人机

多旋翼无人机是一种具有 3 个及以上旋翼轴的无人驾驶直升机。它通过每个轴上的电动机转动带动旋翼,从而产生升力、推力。旋翼的总距固定,而不像一般直升机那样可变。通过改变不同旋翼之间的相对转速,可以改变单轴推进力的大小,从而控制飞行器的运行轨迹。多旋翼无人机主要由机架、动力系统、控制系统、传感器等组成,其中控制系统主要是飞控、接收机、遥控器,动力系统主要有电机、电调、电池和桨叶。图 4-9 为经典的大疆精灵系列四旋翼无人机。

多旋翼无人机能够垂直起降,在飞行过程中可以随时根据需要实现悬停,它具备直升机的特点,操作简单,可靠性强,故障率比较低,维护容易,故而应用广泛。根据所搭载的螺旋桨的个数不同,常见的多旋翼无人机有四旋翼、六旋翼及八旋翼。在实际操作中,通过改变每个电机的转速来实现无人机飞行时的垂直起降、悬停、俯仰、偏航等姿态和运动状态的控制。

图 4-9　四旋翼无人机

## 四、无人机的运行环境与空域管理

无人机在环境适应性方面,对冲击、振动、温度、湿度等都有一定的要求。其中,无人机设备在运行过程中所受到的冲击应满足相应的强度和刚度要求;应能够承受的振动幅度大于 3 g(频率在 20~2 000 Hz);且能适应在-10~55 ℃的温度中运输、储存及工作。此外,无人机也应能够在至少 70%以内的湿度环境中正常使用。

无人机运行环境的各种因素是相互联系、相互影响的。在 2017 年国际民航组织(ICAO)第二届全球无人机研讨会上,美国通用原子技术公司对无人机的各种运行因素进行了分析,如图 4-10 所示。

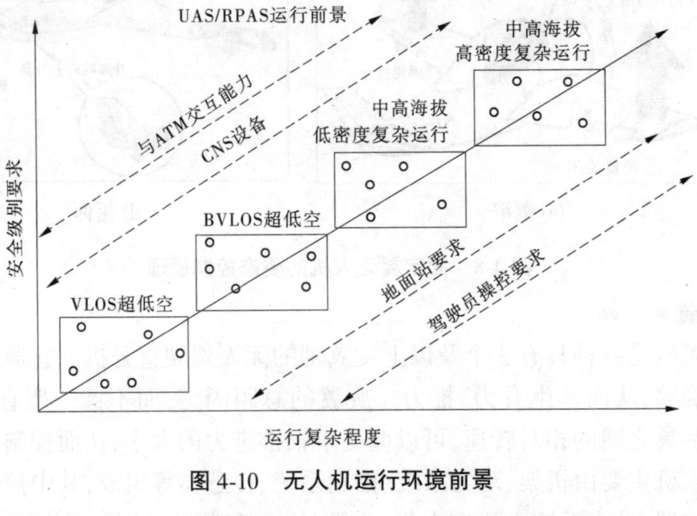


图 4-10　无人机运行环境前景

可以看出,随着运行环境复杂程度的不断深化,对安全级别的要求也越来越高。通用原子技术公司将运行环境分为四类,分别是视距内超低空飞行、超视距超低空飞行、中高海拔低密度复杂运行及中高海拔高密度复杂运行。这四类情况的复杂程度随着高度的不断增大而逐渐递增,同时和 ATM(空中交通管理)的交互、CNS(通信、导航及监视)设备、地面站可靠性、驾驶员操控能力等也呈正相关。

其中,ATM 交互能力是指飞行计划的申请、批复、间隔调度等方面的能力;CNS 设备要满足地面与空中的通信要求,包括导航系统、具备感知和避让能力的系统;地面站要具备可靠性、功能性、规划及应急处理能力等;驾驶员操控能力是指具备全自主模式与手动模式切换及应变能力等。

对于视距内超低空飞行,由于运行简单,安全风险低,世界各国都推出了实名注册、持证飞行、低空无人机云系统等管理手段。

我国自 2017 年 6 月 1 日以来,对 250 g 以上的无人机进行实名注册制度。截至 2018 年 12 月 31 日,民用无人机驾驶员持证人数已经超过 44 000 人。中国航空器拥有者及驾驶员协会(中国 AOPA)宣布,推出"U-Cloud"轻小型无人机监管系统,可进行飞行计划申报、飞行时间记录、飞行经历查询、飞行区域查看等,其功能在不断完善和增强中。"U-Cloud"系统目前主要针对 15~150 kg(起飞全重),飞行高度在 150 m 以下作业的无人机。另外,15 kg 以下,在视距外、人口稠密区飞行的无人机也将纳入该系统。届时,无人机飞行的航迹、速度、高速、位置、航向等都会被实时纳入云系统中,利用这些数据可以实时了解无人机运行时的具体状态。

对于相对复杂的运行情况,各国的标准、法规还在起草研讨过程中。

以大疆无人机为例,其安全工作环境温度为-10~40 ℃,最大飞行海拔 4 500 m。为了安全和责任的考虑,最好在空旷无干扰的地方飞行。根据国际民航组织和各国空管对空域管制的规定及对无人机的管理规定,无人机必须在规定的空域中飞行。大疆无人机上增加了特殊区域飞行限制功能,即设置了禁飞区,目的是帮助用户更加安全合法地使用产品。这些禁飞区包括各地机场和一些因飞行而可能带来不必要风险的特殊区域,例如国境线、敏感机构所在地等。大疆所设置的禁飞区包括:

(1)所有政府机构、军事单位上空,比如当地的军分区、武警驻地、武装部等。

(2)具有特殊战略地位的设施,比如曾有飞行爱好者在三峡大坝违规飞行。

(3)政府执法现场,比如游行示威、上访等大型群体性事件,虽然不制定禁飞区,但是严禁未经批准而使用无人机拍摄。

(4)政府组织的大型群众性活动,比如运动会、露天联欢晚会、演唱会等,警方会进行治安监控、无线监测,甚至也有无人机巡逻,不能允许其他无人机飞行。

(5)监狱、看守所、拘留所、戒毒所等监管场所上空。

(6)火车站、汽车站广场等人流密集的地方,是反恐敏感地带。

(7)危险物品工厂、仓库等。

从 2017 年开始,我国正式管制遥控航空模型,正式进入持证飞行时代。相关管理办法规定:飞行高度在 120 m 以上的飞行器必须持证驾驶,并将实行无人机驾驶等级证书与飞行高度及区域挂钩。不符合规定的驾驶人将受到处罚;出售无人机的航空模型商店,将按照规定对飞机进行技术限制,并需要在当地公安部门备案。除非室内飞行、在视距内飞行(飞行距离 500 m,相对高度 120 m 以下)、微型(7 kg 以下),不需要考证。超出该范畴的,必须在飞行资质管理范围内。

无人机是否需要持证主要看三点:一是看机身质量,根据中国民用航空局的规定,7 kg 以上需要持证驾驶;二是看价格,目前售价万元以下的无人机基本不需要持证;三是看操控设备,一般娱乐性的民用消费级无人机,可使用智能手机替代传统控制器;而专业的商用无人机,需要使用专业的手持操控设备,而且要配备专业的地面站和调度系统,这些专业设备的售价往往比较昂贵,总体价值可达几万至上百万元,操控需要专门持证人员。

根据《遥控航空模型飞行员技术等级标准实施办法(试行)》,遥控航空模型飞行员执照分为高级、中级和初级,经过理论和现场飞行考试且成绩合格,方能拿到执照。在飞行前,要向当地民航局或当地空军航空管制室申报飞行计划。根据《中华人民共和国民用航空法》,任何航空器只要升空,必须经管制部门批准。

2014 年 11 月,国务院、中央军委空中交通管制委员会组织召开全国低空空域管理改革工作会议。在沈阳、广州飞行管制区,海南岛、长春、广州、唐山、西安、青岛、杭州、宁波、昆明、重庆飞行管制分区进行 1 000 m 以下空域管理改革试点。试点改革的总体目标为:通过 5~10 年的全面建设和深化改革,在低空空域管理领域建立起科学的理论体系、法规标准体系、运行管理体系和服务保障体系,逐步形成一整套既有中国特色,又符合低空空域管理规律的组织模式、制度安排和运作方式,充分开发和有效利用低空空域资源。

我国低空空域的有序开放,以及无人机相关适航法规的持续出台,将会进一步消除无人机行业推广在政策上的限制,促进无人机产业健康有序发展。

## 任务三　无人机任务载荷

### 一、无人机任务载荷的发展和现状

无人机任务载荷指搭载于无人机上,用于完成指定任务的设备的总称,主要包括位置姿态测量装置、光学类任务载荷(非量测型相机、量测型相机等)、非光学类任务载荷(例如红外传感器、机载激光雷达)三类设备。实际作业中,根据测量任务的不同,配置相应的任务载荷。与星载光学测绘系统相比,航空测绘系统在成像分辨率、测绘精度、信噪比、辐射特性、成图比例、测绘成本、操作灵活性等方面具有较大优势。随着经济和社会的发展,航测任务涉及的行业领域越来越多,由地形测绘向林业、农业、电力、矿业、环境保护、城市规划等领域拓展,用户对装备的细节获取能力、信息内容、可操作性、时效性等方面的要求越来越高,这对装备的性能提出了更为苛刻的要求。

经过近百年的发展,航空测绘装备技术水平发生了质的飞跃,最初的胶片式航拍相机已被装有线阵或面阵探测器的数字式、多光谱相机代替,系统的信息获取能力和数据丰富程度大幅提升。航空测绘也由传统的航空摄影测量发展为航空遥感测绘。目前的航空测绘相机,主要是线阵和面阵 CCD 多光谱数字相机。随着探测器、GPS/IMU、激光器技术的发展和成熟,机载 LiDAR(激光雷达)已经发展成为另外一种重要的航空测绘手段,它的出现大大拓展了航空光学测绘的适用范围,使得浅滩测量、森林测绘、输电线路规划等一些常规相机难以有效解决的应用成为可能。LiDAR 具有测量精度高、方便快捷、数据处理方便等优点,已成为重要发展方向。

近年来,用于航空摄影的两种半导体(CCD、CMOS)技术取得了重大突破。尤其是大幅面面阵传感器的产生,对数字航摄仪产生了重要的影响。数字相机可以根据所需数字影像的大小选择相应幅面的面阵传感器,或者进行多传感器的拼接。在高分辨率遥感载荷发展的同时,高精度 POS(位置与姿态系统)技术也得到了快速发展,并广泛应用于高性能航空遥感领域。目前,国际上的 POS 产品已经达到了很高的技术指标,例如加拿大 Applanix 公司研制的 POS/AV610 采用高精度激光陀螺 IMU 与 GPS 组合,处理后水平姿态精度与航向精度分别高达 0.002 5°和 0.005°。

随着航测任务的多样化发展和不断深入,用户所需的测绘信息类型更加丰富,对推动测绘装备的发展起到了重要的作用。从目前航测装备技术水平和系统配置来看,测绘相机和机载 LiDAR 已经具有较好的工作精度,相机和机载 LiDAR 相融合已成为必然的发展趋势。以测绘相机为主,结合机载 LiDAR 等信息采集装备的多传感器航空光学测绘平台,在未来将具有更大的竞争优势。大面阵、数字化是航空测绘相机的重要发展方向。随着探测器件制造工艺水平的发展,30~50 k 规模的 CCD 或 CMOS 面阵探测器在不远的未来有可能得到推广应用,机载 LiDAR 也将成为未来航空测绘的重要支柱。总之,精度已不是目前已有航测装备的根本问题所在。

在无人机移动测量中,现有高精度航测设备存在的最大问题是体积大、质量重,只有少数载荷大的大型无人机才能使用,造成了使用的局限性。由于控制技术和成像技术的发展,一些非专业的测量设备(如民用相机)也能满足专业的测量任务需求,并在移动测量中得到广泛应用。适用范围、效率、方法及数据处理的自动化是测绘装备未来发展亟待解决的主要问题。

## 二、任务载荷相关指标参数

测绘任务载荷相关指标参数主要包括像场角、比例尺、地面采样距离、影像重叠度和基高比等。

### (一)像场角

根据不同的应用需要,像场角有不同的定义方法。图 4-11(a)是以可视范围直径确定的像场角,称为全像场角;图 4-11(b)是以成像面长度方向可拍摄范围确定的像场角,称为长度方向像场角。令相机主距为 $f$,线段 $ab$ 为物理成像面上镜头的可视范围长度,记为 $l$,则像场角 $\omega$ 可按式(4-1)计算:

$$\tan(\omega/2) = l/2f \tag{4-1}$$

由式(4-1)可见,对于选定的相机,像场角取决于相机主距 $f$ 的大小。按照全像场角的大小,航空相机分为常角、宽角和特宽角三种,其中,$\omega<75°$为常角相机,$75°<\omega<100°$为宽角相机,$\omega>100°$为特宽角相机。

航空摄影对于像场角的选择,要顾及影像上投影差的大小及高程测量精度对摄影基高比的要求。一般情况下,对于大比例尺单像测图(如正射影像制作和地形图修测),应选用常角相机;对于立体测图,应选用宽角相机和特宽角相机。

### (二)比例尺

航空影像的比例尺指影像上的一个单位距离与其所代表的实际地面距离的比值。对于平坦地面拍摄的垂直摄影影像,影像比例尺 $m$ 为相机主距 $f$ 和摄站相对航高 $H$ 的比值,即

$$m = f/H \tag{4-2}$$

当影像有倾斜、地面有起伏时,影像比例尺的计算比较复杂,实际影像比例尺在影像上处处不相等。一般用整幅影像的平均比例尺表示航空影像的比例尺。

影像比例尺越大,地面分辨率越高,越有利于影像的解译和提高成图的精度,但由此会

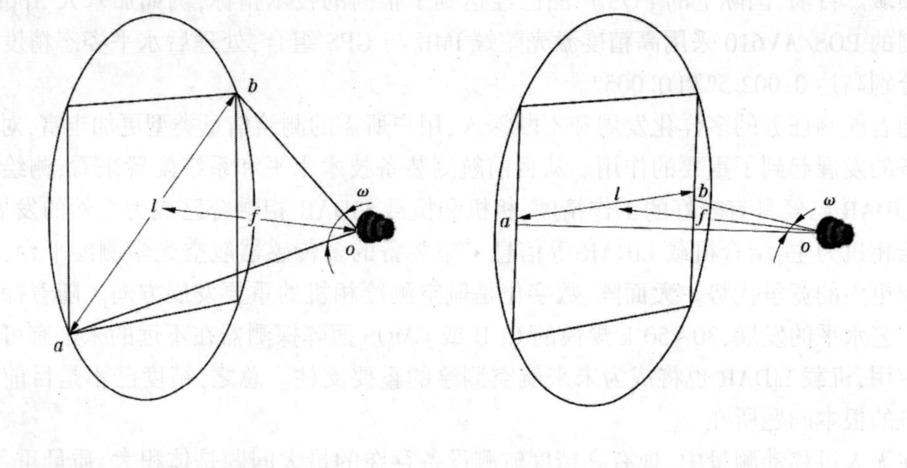


(a)以可视范围直径确定的像场角　　　　(b)以成像面长度范围确定的像场角

**图 4-11　像场角的定义**

带来巨大的数据采集量,增加内外业工作的负担。在实际工作中,影像比例尺要根据测绘地形图的精度要求与获取地面信息的需要确定。

**(三)地面采样距离**

数字影像的地面采样距离(ground sample distance,GSD)指影像上单个像素所对应的地面实际距离。若相机物理成像面上的像元尺寸为 $s$,由影像比例尺关系式(4-2),平坦地面的垂直摄影影像上地面采样距离的计算公式为

$$GSD = ms = \frac{H}{f}s \tag{4-3}$$

式中　$m$——影像比例尺;

$H$——无人机相对航高;

$f$——相机主距;

$s$——像元尺寸的大小。

例如:索尼 A7 Ⅱ(ILCE-7M2)全画幅相机,感光元件尺寸为 35.8 mm×23.9 mm,分辨率为 6 000×4 000,使用 35 mm 焦距镜头,如果要求地面分辨率达到 5 cm,航高最高能到多少?

首先计算像元尺寸 $s$:可以通过 35.8 mm/6 000 或 23.9 mm/4 000 得到为 6.0 um。然后代入式(4-3)即可反算航高 $H$。

由式(4-3)可见,对于选定的相机和主距,无人机的相对航高决定了影像的分辨率,一般认为,对于大比例尺测图,数字影像的分辨率应满足

$$GSD \leqslant 0.01M(\text{cm}) \tag{4-4}$$

式中　$M$——成图比例尺分母,低空数字航空摄影规范规定,成图比例尺 1∶500、1∶1 000、1∶2 000 所需的数字影像地面采样距离分别为 $GSD \leqslant 5$ cm、8~10 cm、15~20 cm。

**(四)影像重叠度**

根据前述摄影测量知识,连续拍摄的航空影像应该具有一定程度的重叠度。这种重叠

不仅确保了一条航线上的完全覆盖,而且相邻影像可构成立体像对,是立体测图的基础。传统航空摄影测量作业规范要求航向应达到 56%~65% 的重叠度,以确保各种不同的地面至少有 50% 的重叠度。规范 CH/Z 3005—2010 要求无人机航摄的航向重叠度一般应为 60%~80%,最小不应小于 53%。

传统作业要求旁向重叠一般应为 30%~35%,地面起伏大时,设计重叠度还要增大,才能保证影像立体量测与拼接的需要。CH/Z 3005—2010 适当放宽了旁向重叠度的要求,要求一般应为 15%~60%,最小不应小于 8%。

图 4-12 为某个测区的航空影像重叠度示意图。图 4-13 为相邻摄站影像航向重叠示意图。$\omega_x$ 为影像长度方向像场角,$f$ 为相机主距,$l$ 为影像长度方向可视长度,$p\%$ 为航向重叠度,$b$ 为相邻摄站之间的像方距离,也被称为像方摄影基线。

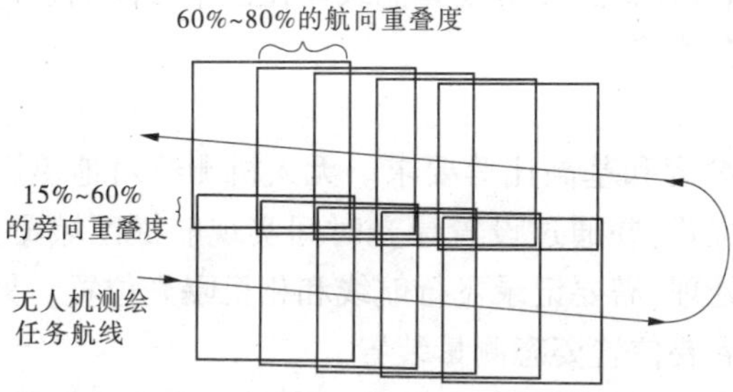


图 4-12　无人机航空影像重叠度示意图

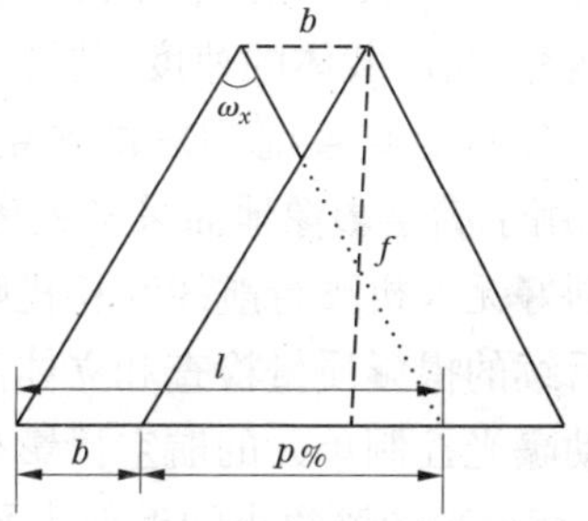


图 4-13　相邻摄站影像航向重叠示意图

由图 4-13 中的几何关系,可得像方摄影基线与航向重叠度之间的关系,即

$$b = (1 - p\%)l$$

可得

$$b = (1 - p\%) \times 2f\tan\frac{\omega_x}{2} \tag{4-5}$$

理论上,可以通过设定像方摄影基线 $b$ 的大小控制影像重叠度。基线越短,影像重叠度越大。实际工作中,是通过设定相邻摄站之间的物方距离,即物方摄影基线得到满足要求的影像重叠。由影像比例尺关系式,物方摄影基线 $B$ 与航向重叠度之间的关系为:

$$B = \frac{b}{1/m} = (1 - p\%) \times 2H\tan\frac{\omega_x}{2} \tag{4-6}$$

类似地,可以通过设定相邻航线之间的距离控制影像旁向重叠度。

**(五)基高比**

基高比是摄影基线与相对航高的比值。基高比越大,组成立体像对的同名光线之间的交会角越大,立体测量的高程精度越高。所以,当利用立体测量方法成图时,除要保证影像的重叠度外,还要求相邻影像之间满足一定的基高比条件。对于无人机低空大比例尺测图,由于数码相机的像幅一般较小,基高比一般小于传统航空摄影。

由式(4-5)和式(4-6)可得,相邻影像之间的基高比公式为

$$\frac{B}{H} = \frac{b}{f} = 2 \times (1 - p\%)\tan\frac{\omega_x}{2} \tag{4-7}$$

式(4-7)表明,在保持影像重叠度不变的条件下,基高比与影像像场角相关,像场角越大,基高比越大。另外,像场角越大,影像边缘的投影差也越大。因此,在实际工作中,对于

相机像场角的选择,要综合考虑投影差和基高比的要求。当测区不是用立体测量的方法成图时,一般应选择长焦距小视场摄影,以限制影像的投影差。当测区采用立体测量方法成图,特别是对高差不大的测区进行立体测图时,一般选短焦距大视场摄影。但是,在城市低空摄影时,地物容易受高层建筑物的遮挡。所以,在城市和坡度较大的地区摄影时相机焦距的选择应同时顾及立体测量精度和避免低处地物被遮挡等因素。

## 三、位置与姿态测量系统(POS)

POS(position and orientation system, POS)即定位定姿系统,是 GPS/IMU 组合成的高精度位置与姿态测量系统,用来记录成像时相机的位置与姿态参数。

精密定位主要采用差分 GPS 定位技术,而姿态测量是以牛顿力学为基础,利用惯性测量装置 IMU(inertial measurement unit,IMU)来感测飞机或其他载体在三个轴向的加速度,经过积分运算,获取载体的速度、位置和姿态等信息。

### (一)定位定姿系统 POS 的作用

(1)用于满足影像地面采样距离、重叠度和基高比等要求。无人机测绘对地摄影时,要事先规划好无人机飞行航线和相机曝光位置,并通过设置曝光时间实现航摄区域覆盖。为了便于后续的摄影质量检查和立体测绘处理,需要记录飞行航线和相机曝光位置。另外,安装有自动曝光控制单元的航空摄影机也需要位置姿态测量装置。

(2)获得影像倾角小的近似水平影像。在实际的航空摄影过程中,要求尽可能获取影像倾角小的近似水平影像,因为应用水平影像测绘地形图的作业比应用倾斜影像方便得多,传统航空摄影要求影像倾角保持在 3°以内,考虑到无人机姿态稳定性较差,CH/Z 3005—2010 要求影像倾角一般不大于 5°,最大不超过 12°,出现超过 8°的影像不多于总数的 10%;特别困难地区一般不大于 8°,最大不超过 15°,出现超过 10°的影像数不多于总数的 10%。此外,在航空摄影过程中,为了抵抗交叉风向的作用,无人机的实际朝向会与飞行的地面航迹之间产生一个角度,称为影像旋角。影像旋角过大会减小立体像对的有效作业范围和立体观测的效果。CH/Z 3005—2010 要求影像旋角一般不大于 15°,在确保影像航向和旁向重叠度满足要求的前提下,个别最大旋角不超过 30°,在同一条航线上旋角超过 20°的影像不应超过 3 幅,旋角超过 15°的影像数不得超过分区影像总数的 10%。影像倾角和旋角不应同时达到最大值。一般通过在无人机上安装陀螺稳像云台获取满足倾角和旋角要求的影像。

(3)利用无人机对地面目标进行快速定位。POS 系统可以动态快速地给出反映载体运动的运动参数,据此可以连续测量成像时传感器的位置和姿态,而不必通过控制点解算影像的外方位元素。这为无人机目标快速定位提供了一种全新的技术途径,可以极大地提高目标快速定位的效率。

### (二)GPS/IMU 位置姿态组合测量系统

应用于航空遥感等领域的导航及姿态测量系统主要有卫星导航定位系统(如 GPS)及惯性测量装置 IMU 组合。GPS 的基本定位原理是卫星不间断地发送自身的星历参数和时间信息,用户接收到这些信息后,经过计算求出接收机的三维位置及运动速度和时间信息。IMU 通常由陀螺仪、加速度计组成,若加入导航计算模块,通过感测飞行器三个轴向的加速度,经过积分等运算,获取载体的速度、位置和姿态等信息,并利用这些信息对无人机进行导航。通常把陀螺仪、加速度计和导航计算模块合称惯性导航系统 INS(inertial navigation system,INS)。

虽然 GPS 可量测传感器的位置和速率,具有精度高、误差不随时间积累等优点,但其易受干扰、动态环境中可靠性差(易失锁)、输出频率低,不能量测瞬间快速的变化,没有姿态量测功能。INS 有姿态量测功能,具有完全自主、保密性强,既能定位、测速,又可快速量测传感器瞬间的移动,以及输出姿态信息等优点;主要缺点是误差随时间迅速积累增长,导航精度随时间而发散,不能单独长时间工作,必须不断加以校准。GPS 与 INS 优缺点是互补的,因此最优化的方法是对两个系统获得的信息进行综合,这样可得到高精度的位置、速率和姿态数据。

GPS/INS 组合有多种方式,代表了不同的精度和水平。最简单的方式是将 GPS 和 INS 独立使用,仅起冗余备份作用,这是早期的组合。最理想的一种组合模式是从硬件层进行组合,即一体化组合,GPS 为 INS 校正系统误差,而 INS 辅助 GPS 的接收码相环路,减少跟踪带宽,缩短卫星捕获时间,增加抗干扰能力,剔除多路径等粗差影响。这种组合可减少整个组合系统的体积、质量及功耗。另一种在工程中比较易于实现的模式是保持 GPS 和 INS 各自硬件的独立,从软件层次组合,只需要通过相应的接口将 GPS 和 INS 的数据传输到中心计算机上,并利用相应的算法进行两套数据的时空同步和最优组合即可,这是目前最主要的组合方式。

GPS 与 INS 的组合算法主要通过卡尔曼滤波实现。以 INS 系统误差方程为状态方程,以 GPS 测量结果为观测方程,采用线性卡尔曼滤波器为 INS 系统误差提供最小方差估计,然后利用这些误差的估计值修正 INS,以提高系统的导航精度。另外,经过校正的 INS 又可以提供导航信息,以辅助 GPS 提高其性能和可靠性。利用卡尔曼滤波进行 GPS 与 INS 的组合时通常认为有两种模式,即松散组合(位置与速率的组合)和紧密组合(伪距与伪距率的组合)。

在松散组合模式下组合系统利用 GPS 数据来调整 INS 输出,即用 GPS 输出的位置和速度信息直接调整 INS 的漂移误差,得到精确的位置、速度和姿态参数。当 GPS 正常工作时,系统输出为 GPS 和 INS 信息;当 GPS 中断时,INS 以 GPS 停止工作时的瞬时值为初始值继续工作,系统输出 INS 信息,直到下一个 GPS 工作历元出现。松散组合模式的优点是:①GPS 和 INS 保持了各自的独立性,其中一个出现故障时,系统仍能继续工作;②系统结构简单,便于设计;③GPS 和 INS 的开发与调试独立性强,便于故障检测与隔离;④组合系统开发周期短。松散组合模式的缺点是组合后 GPS 接收机的抗干扰能力和动态跟踪能力没有得到改善,导航精度没有紧密组合模式高。

紧密组合的工作原理是利用 INS 输出的位置和速度信息来估计 GPS 的伪距和伪距率,且与 GPS 输出的伪距和伪距率进行比较,用差值构建系统的观测方程,经卡尔曼滤波后得到精确的 GPS 和 INS 输出信息。紧密组合模式的优点:①GPS 接收机向 INS 提供精确的位置和速度信息,辅助减小 INS 的漂移误差积累;②INS 同时向 GPS 接收机提供实时的位置和速度信息,辅助 GPS 接收机内部的码/载波跟踪回路,提高 GPS 接收机的抗干扰能力和动态跟踪能力;③在 INS 的辅助下,GPS 接收机更可靠、更多地接收到卫星信息,而综合滤波器可以利用尽可能多的卫星信息提高滤波修正的精度;④能够对 GPS 接收机信息的完整性进行监测。

在数据处理上,紧密组合是将 GPS 和 INS 的原始观测数据一起输入到一个滤波器进行估计计算,得到整体最优估计结果;而松散组合是首先使用一个分滤波器对 GPS 独立滤波定位,然后将定位结果输入到一个包含 INS 误差状态方程的主滤波器中,估计 INS 的导航误差。

GPS 和 INS 的系统集成从 20 世纪 80 年代初的简单组合开始,到 20 世纪 80 年代末就已经进入软硬件组合的水平。目前,GPS/INS 组合系统的精度主要取决于 GPS 数据的定位精度。近年来,随着俄罗斯格洛纳斯、欧洲伽利略投入运营及中国北斗的快速发展,GNSS 的阵营不断壮大,GNSS 接收机可接收的卫星数成倍增加,能提供更多的多余观测用于定位计算,卫星的空间配置也更合理,因此能达到比任何单一系统更高的精度和可靠性。

## 四、光学类载荷

航空测绘相机的研究和应用最早可追溯至 20 世纪 20~30 年代,Leica 早在 1925 年已经开始了相关研究,并且为美国地质调查局进行了初步尝试。20 世纪 50 年代开始,胶片型航空测绘相机得到了广泛的应用。随后的数十年中,随着计算机和数据采集技术的发展,尤其是 CCD(电荷耦合器件)技术的成熟,航空光学测绘相机技术发生了质的飞跃。20 世纪 70 年代,德国的戴姆勒-奔驰航空公司成功研制了第 1 台以 CCD 作为成像介质的电光成像系统 EOS。随后,以 CCD 作为成像介质的测绘相机得到了快速发展,并且在星载遥感测绘相机领域得到了广泛应用。20 世纪 80 年代,以线阵 CCD 为主的数字式航空测绘相机得到了快速的发展。1995 年问世的数字航空摄影相机(digital photogrammetry assembly,DPA)采用了线阵推扫成像模式,立体测绘采用三线阵机制,探测器由 6 条 10 μm 线阵 CCD 构成。每 2 条 CCD 拼接形成一线列,具有多光谱和立体测绘功能,可满足 1:2.5 万的大比例地形测绘需求。线阵数字式航空测绘相机的出现和成功应用使航测装备技术发生了质的飞跃,对系统的数据获取、后处理和存储等环节产生了革命性的影响,同时对传统的胶片型测绘相机产生了巨大冲击。21 世纪初,商用航测系统不断涌入市场,传统的胶片型相机逐步被数字相机取代,在民用测绘领域涌现出大量装备。21 世纪以来,随着探测器、计算机、稳定平台、GPS/IMU、图像处理等技术的发展,线阵数字航空测绘相机的系统性能稳步提高,适用范围不断扩大。与此同时,面阵 CCD 探测器的出现使航测相机在数据获取效率方面有了进一步的提升,为航测装备市场增添了新的活力。

经过数十年的发展,数字航测相机技术日益成熟,已基本取代了胶片型相机。目前,数字航测相机以面阵数字相机为主,且大多具备多光谱成像功能,可满足不同的测绘任务需求。面阵数字相机焦面一般为矩形,增加飞行覆盖宽度,可减少飞行次数;同时,为了兼顾测绘对光学系统的性能要求,相机大多采用多镜头拼接方案。由于探测器件等相关技术的进步,航空测绘相机的像元比早期系统的像元尺寸都有所减小,不仅增大了面阵规模,而且在同样工作高度下可利用小焦距光学系统获得更高分辨率。

大面阵数字式多光谱测绘相机时代已经到来,相关装备技术已经发展成熟,随着成像技术、控制技术、无人机技术的发展,非量测型相机开始在航测领域崭露头角,它对航测的工作效率、适用范围、数据传输、存储及后期数据产品的生产会产生重要的影响。

### (一)量测相机

所谓量测相机,是指专门为测量而设计的航空摄影传感器,具有已知的内方位元素、焦距、较小的镜头畸变及定向设备,能达到很高的精度,但价格相对昂贵,设备比较复杂且体积较大。量测相机一般用于传统摄影测量系统,对于目前的无人机摄影测量,则一般使用非量测相机。

大幅面的数字航空摄影传感器主要以两种方式发展:一种是基于三线阵的 CCD 推扫式传感器,即在成像面安置前视、下视、后视三个 CCD 线阵,在摄影时构成三条航带实现摄影测量;另一种是基于多镜头系统的面阵式传感器(例如 DMC、UCX、SWDC),利用影像拼接镶嵌技术获取大幅面影像数据。与线阵式传感器相比,面阵式航空摄影传感器继承了传统胶片式航摄仪的成像方式和作业习惯。具体作业流程与传统航摄仪相比基本没有改变。因此,在目前的数字航空摄影传感器中,仍以面阵式成像方式为主流。数字航空摄影传感器的核心元件以光敏成像元件 CCD 为主,由于受制造工艺和成本方面的限制,现有的大面阵数字航空摄影传感器一般是利用多个小面阵 CCD,采取影像拼接镶嵌的技术获取大幅面影像数据,因此它的几何关系要比常规的基于胶片的航空相机复杂;另外,在相同航高的情况下其影像分辨率都比传统航摄仪要高。以上变化引起的航摄精度的变化、航摄影像尺寸的变化均给影像控制测量的设计方案及测绘产品的生产带来了新的问题。

此外,CCD 数字航测相机也存在一些缺点:①其像幅覆盖范围小于胶片航空相机的覆盖范围,使得航片的像对数增加、工作量增加;②由于航片的交会角小,接近于常规长焦摄像机,因此存在高程精度降低的问题。

目前,在摄影测量领域使用较多且具有代表意义的数字航空摄影仪主要有:

(1)国产具有自主知识产权的 SWDC 数字航空摄影仪,如图 4-14 所示。

(2)由卡尔蔡司公司(Carl Zeiss)与德国鹰图交互计算机图形系统的子公司 Z/I Imaging 合作推出的 DMC 系列数字航空摄影传感器。

(3)由 Leica 公司推出的 ADS 系列数码航摄仪。

图 4-14 SWDC 数字航空摄影仪

**(二)非量测相机**

非量测相机是相比于专业摄影测量设备——量测相机而言的,它是普通民用相机,主要包括单反相机、微单相机及在单个普通民用数码相机基础上组合而成的组合宽角相机等。其空间分辨率高、价格低、操作简单,在数字摄影测量领域得到了广泛应用。

1. 单反相机

单反相机全称为单镜头反光照相机,是用单镜头并通过此镜头反光取景的相机。随着计算机技术和 CCD、CMOS 等感光元件技术的发展,单反相机性能不断提高,在无人机移动测量中得到了广泛应用。单反相机有以下特点:

(1)成像质量优秀,在宽容度、解像力和感光度方面表现良好。

(2)快门是纯机械快门或电子控制的机械快门,时滞极短,连拍速度也很快。

(3)单反相机是通过镜头取景,采光好,场景真实,颜色自然。

(4)可以根据航拍任务的不同来确定使用何种镜头,镜头更换方便。

无人机移动测量中常用的单反相机有佳能 5D-Mark Ⅱ(见图 4-15)、尼康 D800(见

图 4-16）等，具体参数见表 4-1。

图 4-15　佳能 5D-Mark Ⅱ

图 4-16　尼康 D800

表 4-1　常用单反相机参数

| 项目 | 参数 | |
|---|---|---|
| 相机类型 | 佳能 5D-Mark Ⅱ | 尼康 D800 |
| 传感器类型 | CMOS | CMOS |
| 传感器尺寸 | 全画幅（36 mm×24 mm） | 全画幅（35.9 mm×24 mm） |
| 有效像素 | 2 110 万 | 3 630 万 |
| 最高分辨率 | 5 616 × 3 774 | 7 360× 4 912 |
| 对焦方式 | 自动对焦 | 自动对焦 |
| 对焦点数 | 9 个自动对焦点和 6 个辅助自动对焦点 | 51 点 |
| 快门类型 | 电子控制纵向式焦平面快门 | 电子控制纵向式焦平面快门 |
| 防抖性能 | 不支持 | 不支持 |
| GPS 功能 | — | 支持（可选） |
| 遥控功能 | 无线遥控：使用遥控器 RC-1/RC-5 | 支持（可选） |
| 无线功能 | 扩充系统端子：用于连接无线文件传输器 WFT-E4/E4A | — |

2. 微单相机

“微单”涵盖微型和单反两层含义：①相机微型、小巧、便携；②可以像单反相机一样更换镜头，并提供与单反相机同样的画质。与单反相机的区别是，微单相机取消了反光板、独立的对焦组件和取景器。虽然对焦性能和电池续航能力弱于单反相机，但成像质量基本与单反相机一样，均可以更换镜头，而且体积和质量远小于单反相机，非常适合小型无人机进行小范围测量作业。

无人机测量中常用的微单相机有索尼 ILCE-7R（见图 4-17）、索尼 A7（见图 4-18）等，具体参数见表 4-2。

**（三）组合宽角相机**

非量测型数字相机存在像场角窄的问题，导致像片的基高比小，高程精度偏低、数据量偏大，且轻小型低空无人机为了保证安全，必须轻载荷（现在市场提供的无人机有效载荷一般不超过 5 kg）。因此，可以考虑在无人机上使用组合宽角数字相机。组合宽角相机是在单个数码相机基础上组合拼接而成的，常见的有双拼组合和四拼组合宽角相机两类。组合宽角相机有以下特点：

图 4-17 索尼 ILCE-7R

图 4-18 索尼 A7

表 4-2 常用微单相机参数

| 项目 | 参数 | |
|---|---|---|
| 相机类型 | 索尼 ILCE-7R | 索尼 A7 |
| 传感器类型 | ExmorCMOS | ExmorCMOS |
| 传感器尺寸 | 全画幅(35.9 mm×24 mm) | 全画幅(35.8 mm×23.9 mm) |
| 有效像素 | 3 640 万 | 2 430 万 |
| 最高分辨率 | 7 360×4 912 | 6 000×4 000 |
| 对焦方式 | 自动对焦 | 自动对焦 |
| 对焦点数 | 25 点 | 117 点(相位检测自动对焦)<br>25 点(对比检测自动对焦) |
| 快门类型 | 电子控制纵向式焦平面快门 | 电子控制纵向式焦平快门 |
| 防抖性能 | 防抖效果因拍摄条件和使用的镜头而异 | 光学防抖(镜头) |

(1)组合宽角相机可以扩大面阵传感器容量,形成等效大面阵相机。

(2)可以形成组合宽角视场。视场角是航空相机的重要技术指标,宽视场角有两个作用:航向的宽视场角可以提高基高比,从而提高高程量测精度;旁向宽视场角可以增加航带影像的地面覆盖宽度,从而提高飞行作业效率及减少野外控制点的布设数量。

与单机系统相比,通过双拼组合扩大成像系统的旁向视场角,使得在等同航高条件下,航带影像地面覆盖宽度增加 1 倍,从而达到提高效率及减少野外控制点的目的。

目前,在无人机上使用的组合宽角相机的典型代表是中国测绘科学研究院研制的四相机(LAC04)和双相机(LAC02)系统。

**(四)倾斜摄影相机**

倾斜摄影技术是测绘领域近些年发展起来的一项高新技术,它覆盖了以往正射影像只能从垂直角度拍摄的局限,通过在同一飞行平台上搭载多个传感器,同时从不同角度采集影像,将用户引入到符合人眼观察的真实直观世界,如图 4-19 所示。

倾斜摄影技术的特点如下:

(1)反映地物周边真实情况。相对于正射影像,倾斜影像能让用户从多个角度观察地物,更加真实地反映地物的实际情况,极大地弥补了基于正射影像应用的不足。

图 4-19　倾斜影像获取示意图

(2)倾斜影像可实现单张影像量测。通过配套软件的应用,可直接基于成果影像进行包括高度、长度、面积、角度、坡度等的量测,扩展了倾斜摄影技术在行业中的应用范围。

(3)建筑物侧面纹理可采集。针对各种三维数字城市应用,利用航空摄影大规模成图的特点,加上从倾斜影像批量提取和贴纹理的方式,能够有效降低城市三维建模成本。

(4)数据量小易于网络发布。相较于三维 GIS 技术应用庞大的三维数据,应用倾斜摄影技术获取的影像的数据量要小得多,其影像的数据格式可采用成熟的技术快速进行网络发布,实现共享应用。图 4-20 为正射影像与倾斜影像对比图。

图 4-20　正射影像与倾斜影像对比

航空倾斜影像不仅能够真实地反映地物情况,而且通过采用先进的定位技术嵌入更准确的地理信息、更丰富的影像信息、更高级的用户体验,极大地扩展了航空影像的应用领域,并使得航空影像的行业应用更加深入。

1. A3 倾斜数字航摄仪

A3 倾斜数字航摄仪(见图 4-21)由全球领先的数字测绘系统供应商以色列 VisionMap 公司生产。A3 采用步进式分幅成像,可获取超大幅宽影像(SLF),结合其一体化后处理系统 Lightspeed,可得到一系列产品:正射影像图(DOM)、数字高程模型(DEM)、数字表面模型(DSM)、倾斜测图产品。

A3 倾斜数字航摄仪由存储器、小型计算机、GPS、电源、控制终端接口及旋转双镜头组成。采用步进式分幅成像原理，在飞行的同时，镜头围绕一个中心轴做最大可达 109°摆角的高速旋转和采集，最大可获取约 62 000×8 000(4.96 亿)像素的超宽幅影像图，每个 CCD 每秒可捕捉 7.5 张数字影像。采用 300 mm 的镜头，拥有超高的数据获取能力和影像分辨率，同样的分辨率要求下，A3 能够飞行更高的高度，获取更大面积的数据，节约飞行成本。设计的旋转相机，可获取同一地物在不同角度的影像，一次飞行可获取多种高分辨率垂直和斜拍测图产品。自动匹配原始垂直及斜拍影像连接点，无须地面控制点就可生成满足所有工业标准的高质量产品。

图 4-21 A3 倾斜数字航摄仪

A3 航摄仪的设计具备传统线阵和面阵成像方式特点，是结合两者优势、扬长避短的新一代步进分幅成像方式产品。步进式分幅成像是利用摆扫机构，在垂直于航向的方向多个不同位置成多幅图像，各位置之间保证一定的重叠度，以便于后期处理时恢复为完整的大分辨率图像。A3 航摄仪的镜头采用特别的旋转设计，镜头围绕中心轴可做一个 109°旋转采集，每次摆扫可以获取 64 个像幅(单个 CCD 获取 32 个像幅)，一次摆扫时间是 3~4 s。为满足航测成图的需求，考虑到航线网、区域网的构成和模型之间的连接等，A3 沿航线两个单像幅重叠度是 2%(大约 100 个像素)，垂直航线两个像幅重叠度是 15%。

A3 航摄仪有如下优势：

(1)超高的数据获取能力。A3 航摄仪以其超强数据获取能力著称，相机使用 300 mm 长焦距镜，使得相机拥有超高的数据获取能力和影像分辨率。

(2)超大的像幅。A3 采用步进式成像方式，最大可获取约 62 000×8 000(4.96 亿)像素的超宽幅影像图。

(3)一次飞行可获取多种产品。A3 系统一次飞行后，无须再额外飞行和数据处理，即可同时获得多种数据产品：正射影像图、高程模型、数字表面模型、倾斜测图产品。

(4)高精度的产品。由于 A3 系统特殊的成像方式(框幅+扫描式)，可获得高重叠度的影像，同一个点在多达数十幅影像有响应。由于同一空间点可通过数十个多余观测(共线方程)获得解算，精确反演出获得该点的空间位置，即完成高精度产品生产。

2. SWDC-5 数字航空摄影仪

SWDC-5 数字航空摄影仪(见图 4-22)通过在同一飞行平台上同时从 5 个不同的视角采集影像，即引入了符合人眼视觉的真实直观世界。该技术可作为数字城市建设中三维建模数据获取和更新的主要技术手段，也可用于建立城市高分辨率影像数据库。SWDC-5 数字倾斜相机通过子相机加固，精密检校，安装固定架(倾角范围：35°~ 45°)，集成 5 个高档大幅面民用数码相机，并且研制专用于倾斜摄影的飞控系统，形成一套可拍摄多方向倾斜影像的航空摄影系统，有不同的组合方案备选。

通过在同一飞行平台上搭载多个相机，分别从竖直和四个倾斜角度对地面进行拍摄，得到被拍摄物体的多视角影像和建筑物外立面的真实纹理，并且有效集成 POS 系统，获取到每张像片的外方位元素，数据可广泛应用于数字城市、数字地球(智慧地球)的基础地理空间框架建设。

目前，SWDC-5 系统已经实现了正常的数据获取、数据后处理、具体工程解决方案应用。

图 4-22 SWDC-5 数字航空摄影仪

具体的解决方案有如下几种模式：①建立带有姿态数据的倾斜照片影像库，当光标在物方运动时系统自动调出相关的倾斜照片，并在其上进行量测和观察。为用户提供可量测影像数据；②与 POS、LiDAR 配合，用 LiDAR 的 DSM 配合有姿态数据的影像进行城市三维建模；③只与 POS 配合，不用 LiDAR，配合高可靠相关匹配，用有姿态的影像的多光线（大于或等于 5 条光线）前方交会生成 DSM 后进行建模；④不用 POS 和 LiDAR，只用五头相机的数据和 GPS 记录的曝光点坐标数据，配合高可靠性相关匹配，做倾斜照片自动空中三角测量，得到各照片姿态后进行前方交会生产 DSM 并且建模。

系统特点：

(1) 系统由加固并量测化改造后的 5 台大面阵数码相机组成，单相机像素数达 5 000 万，每台单相机的综合畸变差均小于 2 μm。

(2) 相机具有多视角同步采集影像功能，提供精确的子相机相对方位。

(3) 系统为不同品牌的 POS 系统预留安装接口，并且标配国产高精度 POS 系统。

(4) 系统配置两种镜头组合方案，兼顾高质量影像纹理采集及高重叠数据采集两种特点，给用户以更多的选择便利。

(5) 系统兼具建模与测量相机双重功能，经过简单的结构改造，系统既可进行倾斜航摄数据采集，也可进行常规的航测数据采集。

(6) 倾斜相机单机幅面超过进口相机，斜片分辨率高、畸变小，焦距可任意组合，并与国产 POS 成功对接，建模逼真、造价低、速度快、交互少。

## 五、非光学类载荷

### (一) 红外传感器

红外传感器是利用红外线的物理性质来进行测量的传感器，红外线具有反射、折射、散射、干涉、吸收等性质。任何物质，只要它本身具有一定的温度，都能辐射红外线。红外传感器可将目标入射的红外辐射转换成对应像元的电子输出，最终形成目标的热辐射图像，红外传感器提高了无人机在夜间和恶劣环境条件下执行任务的能力。红外传感器测量时不与被测物体直接接触，因而不存在摩擦，并且有灵敏度高、响应快等特点。

红外传感系统按探测机制可分成光子探测器和热探测器。按照功能可分成五部分：

①辐射计,用于辐射和光谱测量;②搜索和跟踪系统,用于搜索和跟踪红外目标,确定其空间位置并对它的运动进行跟踪;③热成像系统,可产生整个目标红外辐射的分布图像;④红外测距和通信系统;⑤混合系统,是指以上各类系统中的两个或者多个的组合。

1. STAMP 系列传感器

CONTROP 公司的 STAMP 系列小型传感器采用机械陀螺和 3 个方向架系统实现自动变焦,具有较高的图像质量。STAMP 系列传感器包括具有非致冷红外探测器的 U-STAMP、U-STAMP-Z 和 U-STAMP-DF 传感器,具有彩色 CCD 的 D-STAMP 和 D-STAMP-HD 传感器,T-STAMP-C 和 T-STAMP-U 双传感器,以及结构加固的 A-VIEW 传感器。这些传感器已经在包括"云雀""蓝鸟"和 Skylite 在内的多种无人机上使用了多年,提供的图像质量与大型无人机有效载荷相当。CONTROP 公司瞄准需求迅速增长的小型无人机有效载荷市场,解决传感器价格和图像质量之间的矛盾,提供具有高性能质量比和高性能体积比的传感器。

2. COMPASS 系列传感器

以色列埃尔比特光电系统公司是一家世界领先的集成无人机传感器装备提供商,该公司的光电传感器装备能够提供最佳的观察、监视、跟踪和目标定位能力,其传感器产品设计有机械接口和电气接口容易与其搭载平台整合。

COMPASS 传感器系统具有全天候进行昼夜情报、监视、目标搜索和侦察的能力。系统采用了微型数字电路和轻质材料,因此质量轻、体积小,适合高级无人机应用。

MicroCOMPASS 传感器系统是 COMPASS 家族的最新成员,采用了质量超轻、极度紧凑和高度稳定的设计,具有连续变焦及昼夜观察和监视能力。系统提供稳定的实时视频、远程连续变焦热成像和彩色变焦 CCD 摄像机,并且能够自动跟踪观察到的目标。

**(二)机载激光雷达**

LiDAR 是一种以激光为测量介质,基于计时测距机制的立体成像手段,属主动成像范畴,是一种新型快速测量系统,可以直接联测地面物体的三维坐标,系统作业不依赖自然光,不受航高、阴影遮挡等限制,在地形测绘、气象测量、武器制导、飞行器着陆避障、林下伪装识别、森林资源测绘、浅滩测绘等领域有着广泛应用。

LiDAR 诞生于 20 世纪 60~70 年代,当时称为激光测高计。20 世纪 80~90 年代,该项技术取得了重大进展,一系列航天和机载 LiDAR 系统研制成功,并得以应用。自 21 世纪以来,计算机、半导体、通信等行业进入了蓬勃发展的时期,从而使得激光器、APD(avalanche photodiode,雪崩光电二极管)探测器、数据传输处理等 LiDAR 相关的器件和关键技术取得了迅猛发展,一系列商用机载 LiDAR 系统不断涌入市场。LiDAR 大大拓展了航空光学测绘的适用范围和信息获取能力,目前已成为面阵数字测绘相机的有力补充,在航空光学多传感器测绘系统中扮演着重要角色。

LiDAR 是可搭载在多种航空飞行平台上获取地表激光反射数据的机载激光扫描集成系统。该系统在飞行过程中同时记录激光的距离、强度、GPS 定位和惯性定向信息,在双频 GPS 基站和后处理计算机工作站的辅助下,利用后处理软件对经度、纬度、高程、强度数据进行快速处理,并将所获取的信息应用于实际的生产项目中。LiDAR 的工作原理为:通过测量飞行器的位置数据(经度、纬度和高程)和姿态数据(滚动、俯仰和偏流),以及激光扫描仪到地面的距离和扫描角度,便可精确计算激光脉冲点的地面三维坐标,如图 4-23 所示。

作为一种主动成像技术,机载 LiDAR 在航空测绘领域具有如下特点:

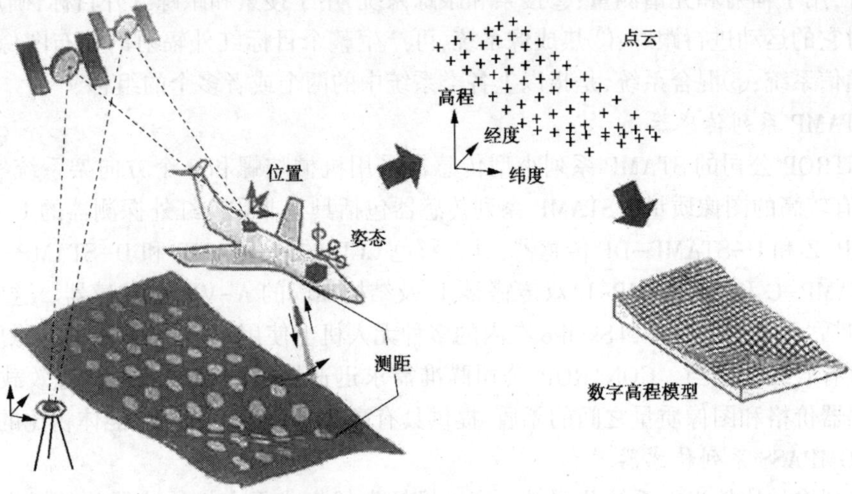


图 4-23　机载激光雷达扫描原理

(1)采用光学直接测距和姿态测量工作方式,被测对象的空间坐标解算方法相对简单、易于实现、单位数据量小、处理效率高,具有在线实时处理的开发潜力。

(2)由于采用了主动照明,成像过程受雾、霾等不利气象因素的影响小,作业时段不受白昼和黑夜的限制。因此,与传统的被动成像系统相比,环境适应能力比较强。

(3)通过激光波段选择,可对海洋、湖泊、河流沿线浅水区域的水底地形结构进行立体测绘,这一能力是传统被动航空光学测绘装备所不具备的。

(4)测距分辨率高,可对一定距离范围内的目标进行高精度测量。在森林生态结构分类、林下地表形态、林木资源储量、电力线路测绘等领域具有独特优势。

鉴于上述特点,机载 LiDAR 在浅滩测量、森林资源调查、厂矿资产评估、电力设施测绘、3D 城市建模等测绘领域具有一定特色,与测绘相机形成了很好的优势互补的效果。可同时实现陆地和相对较清水域的水深、水底形貌的高精度测绘(高程精度±15 cm),获取高精度数字高程模型,这一功能是航空测绘相机难以达到的,在浅水区开发建设中具有重要应用。机载 LiDAR 在森林资源测绘领域具有很大的技术优势和较好的应用价值,北欧、加拿大等森林资源丰富的地区很早已经将 LiDAR 应用于森林资源测绘。LiDAR 数据可用于森林覆盖率、林木储蓄量评估,以及森林垂直生态结构分布、树种分类、树冠高度和分布密度等方面的研究,可以获得更加详细的树木垂直结构形态,已发展成为森林资源测绘的主力装备之一。除上述两个特色应用外,LiDAR 在输电线路、河谷地形等狭长带状区域测绘,以及大型固定资产评估、三维数字城市建设等相关领域也具有一定应用优势。

LiDAR 系统基本都是基于点阵扫描工作模式,工作高度高达数千米,测量精度可达厘米级别,系统显著特点如下:

(1)激光重复频率高。现有商用系统的激光重复频率可高达 500 kHz,比早期的提高 2~3 个数量级。高激光重复频率是提高系统数据获取速率的重要解决途径之一,与之相关的扫描系统、数据传输和处理速度要求也随之提高。对于同一照射点,高激光重复频率可增加反射回波数量,有利于提高系统的细节分辨能力。

(2)横向扫描角度大。现有商用机载 LiDAR 大都与大面阵航空测绘相机一起使用,为满足横向覆盖宽度的要求,横向扫描角度与测绘相机的横向视场角匹配,其横向扫描角度可达 60°~70°的水平。

但总的来说,目前可用于航空摄影测量的 LiDAR 系统质量重、体积大,只能在大型无人直升机上搭载,应用受到了极大限制,体积小、质量轻、集成化,是其以后的发展方向。

# 任务四　无人机飞行控制系统

飞行控制是指舵机根据飞控系统从各种机载传感器系统上获取的高度、风速、经度、纬度等飞行参数,对无人机的俯仰角、翻滚角、速度、高度做出相应的调整,来保持和控制无人机按照一定的姿态和轨迹进行飞行。随着控制技术的发展,高新技术的飞速发展及其在无人机上的不断应用,使无人机向自动化、快速反应及高可靠性方向发展。

## 一、无人机飞行控制系统组成

飞行控制系统的目的是实现无人机飞行控制和任务载荷管理,包括机载飞行控制系统和地面飞行控制系统两部分。

### (一)机载飞行控制系统

机载飞行控制系统由姿态陀螺、磁航向传感器、飞控计算机、导航定位装置、电源管理系统、伺服舵机等组成,可以实现对飞机姿态、高度、速度、航向、航线的精确控制,具有自主飞行和自动飞行两种模式。典型无人机飞行控制系统的结构如图 4-24 所示。

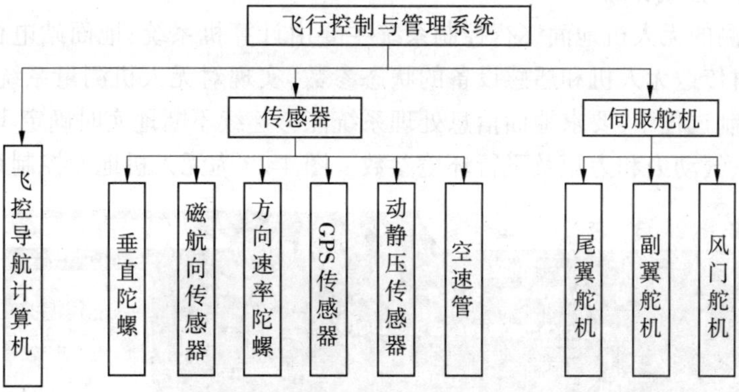


图 4-24　典型无人机飞行控制系统结构

飞控导航计算机由模-数、数-模、标准串行口、离散化功率通道及数字输入输出通道等组成。姿态传感器一般选用高精度、体积小、可靠性好、性价比高的垂直陀螺。动、静压模块选用智能 PPT 压力传感式模块,具有性能稳定可靠、体积小、重盘轻、功耗低等诸多优点。整个系统具有模拟接口和数字通信接口,便于模-数采集和与计算机的数字通信。伺服舵机具有休积小、质量轻、输出扭矩大的特点。飞控系统是智能化任务管理系统,设计时应当降低系统的复杂度,缩减系统的体积和质量,同时要确保系统的可靠性。

无人机飞行控制与管理系统具备完整的惯性系统和定位系统,具有高精度的导航功能和可靠的飞行控制功能,采用多种控制模式,保证飞行指令可在不同的情况下实现人机交互式通信,实时控制无人机的飞行。对于长航时无人机,由于飞行距离远、航行时间长,对导航定位精度提出了很高的要求。目前,可装备的机载导航系统有惯性导航系统、卫星导航系统、多普勒导航系统、地形匹配导航系统等,常用的主要是惯性导航系统,具有短时精度高,可以连续地输出位置、速度、姿态信息及完全自主等突出优点,但导航误差会随着时间积累,是不可克服的缺点。通常采用组合导航技术,在载体上装备两种或两种以上的导航系统,通过相互取长补短,来提高系统的总体性能。飞行控制系统主要用于保持无人机飞行姿态角,控制发动机转速和飞行航迹,其性能与可靠性对无人机系统性能有着直接的影响。所有飞行管理系统任务功能的实现是由机载硬件和软件及其他地面支持软件共同完成的。

综合任务管理软件作为主要机载软件,其功能包括:

(1)与地面站配合完成的遥控遥测功能。

(2)传感器数据采集和数据预处理功能。

(3)控制量实时解算功能。

(4)控制量输出功能。

(5)导航计算功能。

(6)任务、设备管理与控制功能。

(7)故障检测与处理功能。

无人机与地面控制站通过无线电传输 GPS 定位数据、飞行状态参数、飞控指令等数据,通过通信从地面控制站获取由 GPS 定位得到的飞机位置信息和各种状态参数,并在电子地图上进行实时航迹显示和飞行状态显示。

**(二)地面飞行控制系统**

用于低空航测的无人机地面飞行控制系统主要由计算机系统、地面站电台及地面站软件等组成,可实时传送无人机和遥感设备的状态参数,实现对无人机测量系统的实时控制。在对无人机的控制过程中,要求地面信息处理系统能够连续不断地实时确定飞机的位置、姿态、速度、加速度、气动力和力矩及飞行环境参数。图 4-25 为无人机地面控制系统界面。

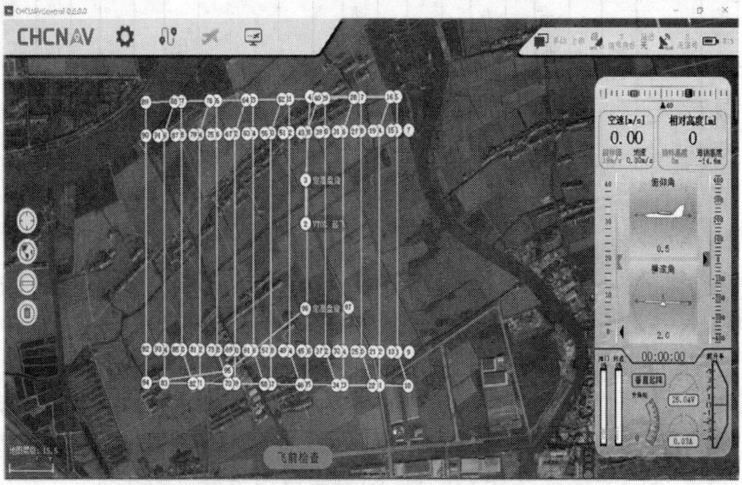


图 4-25　无人机地面控制系统界面

地面控制系统功能:

(1)任务航线规划和起飞之前进行检查。接到飞行任务后,将任务区域的卫星图导入软件,输入作业区域范围信息,按照实地勘察结果、任务要求、精度要求、所使用的相机焦距和像元大小、航向重叠度、旁向重叠度,航线规划系统能自动生成航线。航线规划完成后,通过网络通信将规划任务数据打包发送到地面控制站,然后由地面控制站通过无线电链路将数据传送至无人机自动驾驶仪,无人机就可按照预先设计的航线进行飞行作业。在起飞之前,地面控制系统中的检查模块可对无人机系统进行逐项检查,保证其安全飞行。

(2)飞行状态显示(见图 4-25)。当无人机执行飞行任务时,知道飞机的实际航线是否与事先规划的航线重合或者偏离设定航线的距离有多少等信息是非常重要的。系统通过网络通信从地面控制站实时获取 GPS 位置信息,根据获取的经纬度位置信息在该视图中以直观的小飞机图符显示无人机的实时位置,并实现当前位置点与前一时刻位置点进行连线完成航迹显示,并实时显示飞行参数,使操纵人员实时得到位置及其他信息,对无人机进行监测。显示参数主要包括无人机遥测参数、遥控指令显示、系统时间、无人机轨迹、距离、发动机转速、旋翼转速仪表、无人机航向角仪表、滑油压力仪表、升降速度仪表、高度、空速等。

(3)航线回放功能。获得无人机实际飞行中的数据并保存,通过航线回放可以得到与航迹显示功能完全相同的视觉效果,再现无人机作业全过程,以便于对无人机的飞行状况及任务执行情况进行分析,为以后的任务规划及后续的数据处理工作提供参考。

(4)其他功能。数字地图显示和操作,实现地图的快速显示及放大、缩小、漫游等功能。

无人机自主飞行控制系统较为复杂,一般需要设计 3 类控制器:位置控制器、速度控制器及姿态控制器。同时,还有姿态角推算、导航数据融合等算法。为了满足以上控制和算法要求,机载部分的硬件布局就显得尤为重要。实现无人机的自主飞行不可避免地要涉及飞行器姿态、速度、位置这几个大方面的控制运算,因此对控制器的运算能力有很高的要求。若要得到很好的实时控制效果,控制频率是一个重要的考虑因素。对于单芯片飞控系统,一个控制周期内要完成数据采集、数据处理、控制运算及指令输出,同时需将数据输出到监控系统,过重的负荷影响了系统的可靠性。针对这一问题,可以设计双芯片飞行控制系统,采用 2 个处理器分工协作的机制,完成对飞行控制的任务要求。

**(三)飞控系统的可靠性**

无人机在完成高度、长航时飞行任务时,随着飞行时间的增加,飞行控制系统出现故障的概率也在不断增加,具体表现如飞行控制计算机故障、舵机故障、舵面损伤及机载传感器故障等。为了使无人机在受到非致命性损伤和故障情况时,仍能够完成任务或安全返回,需要高可靠性、高生存力的飞行控制系统。为了保证飞行安全,长航时无人机采用了硬件余度和软件余度相结合的方式。其中,硬件余度包括操纵面的余度配置、多余度飞控计算机、多余度传感器和多余度电源等,软件余度包括相似余度、非相似余度、解析余度、功能冗余设计技术。

对于小型无人机,由于载荷较小且飞行时间短,一般不采用硬件余度,而多应用软件余度设计。如针对可能出现的应急情况设计应急控制方案,针对舵面和执行机构等可能出现的故障设计重构的控制规律,针对能源不足的问题设计节能控制方案等。软件的非相似余度结构,可保证因软件故障的系统二次故障安全要求。

## 二、飞行控制相关技术概述

飞行控制系统是无人机的核心,无人机要完成飞行任务,需要控制系统具有良好的控制特性。飞行控制系统是一个复杂的系统,要实现高效的控制,需要数据链通信技术、时间延迟补偿技术、多比例尺地图调用技术、故障诊断与自修复技术、多机协同技术等各方面技术的支持。

(一)数据链通信技术

数据链承担着空地上下行数据的传输工作,对整个无人机系统的工作性能、可靠性和安全性都有着至关重要的作用,数据链的性能好坏、管理策略是否得当将直接影响无人机系统的工作。数据链性能的主要指标包括传输延迟、丢帧率及误码率。由于数据链传输延迟在整个系统的总时间延迟中所占比例较大,大的时间延迟会造成系统实时性下降,同时对无人机的飞行品质会产生较大的影响。丢帧率对系统延迟有一定影响,一般情况下不会占据主导地位,但是如果丢帧持续时间较长,对系统的时间延迟会产生比较明显的影响。

误码率指的是数据链在传输过程中非期望数据占数据传输总量的比例。在上行控制指令中误码产生的错误指令可能对系统的安全产生直接影响,必须加以保护,以保证在正常情况下不会产生对飞机不利的错误操纵指令。数据链的工作性能在实际使用过程中会受到多种因素的干扰,包括遮挡、电磁干扰等,这样就会增加数据传输的丢帧率与误码率,甚至产生断路的情况,而这些对于实时性、连续性要求较高的遥控驾驶飞行将产生明显的影响,其至威胁到飞机的安全。

对于误码率的处理,要求在接收到遥控驾驶指令时进行速率与幅值的限制,保证操纵指令的连续与正确。为避免由于误码的产生而导致飞机平台产生较大瞬态响应,影响飞机的安全,需设置相应的安全应急处置措施。

数据链的指标特性对于飞行质量甚至飞行安全都有着至关重要的影响,为了提高无人机的飞行品质、消除由数据链本身特性引起的安全隐患,需要有效、可靠的数据链管理策略,对其性能进行优化,保证系统安全,提高飞行品质。

(二)时间延迟补偿技术

在无人机系统中,时间延迟的含义就是指从地面操纵员的输入开始到他感受到无人机响应信息所经历的时间。根据无人机系统的组成来看,无人机系统时间延迟主要包括了信号采集与处理、数据传输与显示、平台响应所产生的时间延迟。相对来说,数据链上下行传输与平台响应时间较长,在无人机系统的时间延迟总量中占据主要地位。时间延迟补偿技术的基本原理就是利用飞机响应的预测与修正技术实现对系统时间延迟的补偿,以达到减小时间延迟的假象,提高驾驶员操纵时的飞行品质。实现上是通过在地面任务站中建立飞机本体的动力学模型,当飞行员进行操纵时,首先通过动力学模型对飞机响应进行预测,将预测响应先呈现给操作员,然后与链路下行的真实飞行参数进行叠加、修正以保证预测响应与实际响应的一致性,由此改善操作员的操作感受。

(三)多比例尺地图调用技术

多比例尺地图符合人们由远及近、由整体到局部逐次清晰的空间认知习惯。由于地图数据量很大,需要解决多比例尺地图的管理与快速显示。如采用地图控制文件为基础,实现多比例尺数据的平滑切换显示。地图控制文件中记录了每幅地图的路径、比例尺、坐标范围和显示层次,在地图开窗放大、缩小时计算窗口的坐标范围,从而根据该坐标范围选择相应比例尺的地图。为了实现地图的快速显示,在装载相应比例尺地图前,首先读取对应的空间索引文件,然后根据索引的范围装入相应大小的地图数据。通过地图控制文件和空间索引的结合,能够较好地解决多比例尺地图的快速显示和比例尺的自动平滑过渡。

在进行系列比例尺地图显示时,可以采用以下方法以提高空间数据显示速度:

(1)利用图幅建立分层索引。

(2)根据系列比例尺地图具有统一的目标分类分级、统一的要素编码标椎和统一的符号体系，建立统一的符号库和符号的对应体系；在程序运行时一次性加载，程序结束运行时从内存删除，并建立独立于绘图函数的绘图设备定义、创建和销毁函数，提高图形数据的显示效率，减少内存的碎片浪费。

(3)将图形显示中最频繁使用的空间数据的索引数据装入内存，以利于提高空间数据的读取效率。将空间索引数据分块装入内存，以适应不同比例尺地图的快速显示，而且无论图幅多少，其显示速度不会受到明显的影响。

### (四)故障诊断与自修复技术

无人机在复杂未知飞行环境下的故障诊断与容错控制为提高无人机飞行的安全性、可靠性及早期故障的适应与防护能力提供了一条新的技术途径，同时自诊断与自修复能力也是构成完全自主(智能化)飞行控制系统的基础。

不断庞大的无人机规模和其昂贵的任务设备对飞行器的可靠性和容错能力提出了更高的要求。无人机的飞行控制系统作为飞行器的控制中心，要求其除优良的设计和严格的地面试验外，还要具备在飞行过程中系统出现故障时能实时快速诊断，依据故障特性和损伤特性，迅速进行故障隔离和控制重构，实现无人机的最低安全性要求，保证无人机飞行任务的继续执行或者保证无人机安全返航回收。

### (五)多机协同技术

单架无人机独立飞行逐步提高到多架无人机编队，实现多架无人机协同飞行，是无人机自动控制的新高度。为了做到协同，无人机群应该具有高度的自主程度，并能在不同阶段进行可变自主程度飞行。编队中的单个无人机应能以不同的路径飞行，能为其他编队成员提供完成协同任务所需要的支持，能感知和评估变化的境况、形势和环境，能自动进行航路重规划，达到对目标区域实施从空间、时间或频率上的有效覆盖。

相对于单架无人机的控制来说，多机协同的无人机控制系统优势在于各架无人机从完成任务的层面上，能高效地协同完成大面积目标区域的航摄任务。

## 思考题

1. 什么是无人机摄影测量？与传统摄影测量相比，它有哪些特点？
2. 简述无人机摄影测量系统的基本组成及特点。
3. 说明无人机摄影测量的主要工作流程。
4. 常用的无人机分类方法有哪些？
5. 什么是无人机任务载荷？它有哪些类型？
6. 量测相机与非量测相机的区别有哪些？
7. 无人机飞行控制系统包含哪些部分？
8. 测图比例尺、地面分辨率、航高、相机镜头之间是什么关系，对摄影测量任务有什么意义？
9. 什么是基高比？在摄影测量中这个概念有什么重要性？
10. POS是什么？POS记录哪些数据？在摄影测量中有什么用途？

# 项目五　无人机摄影测量数据采集

## 任务一　无人机航摄的特点及数据类型

航空技术、微电子技术、微电机技术、信息技术、智能技术的飞速发展,使无人飞行器技术趋于成熟,各种数字化、小型化、探测精度高的机载传感器的不断面世,也使得无人机测绘数据质量更高、信息更丰富、获取也更方便,大大拓展了无人机测绘的应用。利用低空无人机测绘平台获取高质量影像数据,是无人机摄影测量数据采集的主要任务。

### 一、无人机航摄的特点

无人机摄影测量数据采集采用无人机航摄方式,即以无人机为飞行平台,以高分辨率数码相机为载荷,获取多角度、高空间重叠度、大比例尺、强现势性、连续观测的航测数据,为大比例尺成图、正射影像制作、地面模型生产等基于影像的区域测绘提供最简捷、最可靠、最直观的应用数据。作为卫星遥感与普通航空摄影不可缺少的补充,无人机航拍主要有以下特点:

(1)机动性、灵活性和安全性。无人机具有灵活、机动的特点,受空中管制和气候的影响较小,能够在恶劣环境下直接获取影像,即便是设备出现故障,也不会出现人员伤亡,具有较高的安全性。

(2)低空作业,信息丰富。无人机可以在云下超低空飞行,飞行高度在50~1 000 m,弥补了卫星光学遥感和普通航空摄影经常受云层遮挡获取不到影像的缺陷,还可获取比光学遥感和普通航摄更高分辨率的影像。同时,低空多角度摄影获取建筑物多面高分辨率纹理影像,弥补了卫星遥感和普通航空摄影获取城市建筑物遇到的高层建筑遮挡问题。

(3)精度高。无人机航拍测绘具有高分辨率、大比例尺、小面积、高现势性的优点,获取的影像数据分辨率可以高达厘米级,细节清晰,含有丰富的地物信息。因此,测图精度可达1∶1 000甚至1∶500的要求,能够满足城市建设精细测绘的需要。

(4)成本相对较低,操作简单。无人机低空航摄系统使用成本低、耗费低,对操作员的培养周期相对较短,系统的保养和维修简便,可以无须机场起降,是当前唯一将摄影与测量集为一体的航摄方式,可实现测绘单位按需开展航摄飞行作业这一理想生产模式。

(5)周期短、效率高。对于面积较小(10 ~ 100 $km^2$)的大比例尺地形测量任务,受天气和空域管理的限制较多,大飞机航空摄影测量成本高。而采用全野外数据采集方法成图,作业量大,成本也比较高。而无人机测绘系统可以将大量的野外工作转入内业,既能减轻技术人员的劳动强度、降低成本,又能大大提高作业效率。

(6)飞行姿态的不稳定性。由于大多数测绘无人机的体型小、质量轻,因此测绘无人机的飞行轨迹受风力和导航系统精度等因素的影响较大,一般会一定程度地偏离原来规划的航线,同时飞行过程不能保证姿态稳定,倾斜角较大,对后期数据处理提出了更高的要求。

无人机航摄和传统航摄的区别见表5-1。

**表5-1 无人机航摄和传统航摄的区别**

| 项目 | 航向重叠度 | 旁向重叠度 | 姿态角 | 基高比 |
|---|---|---|---|---|
| 传统航摄 | 60% | 30% | <3° | 大 |
| 无人机航摄 | 70%~85% | 35%~60% | 可达10°以上 | 小 |

## 二、无人机航摄的数据类型

无人机移动测量系统根据不同的任务需求,搭载不同的任务载荷,获取的数据包括影像数据、视频数据、激光雷达数据和定位定向数据(POS数据)等。

### (一)影像数据

影像数据主要是指利用量测型相机和非量测型相机(单反相机、微单相机等)等光学传感器获取的成像数据。按照获取的光学波段不同,可以分为可见光数据和红外数据。

#### 1. 可见光数据

可见光数据是最常见的无人机移动测量数据。影像细节清晰、信息丰富,是大比例尺4D产品生产的数据来源,在突发应急事件中,可以对影像直接判读,为决策提供依据。

若无人机的载荷变为倾斜摄影相机或多镜头相机,可以从不同的角度获取地物信息,不但能竖直拍摄平面影像,还可以多角度拍摄建筑物的倾斜影像,建立厘米级分辨率的三维模型,让用户从多个角度观察、测量地物,极大地弥补了基于竖直摄影和正射影像应用的不足。针对各种三维数字城市应用,利用航空摄影大规模成图的特点,可以从倾斜影像批量提取并在建筑物模型上粘贴纹理,能够有效降低城市三维建模成本。

#### 2. 红外数据

无人机移动测量获取的红外数据主要包括红外相机获取的数据和热成像仪获取的红外数据。红外相机可以在恶劣环境和夜间进行作业,提高了无人机移动测量系统的工作能力。热成像仪利用热红外遥感技术,能快速检测地表温度,能在短时间内获取大面积地表温度场信息,具有信息量大、检测精度高、速度快、成本低等特点,在森林火灾火源探测、火场蔓延分析、救援预警等方面应用广泛。

### (二)视频数据

无人机移动测量视频数据是测量数据的重要组成部分,是为无人机移动测量系统提供重大活动应急保障的关键。虽然视频数据空间分辨率不高,但可以实现实时回传,提供地理信息现场直播服务,实现作业区内实时监控。

### (三)激光雷达数据

激光雷达是一种以激光为测量介质,基于计时测距机制的立体成像手段,属主动成像范畴;是一种新型快速测量系统,可以直接联测地面物体的三维坐标,系统作业不依赖自然光,不受航高、阴影遮挡等限制,在地形测绘、气象测量、武器制导、飞行器着陆避障、林下伪装识别、森林资源测绘、浅滩测绘等领域有着广泛应用。它的出现为航空光学装备领域注入了新的活力,大大拓展了航空光学测绘的适用范围和信息获取能力,目前已成为光学相机的有力补充,在航空光学多传感器测绘系统中扮演着重要角色。

**(四)传感器定位定向数据(POS 数据)**

POS 系统(Position & Orientation System,简称 POS 系统)又称 GPS/IMU 集成系统,是采用动态差分 GPS 技术和惯性测量装置 IMU(Inertial Measurement Unit)记录航摄飞行中相机拍照瞬间的位置和姿态,并经过严格的数据处理,获得每张像片的六个外方位元素(见表 5-2),从而实现无地面控制或极少地面控制的传感器定位和定向。

**表 5-2　无人机 POS 数据示例**

| 照片名称 | 经度 | 纬度 | 飞行高度(m) | 航向角 | 俯仰角 | 翻滚角 |
|---|---|---|---|---|---|---|
| SM1000. JPG | 115. 829 779 | 22. 750 981 | 312 | 207. 644 78 | 5. 277 638 | -0. 160 68 |
| SM1001. JPG | 115. 829 570 | 22. 750 629 | 310 | 204. 986 04 | 7. 013 504 | -1. 468 07 |
| SM1002. JPG | 115. 829 361 | 22. 750 240 | 311 | 202. 486 60 | 7. 477 684 | 6. 043 946 |
| SM1003. JPG | 115. 829 135 | 22. 749 896 | 314 | 218. 741 14 | 4. 016 938 | 0. 254 063 |
| SM1004. JPG | 115. 828 796 | 22. 749 586 | 311 | 215. 187 00 | 6. 741 589 | -2. 791 94 |

将 POS 数据加入解析空中三角测量,一并进行区域网联合平差,可大大减少野外像控点测量数量,称为 POS 辅助空中三角测量。据相关资料表明:1∶50 000 比例尺航测成图可无须地面控制点和空三加密;1∶5 000~1∶10 000 比例尺航测成图可省去地面控制,但若能加测少量控制点参与平差,可提高整体精度;如果需要进行高精度点位测定,例如 1∶1 000 和 1∶2 000 比例尺航测成图,依然需要野外像控点,但其数量可大大减少,目前常见的做法是至少在区域网的周边及中间加测 4 个以上地面控制点。

随着技术的进步,目前 POS 系统的应用已经扩展到基于 POS 的影像直接定位、POS 辅助影像匹配、POS 辅助核线影像生成等。

# 任务二　无人机航拍任务规划

无人机测绘航拍任务规划是指根据测绘项目需求、测区地形和环境条件等信息,确定所需使用的无人机性能要求及型号;所需携带的载荷类型及参数;制定无人机最优飞行路线。即综合考虑航拍目的、无人机的性能、有效飞行时间、空域管制、地形限制等约束条件,为无人机规划出一条或多条自出发点到目标点的最优的航线,并确定载荷的配置使用及测控链路的工作计划,保证无人机高效圆满地完成任务,并安全返回基地。

无人机航拍任务规划主要内容为无人机和传感器的选择、飞行环境选择和航线规划。

## 一、无人机和传感器的选择

**(一)无人机类型的选择**

无人机按照其使用功能、质量、飞行原理和飞行动力等区分。按照使用功能可分为军用、民用和消费级无人机,民用无人机多用于环境监测、地形测绘、资源调查等方面;根据飞行原理分为固定翼无人机、多旋翼无人机和混合式无人机等;根据动力来源分为电动和油动两种类型。

执行测绘任务时,选择哪种类型的无人机必须根据任务要求、测区状况和所用传感器类型,结合无人机性能综合考虑。

1. 任务要求

任务要求指对测绘成果的规格、形式及精度要求。测区状况是指测绘区域面积大小、地形起伏情况、空间是否开阔、地物分布及高度、气象特征等。任务要求和测区状况一般决定了所需无人机的基本类型。如多旋翼无人机机动性强、起降方便、适宜多平台,可获取高质量、高分辨率影像,适用于高精度、大比例尺的测绘要求及飞行条件差的区域。而固定翼无人机续航时间较长、飞行高度高、拍摄效率高,但精度和拍摄质量稍差。

2. 无人机性能

无人机性能主要指无人机在飞行方面所具有的能力。飞行能力强弱、优劣主要取决于无人机的机体结构、气动布局和发动机三个方面,可以用有效航程、飞行速度、飞行高度、转弯半径、爬升速率、续航时间、起飞降落方式、抗风能力、有效载荷等参数反映。

(1)有效航程:指无人机在加足燃料或充足电的情况下,往返飞行、执行任务能够达到的最远距离。它的大小与无人机的飞行状态、气象条件和任务要求等因素有关,通常小于无人机航程的一半。

(2)飞行速度:指无人机在空中运动的速度快慢。飞行速度有空速和地速之分,相对于空气的飞行速度称为空速;相对于地面的飞行速度称为地速。飞行速度越慢,像点位移越小。

(3)飞行高度:指无人机飞行时与地球基准水平面的垂直距离。飞行高度有绝对高度(海拔高度)、相对高度和真实高度之分。相对于海平面的飞行高度称为绝对高度,相对于起飞平面的飞行高度称为相对高度,相对于地面的飞行高度称为真实高度。通常给出的最大升限指海拔高度,任务高度指真实高度。

(4)转弯半径:指无人机转弯时的最小半径,是无人机机动能力的重要指标之一。

(5)爬升速率:指无人机在单位时间内上升的垂直距离。

(6)续航时间:指无人机从起飞至着陆在空中飞行的时间,也称为滞空时间。

(7)控制方式:指控制无人机飞行状态和工作状态的方法。对无线电控制来说,通常给出控制方法和控制距离。

(8)起飞起降方式:是无人机的起飞方式和降落方式的统称。无人机常用的起飞方式有发射架发射起飞、轮式滑跑起飞、母机投放起飞和垂直起飞四类。常用的回收方式有伞降回收、阻拦网回收和滑降回收三类。

(9)抗风能力:指无人机能保持飞行姿态的最大风速。

(10)有效载荷:指无人机能装载的传感器的类型和最大质量。

(11)易操作性:指无人机软硬件的易用性。

目前,常规测绘任务最常使用的是固定翼无人机、多旋翼无人机和混合式无人机。固定翼无人机续航时间长、抗干扰性强、抗风性能好、性价比高、可进行大范围飞行作业,是类型最多、应用最广泛的无人驾驶飞行器。但其缺点为体积大、对起降场地要求高,适合航测、区域监控、管道巡线、应急通信等。多旋翼无人机体积小、方便携带,能够实现人工遥控、目标悬停,具有良好的飞行稳定性和多种航线飞行模式,对起飞场地要求不高,适用于起降空间狭小、任务环境复杂的场合,但续航能力差、飞行距离短、飞行高度低,可用于小区域的航拍、环境监测、大型活动应急保障、灾害应急救援、特殊物体运输等。混合式无人机结合了两者的优点,使用方便,性能优越,但成本较高。

目前,大部分民用无人机都存在续航时间短、荷载质量低(一般小于 5 kg)的缺点,但一般执行的都是低于 500 m 的航拍任务,所以受航空管制的影响也较小。

**(二)传感器的选择**

1. 传感器类型的选择

目前,无人机测绘常用的传感器主要包括可见光数字型相机、热红外相机、高光谱传感器、多光谱传感器和大型无人机搭载的合成孔径雷达或机载激光雷达。不同传感器可获取不同的数据,完成不同的测绘任务,如表 5-3 所示。

**表 5-3　不同传感器的数据产品类型及应用范围**

| 传感器类型 | 数据产品 | 应用范围 |
|---|---|---|
| 可见光数字相机 | 点云、DOM、DSM、DEM | 地形测绘、规划、环境监测、三维建模等 |
| 热红外相机 | 温度图谱 | 火灾监测、热排放监测、大型动物识别等 |
| 高光谱传感器 | 全波段光谱信息 | 植物含氮量、植物物候等 |
| 多光谱传感器 | 多波段光谱信息 | 植被生物量、病虫害监测等 |
| 激光雷达 | 点云、DSM、DEM | 三维建模、古建筑恢复、生物量估测等 |

2. 光学相机的选择

目前,无人机测绘的重点是提供应急测绘和中小区域快速测绘产品,主要有两大类:一类是生产各种二维或三维专题数字影像产品;另一类是生产和更新大比例尺数字线划图。这两类产品的生产一般是利用可见光数字相机进行数据采集的,但随着技术的发展、价格的降低,激光雷达也逐渐被应用于这两类产品的生产。

量测型相机是专门为航空摄影测量制造的,装有低畸变高质量的物镜和内置滤光镜,镜头中心与成像面具有固定而精确的位置参数,能进行高精度几何量测。航空摄影时,由于无人机的飞行速度很快,地物在成像面上的投影将在航线方向上产生位移,导致影像模糊。为了消除像移的影响,在量测型相机上往往加装像点位移补偿装置和陀螺稳定平台。量测型相机一般较重且价格较高,一般载于大型无人机平台上完成较大区域的数据采集。

由于载荷质量的限制,中、小型无人机还难以承载量测型相机,而大量采用非量测型相机作为有效载荷。非量测型相机不是专门为航空摄影测量设计的相机,因而不配置像移补偿装置,但一般应配置陀螺稳定云台,以保证近似垂直摄影。为了保证影像的清晰度,拍摄时除缩短曝光时间外,还必须限制无人机的巡航速度。非量测型相机又分为单反相机和微单相机,它们的特点如下。

1)单反相机

单反相机全称为单镜头反光照相机,是用单镜头并通过此镜头反光取景的相机。随着计算机技术和 CCD、CMOS 等感光元件技术的发展，单反相机性能不断提高，在无人机移动测量中得到了广泛应用。

单反相机的特点如下：

(1)成像质量优秀，在宽容度、解像力和感光度方面表现良好。

(2)快门是纯机械快门或电子控制的机械快门，时滞极短，按下快门后能立即成像，连拍速度也很快。

(3)单反相机是通过镜头取景，采光好，场景真实，颜色自然。

(4)可以根据航拍任务的不同来确定使用何种镜头，镜头更换方便。

无人机移动测量中常用的单反相机有佳能 EOS 5D-Mark Ⅱ(见图 5-1)。

2)微单相机

“微单”涵盖微型和单反两层含义：①相机微型小巧便携；②可以像单反相机一样更换镜头，并提供与单反相机同样的画质。与单反相机的区别是，微单相机取消了反光板、独立的对焦组件和取景器。虽然对焦性能和电池续航能力弱于单反，但成像质量基本与单反相机一样，也可以更换镜头，而且体积和质量远小于单反相机，非常适合小型无人机进行小范围测量作业。

无人机移动测量中常用的微单相机有 SONY ILCE-7R Ⅱ(或 7R 及 7R Ⅲ)(见图 5-2)。

**图 5-1 单反相机佳能** EOS 5D-Mark Ⅱ

**图 5-2 微单相机** SONY ILCE-7R Ⅱ

表 5-4 列举了几种典型的用于无人机测绘成图的非量测型数字相机的相关参数。

**表 5-4 几种非量测型数字相机及其参数**

| 相机类型 | 短边像元数 | 长边像元数 | 像元尺寸(μm) | 焦距(mm) | 传感器类型、尺寸(mm×mm) | 有效像素 | 成图比例尺 | 相对航高(m) |
|---|---|---|---|---|---|---|---|---|
| SONY ILCE-7RⅡ(微单) | 5 304 | 7 952 | 4.5 | 24 | CMOS 全画幅 35.9×24 | 4 240 万 | 1∶500 | 267 |
| | | | | | | | 1∶1 000 | 534 |
| | | | | | | | 1∶2 000 | 1 067 |
| SONY ILCE-7RⅢ(微单) | 5 304 | 7 952 | 4.5 | 35 | CMOS 全画幅 35.9×24 | 4 240 万 | 1∶500 | 389 |
| | | | | | | | 1∶1 000 | 534 |
| | | | | | | | 1∶2 000 | 778 |

续表 5-4

| 相机类型 | 短边像元数 | 长边像元数 | 像元尺寸(μm) | 焦距(mm) | 传感器类型、尺寸(mm×mm) | 有效像素 | 成图比例尺 | 相对航高(m) |
|---|---|---|---|---|---|---|---|---|
| Canon EOS 5D-Mark Ⅱ-24 mm | 3 744 | 5 616 | 6.4 | 24 | CMOS 全画幅 36×24 | 2 110 万 | 1∶500 | 188 |
| | | | | | | | 1∶1 000 | 375 |
| | | | | | | | 1∶2 000 | 750 |
| Canon EOS 800D | 4 000 | 6 000 | 3.7 | 24 | CMOS 半画幅 22.3×14.9 | 2 420 万 | 1∶500 | 325 |
| | | | | | | | 1∶1 000 | 639 |
| | | | | | | | 1∶2 000 | 1 298 |

**注**:1∶500、1∶1 000、1∶2 000 成图时航摄地面采样距离分别按 0.05 m、0.1 m、0.2 m 计算。

目前,中、高档非量测相机的各项技术性能完全能满足中小区域大比例尺的测绘任务。

## 二、飞行环境选择

选择良好飞行环境的目的:一是避免飞行过程中出现由于运行失当或外来因素造成航空器损坏和其他事故;二是获得满足内业要求的数据。事实上,不同航空器由于其设计要求、性能目的不同,其对飞行环境的要求也有所不同。飞行环境的选择一般包括现场勘察、起降场地选择、飞行环境条件选择等。

### (一)现场勘察

作业人员需对无人机航拍区域及周围进行现地勘察,收集地形地貌、地表植被及周边的机场、重要设施、道路交通等信息,为无人机起降场地的选取、航线规划、应急预案制订等提供材料。

### (二)起降场地的选取

不同类型的无人机起降方式不同,同一类型不同型号无人机的性能不同,都会对飞行起降场地提出不同的要求。综合地形环境、气象环境、电磁环境等因素,无人机飞行起降场地应满足以下通用性要求:

(1)距离军用、商用机场须在 10 km 以上。

(2)起降场地相对平坦、通视良好。

(3)起降场地周围不能有高压线、高大建筑物、重要设施等。

(4)起降场地地面应没有明显凸起的岩石块、土坎、树桩,也无水塘、大沟渠等。

(5)附近应没有正在使用的雷达、微波中继、无线通信等干扰源,在不能确定的情况下应测试信号的频率和强度,如对系统设备有干扰,须改变起降场地。

(6)采用滑跑起飞、滑行降落的无人机,滑跑路面条件应满足其性能指标要求;采用手抛、弹射等起飞方式的无人机对于路面要求较低,只需路面保证一定的平整度。

### (三)飞行环境条件

根据掌握的环境数据资料和无人机系统设备的性能指标,判断飞行环境条件是否适合无人机的飞行,如不适合,应暂停或另选环境进行飞行。飞行环境条件主要包括以下两大类。

1. 气象条件

影响无人机飞行的气象环境主要包括风向和风速、雨雪、大雾、空气密度、大气温度和湿度等。

风向和风速：地面的风向决定了固定翼无人机的起飞和降落的方向，空中的风向决定了无人机飞行作业的方向。风速对无人机平台的稳定性影响很大，进而影响无人机测绘的图像质量。建议飞行风速在 4 级以下，通常起飞质量越大，抗风性越好。

雨雪：大多数无人机设备无防水功能，雨雪形成的雨滴会影响飞行器电子电路部分短路或漏电的情况；另外，机械结构部分零件为铁或钢等金属材料，进水后会腐蚀或生锈，影响机械运动正常运行。

大雾：主要影响操纵无人机的视线或镜头画面，难以判读实际安全距离，在能见度低于 50 m 的天气状况下禁止使用无人机。

空气密度：大气层空气密度随着海拔高度的增加而减少。在空气密度较低的环境中飞行，飞行器转速增加，电流增大，续航能力减少。无人机最大起飞海拔高度为 4 500 m。

大气温度和湿度：环境温度应在维持无人机设备正常工作的温度区间内，无人机电池允许作业温度区间为-10~40 ℃，气温过低会导致电池电量迅速降低，气温过高会导致电池膨胀燃烧。环境湿度应不影响无人机设备的正常工作。

2. 环境因素

在人群稠密或闹市区飞行，应采用安全性和可靠性较高的无人机；在飞行作业时，需与高压线、通信基站或电视广播信号发射塔等保持一定的距离，以免遥控器信号受到干扰，干扰过大，将影响正常飞行。

海拔高度：无人机的升限高度应大于当地的海拔高度加上航高。

地形地貌条件。沙漠、戈壁、森林、草地、大面积的盐滩、盐碱地等地面反光强烈的地区，当地正午前后 2 h 内不应摄影；陡峭山区和高层建筑物密集的大城市为尽量避免阴影，应在当地正午前后 1 h 内摄影。

另外，还要注意含尘量、电磁环境、云量、云高等具体环境情况对航摄是否有影响。

## 三、航线规划

无人机航线规划也称为航线设计，是指在一定的约束条件下，从起始点到目标点寻找满足无人机机动性能及环境信息（地形数据、威胁情况）限制的生存概率最大、完成任务最佳、综合指标最优的飞行轨迹。

无人机航线一般可以分为三个部分：前往任务区域的航线、任务区域内的航线和返回降落区的航线。前往任务区域的航线和返回降落区的航线一般为突防航线，以规避危险因素为主要考虑因素。任务区域内的航线为任务航线，以成像质量和覆盖率为主要考虑因素。综合考虑任务和安全因素进行航线规划，情况复杂，很可能得不到完全理想的规划结果，所以通常将无人机航线分为突防航线和任务航线两类分别进行航线规划。

因此，航线设计具体任务就是根据任务要求、航摄相机参数、航高、航摄比例尺、航摄区域情况等信息，按照规定的航向重叠（一般为 53%~75%）和旁向重叠（一般为 15%~60%）设计飞机飞行线路，航线设计需要确定重叠度、航摄比例尺、测区基准面等基本参数，以及由基本参数推算出的航高、像移量控制、曝光时间间隔等参数。

**(一)航线敷设原则**

(1)航线一般按东西向平行于图廓线飞行,特定条件下亦可南北向飞行或沿线路、河流、河岸、境界等方向飞行。

(2)曝光点应尽量采用数字高程模型依地形起伏逐点设计。

(3)进行水域、海区摄影时,应尽可能避免像主点落水,要确保所有岛屿达到完整覆盖,并能构成立体像对。

**(二)航线规划的参数**

参考传统的航空摄影测量作业与无人机低空测绘作业的特点,可以将无人机任务航线规划的参数分为以下几类。

1. 成像参数

成像参数包括地面像元大小(地面分辨率)、影像旁向重叠度和航向重叠度。成像参数直接决定了后续数据处理和成图的质量。

2. 任务飞行参数

任务飞行参数指在航拍任务飞行作业中无人机的各项飞行和执行测绘任务的要求。任务飞行参数的科学性、准确性将影响成像质量及作业效率。任务飞行参数包括:

(1)飞行高度(航高):无人机任务飞行相对于平均地平面的高度。

(2)飞行速度:无人机任务飞行设定的突防速度和巡航速度。

(3)飞行方向:一般采用正东西或正南北的顺序及逆序向。

(4)飞行摄线长:任务飞行方向作业区域长度。

(5)摄线数量:飞行在任务作业区域航摄线实际条数。

3. 硬件参数

硬件参数主要指机载相机参数,包括相机分辨率、相机镜头焦距、相机存储容量、相机快门差等。其中,相机快门差是飞行控制系统中快门指令发出到实际曝光的时间差。

4. 环境和其他影响因子

环境参数对飞行有很大影响,作为飞行适宜性和飞行轨迹的主要参考,包括地面平均高、地面高差、风向、风速等。

在实际的任务航线参数计算中,根据参数的作用可以将无人机测绘任务的参数分为五类,具体如表5-5所示。

**表5-5 无人机航线规划相关参数分类**

| 参数类型 | 意义 | 包含的参数 |
|---|---|---|
| 成像参数 | 测绘任务要求达到的性能指标参数 | 地面分辨率 |
| | | 航向重叠度 |
| | | 旁向重叠度 |
| 成像相关参数 | 通过成像数据计算所得到的参数或计算过程中的参数 | 像幅实地大小 |
| | | 摄线数 |
| | | 摄线总长 |
| | | 像片数 |

续表 5-5

| 参数类型 | 意义 | 包含的参数 |
| --- | --- | --- |
| 传感器参数 | 固定不变且参与计算的参数 | 焦距 |
| | | 像元大小 |
| | | 传感器尺寸 |
| | | 快门时间差 |
| | | 有效像素 |
| | | 拍摄时间间隔 |
| 飞行参数 | 通过成像参数而计算出的飞行参数 | 任务飞行高度 |
| | | 任务飞行速度 |
| | | 基线长 |
| | | 摄线长 |
| | | 航线间隔 |
| | | 转向线长 |
| | | 自定义高程基准面 |
| | | 国家标准平均基准面 |
| 其他参数 | 一条航线两端超出分区边界的基线数，目的是充分保证航线方向的覆盖范围，一般情况下基线保证为 2 张影像 | 基线保证 |

**(三)航线规划系统**

航线设计由无人机飞控软件中的航线规划系统完成。航线规划系统采用 DEM 数据完成航摄区域的划分、航线的自动敷设与编辑，航线敷设结果可直接导入无人机飞控系统进行航空测量作业。

航线规划系统特点如下：

(1)通过应急地理信息数据库系统提供全国范围的 DOM 数据、DEM 数据和摄区范围拐点坐标文件，很好地解决了航摄设计所需数据源，大大加快了设计速度。

(2)航线自动敷设时引入了 DEM 数据，可以自动根据地形起伏调整曝光点之间的基线长，从而在航摄设计阶段杜绝了航摄漏洞的发生。

(3)开发了 DEM 分层设色图、DEM 晕渲图和区域高程统计等多种功能，使航摄分区的划分更加准确、合理。

(4)提供了基于 DEM 计算航带地面真实覆盖范围和航带间重叠区域并对其进行半透明显示，方便航线设计结果的质量检查。

(5)结合航线设计作业流程开发了多种简便的编辑工具、直观的数据统计工具和实用的数据报表，使航线设计工作更加简单、易操作。

典型的航线任务规划系统由工程管理、航摄分区建立、成图图幅划分、分区航线自动敷设、航线编辑、航线数据导出、信息统计查询和其他辅助功能等模块组成。

1. 工程管理

工程管理可实现工程新建、打开、保存、另存为等功能。

2. 航摄分区建立

航摄分区建立模块可以通过不同方式,如合并图幅构造、鼠标构造面状分区等方式。建立好航摄分区后进行属性编辑(编辑界面如图 5-3 所示)、航线参数设置等操作。

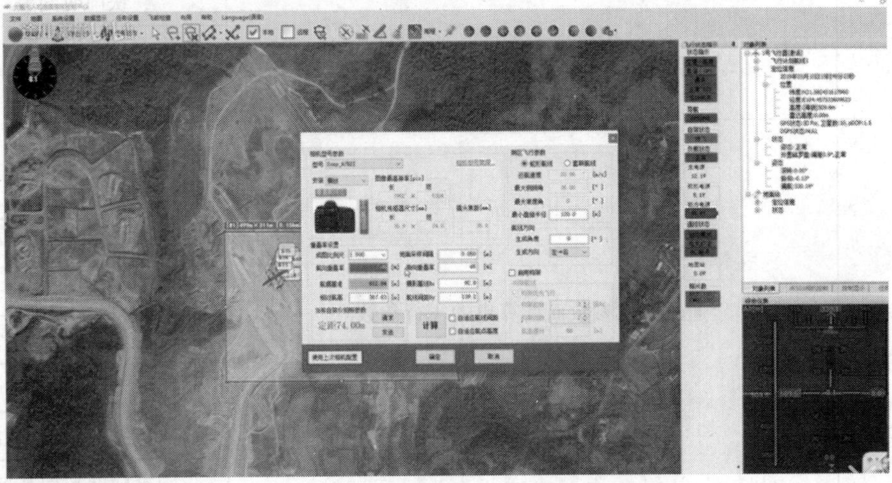

图 5-3 大疆无人机航线规划界面

3. 成图图幅划分

系统根据调用的 DEM 范围划分该范围内的成图图幅,给出图幅名称。当采用国家基本比例尺时,图幅名称为标准比例尺图幅号;当为非标准比例尺时,图幅名称为从上至下、从左至右的顺序编号,起始号码为"1"。同时,系统自动计算每个图幅范围内的最高点高程、最低点高程和平均高程。

4. 分区航线自动敷设

完成当前选中的航摄分区的航线自动批量敷设,系统可以自动判断当前航摄分区是面状航摄分区还是带状航摄分区。对于需要特殊敷设的,如沿图幅中心线敷设、沿图廓线敷设等,系统会根据已经设置的传感器参数和敷设参数提示用户。分区航线自动敷设效果如图 5-4 所示。

5. 航线编辑

航线编辑即完成航线构造、航线反向、平行航线敷设、航线删除、局部重叠度设计、航线平移、航线延长等操作。

6. 航线数据导出

航线数据导出即根据飞控系统格式,导出航线数据。导出的内容包括工作空间参考、目标坐标系的坐标格式、整个工程的航线、导出数据空间参考、整个工程中的曝光点等。

7. 信息统计查询

信息统计查询是进行距离量算、测区面积量算、区域高程信息统计、分区航线和曝光点统计等。

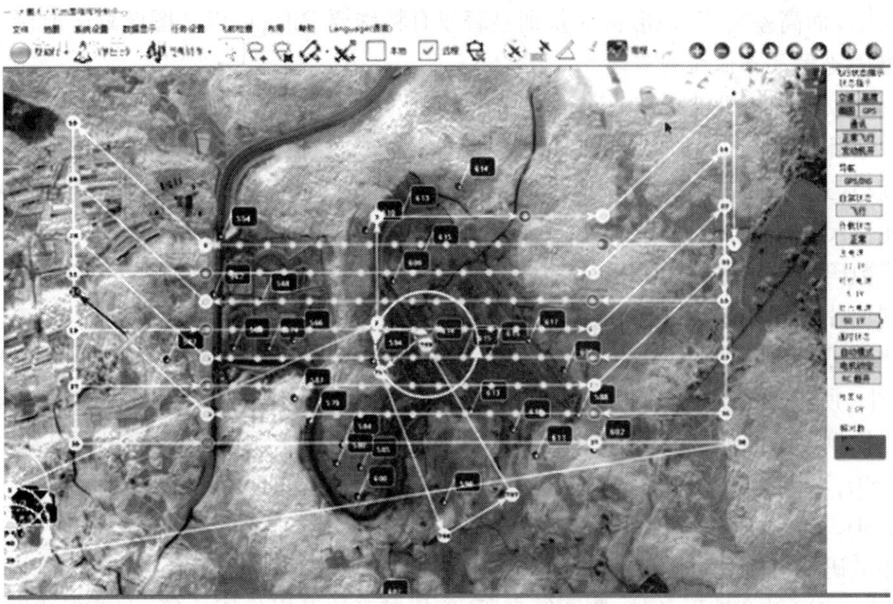

图 5-4　分区航线自动敷设效果

8. 其他辅助功能

包括传感器参数设置，选择传感器面板中已有的传感器或者新建传感器，进行相应参数如像素尺寸、影像的长度、宽度等参数设置。对要素符号设置、坐标编辑等。

**(四)航线相关参数**

1. 基本计算方法

任务航线参数确定算法包括正算模型和反算模型两类。

正算模型算法是指直接通过成像参数和主参数计算出以任务飞行参数为主的计算参数的方法。正算模型的计算参数明确、计算速度快，是主要的计算方法，但最后得到的计算值有可能不完全符合飞行环境和飞行设置要求。

反算模型算法指根据飞行环境确定计算参数，通过计算参数和主参数结合计算出成像参数，并评估成像参数是否符合成像要求的方法。反算模型适合复杂的飞行环境和飞行设置，但是需要多次计算完成。

无人机测绘以完成测绘任务为目标，航线计算一般采用满足成像参数(目标参数)要求的正算模型算法，通过成像目标参数和主参数进行计算，其中包括像元大小、地面分辨率GSD、航向重叠度、旁向重叠度、数码相机 CMOS 或 CCD 的大小、焦距。

无人机航拍一般采用横向拍摄，即像幅长边与航线垂直，飞行方向为像片的短边。

2. 航线规划相关参数计算与说明

1)航摄分区的划分

划分航摄分区应遵循以下原则：

(1)分区界限应与图廓线相一致。

(2)分区内的地形高差不应大于摄影航高的 1/6。

(3)在地形高差符合第(2)条规定且能够确保航线的直线性的情况下，分区跨度应尽量划大，能完整覆盖整个摄区。

(4)当地面高差突变、地形特征差别显著或有特殊要求时,可以破图廓划分航摄分区。

2)摄影比例尺与地面分辨率

传统的胶片式相机进行作业时都使用摄影比例尺,所谓摄影比例尺,指的是航摄影像上一线段 $l$ 与相应的地面线段 $L$ 的水平距之比,也可以是相机的主距 $f$ 与航高之比。一般来讲,使用胶片式相机航摄时,以摄影比例尺为出发点,先由成图比例尺来确定摄影比例尺,再由摄影比例尺与焦距共同确定航高,由摄影比例尺确定摄影基线、航线间距等。

由于数码相机的标称焦距相对于胶片式相机要小得多,而且由于航摄高度小,地面起伏会使不同像片、不同影像的比例尺差异很大;另外,由数码相机得到的摄影比例尺在成图时的放大倍数可以比胶片相机大 2~3 倍,胶片相机一般以 3~6 倍成图,数码相机可以大于 6~15 倍成图。所以,数码相机航摄时统一都是用 GSD(ground sample distance,地面分辨率),不用摄影比例尺。同理,遥感影像的获取方式和环境也不适合用摄影比例尺,所以遥感影像也只讲 GSD,不讲比例尺,如 TM、STOP、IKONOS 等,没有人知道它们的摄影比例尺,只知道它们的 GSD。

使用数码相机航摄时的航线设计,基准面的地面分辨率应根据不同比例尺航摄成图的要求(见表 5-6),结合地形条件、测图等高距、航摄基高比及影像用途等,在确保成图精度的前提下,本着有利于缩短成图周期、降低成本、提高测绘综合效益的原则,以 GSD 为出发点,先由成图比例尺确定 GSD,进而确定镜头的焦距和飞行航高。

**表 5-6 地面分辨率**

| 测图比例尺 | 地面分辨率(GSD)(cm) |
|---|---|
| 1∶500 | ≤5 |
| 1∶1 000 | 8~10 |
| 1∶2 000 | 15~20 |

理论上 1 GSD 应为图上 0.1 mm 代表的地面实际距离,但理论值与实际值会有偏差,1∶500 成图比例尺往往由于顾及影像存储的问题,不得不将摄影基线加长,保证每张影像的存储时间。1∶5 000 和 1∶10 000 成图比例尺由于飞行高度达不到,往往降低地面分辨率,成图时进行重采样。

3)数码相机的焦距与航高

航摄相机的焦距 $f$ 是由所选择的镜头给定的,传统胶片式航摄仪的焦距有 88 mm、152 mm、300 mm 等几种,数码航摄仪的焦距如 DMC 为 120 mm,UCD 的焦距为 101 mm,SWDC-4 的焦距为 35 mm、50 mm、80 mm 等三种,TOPDC-4 的焦距有 35 mm、50 mm、80 mm 三种,对于非量测型家用数码相机,其航拍焦距通常有 35 mm 和 24 mm 等。

焦距的大小直接影响航摄时的航高。航高依据以下公式确定:

$$H = f \times M/1\,000 = f \times GSD/a \tag{5-1}$$

$$H_0 = H + h_{基} \tag{5-2}$$

式中 $H$——相对摄影航高,m;

$H_0$——绝对航高,m;

$h_{基}$——基准面高程,m;

$f$——相机镜头焦距 mm;

$M$——摄影比例尺分母,m;

$GSD$——地面分辨率,m;

$a$——像元尺寸,mm。

由于气象等原因,无人机难以始终准确地稳定在一个飞行高度,从而导致影像之间存在航高差异,这种差异称为航高差。航高差会导致每张影像的比例尺都不完全相同,尤其当相邻影像的航高差较大时,就会影响立体测图的质量。对于中小比例尺测图,规范规定航高差异一般不得大于5%,同一航线内航高差不得大于50 m。

**示例:**

某胶片航摄仪焦距为152 m,摄影比例尺为1∶4 000,则航高 $h=152\times4\ 000/1\ 000=608$ (m)。

家用微单相机SONY ILCE-7R Ⅲ焦距35 mm,像元尺寸为0.004 5 mm,测1∶500图,要求GSD为4 cm,则航高 $h=35\times40/0.004\ 5/1\ 000=311$(m)。

因此,长焦距的相机飞行高度更高,能适应于高差较大的地区作业。

4)分区基准面高度的确定

(1)依据分区地形起伏、飞行安全条件等确定分区基准面,具体计算公式如下:

①丘陵和地形起伏较大的地区,摄影分区基准面高程是将分区个别突出最高点与最低点舍去不计,使分区内高点平均高程与低点平均高程面积各占一半的平均高程平面,即

$$h_{基}=\frac{h_{高平均}+h_{低平均}}{2} \tag{5-3}$$

$$h_{高平均}=\frac{\sum_{i=1}^{n}h_{i高}}{n} \tag{5-4}$$

$$h_{低平均}=\frac{\sum_{i=1}^{n}h_{i低}}{n} \tag{5-5}$$

式中 $h_{基}$——摄影分区基准面高程,m;

$h_{高平均}$——分区内高点平均高程(一般取 $n=10$),m;

$h_{低平均}$——分区内低点平均高程(一般取 $n=10$),m。

②在平原和地形高差不大的平缓地区,直接用摄影分区最高高程和最低高程取平均值。

$$h_{基}=(h_{最高}+h_{最低})/2 \tag{5-6}$$

(2)采用DEM设计时,用分区内DEM格网点的高程值取平均数计算基准面高程:

$$h_{基}=\frac{\sum_{i=1}^{n}h_{i}}{n} \tag{5-7}$$

5)像片重叠度

航线设计是参照平均基准面进行的,地面起伏、影像倾斜角、飞行偏离航线、航高和地速变化等对重叠度均有影响。在航线规划时,可以预先考虑修正的是由地形起伏引起的变化,地形起伏的高差对重叠度的影响由式(5-8)、式(5-9)给出:

$$p_x = \frac{p'_x + (1 - p'_x)\Delta h}{H} \tag{5-8}$$

$$q_y = \frac{q'_y + (1 - q'_y)\Delta h}{H} \tag{5-9}$$

式中　$p_x$、$q_y$——考虑地面起伏的像片航向和旁向重叠度(%)；

$p'_x$、$q'_y$——像片航向和旁向标准重叠度(%)；

$\Delta h$——相对于摄影基准面的高差,m；

$H$——相对基准面的摄影航高,m。

6)像移量的控制

航空摄影时,由于飞机的飞行速度很快,即使曝光时间很短,在成像面的地物构象也将在航线方向上产生位移,这个移动称为像移。像移量的大小与飞行速度、摄影比例尺等因素有关,具体关系为:

$$\delta = \frac{Vtf}{H} \tag{5-10}$$

式中　$\delta$——像移量大小;

$V$——飞机对地速度(地速);

$t$——曝光时间;

$f$——航摄仪主距。

受平台载荷所限,无人机平台无法加装复杂的像移补偿装置,只能通过缩短曝光时间和限制飞行速度这两项措施来达到限制像移的目的。为保证测量的精度、影像不产生明显模糊,在曝光时间内设定的像移量大小不超出像元尺寸的1/3~1/2。对于快门速度的限制条件为:

$$t \leqslant \frac{GSD}{(2 \sim 3)V} \tag{5-11}$$

式中　$V$——飞机对地速度;

$GSD$——地面分辨率。

7)曝光时间间隔

曝光时间间隔是指同一航线上两张相邻影像的摄影时间间隔,由航向间距和飞机飞行速度确定:

$$T = S/V \tag{5-12}$$

式中　$T$——曝光时间间隔;

$S$——航向间距;

$V$——飞机飞行速度。

8)摄影基线和航线间隔的计算

摄影基线、航线间隔的长度与重叠度$x$、像素数$a$和地面分辨率$y$有关,具体算式如下:

$$b = a_{航} \times (1 - p_x) \times GSD \tag{5-13}$$

$$l = a_{旁} \times (1 - q_y) \times GSD \tag{5-14}$$

式中　$a_{航}$——航向像素数;

$a_{旁}$——旁向像素数;

$p_x$——航向重叠度；

$q_y$——旁向重叠度；

*GSD*——地面分辨率。

对于佳能 SDⅡ相机，像素数为 5 616×3 744，若航向重叠度为 60%，旁向重叠度为 30%，地面分辨率为 0.2 m，则：

摄影基线 $b$=3 744×(1- 60%)×0.2=299.52(m)

航线间隔 $l$=5 616×(1- 30%)×0.2=786.24(m)

同样道理，若相机安装方向发生变化，传感器短边垂直于飞行方向，则

摄影基线 $b$=5 616×(1- 60%)×0.2=449.28(m)

航线间隔 $l$=3 744×(1- 30%)×0.2=524.16(m)

有了摄影基线和旁向间距的大小，就可以快速获取航拍区的航线数、每条航线的像片数、总像片数、大致总航程等基本信息。

9)航拍的高程精度

高程精度是由基高比、地面分辨率 *GSD*、匹配精度决定的。传统大飞机摄影测量由于影像分辨率不高、手工坐标量测精度偏低，为获得尽可能高的高程精度，基本上都采用易于实现的大基高比(0.6~1)方案，以实现地形三维信息的高精度的提取。目前，无人机航拍的优点是影像拍摄时间间隔极短，几何畸变和辐射畸变很小，影像的相关性较高，影像匹配精度也相应较高，而且地面分辨率 *GSD* 也很高。因此，若能选择适当的基高比，加上高精度影像匹配和 *GSD*，是可以满足大比例尺测图的高程精度的。基高比的计算式为：

$$\text{基高比} = (1 - \text{航向重叠度}) \times \text{像幅航线方向像素个数} \times GSD/f \tag{5-15}$$

10)摄航线最大高差

无人机飞行高度以主要地平面高度为主，在丘陵地带，山丘比较多，会对飞行造成一定危险；另外高度不同会造成成像分辨率差别较大，数据处理将出现困难。因此，飞行时飞行平均高度与航线中最高点的高差必须控制在一定范围内，根据高差分析其飞行适宜性。由于摄影像素差需要控制在 4 倍以内，同时要保证飞行安全，因此一般航线高差不能超过飞行高度的 50%，否则不适宜进行低空飞行作业，或者需要更换更高像素的数码相机后调高飞行高度。

11)摄区边界覆盖

(1)航摄区域应略大于摄影区域，航线覆盖超出摄区边界线不少于 2 条基线，旁向覆盖超出摄区边界一般不少于像幅的 50%，若要生产三维产品，一般要多飞 1~2 条航路。

(2)在航向方向要充分考虑飞机的转弯半径等因素，尽量避免锐角转弯。

(3)根据风向、风速等气象条件及时调整飞行计划，确保航向重叠度 53%~75%，旁向重叠度 15%~60%，且保证航线弯曲度小于 3%，影像旋转角小于 6°。

(4)制式时间要设置充足，以确保在无人机返航后地面操作人员未发现无人机时无人机保持无限制式盘旋，给操作人员足够的调整时间。

(5)各航点的高度设计应充分考虑到无人机的爬升和降高能力，给无人机留足爬升和降高距离。

**(五)数码相机检校参数介绍**

数码相机是目前摄影测量和无人机技术获取影像的主要设备之一，相机参数是影响摄

影测量成果的一个重要因素,由于非量测数码相机内方位元素和畸变系数未知,且不够稳定,不能直接进行像位的解析计算,因此使用数码相机获取测量数据时,需要对相机进行检校,即求解相机内方位元素(主距与像主点位置)与多种畸变参数。焦距、像主点坐标、框标、畸变参数等重要参数已知的相机被称为量测相机,其影像具有明确的几何位置关系。而非量测相机的这些参数都是未知的,因此搭载非量测相机存在畸变差、高程精度受限、成果精度受质疑等问题,但是经过校正后的无人机上的相机是量测相机。

1. 数码相机的检校内容

数码相机的误差由机械误差、电学误差和光学误差组成,机械误差和电学误差合称为像平面内仿射性畸变差。机械误差是指光学镜头摄取的影像转化为数字化阵列影像产生的误差;电学误差(或行抖动误差)是指影像信号经 A/D(数/模)转换时产生的影像几何误差;光学误差主要是指光学畸变误差,是指物镜系统设计、制作和装配误差引起的像点偏离其理想成像位置的点位误差,主要包括径向畸变差和偏心畸变差两类,一般情况下,偏心畸变差远比径向畸变差小,其仅为径向畸变差的 1/7~1/5,对于较好的物镜系统,偏心畸变差影响更小。在航测专业进行相机检校时,主要针对相机的光学误差。因此,数码相机检校内容包括测定内方位元素,即主点位置($x_o$,$y_o$)、主距$f$,测定光学畸变系数。

2. 常用的参考对象

相机检校通常都需要使用某些特定的参考对象,国内的相机精密检校主要运用了室内控制场和室外控制场两种。

3. 主要的检校方法

相机检校的方法很多,常用的有计算机视觉方法和摄影测量方法两类,两者在相机检校时使用的描述方法和手段存在差异。其中,计算机视觉方法计算量不大,精度适中,是计算机视觉中通常采用的检校方法。但此方法的主点需要通过其他方法进行预检校,而且只考虑径向畸变,当切向畸变较大时不适用。摄影测量方法主要有直接线性变换法、空间后方交会法、光束法、平差法等,其原理都是以共线方程为基础的摄影测量处理方法。

4. 数码相机的检校参数

相机检校后可以得到相机检校报告文件,在文件中列出了相机类型、像素、像素大小、像主点位置、焦距、多种畸变参数、参与鉴定的控制点残差的中误差、相机机身和镜头序列号等,部分检校文件如表 5-7 所示。通过相机检校可以为摄影测量或无人机软件提供足够的相机参数。

**表 5-7 数码相机检验报告**

航空摄影仪器技术参数鉴定报告

1. 相机类型:Canon EOS5 D Mar kⅢ_ 35. 0_ 5 760×3 840

2. 鉴定软件版本:EasyCalibrate

3. 检校结果(像幅 5 760×3 840 像素,像素大小:6. 00 μm)

| 序号 | 检验内容 | 检校值 |
|---|---|---|
| 1 | 主点 $x_o$ | −39. 953 1(像素) |
| 2 | 主点 $y_o$ | 33. 264 2(像素) |
| 3 | 焦距 $f$ | 5 467. 981 9 (像素) |

续表 5-7

航空摄影仪器技术参数鉴定报告

1. 相机类型：Canon EOS5 D Mark Ⅲ_ 35. 0_ 5 760×3 840

2. 鉴定软件版本：EasyCalibrate

3. 检校结果(像幅 5 760×3 840 像素，像素大小：6. 00 μm)

| 序号 | 检验内容 | 检校值 |
|---|---|---|
| 4 | 径向畸变系数 $k_1$ | 0. 000 000 020 360 739 904 973 400 000 0 |
| 5 | 径向畸变系数 $k_2$ | −0. 000 000 000 000 088 931 843 875 938 |
| 6 | 径向畸变系数 $k_3$ | 0. 000 000 000 000 000 000 007 024 48 |
| 7 | 偏心畸变系数 $p_1$ | 0. 000 001 739 699 645 74 |
| 8 | 偏心畸变系数 $p_2$ | −0. 000 000 479 536 710 39 |
| 9 | CCD 非正方形比例系数 $\alpha$ | −0. 000 087 722 246 |
| 10 | CCD 非正交性畸变系数 $\beta$ | −0. 000 095 876 863 |

5. 航摄时的数码相机摄影模式

在实际航摄时，无人机搭载的数码相机都采用手动曝光模式，即将曝光放在 M 挡上，目的是保证每张像片的参数都一致。

**(六) 相机拍摄参数介绍**

在无人机航空摄影测量中，为了获取高精度的无人机影像，还需要设置相机拍摄参数。目前的单反相机或微单相机都有全自动拍摄功能，一般情况下都能得到质量较好的影像，但有些特殊的摄区或气象条件，要获取成像清晰、层次丰富、色调柔和且色彩平衡的影像，需要人工设置拍摄参数。现对其主要参数做简要介绍。

1. 感光度

感光度在数码摄影中是相机影像传感器对光线敏感程度的度量标志，经常采用“ISO”来表示。数码相机的 ISO 是通过调整感光器件的灵敏度或者合并感光点来实现的。提高感光度，不仅可以提高相机拍摄黑色调景物的能力，还可以提高快门的速度；降低感光度，即降低相片中影调的亮度，但可以使深暗色调的景物色彩得到较好的再现。

2. 光圈

光圈用来控制透过镜头进入机身内感光面的光量，是镜头的一个极其重要的指标参数。它的大小决定着通过镜头进入感光元件的光线的多少，通常用 $F$ 值($F$ = 镜头的焦距/镜头光圈的直径)来表示。

3. 快门

快门是控制曝光时间的机件，快门从打开到关闭所经历的时间称为曝光时间，或称快门速度。快门与光圈的适当组合，可以使数码相机的影像传感器表面获得准确的曝光。在拍摄时，选用较高的快门速度，可以防止因相机与物体之间的相对位移造成的影像模糊。

4. 景深

景深是指在镜头前沿着能够取得清晰图像的成像器轴线所测定的物体距离范围。通常在聚焦完成后,在焦点前后能清晰成像的距离范围,便称为景深。

在具体作业中,因根据不同的地物、地貌、天气等因素设置不同的相机参数,才能获取成像清晰、层次丰富、色调柔和且色彩平衡的影像。

# 任务三　无人机航拍作业与数据质量检查

## 一、无人机航拍作业流程

### (一)确定作业环境适宜性

(1)使用风速仪,测定实际风速,确保风速小于规定的安全风速。

(2)附近应无正在使用的雷达站、微波中继、无线通信等干扰源,在不能确定的情况下,应使用测频仪测试信号的频率和强度,以判断是否有干扰。

(3)选定满足要求的起降场地情况,制订紧急情况预案。

### (二)飞行平台安装与检查

将无人机各部分进行正确的连接和安装,并逐一检查所有部件连接是否稳固、安装是否正确,注意检查电池电量,防止电量不足导致的飞机坠毁。

### (三)任务载荷设备检查

装入飞机前,应对任务载荷设备进行检查,并记录检查结果,注明存在的问题。表5-8列出了单反数码相机的检查项目和检查内容,其他类别任务设备的检查项目和检查内容参照执行,表中未列项目应根据需要按照任务设备使用说明进行检查。

表5-8　任务载荷设备检查项目

| 检查项目 | 检查内容 |
| --- | --- |
| 镜头 | 镜头焦距需与技术设计要求相同,镜头应洁净,记录镜头编号 |
| 对焦 | 设置为手动对焦,对焦点为无穷远 |
| 快门速度 | 根据天气条件和机体震动情况正确设置,宜采用快门优先或手动设置 |
| 光圈大小 | 根据天气正确设置,$F$ 值不应小于5.6 |
| 拍摄控制 | 选择单张拍摄模式 |
| 感光度 | 根据天气条件正确设置 |
| 影像品质 | 设置正确,宜选择高品质 |
| 影像风格 | 风格设置正确,包括锐度、反差、饱和度、白平衡等 |
| 日期和时间 | 相机设置的日期、时间应正确 |
| 试拍 | 连接电池和存储设备,对远处目标试拍数张,检查影像是否正确 |
| 电量 | 检查电量是否充足 |
| 清空存储设备 | 装入机舱前,应清空存储设备 |

### (四)导入航线参数,通电自检

打开地面监控站、遥控器及所有机载设备的电源,运行地面站监控软件,检查设计数据,向机载飞控系统发送设计的飞行航线数据并检查上传数据的正确性,检查地面监控站、机载设备的工作状态,检查飞控系统的设置参数(见表5-9)。本步骤一般由地面控制站系统软件进行。

表5-9 通电检查项目

| 检查项目 | 检查内容 |
|---|---|
| 监控站设备 | 地面监控站设备运行应正常 |
| 设计数据 | 检查设计数据是否正确,包括调取的底图、航路点数据是否符合航摄区域,整个飞行航线是否闭合,各航路点相对起飞点的飞行高度,单架次航线总长度,航路点(重点是起降点)的制式航线,曝光模式(定点、定时、等距)、曝光控制数据的设置 |
| 数据传输系统 | 地面监控站至机载飞行控制系统的数据传输、指令发送正常 |
| 信号干扰情况 | 舵机及其他机载设备工作状态是否正常,有无被干扰现象 |
| 遥控器 | 记录遥控器的频率;所有发射通道设置正确;遥控通道控制正常,各舵面响应(方向、量)正确;遥控开伞响应正常;遥控器的控制距离正常;遥控(RC)和自主飞行(UAV)控制切换正常 |
| 飞控系统 | 检查PID参数、GPS定位、卫星失锁后的保护装置;检查机体静态情况下的陀螺零点;转动飞机(航向、横滚、俯仰),观察陀螺、加速度计数据的变化;检查高度、空速、转速传感器的工作状态启用应急开伞功能,应急开伞高度应大于100 m |
| 数据发送与回传 | 将设计数据从监控站上传到机载飞控系统,并回传,检查上传数据的完整性和正确性;上传目标航路点,回传显示正确;上传航路点的制式航线,回传显示正确 |
| 控制指令响应 | 发送开伞指令,开伞机构响应正常;发送相机拍摄指令,相机响应正常;放送高度置零指令,高度数据显示正确 |

### (五)飞机起飞、作业、返回降落

(1)在自动飞行模式下,启动无人机按照预先设置的航线飞行,并查看机载设备的工作状态。

(2)飞行操作员须手持遥控器,密切观察无人机的工作状态,做好应急干预的准备。

(3)监控操作员应密切监视无人机是否按照预设的航线和高度飞行,观察飞行姿态、传感器数据是否正常。

(4)无人机完成预定任务返航时,操作员须及时通知其他岗位操作人员,做好降落前的各项准备工作。

### (六)数据传输

在测区航飞完成后,立即导出或者让无人机链路传输回无人机航飞影像数据及POS数据,通过POS对原始影像进行漏洞检查,查看数据是否符合设计要求,是否需要二次飞行,若不需要,则断电、清洁飞机机体、拆卸、装箱。

飞行完毕后,从机载设备中导出影像数据及其位置和姿态数据,并进行检查。

影像数据的检查项目及检查内容见表5-10。

表 5-10 影像数据检查

| 检查项目 | 检查内容 |
|---|---|
| 影像数据 | 检查影像质量是否合格,数量与技术设计是否相符 |
| 位置和姿态数据 | 检查影像的位置和姿态数据与影像是否一一对应 |

**(七)飞行任务总结**

飞行任务总结主要包括飞行记录整理、飞行资料整理、航摄作业小结等。

1. 飞行记录整理

对飞行检查记录与飞行监控记录进行整理。文字和数字应正确、清楚、格式统一,原始记录填写在规定的载体上,禁止转抄。整理内容包括飞行前检查记录、飞行监控记录、飞行后检查记录。

2. 飞行资料整理

对航摄飞行资料进行整理,填写相关的航摄飞行报表,主要内容包括:

(1)云高、云量、能见度、风向、风速。

(2)航摄飞行设计底图。

(3)航路点数据、飞行航迹数据、曝光点数据。

(4)影像位置与姿态数据。

3. 航摄作业小结

对当天航摄作业情况进行总结,主要内容包括人员工作情况、设备工作情况、航摄任务完成情况、后续工作计划及注意事项。

## 二、无人机航拍数据质量检查

根据《低空数字航空摄影规范》(CH/Z 3005—2010)的规定,影像数据检查要求如下。

**(一)飞行质量检查**

飞行完毕后,应在现场对飞行质量和飞行姿态等进行初步检查,以确认成果是否可用,查看飞行姿态、航高变化差及相片有无漏拍情况,具体检查项目如下:

(1)航向重叠度一般应为60%~80%,最小不应小于53%;旁向重叠度一般应为15%~60%,最小不应小于8%。

(2)像片倾角一般不大于5°,最大不超过12°,出现超过8°的片数不多于总数的10%。特别困难地区像片倾角一般不大于8°,最高不超过15°,出现超过10°的片数不多于总数的10%。

(3)像片旋角一般不大于15°,在确保像片航向重叠度和旁向重叠度满足要求的前提下,个别最大旋角不超过30°,在同一条航线上旋角超过20°像片数不应超过3片,超过15°旋角的像片数不得超过分区像片总数的10%。

(4)像片倾角和像片旋角不应同时达到最大值。

(5)航向覆盖超出摄区边界应不少于2条基线,旁向覆盖超出摄区边界线一般不少于像幅的50%;在便于施测像片控制点及不影响内业正常加密时,旁向覆盖超出摄区边界应不少于像幅的30%。

(6)同一航线上相邻像片的航高差不应大于 30 m,最大航高与最小航高之差不应大于 50 m,实际航高与设计航高之差不应大于 50 m。

(7)航飞数据采集结束后,使用相应的软件对飞行质量进行检查。如果出现相对漏洞、绝对漏洞或其他不达标的数据项,均应及时补摄。补摄时应采用前一次航摄飞行的数码相机补摄,补摄航向的两端应超出漏洞之外 2 条基线。

**(二)影像质量检查**

对影像质量进行初步检查,是否符合规范要求。要求如下:

(1)影像清晰,层次丰富,反差适中,色调柔和,能辨认出与地面分辨率相适应的细小地物影像,能够建立清晰的立体模型。

(2)影像上无云、云影、烟、大面积反光、污点等缺陷,虽然存在少量缺陷,但不影响立体模型的连接和测绘,可以用于测制线划图。

(3)确保因飞机地速的影响,在曝光瞬间造成的像点位移一般不应大于 1 个像素,最大不应大于 1.5 个像素。

(4)拼接影像应无明显模糊、重影和错位现象。

(5)认真填写相关的记录表格,采集结束后要及时下载数据进行处理。

# 任务四　摄影测量外业工作

## 一、摄影测量外业工作任务

航空摄影测量是以航空摄影为前提的,而要利用航摄像片确定地面点的地面坐标,就必须提供一定数量的、在像片上可准确识别的地面控制点,这个要求通常由航测外业的像片控制测量工作完成。目前,大部分摄影测量的航拍都加入 GPS 系统或 GPS/IMU 组合系统,即可直接得到的每一张像片曝光时刻的外方位元素,从而在一定精度要求下可以免去对地面已知点的要求。但目前的大量实际作业任务,仍然需要有部分地面控制点来保证精度。

航测成图时不仅需要得到像片上地物的几何信息,也需要得到其他信息才能完成地图的绘制。因此,把航摄像片上的影像所代表的地物及其属性辨认和调查出来,并按规定的图式符号和注记方式表示在航摄像片上,也是摄影测量外业工作中不可缺少的工作。

综上所述,摄影测量外业工作的任务是:

(1)像片控制测量。像片控制测量即在实地依据若干已知控制点,利用外业仪器测定出所选像片控制点的地面坐标及高程,并在像片上标示出点位的工作。

(2)像片调绘。像片调绘即利用像片进行判读、调查和绘注有关地理要素等工作的总称。目前,大多采用先室内判绘,后野外检查补绘的办法来完成。

## 二、无人机航摄像片控制测量

像片控制测量简称像控测量,是航测成图的数学基础,是内业加密控制点和测图的依据,对保证空中三角测量数学精度具有十分重要的作用。因此,地面控制点的布设位置、点的密度、量测精度和准确程度,直接影响到摄影测量数据后处理的精度。布设地面控制点是航飞前必需的工作,应遵守《低空数字航空摄影测量外业规范》(CH/Z 3004—2010)的规定,并以任务前期对测区的实地踏勘为依据。既可利用测区已有的地形图布设地面控制点,也可以借助谷歌、百度等网络数字地图来布设地面控制点。

**(一)像片控制点的布设方法**

1. 航摄像片控制点布设的一般方法

像片控制点布设方法分为全野外布点和非全野外布点。

1)全野外布点

全野外布点指内业生产所需全部像片控制点都由外业测定,这种方式精度高但外业工作量大且实施困难。全野外布点方案按成图方法不同分为综合法全野外布点方案和全能法全野外布点方案,其中全能法全野外布点方案又可分为单模型和双模型两种布点形式。全野外布点方案常用于小面积测图时特殊要求及特殊地形,适用于下列情况:

(1)航摄像片比例尺较小,而成图比例尺较大,内业加密无法保证成图精度时。

(2)用图部门对成图精度要求高,采用内业加密不能满足用图部门需要时。

(3)由于设备限制,航测内业暂时无法进行加密工作时。

(4)由于像主点落水或其他特殊情况,内业不能保证相对定向和模型连接精度时。

2)非全野外布点

非全野外布点是指内业测图定向和像片纠正作业所需要的像片控制点主要由内业采用解析空中三角测量加密所得,野外只测定少量的控制点作为内业加密的基础。这种布点方案可以减少大量的野外工作量,提高作业效率,充分利用航空摄影测量的优势,实现数字化、自动化操作,是现在生产部门主要采用的一种布点方案。这种方法又分为:

(1)航线网布点。以一段航带为布设单元,在其两端和中央布点,点位应选在航向和旁向重叠范围内。航线网布点一般用于丘陵地、山地、高山地等地区,特别是带状区域项目用得比较多。

(2)区域网布点。以整个航拍区域为单元,在测区四周和中间布设控制点。

(3)特殊情况的布点。包括航摄区域结合处的布点、航向重叠不够的布点、旁向重叠不够的布点、像主点和标准点位落水的布点、水滨和岛屿的布点,目的是提高后续空中三角测量的精度。

2. 无人机航摄像控点的布设方案

像控点的布点方案,是指根据成图方法和成图精度在像片上确定像片控制点的分布、性质、数量等各项内容所提出的布点规则。它是体现成图方法和保证成图精度的重要组成部分。具体选用什么方法布点,应根据像片比例尺、成图比例尺、基本等高距、测区地形、成图方法、平面高程的数学精度、内业加密方法综合确定。

1)低空小型无人机航摄与传统航摄的区别

传统航摄像控点布设方式有全野外布点、航线网布点、区域网布点及特殊情况布点,这些方式要求的控制点数量多,工作量大,而且实施起来比较困难。无人机航摄相比传统航摄具有信息获取快速机动、操作简便、影像分辨率高等特点,但其数据也存在以下特点:

(1)无人机影像像幅小,基高比小,航线间距小,影像分辨率高,数据量大,加大了内外业工作量及数据处理难度。

(2)航迹不规则,无人机容易受气流剧烈变化影响,易导致影像倾角较大、倾斜方向不规律,预设飞行航线偏离较多,航向重叠度和旁向重叠度不规则,给连接点的提取和布设增加了难度,造成影像匹配难度大、精度低。

因此,传统航摄采用的航向 3 条基线布设一个平高点,航区按四排平高点布设控制点,即在 6 片重叠区(航带内 3 片重叠区,航带间 2 片重叠区)布设控制点的方式不适合无人机航测。但无人机航摄按控制点的布设仍然分为全野外布点和非全野外布点两种方案。

2)全野外布点方案

对于全能法立体测图或微分纠正,以精度要求较高的 1∶500 比例尺为例,采用单模型布点,即在每一个立体像对四角布设四个平高点,成图比例尺不大于航摄比例尺 4 倍时,在每隔号像片测绘区域的四个角上各布设一个平高点,在每个像主点附近布设一个平高点做检查(见图 5-5)。1∶1 000 比例尺时,可采用双模型布点,即在每张像片(隔号像片)四角各布设一个平高点,在像主点附近布设一个平高点做检查(见图 5-6)(图 5-5、图 5-6 中,圆圈为平高点,正方形为像主点)。像控点位在像片上的位置,除满足像片控制点选点条件规定外,还应满足下列要求:

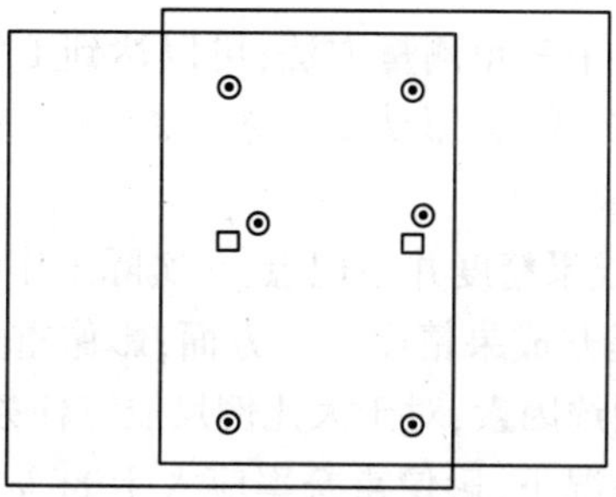

图 5-5　单模型全野外布点方案

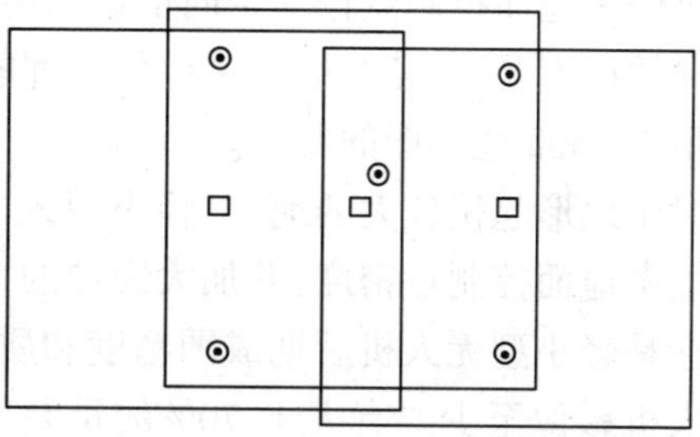

图 5-6　双模型全野外布点方案

(1)点位离开通过像主点且垂直于方位线的直线不应大于 1 cm,困难时个别点可不大于 1.5 cm。

(2)一张像片(两个立体像对)覆盖一幅图时,四个基本纠正点或定向点,应选在尽量靠近图廓点与图廓线的位置上,离图廓点与图廓线应在 1 cm 以内。

3)非全野外布点方案

(1)常规区域网布点。

区域网的图形宜呈矩形或方形,区域网的大小和像控点之间的跨度以能够满足空中三角测量精度要求为原则,主要依据成图精度、航摄资料的有关参数及对系统误差的处理等多因素确定。对于 2 条和 2 条以上的平行航线采用区域网布点时,航向相邻平面控制点间隔基线数可参照式(5-16)、式(5-17)估算,式中所涉及的参数由所采用的相机地面分辨率等参数确定[可参照《低空数字航空摄影测量外业规范》(CH/Z 3004—2010)所列相机及参数]。

$$m_S = \pm 0.28 \times K m_q \sqrt{n^3 + 2n + 46} \tag{5-16}$$

$$m_h = \pm 0.088 \times \frac{H}{b} m_q \sqrt{n^3 + 23n + 100} \tag{5-17}$$

式中　$m_S$——空三加密点的平面中误差,mm;

$m_h$——空三加密点的高程中误差, mm;

$K$——像片放大成图的倍数;

$H$——相对航高,mm;

$b$——像片基线长度,mm;

$m_q$——视差量测的单位权中误差,mm;

$n$——航线方向相邻平面控制点的间隔基线数。

旁向相邻平面控制点的航线跨度应不超过表 5-11 的规定。

**表 5-11　旁向相邻平面控制点的航线跨度**

| 比例尺 | 航线数 |
|---|---|
| 1∶500 | 4~5 |
| 1∶1 000 | 4~5 |
| 1∶2 000 | 5~6 |

仅使用地面控制点作为定向依据的传统区域网空中三角测量方法,可以达到 1∶1 000 比例尺的精度要求,若在航带关键位置都能有控制点覆盖,且影像重叠率较高,则其精度也能满足 1∶500 地形图的要求。

对于地形起伏较大的地区,轻小型无人机的航测成果精度并不理想,在实际工作中应适当地加密地面控制点密度,并加大影像的重叠率,以提升成果精度。一方面,影像重叠率是否达标是轻小型无人机后期成图精度和质量的重要制约因素,对于大比例尺航测任务,轻小型无人机影像至少要有大于 70%的重叠率,理想的情况下,影像重叠率应大于 80%。但另一方面,过大的影像重叠率会降低内业处理的效率,对精度的提升也很有限。

(2)GPS 辅助空三条件下加布构架航线的方案。

构架航线又称为控制航线,是指测区内为减少像控点的布设,加飞的若干条与测图航线近似垂直的航线,其主要作用是在基本航线的两端起到控制点的作用。国内外的研究和试验表明,在 GPS 辅助空三的条件下,在航线两端布设构架航线,只需四角布设控制点即可满足精度要求。在此基础上增加控制点数量对平面精度和高程精度提高不明显。敷设构架航线的方案,利用差分 GPS 技术在稀少控制点的情况下,有效地满足了精度要求,极大地减少了外业布控和内业加密的工作量,对困难测区的特征地物稀少、高差大、观测条件较差等情况下的无人机航空摄影,解决了获取外业控制点困难的问题。构架航线的间隔基线数应保持在基本航线上不超过 30 条基线布设 1 条。

若未布设构架航线,在差分 GPS 辅助空三的情况下,可采用间隔 4 条航线、40 条基线进行像控布设,平面精度和高程精度均可满足要求,也可减少对外业控制点的需求数量。

(3)POS 辅助空三条件下布点方案。

无人机摄影测量系统配备了 POS(DGPS/IMU)后,利用 POS 获取的摄站三维坐标及相机姿态进行区域网光束法平差,可使摄影测量野外作业大量减少。由于轻小型无人机平台无法装载高精度的 GPS/IMU 单元,导致成果精度较低,不适用于开展大比例尺航测的工作。理论上认为 POS 辅助空中三角测量技术完全不需地面控制点可以满足 1∶2 000 及更小比例尺测图,即由空中控制代替地面控制。高精度的相机曝光点位置和相机空间姿态的获取依赖于系统的同步集成技术,国内外各产品效果稳定性不尽相同,一般认为高精度 POS 辅助免像控无人机航摄的成果定位精度在 3 倍 GSD 左右,但是其误差分布不规律,稳定性差,难以完全直接应用于较高要求的测绘项目中。尽管如此,POS 辅助摄影测量的航摄方法,在 GPS/IMU 组合系统的量测精度不高的情况下,依然能对最后的成图精度带来显著的提升。同时,在保证 1∶500 比例尺成图精度的基础上,POS 辅助空三这种方式可以减少地面控制点的数量,从而减少外业控制点测量的工作量,大大降低了项目耗时和成本,尤其适合一些难以布设控制点的困难区域。在常规 1~3 $km^2$ 大比例尺测图中,采用 POS 辅助空三条件下,一般布设 5~8 个控制点。

随着微型惯性测量单元和微机电系统(micro-electro-mechanical system,MEMS)的快速发展,可以改变轻小型无人机不能使用直接定向法的现状,厘米级定位精度的低成本轻小型无人机 GPS/IMU 组合系统将会很快成为现实。

(4)无人机航摄像控点布设的其他参考方案。

针对无人机航测时像控点的布设方案对精度的影响,大量的实践证明,控制点数量的增加会使空三精度提高,但控制点增加到一定数量时,精度变化很小。过多的控制点不但大大增加外业和内业的工作量,而且对空三精度提高没有太大作用,性价比不高。无人机空三及影像结果的精度最弱点位于控制区域外围,而不在控制区的中央,控制区内部精度高且均匀,控制区外误差迅速发散,离控制区越远,越靠近影像边缘误差越大。控制点的密度过小,影像结果精度较低,适当增加控制点的密度,精度随之提高,但是当密度达到一定程度后,精度随之提高的趋势不明显。

目前,无人机航摄主要采用的像控点布设方案有如下几种(朱进,2016):

①控制点均匀布设。无人机航摄像控点均匀布设是指根据无人机影像特点,参照传统摄影测量的布点方案,在测区内均匀布设像控点,并加强测区边沿控制。

②四角单点布设方案。即只在测区的四个角布设控制点,如图 5-7(a)所示。

③采用四角点组布设方案。即把测区的四角布设成点组的形式,如图 5-7(b)所示。

④四周均匀布设,边角不加密的方案。即在测区四周按照一定密度均匀布设控制点的方法,如图 5-7(c)所示。

⑤采用四周边均匀布设,四角点组布点方案。即在测区四周按照一定密度均匀布设控制点,边角处采用点组布设,如图 5-7(d)所示。

⑥采用四周边均匀布设加少量内部点的布设方案。即在测区四周采用均匀布设控制点的方式,使用少量的内部控制点,如图 5-7(e)所示。

⑦采用四周边均匀布设,四角点组布点,加少量内部点的布设方案。即在测区四周均匀布设控制点边角处采用点组布设,如图 5-7(f)所示。

在高精度加密平面点位时,仍需要布设适当的高程控制点,一般应布成网形,以保证模型的变形不一致对平面坐标产生影响,如果旁向重叠度比较小(低于 40%),每条航线两端必须各有一对高程控制点或点组。

对以上各种布点方案,在大量生产实践中发现:

①在区域四角布设平高控制点,虽然控制了整个测区,但是控制点精度太低。相比之下,区域四周均匀布设平高控制点可以大大提高整体精度。

②采用四角点组布点,四周边均匀布设,加少量区域中间点的布点方式精度最高。

③点组控制点布设方案与单点布设方案试验比较其精度有着明显的提高,甚至恰当的

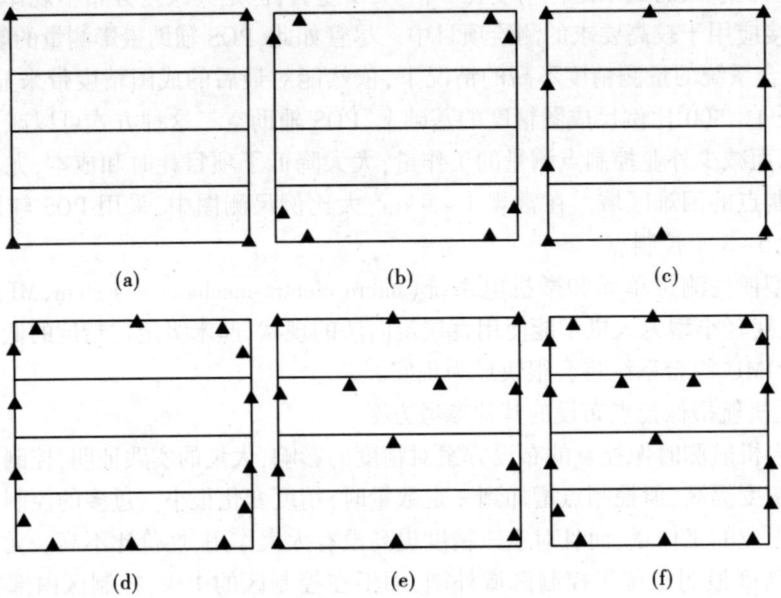


**图 5-7　适合无人机航摄的 6 种布点方案**

区域四角点组布设控制点比四角单点布设加区域中间布设控制点的精度都要高，这就意味着对光束法平差来说，只要区域周边均匀布点及区域四角布设合适的点组，区域中可以不用布设控制点，大大方便了大型区域网控制点的布设，也提高了外业工作效率。

④采取点组均匀布设时，控制点的密度过小，多余的观测量不足，会影响到解算精度。适当增加控制的密度，可提高空三解算的精度，但是并不是控制点密度越大越好。

⑤无论区域大小，四周均匀布设控制点，四点布设平高控制点均有利于保证区域内部的精度。一般情况下，单点布设的精度都不如点组布设精度高，而且点组布设也可以增加平面高程的精度。另外，计算过程中，平差开始时的迭代应将控制点的权值设计较小，在迭代过程中应根据单位权中误差的大小逐步加大控制点的权值，这样就能获得较高精度的平差结果。

**(二)像片控制点布设的原则及要求**

1. 像片控制点布设的原则

根据《低空数字航空摄影测量外业规范》(CH/Z 3004—2010)要求，航摄地面控制点布设的基本原则如下：

(1)地面控制点的布设按航带或区域统一规划，不局限于单个图幅的限制。

(2)地面控制点应布设在邻近像对和航带相互重叠的中线附近，即布设在航向及旁向六片或五片重叠范围内，以降低外业布点工作量、提升内业处理效率和精度。当重叠度太小(<15%)或地势复杂无法布设控制点等，使得重叠位置控制点不足时，应该分开布点。

(3)地面控制点的位置应该满足方便识别测量、稳定、不易被破坏等条件，以确保控制点位置的稳定和准确。在地物稀疏、挑选困难的地区(如森林、水域、沙漠等)，应在无人机航拍前，制作明显的地面标志如棋盘靶标等，便于内业选取处理和外业实地量测。

(4)像片控制点尽量避免布设在像片的边缘上，要求距像片边缘大于 150 像素。原因是越靠近像片边缘的点，移位和变形越大，而且影像边缘部分一般来说清晰度较差，影响像片控制点的内业判读、刺点和量测,对后期识别和处理都会造成影响。

(5)待测区边缘的地面控制点,需要布设在待测区外,以使待测区被完全覆盖。对于非连续作业的待测图,应布设在图廓线外。

(6)依《低空数字航空摄影测量内业规范》(CH/Z 3003—2010)要求,不同成图比例尺平面检查点和高程检查点应满足相应的限差要求,确定像片控制点的航向及旁向基线数跨度,顺利完成布点。

(7)若使用 GPS 辅助航摄或 GPS/IMU 辅助航摄,区域网布点采用角点布设法,即在区域网凸角转折处和凹角转折处布设控制点,此时区域网的航线数和基线数相对规范可适当放宽,但区域网中应至少布设 1 个检查点。实际操作时应全面综合成果精度和地面分辨率、测区地形地貌等情况,优化布设方案。

2. 像片控制点像控点布设的要求

1)精度要求

像控点相对邻近基础控制点的平面位置中误差不超过地物点平面位置中误差的 1/5,像控点相对邻近基础控制点的高程中误差不超过基本等高距的 1/10。

2)像控点的位置要求

(1)明显地面特征点的选点条件。

①像片控制点的目标影像应清晰,易于判刺和立体量测,如选在交角良好(30°~150°)的细小线状地物交点、明显地物拐角点、原始影像中不大于 3×3 像素的点状地物中心,同时应是高程起伏较小、常年相对固定且易于准确定位和量测的地方;弧形地物及阴影等不应选作点位目标。

②高程控制点点位目标应选在高程起伏较小的地方,以线状地物的交点和平山头为宜;狭沟、尖锐山顶和高程起伏较大的斜坡等,均不宜作为点位目标。

(2)像控点布设顺序。

根据项目需求不同,存在航飞前、航飞后进行像控点布设与选点两种方式。

①对于地面目标稀少的航摄区域或要求是制作 1∶500、1∶1 000 或 1∶2 000 数字线划图,对像控点精度要求较高时,宜采用先在实地布设靶标或特征点并测量其坐标高程。无人机标靶板尺寸以 60 cm×60 cm 左右的 KT 板制作最好,标靶样式如图 5-8 所示,人工特征点如图 5-9 所示。若地物条件好,可选取地面比较明显的特征标志点(如人行横道线、行车标志线等的拐点)。

②若是项目要求仅制作 1∶1 000 或 1∶2 000 正射影像图,则像控点可选择航飞后选取地面特征点,可选择地面明显的特征标志点(见图 5-10),但注意不要选择颜色对比度小、与地面有高差等这些位置(见图 5-11、图 5-12)。

3)像控点施测

像控点测量采用全球定位系统 GPS-RTK 方法进行。每天测量之前,利用该片区的校正参数对其他高等级 GPS 控制点或已施测的影像控制点进行检测,各项精度指标均符合要求后方可施测。

图 5-8　无人机航摄标靶样式

图 5-9　人工特征点

图 5-10　明显地物特征点

图 5-11　颜色对比度小

图 5-12　与地面有高差

3. 像控点选点编号及刺点与整饰

(1)像控点编号要求如下:控制像片的编号按《低空数字航空摄影规范》(CH/Z 3005—2010)执行。基础控制点使用原编号,像片控制点应统一编号,测区内不得重号,由项目技术设计书做出具体规定。

(2)刺点与整饰。采用相纸输出的像片进行像控点判刺与整饰,相关要求按 GB/T 7931 执行;也可在数字影像上选点标记,准确标示出刺点位置。采用数字影像作为航拍成果的,可参照《低空数字航空摄影测量外业规范》(CH/Z 3004—2010)附录 B 的样例制作数字刺点片(见图 5-13),点位说明可参照《低空数字航空摄影测量外业规范》(CH/Z 3004—2010)附录 C 的格式制作。

<table>
<tr><td>点号</td><td colspan="5">3003</td></tr>
<tr><td>刺点者</td><td>×××</td><td>检查者</td><td>×××</td><td>日期</td><td>2016 年 6 月 10 日</td></tr>
<tr><td rowspan="2">坐标</td><td colspan="2">X(m)</td><td colspan="2">Y(m)</td><td>H(m)</td></tr>
<tr><td colspan="2">3 066 666. 666</td><td colspan="2">450 666. 666</td><td>54. 666</td></tr>
<tr><td colspan="3" rowspan="2">概略点位图(片号:070700066)<br></td><td colspan="3">点位略图<br></td></tr>
<tr><td colspan="3">点位详细图<br>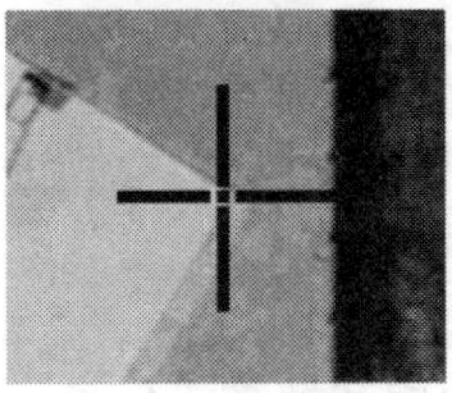</td></tr>
<tr><td>备注</td><td colspan="5">刺点球场东北角,高程测至球场表面,高程与球场同高</td></tr>
</table>

图 5-13　数字刺点片样例

无人机像控点至少应拍摄 3 张照片,分别为 1 张近照、2 张以上远照。近照的作用是内业准确刺点,远照的目的是反映刺点处与周边特征地物的相对位置关系,便于空三内业人员快速找点。周边重要地物有房屋、道路、花圃、沟渠等。为描述清楚,远照可摄多张。

4. 检查验收

按《测绘成果质量检查与验收》(GB/T 24356—2009)的规定进行控制成果的检查和验收。

5. 上交成果

对应上交的控制成果经检查验收后,交下一工序使用。上交的成果应准确、清楚、齐全。上交成果资料包括技术设计书、控制像片或数字刺点片、控制点点之记、观测手簿、计算手簿、控制点成果及点位分布略图、检查验收报告、技术总结等。

## 三、无人机航摄像片调绘

像片调绘是根据内业测图要求对航空像片的影像内容进行室内判读、实地调查和地物补测，经过综合取舍，用图式规定的符号绘注在调绘像片上的一系列工作的总称。像片调绘的最终成果称为调绘片，它是摄影测量内业绘制地物和地貌、标定注记内容的依据和来源。调绘内容的准确性、影像信息综合取舍的恰当程度，将直接影响图上地形要素的表示精度。像片调绘一般与像片控制测量同时进行。像片调绘的方法有两种：

(1)全野外调绘。像片上绝大部分影像的内容都是到实地进行调查、解译，并按照地形图图式的规定描绘在像片上，并加上需注记内容。这种调绘方法野外工作量很大，一般用于像片较老、现势性差，或是像片比例尺小、清晰度较差的情况。

(2)综合判调法。它是室内判绘与野外调查、补绘相结合的调绘方法，即先在室内采用一定方式(立体观察、影像识别等)判绘影像显示的地理要素，然后将室内判绘有疑问的或无法判绘的内容拿到实地去调查和补绘，并检查室内判绘内容的正确性。

不论使用哪种方法，无人机摄影测量像片调绘都应参照《低空数字航空摄影测量外业规范》(CH/Z 3004—2010)、《1∶500　1∶1 000　1∶2 000 地形图航空摄影测量外业规范》(GB/T 7931—2008)及其他相关技术规范执行。

### (一)像片调绘的主要内容

(1)地理名称(地名、单位、街道、居民地、河流等的名称)。

(2)地类及地类界。

(3)独立地物。

(4)居民地。

(5)道路及其附属设施。

(6)屋檐改正信息。

(7)工农业设施。

(8)地上管线设施。

(9)水系、地貌和植被等信息。

### (二)像片调绘的两种方式

进行摄影测量成图时，根据不同的情况，像片调绘时，可采用两种方式：

(1)先外后内方式。对于中、小比例尺像片，影像内业判读困难，因此一般采用先外后内方式，即使用原始影像图或正射影像图先进行外业调绘，获得调绘像片，再进行内业测图。

(2)先内后外方式。无人机大比例尺摄影测量成图时，由于像片现势性好、比例尺大、分辨率高，经常采用先内后外方式，即先内业判读成图，然后使用数字正射影像套合矢量数据进行野外调绘的方法。这种方式要求对内业所测之图进行全面实地检查、修测、补测、地理名称调查注记、房檐改正等工作。

### (三)像片调绘的一般要求

不论使用哪种调绘方式，都应遵守下列基本要求：

(1)调绘前应制订调绘计划、熟悉测图像片、研究测区特征、选择调绘路线及人力分配，尽力收集现势性强的各类专业资料。

(2)调绘与内业测图、数据编辑应有效衔接,以保证地形要素表达的完整性和准确性。

(3)调绘应走到、看到、量到、问清、绘准,判读准确,描绘清楚,符号运用恰当,各种注记准确无误。

(4)各类要素调绘的具体要求应符合规范要求,需要补充时,应在设计书中明确。

(5)数字影像调绘,直接使用数字正射影像(先外后内)、数字正射影像套合矢量数据(先内后外)进行调绘,调绘用数字正射影像图宜保持数字影像原始分辨率。

(6)纸质像片调绘,采用调绘像片、数字正射影像或矢量数据按成图比例尺输出调绘用图的形式进行调绘,调绘像片比例尺视地物复杂程度决定,以保证判读和方便清绘为原则,一般应大于或等于成图比例尺,地物复杂地区应适当放大;数字影像输出调绘用图时,像元尺寸不应大于相应比例尺图上 0.1 mm。

(7)一般以标准分幅为调绘范围,调绘范围线应避免与现状地物重合或切割居民地,相邻调绘片或数字正射影像图的范围线之间不应出现漏洞与重叠。

(8)摄影后新增的一般地物可不补调,但新增的大型工程设施和变化较大的居民地、开发区等应进行补调或补测;航摄后拆除的地物,应在影像上标记。

(9)测区周边调绘应保证满幅,自由图边调绘出图外 4 mm(图上距离),相邻调绘范围之间应注意接边。

(10)池塘的水涯线应以摄影时水位为准,当水位线与岸边线在图上的距离小于 1 mm 时,水涯线可绘在岸边线位置上;当池塘边缘有堤坎、加固岸、墙等地物,且与水涯线图上间隔小于 1 mm 时可省略水涯线。

(11)居民地调绘要求:①房屋调绘时以墙基为准,当房檐、阳台宽度大于图上 0.2 mm 时,应在影像相应处注明实测宽度(量注至厘米),供内业进行房檐宽度改正和阳台制作处理。②1∶500、1∶1 000 成图时,房屋应注建筑材料和层数,房屋不宜综合,应逐个调绘,临时性的建筑物可舍去;1∶2 000 成图时,房屋可不注建筑材料,只注房屋层数,房屋可适当综合取舍,宽度在 1 m 以下的次要巷道可不表示。③图上 6 $mm^2$ 以下的天井、庭院可进行综合;房屋凹凸在图上小于 0.4 mm,简单房屋小于 0.6 mm 时,可直线连接。

(12)调绘成果使用的符号、文字应参考相关图式标准要求,以方便内业人员准确判读为原则。所用符号、文字应统一、清楚、易读、实用,整饰清晰。

(13)调绘影像间应接边,接边处房屋轮廓、道路、管线、河流、植被等的性质、等级、宽度和符号,以及各项注记应一致。

**(四)地物的补测**

像片调绘除应将像片影像显示的信息判读描绘出来外,对于影像没有显示或者影像不够清晰而地形图又需要表示的地物地貌要素,还需要按其形状、位置补绘在像片上。这些需要补绘的地物可能是摄影至调绘期间地面出现的新增地物,或者是由于比例尺过小而无法直接判读的较小地物,也可能是被云影、阴影所遮盖而未成像的地物。

将像片没有的或者影像不清晰的地物按像比例尺缩小描绘在像片相应位置上,这一工作即为像片调绘中新增地物的补测。主要的补测内容有:

(1)影像模糊的地物。

(2)被影像或阴影遮盖的地物。

(3)航摄时水淹、云影地段。

(4)新增地物。

影像模糊或遮盖的地物可在调绘片上补调；补调面积较大、新增的地物多，变化的地形和地貌，需采用全野外数字测图方法进行补测。

## 思考题

1. 简述无人机航摄的特点。
2. 简述无人机航摄的数据类型。
3. 固定翼无人机与多旋翼无人机各有何特点？适宜什么任务？
4. 什么叫无人机航线规划？航线规划的内容是什么？
5. 说明主要航线相关参数对摄影测量生产的意义。
6. 说明无人机航摄影像数据质量检查的内容。
7. 摄影测量外业工作的任务是什么？
8. POS 辅助空三条件下，对无人机像控点布设方案有什么影响？
9. 无人机摄影测量像控点布设的基本原则有哪些？
10. 像片调绘的方法有哪两类？无人机大比例尺测图具体采用什么调绘方式？

# 项目六　无人机航摄数据处理与4D产品制作

## 任务一　无人机航摄数据的特点和处理流程

### 一、无人机航摄数据的特点

无人机航摄具有高机动性、高分辨率、生产成本低、作业方式快捷、操作灵活简单、环境适应性强等特点，在局部信息快速获取方面有着巨大的优势。与传统的影像获取方式相比，无人机航摄数据存在以下特点：

(1)无人机平台飞行姿态不稳、像幅小、重叠大、POS数据精度较低，载荷一般采用低成本、质量轻的非量测数码相机；获取的影像像幅较小，同时为了得到较高的影像空间分辨率，又降低了无人机航摄高度，造成单张影像的地表覆盖范围减小，从而使得影像数量大大增加。

(2)重叠度高，基高比小，旋偏角大。航向重叠度能达到70%~85%，旁向重叠度也可达到36%~60%，高重叠度使得影像匹配更稳健，但受相机姿态的影响，所拍摄影像间的预设重叠度无法得到严格保证。主要表现在重叠度的变化幅度大，甚至可能出现漏拍的情况。重叠度大会造成摄影基线短，基高比小，同名光线的交会角就小，这极大地影响了测图的高程精度，如果仍然按传统方法用相邻影像构成立体像对，高程精度就很难得到保证。同时，由于重叠度差异较大，导致后续处理时特征匹配难度大、匹配精度低，影响最终的产品质量。受风向影响大，航带排列不整齐，相邻影像间很可能存在较大的旋角和上下错动。

(3)无人机影像畸变大。受无人机载荷限制，搭载的传感器主要为轻型的非量测型相机，单幅影像与地物空间的透射映射关系比较复杂，镜头畸变很大，影像内部几何关系不稳定，影像倾斜变形较大，影像间的明暗对比度也不尽相同，不能直接满足测绘生产精度要求。又因无人机飞行高度低，导致地面起伏对影像几何变形影响较大。另外，无人机体积小、质量轻，在飞行作业过程中易受气流变化的影响，导致影像质量不佳。

(4)姿态稳定性差，虽普遍装有POS系统，但数据精度大部分不高。由于无人机结构设计的限制，其载荷大部分选择精度比较低的POS系统，造成无人机在航空摄影过程中，POS系统只能起到导航和控制飞机的作用，不能满足大比例尺摄影测量的要求，在后期影像处理的过程中这些数据也只能起到辅助的作用。

无人机航摄数据的上述特点，给影像匹配、影像定向等内业工作带来了困难，其影像数据处理难点表现为：

(1)姿态差，空三处理不过去。像片数量多，处理速度慢，自动化、智能化处理要求高，需要高性能计算机。

(2)空三精度差，精度不满足要求，很多立体像对就匹配不上连接点。

(3)相机参数不准,造成空三难以匹配。

(4)DEM 编辑人工工作量大。

(5)DOM 成果房屋变形拉花严重。

(6)不能做到快拼和正式成果功能兼备。

## 二、无人机影像数据的基本处理流程

无人机影像数据处理是利用摄影测量软件处理无人机影像数据,精确解求影像的外方位元素、像点的地面坐标,获取 4D 数字产品的过程。与传统的航空影像的数据处理过程相比,低空无人机航摄大多搭载 POS 系统,可获取初始的外方位元素用于辅助空中三角测量。但是由于无人机机身轻,姿态不稳定,GPS/IMU 系统精度不高,生产高精度、大比例尺的测绘产品依然需要地面控制点。同时,由于无人机搭载的相机属于非量测数码相机,在摄影测量影像数据处理时无须内定向,但是需进行相机检校,解求畸变参数,进行影像改正。此外,其他的数据处理过程与传统的摄影测量相差不大,其基本流程如图 6-1 所示。

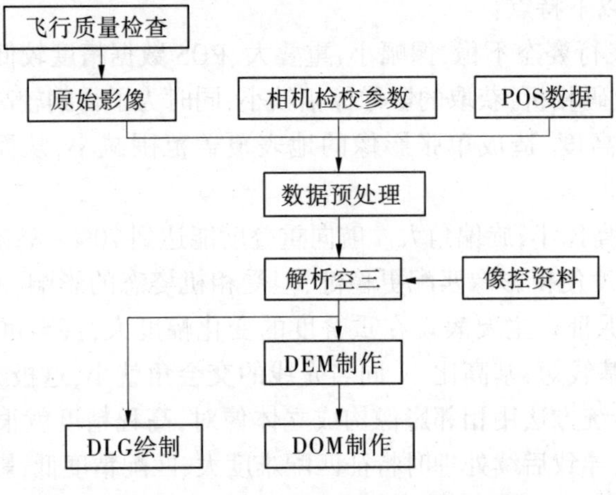


图 6-1 无人机航摄数据处理常规流程

(1)数据预处理:包括航带整理、影像畸变差改正、匀光匀色等。

(2)空中三角测量:包括新建工程、导入影像、建立金字塔影像、相对定向、自由网平差、量测控制点、区域网平差。

(3)数字高程模型的制作:影像匹配、匹配结果编辑、生成 DEM 文件。

(4)数字正射影像制作:根据 DEM 制作 DOM。

(5)数字线划图制作:恢复立体模型,进行地物、地貌测绘,生成 DLG 文件。

# 任务二 无人机影像数据的预处理

数据预处理是数据处理的重要组成部分,其作用是对获取的姿态、位置数据、影像数据等进行预处理,生成后期处理所需格式的文件,为数据后续处理做好准备工作。数据预处理与空三软件有关,也与相机有关。普通相机的相片需进行畸变纠正,双拼相机的影像需进行前后相片的拼接,拼接过程已经进行了畸变纠正。过去有些软件在相片预处理时需进行航带编辑,即将相片按照航带分开并按照飞行方向适当旋转(相邻航线的相片旋转角度相差180°),有的空三软件需将相片格式转换为.tif格式才能做后期处理。

一般而言,数据预处理主要内容包括:

(1)检查航拍影像的飞行质量,在满足要求的条件下进入后续处理环节。

(2)航摄数据的整理和检查。

(3)准备相机的检校参数,对影像进行畸变差改正。

(4)利用POS数据建立航带影像缩略图,进行航带整理,人工判断航带建立是否正确,如不正确则需要重新进行航带整理,直至航带排列正确。

## 一、飞行质量检查

飞行质量检查主要是指在像片重叠度、像片旋角、像片倾角、航带弯曲度、航高保持等方面进行检查。这项工作一般在外业航摄完成之后就必须完成。

## 二、数据的整理与检查

内业数据处理之前需要预先对原始飞行数据进行整理、检查及分析,了解整个测区的情况,检查各类数据完整性和精度。对于常规无人机摄影测量,主要整理以下数据信息。

### (一)原始影像

同一架次原始影像一般存放在同一个文件夹中。影像命名为连续的,格式一般为JPG。对于大比例尺项目需要查看影像质量,分辨率是否清晰,有无大面积底物模糊等情况。同时,原始影像排序与POS数据要一一对应,检查影像和POS数据有无丢失,如有丢失需要进行外业航飞补测。

### (二)POS数据

POS数据的存放一般为TXT格式,例如"机载POS.TXT"。在处理数据时,所需的POS信息一般包含点号、经度、纬度、椭球高、俯仰角、滚转角和方位角。若无IMU,则无须俯仰角、滚转角和方位角。

### (三)相机检校文件

相机检校文件一般由无人机厂家提供,为CAM格式文件。

### (四)控制点信息

控制点信息指外业进行像片控制测量后,整理出的坐标文件和像控点标识像片。

## 三、影像畸变改正

无人机所搭载的是非量测型焦距固定的普通数码相机。由于制作工艺偏差,以及入射光线在通过各个透镜时的折射误差和CCC点阵位置误差等,实际的光学系统存在着非线性几何失真,从而使目标像点与理论像点之间存在径向畸变、切向畸变和薄棱镜畸变等几何畸变,如图6-2所示。

径向畸变可分为枕形畸变和桶形畸变,主要由镜头形状缺陷造成。切向畸变主要包括离心畸变和薄棱镜畸变。其中,离心畸变是由相机的镜头中各透镜的光轴不能完全重合造成的。薄棱镜畸变是由镜头设计和制造缺陷等误差造成的,比如镜头与相机像面之间有很小的倾角等。这类畸变就相当于在光学系统中附加了一个薄棱镜,所以它不仅会引起径向

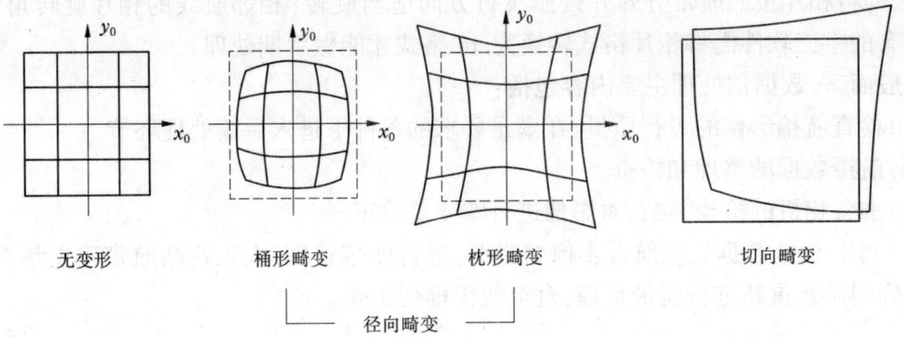


图 6-2 镜头畸变

偏差,而且会引起切向误差。这些畸变会使得图像中的实际像点位置偏离理论值,破坏物方点、投影中心和相应的像点之间的共线关系,即同名光线不再相交,造成空间后方交会精度大大降低,最终影响到影像配准的精度,导致产品质量不能满足应用要求。因此,无人机航摄数据处理时必须对像片做畸变差改正。

研究表明,径向畸变差所引起的误差是离心畸变和薄棱镜畸变的 7~8 倍,所以在部分软件检校时只考虑径向畸变差。

畸变差改正模型的一般式如下:

$$\blacktriangledown x = (x - x_0)(k_1\gamma^2 + k_2\gamma^4) + p_1[\gamma^2 + 2(x - x_0)^2] + 2p_2(x - x_0)(y - y_0) + \alpha(x - x_0) + \beta(y - y_0) \tag{6-1}$$

$$\blacktriangledown y = (y - y_0)(k_1\gamma^2 + k_2\gamma^4) + p_2[\gamma^2 + 2(y - y_0)^2] + 2p_1(x - x_0)(y - y_0) \tag{6-2}$$

$$\gamma = \sqrt{(x - x_0)^2 + (y - y_0)^2} \tag{6-3}$$

式中 $(\blacktriangledown x, \blacktriangledown y)$——像点坐标改正值;

$(x,y)$——以影像中心为原点的像点坐标;

$(x_0,y_0)$——像片的像主点坐标;

$\gamma$——像点半径;

$k_1$、$k_2$——径向畸变差系数;

$p_1$、$p_2$——切向畸变差系数;

$\alpha$ ——CCD 非正方形比例系数;

$\beta$——CCD 非正交性畸变系数。

相机检校工作一般由厂家或专业机构在实验室内借助精密的控制场完成,提供完整的相机鉴定报告,包括相机内方位元素及各种畸变差校准参数。

进行空三加密前必须对原始影像进行畸变差校正。这项工作既可以在专用软件中完成,也可以在数字摄影测量软件系统中完成。但很多国内航摄处理软件都是针对量测型相机,而目前小型无人机航摄大部分使用非量测型相机,为减少系统误差对空三加密精度的影响,在进行加密之前需对无人机影像进行畸变改正。

不同相机的检校方式略有不同,其畸变模型也不同,因此在做畸变纠正前须确认畸变模型是否一致,一致方可使用,否则可能产生精度问题。通常外业飞行的无人机有着对应的专业飞控软件与数据处理软件,而在不知道处理软件的畸变模型时,尽量采用针对性的专业数据处理软件,以保证处理结果的可靠性。一般无人机厂家会提供相机检校报告,可以通过报告中给出的畸变模型及参数,分析其是否与处理软件中提供的模型一致。

如图 6-3 与图 6-4 所示,无人机管家与 Pix4D Mapper 中的参数数量不同。说明 Pix4D Mapper 中提供的畸变纠正处理模型未能提供全部的畸变纠正功能,因此建议采用出厂检校报告中的相机参数与无人机管家配套使用。

图 6-3　无人机管家的畸变纠正界面

## 四、航带编辑

传统空中三角测量需要人工编辑航带及组成航带的像片,才能完成后续数据处理。但是无人机飞行时易受气流影响,发生航线漂移,导致影像旋转角及航线弯曲度大,影像航向重叠度、旁向重叠度不规则,若按传统航空摄影测量设置航带较为困难。但是无人机飞行时都使用 GPS 信号指导飞行,因此无人机获取的影像一般都有 GPS 数据甚至是 POS 数据。因此,在进行无人机航摄空中三角测量处理时,可以使用 GPS 信息进行全自动区域网(自由网)构建。影像的 GPS 信息有两个作用,一是用于连接点匹配,匹配过程中使用 GPS 作为影像是否相邻的判定依据,若影像是相邻的,需要进行连接点匹配,如果影像不相邻则不进行连接点匹配;GPS 或 POS 的另外一个作用是在平差解算时作为外方位元素的初值和约束条件。

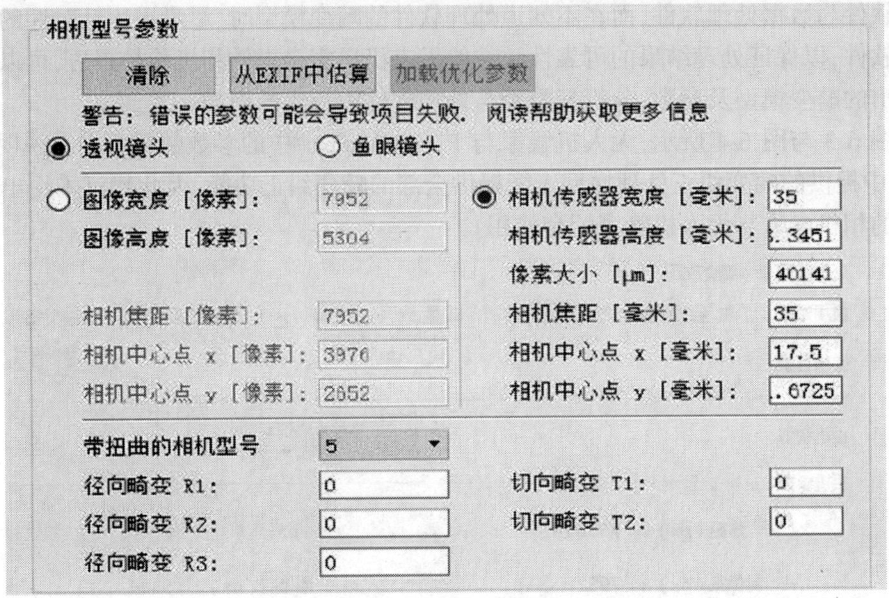


图 6-4　Pix4D Mapper 的畸变纠正界面

# 任务三　无人机解析空中三角测量

## 一、解析空中三角测量基本概念

在双像解析摄影测量中，每个像对都要求有 4 个地面控制点用于绝对定向，若都采用外业实测的方法，工作量太大，效率不高。能否在一条航带十几个像对中，或几条航带构成的一个区域网中，只测少量外业控制点，在内业用解析摄影测量的方法加密计算出每个像对所要求的控制点或其他待求点，用于立体测图、像片纠正等生产过程中呢？回答是肯定的，这种方法就是解析空中三角测量，也是目前求解地面点坐标最通行的方法，它不仅效率高，理论较为严密，而且精度也较高。

### （一）解析空中三角测量任务

传统空中三角测量是摄影测量内业处理中的核心内容，DOM、DSM、DLG 等航摄成果的质量直接取决于空三加密的精度。利用空中连续摄取的具有一定重叠的航摄像片，用摄影测量解析的方法，依据已知的少数控制点及地面待求点的像点坐标，按最小二乘原理要求，同时解求测区内所有航片外方位元素和待定点的物方空间坐标的方法称为解析空中三角测量，也称空三加密。这些由像点解求的地面控制点，也称为加密点。

解析空中三角测量的主要任务是为立体测图和像片纠正提供加密像控点和像片定向参数，它极大地节省了像控测量的人力、物力和时间成本。它仅需要少量必要的野外控制点，在室内量测出所需地面点的像点坐标，通过平差的方法，即可求出相应地面点的地面坐标。

随着技术的进步，目前的解析空中三角测量已不仅为摄影测量内业提供加密像控点，还可以实现更多的功能，主要有：

（1）为测绘地形图提供定向控制点和像片定向参数。

(2)测定大范围内界址点的统一坐标。

(3)单元模型中大量地面点坐标的计算。

(4)解析近景摄影测量中高精密坐标点加密。

**(二)解析空中三角测量的作业特点**

(1)不受通视条件限制,不触及被量测目标,把大部分野外控制测量工作转至室内完成。

(2)可快速地在大范围内同时进行点位测定,以节省野外测量工作量。

(3)可引入系统误差改正和粗差检测,可与非摄影测量观测值进行联合平差。

(4)区域内部精度均匀,且不受区域大小限制。

**(三)解析空中三角测量的分类及特点**

空中三角测量按发展阶段可以分为模拟空中三角测量、解析空中三角测量和数字(自动)空中三角测量。模拟空中三角测量采用图解法或光学机械法,在全能型立体测图仪上根据摄影过程的几何反转原理建立航带模型,实现控制点的加密。解析空中三角测量是利用计算机,根据人工观测方法在坐标量测仪或解析测图仪上量测的像点坐标,采用一定的数学模型计算出待定点的地面坐标。数字空中三角测量又称为自动空三,它是利用计算机数字图像处理及数字影像匹配技术,自动或半自动地采集加密点的像点坐标,进而计算出待定点的地面坐标。当前,自动空中三角测量已成为主流的作业方式,但由于自动空中三角测量使用的仍然是解析空中三角测量的数学模型,因此也可将自动空三统称为解析空中三角测量。

利用计算机进行解析空中三角测量可以采用不同的方法进行分类(见图6-5)。

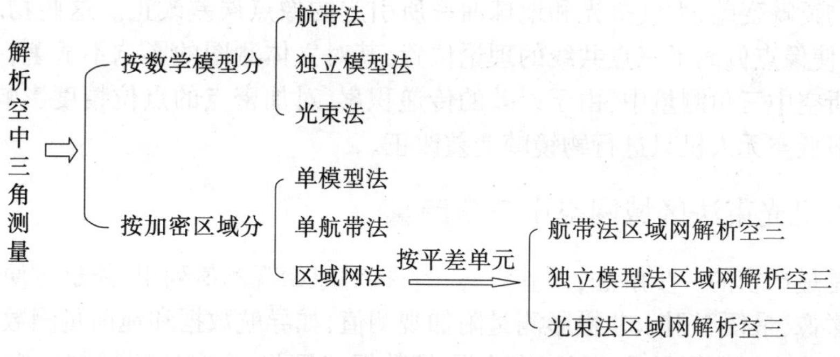


图6-5 解析空中三角测量分类

目前广泛应用的区域平差空中三角测量是在单航线解析空中三角测量基础上发展起来的一种多航线加密方法。区域法加密理论的基本思想是如何应用平差方法,在整个加密区域内合理配赋偶然误差的问题,因此习惯上又叫区域网平差。

目前广泛应用的区域网平差根据其采用的平差单元不同可分为三类:航带法区域网平差、独立模型法区域网平差和光束法区域网平差。其中光束法理论严密,加密精度高,是目前最主流的方法。三种方法各项对比如表6-1所示。

表 6-1　三种解析空中三角测量方法对比

| 方法 | 数学模型 | 平差单元 | 观测值 | 未知数 | 特点 |
|---|---|---|---|---|---|
| 航带法区域网 | 航带坐标的非线性多项式改正公式，由模拟仪器演变而来 | 整个航带 | 自由航带中各点的摄影测量坐标 | 各航带的多项式改正系数 | 分步近似平差，未知数少、解算快，精度低，主要为严密平差提供初始值和小比例尺低精度加密 |
| 独立模型法区域网 | 单元模型的空间相似变换 | 单元模型 | 模型点坐标 | 各模型空间相似变换 7 个参数 | 严密平差，未知数多、精度中等 |
| 光束法区域网 | 共线方程式，基于摄影过程的几何反转 | 每张像片相似投影光束 | 像点坐标 | 各片的外方位元素和待定点坐标 | 严密平差，未知数多、精度高，计算量大，反映系统误差最敏感，对计算机性能要求高，是最主流的方法 |

按最小二乘原理进行平差，只解决偶然误差的合理配赋问题。所以，大部分区域网平差(航带法区域网平差除外)都要求预先消除系统误差对像点坐标的影响再进行平差，否则将无法获得预期的精度。其中，光束法对系统误差反映最敏感，而目前绝大部分自动空三软件都采用光束法区域网平差，所以在进行解析空中三角测量之前，都应根据精度要求对像点坐标进行摄影物镜畸变差、大气折光和地球曲率所引起的像点误差改正。这些物理因素造成的系统误差，使像点偏离了三点共线的理论位置，其对立体测图的影响不显著，一般不予考虑。但在解析空中三角测量中，由于误差的传递积累，对加密点的点位精度影响显著，要预先改正。一般低空无人机只进行物镜畸变差改正。

## 二、无人机光束法区域网空中三角测量

光束法是最严密的一步解法，误差方程式直接对原始观测值列出，能最方便地顾及影像系统误差的影像，最便于引入非摄影测量附加观测值，如导航数据和地面量测数据。它还可以严密地处理非常规摄影及非量测相机的影像数据。目前，光束法区域网空中三角测量已广泛应用于各种高精度解析空三和点位生产中，因此它也是无人机航摄数据空中三角测量的基本平差方法。

### (一) 光线束法区域网空中三角测量的基本思想

光束法区域网平差是以一张像片的摄影光线作为一个平差单元，以中心投影的共线方程作为平差的基础方程，通过各光线束在空间的旋转和平移，使模型之间公共点的光线实现最佳交会，将整体区域最佳地纳入控制点坐标系中，在影像公共点坐标相等、控制点加密坐标与地面实测坐标一致的条件下，按最小二乘原理要求，解求得各像片的外方位元素和加密点的地面坐标，见图 6-6。

### (二) 光束法区域网平差主要内容

(1) 先进行区域网概算，确定像片外方位元素和地面点坐标的近似值。

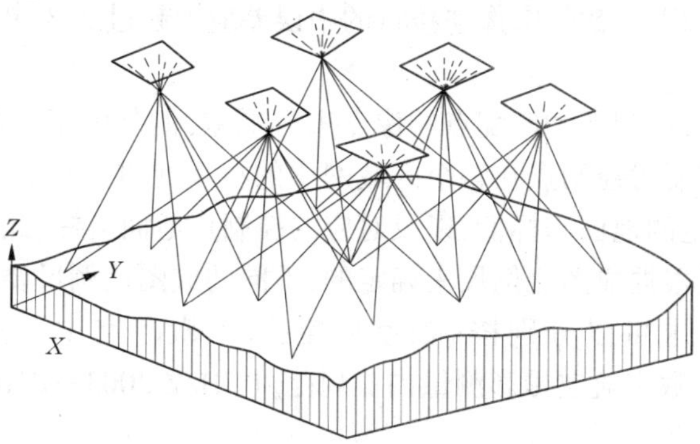


图 6-6 光束法区域网空三模型

(2)从每幅影像的控制点和待定点的像点坐标出发,按共线条件方程列出误差方程式。

(3)解求改化法方程式。

(4)求出每一张像片的外方位元素。

(5)利用空间前方交会求待定点的地面坐标,各片公共连接点取均值作为最后结果。

光束法区域网平差以像点坐标作为观测值,理论严密,但对原始数据的系统误差十分敏感,只有在较好地预先消除像点坐标系统误差后,才能得到理想的加密成果。所以,无人机拍摄的影像,要消除影像上像点坐标的系统误差,主要是镜头畸变差。

对于目前全自动处理的空中三角测量软件,则一般是利用影像自动匹配出航向和旁向的连接像点,将全区域中各航带网纳入比例尺统一的坐标系统中,拼成一个松散的区域网,然后确认每张像片的外方位元素和地面点坐标的概略位置,最后根据外业的控制点,逐点建立误差方程式和改化法方程,解求出每张像片的外方位元素和加密点的地面坐标。

**(三)光束法空三的类型**

无人机摄影测量一般搭载有 GPS 系统,记录了影像摄影瞬间初始外方位元素。在基于光束法平差数学模型中按照有无使用 GPS 数据和外业控制点,可以将平差类型分为自由网平差、控制网平差和联合平差。

1. 自由网平差

自由网平差可以简单理解成所有的匹配点的像点坐标一起进行平差,其中像点坐标为等权观测。其实现过程如下:

(1)根据影像匹配构网生成的像片外方位元素和地面点坐标的近似值。

(2)建立误差方程和改化方程。

(3)依据最小二乘准则,解算出每张外方位元素和待定点地面坐标。

(4)根据平差后解算出的外方位元素和待定点的地面坐标,可以反算出每个物点对应的像点坐标,求得像点残差。

(5)给定像点残差阈值。将大于该阈值的像点全部删除后,继续建立误差方程和改化方程进行平差解算,以此循环迭代,直到像点残差阈值满足一定的要求。

对于自由网平差中阈值限定的要求,传统的数字摄影测量按《数字航空摄影测量 空中三角测量规范》(GB/T 23236—2009)中规定:扫描数字化航摄影像最大残差应不超过 0.02 mm(1 个像素);数码影像最大残差应不超过 2/3 像素,扫描数字化航摄影像连接点的中误差不超过 0.01 mm(1/2 像素),数码影像连接点的中误差应不超过 2/3 像素。

2. 控制网平差

控制网平差就是将控制点和匹配点的像点进行平差,但是由于控制网平差中的像点坐标不是等权观测值,需要对控制点在整个区域网中的权重比进行设置。通过控制网平差解算出外方位元素和待定的地面坐标值,以及对应的控制点地面坐标,此时它与真控制点坐标有个差值,这个差值是根据成图比例尺来确定的,不同的成图比例尺要求的控制点残差也不一样。残差的具体要求可以分别按《数字航空摄影测量 空中三角测量规范》(GB/T 23236—2009)和《低空数字航空摄影测量内业规范》(CH/Z 3003—2010)查询。

3. 联合平差

联合平差指的是在摄影测量解析空三中使用了非摄影测量观测值或条件。无人机解析空三联合平差是指结合 GPS、IMU 数据和控制点数据一起进行平差。在平差的时候需要对 GPS/IMU 数据和控制点数据分别设置权重。根据 POS 和控制点在平差过程中所占的权重,联合平差又可分为 POS +控制点和控制点+POS 两种方式。

对于以上三种平差方式,目前在实际生产中,自由网平差是整个空中三角测量流程中必不可少的一步,需要对所有的像点进行平差剔除;而对于控制网平差,引入控制点可以明显地提高平差精度,应用也较广泛;联合平差在无人机摄影测量中最常用,通过结合 POS 数据进行平差,可以大大减少外业控制点的数量,并提高空三的精度。

## 三、POS 辅助自动空中三角测量

POS 辅助空中三角测量是将 GPS 和 IMU 组成的定位、定姿系统(POS)安装在航摄平台上,获取航摄仪曝光时刻摄站的空间位置和姿态信息,将其视为观测值引入摄影测量区域网平差中,采用统一的数学模型和算法整体确定点位并对其质量进行评定的理论、技术和方法。

### (一)POS 辅助空中三角测量系统的组成

POS 辅助空中三角测量系统主要包括航摄像机、导航控制系统、IMU 高精度姿态测量系统、IMU 与相机连接架、机载 GPS 及地面 GPS 基站接收机等。软件包括 GPS 数据差分处理软件、GPS/IMU 滤波处理软件及检校计算软件。图 6-7 是 POS 辅助空中三角测量系统组成示意图。

### (二)POS 辅助空中三角测量方法

根据《IMU/GPS 辅助航空摄影技术规范》(GB/T 27919—2011)中直接定向法和辅助定向法规定,无人机航摄数据空中三角测量可以采用直接定向法或辅助定向法。

1. 利用 POS 数据直接定向

低空无人机飞行的不稳定性使其获取的外方位元素存在粗差及突变,在利用 POS 辅助平差前可对其进行一定优化。首先,利用飞机获取的外方位元素中的线元素进行同名像点匹配,并进行平差,得到新的外方位元素,剔除部分粗差,实现对原始 POS 信息优化。其次,在影像外方位元素已知的情况下,量测一对同名像点后,即可利用前方交会计算出对应地面点的地面摄影测量坐标。

2. 辅助定向法

利用少量外业控制点或已有其他资料结合 POS 数据进行辅助空中三角测量的辅助定

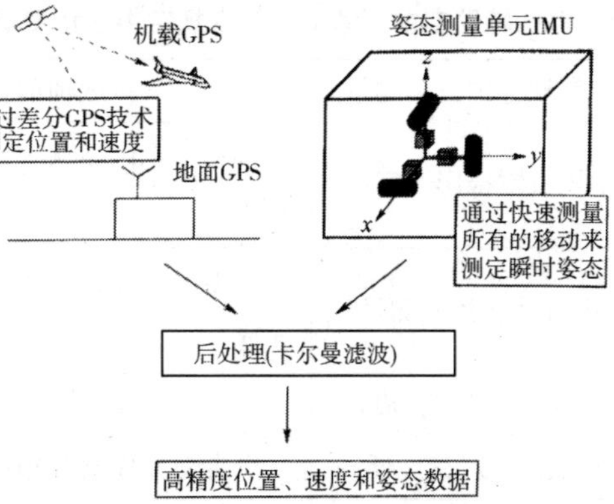


图 6-7　POS 辅助空中三角测量系统组成示意图

向法。控制点量测工作是区域网平差中的工作之一,无人机航摄的 POS 数据精度较低,但是 POS 数据提供了每张像片的外方位元素,利用 POS 数据可以实现控制点的自动展点,提高摄影测量区域网的平差效率。外业控制点的精度高,利用高精度的外业控制点与 POS 数据提供的每张像片外方位元素的初始值共同参与空中三角测量,既能提高平差效率,又能提高平差速度。在没有野外控制点、IMU 数据又不能满足要求的情况下,通过在正射影像数据、DEM 数据、数字地形图纸质地形图等已知地理信息数据中选取已知特征点作为控制点的方法进行控制点采集,同样可以结合 POS 数据联合进行空中三角测量,可以满足应急保障和突发事件处理的测绘需求。

**(三)POS 辅助空中三角测量的优势**

国内外学者和生产单位通过大量的研究验证和生产实践,发现将 POS 系统的定位、定向结果带入空中三角测量,联合像片连接点和实测的地面控制点一起平差,得到的精度和稳定性优于传统的空中三角测量方法。而大量的实践结果表明, POS 辅助摄影测量加入 1 个地面控制点即可获得较高精度;增加到 2 个地面控制点时,可提升精度当增加至三四个地面控制点时,对精度带来的提升并不显著。因此,考虑到整个测区的稳定性和避免测量粗差造成的影响,一般需要在测区四角都布设地面控制点。同时在采用直接定向法时,POS 系统测定的外方位元素精度,相较于传统空中三角测量方法求得的外方位元素精度要低得多,且明显低于标称精度。

在目前,POS 系统已成为一种标准的无人机航测定位定姿工具,使用地面控制点+POS 数据辅助空三的方法,即使当 POS 系统测得的数据相对质量不很高时,也能满足在低航高、大比例尺测图时对地面精度的要求,同时也能在很大程度上减少地面控制点的布设数量。一般认为,使用 POS 辅助空三时,1∶50 000 比例尺航测成图可无须地面控制点和空三加密;1∶5 000~1∶10 000 比例尺航测成图可省去地面控制,但建议加测少量控制点参与平差,以提高整体精度,并检核成图精度;1∶1 000 和 1∶2 000 比例尺航测成图可大大减少野外像控测量工作量。

随着 POS 系统精度的提高、体积质量的减小,POS 系统在摄影测量中的应用将达到更高的水平。POS 辅助空中三角测量与常规空中三角测量的对比见表 6-2。

表 6-2　POS 辅助空中三角测量与常规空中三角测量的对比

| 比较项目 | 常规空中三角测量 | POS 辅助自动空中三角测量 |
| --- | --- | --- |
| 航空摄影 | 常规航空摄影飞行 | 带差分 GPS 的航空摄影飞行增加约 15% 的航摄费用 |
| 外业像片控制点联测 | 需进行外业控制测量 | 只需少量地面控制点在航摄时用 GPS 技术同步完成 |
| 内业选点和刺点 | 人工作业(慢、差、费) | 全自动完成(快、好、省) |
| 像片坐标量测 | 人工作业(慢、精度低) | 全自动完成(快、精度高) |
| 区域网平差 | 精度取决于地面控制点数量和分布 | 带 POS 数据的联合平差精度均匀,可靠性好 |

## 四、无人机自动空中三角测量的流程

传统的空中三角测量非常困难、烦琐,主要是因为加密点的选取和转刺比较困难,刺点和量测的误差较大,导致精度难以达到要求。随着数字摄影测量技术的发展,自动空中三角测量技术逐渐取代传统的空中三角测量,成为空中三角测量的主要方法。自动空中三角测量是一种在利用数字影像技术进行空中角测量的过程中,系统事先在影像上设定的加密点的范围内任意找一点(不一定为明显地物点),然后利用数字相关技术,在相邻影像(左、右邻片和上、下邻片)上找到该点的同名影像并自动记录其像点坐标,最后利用少数地面控制点坐标和其他数据进行解析计算,求出加密点的地面三维坐标的方法。自动空中三角测量中的选点、转点和观测实现了自动化,因此被称为自动空中三角测量。

自动空中三角测量除控制点量测是半自动外,其他所有作业(如航片拼接、区域网构建、连接点提取、内定向等)都可以由软件自动完成,在很大程度上减轻了工作量,提高了效率。

目前,国内外针对不同用户群的自动空中三角测量软件很多,比较常用的有武汉适普软件公司(VirtuoZo)推出的 VirtuoZo AAT 自动空中角测量软件;北京四维软件公司(JX-4)的自动空中三角测量软件 PBBA(program of 1block bondle adjustment,简称 PBBA);德国 Inpho 数字摄影测量系统中的 MATCH-AT 模块;武汉航天远景公司(MapMatrix)的 DatMatrix 数码新空三系统;武汉讯图科技有限公司天工系列 GodWork-AT;武汉大学遥感信息中心开发的 DPGrid 数字摄影测量网格。

不同的自动空三软件,作业流程、操作方式会有所不同,这里只对无人机影像自动空三的基本作业流程做一个归纳,见图 6-8。

(1)数据准备:根据无人机航摄时的记录,整理出影像数据、POS 数据、相机检校数据、控制点数据,转为规定格式。

(2)创建项目,设置各类所需参数。

(3)影像预处理:预处理与空三软件有关,也与相机有关。普通相机的相片需进行畸变纠正;双拼相机的影像需进行前后相片的拼接,拼接过程中同时进行了畸变纠正。

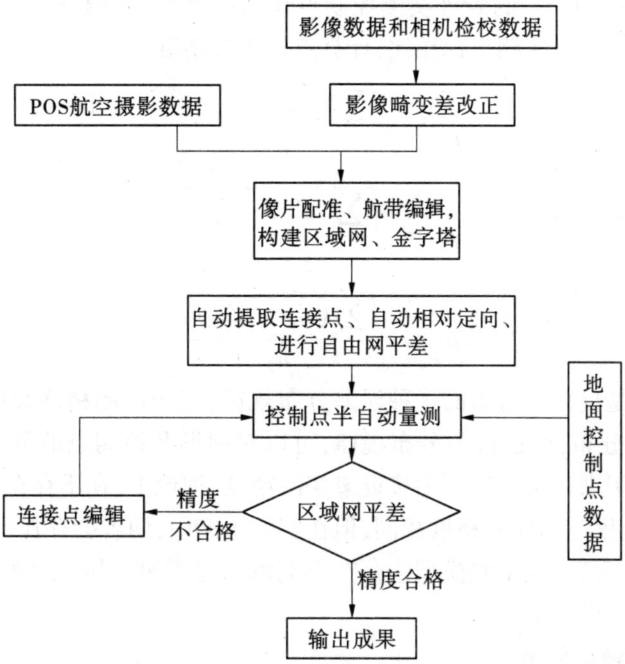


图6-8　自动空中三角测量作业流程

(4)构建区域网：使用POS数据进行计算、分析，获取所有像片之间的连接关系，并进一步将整个测区影像构建为一个区域网。

(5)自由网平差：利用影像自动匹配寻找同名像点的方法，在影像重叠区域建立连接点，再用光束法平差对连接点进行平差解算，将所有影像准确地连接起来，形成测区整体的自由网。

(6)量测控制点：人工和机器结合量测控制点，将自动匹配获取的连接点坐标作为初始观测值，代入区域网平差解算。

(7)空三平差：利用光束法区域网平差，解算像片外方位元素和加密点坐标。

(8)成果检验：若自动空三的各项平差结果达到精度要求，输出平差成果。若未达到要求，可根据平差结果对连接点和控制点进行编辑和重新量测，再重新进行空三计算，直到满足要求。

## 五、无人机解析空中三角测量的精度及影响精度的因素

### (一)空中三角测量精度指标

在实际生产中，空中三角测量的定位精度是重要的精度指标。空中三角测量的精度可以从以下两个方面分析：

(1)理论精度：将待定点的坐标改正数视为一个随机误差，根据最小二乘平差中的函数关系，结合协方差传播定律求出坐标改正数的方差-协方差矩阵，以此得到理论精度。

$$\sigma_0 = \sqrt{\frac{V^{\mathrm{T}}PV}{r}} \tag{6-4}$$

$$m_x = \sigma_0\sqrt{(Q_{xx})_{ii}} \tag{6-5}$$

(2)实际精度:利用大量的野外实测控制点作为检查点,其值作为真值,将摄影测量加密计算得到的点位坐标与实测坐标相比,计算点位坐标精度。

$$\mu_X = \sqrt{\frac{\sum (X_{控} - X_{摄})^2}{n_X}} \tag{6-6}$$

$$\mu_Y = \sqrt{\frac{\sum (Y_{控} - Y_{摄})^2}{n_Y}} \tag{6-7}$$

$$\mu_Z = \sqrt{\frac{\sum (Z_{控} - Z_{摄})^2}{n_Z}} \tag{6-8}$$

理论精度一般是反映了对象的一种误差分布规律,观测值的精度及区域网网形结构都会影响不同的误差分布,通过误差分布规律,可以对网形及控制点的分布进行更合理的设计。而实际精度是用来评价空三更为接近事实的精度,理论上,在不存在各种误差不必要的误差影响下,理论精度应与实际精度相同,但在实际生产中,两者会存在不同的精度,不同的精度分析可以发现观测值或平差模型中存在不同的误差类型。因此,测量平差中对于多余控制点的观测是非常必要的。

**(二)空三解算精度要求**

1. 空中三角测量精度要求

(1)数字线划图、数字高程模型、数字正射影像图制作时,内业加密点对附近野外控制点的平面位置中误差、高程中误差按《1∶500　1∶1 000　1∶2 000 地形图航空摄影测量内业规范》(GB/T 7930—2008)要求执行,成果仅用于数字正射影像图制作时,高程精度可适当放宽。

(2)数字线划图(B 类)、数字正射影像图(B 类)制作时,内业加密点对附近野外控制点的平面位置中误差、高程中误差不应大于表 6-3 的规定,成果仅用于数字正射影像图(B 类)制作时,高程精度可适当放宽。

**表 6-3　内业加密点对附近野外控制点的平面位置中误差、高程中误差**　(单位:m)

| 成图比例尺 | 平面位置中误差 | | 高程中误差 | | | |
|---|---|---|---|---|---|---|
| | 平地、丘陵地 | 山地、高山地 | 平地 | 丘陵地 | 山地 | 高山地 |
| 1∶500 | 0.4 | 0.55 | 0.35 | 0.35 | 0.5 | 1.0 |
| 1∶1 000 | 0.8 | 1.1 | 0.35 | 0.35 | 0.8 | 1.2 |
| 1∶2 000 | 1.75 | 2.5 | 1.0 | 1.0 | 2.0 | 2.5 |

2. 相对定向要求

空中三角测量相对定向应满足下列要求:

(1)连接点上下视差中误差为 2/3 个像素,最大残差 4/3 个像素,特别困难地区(大面积沙漠、戈壁、沼泽、森林等)可放宽 0.5 倍。

(2)模型连接较差限差按下两式计算:

$$\Delta S = 0.03 \times m_{像} \times 10^{-3} \tag{6-9}$$

$$\Delta Z = 0.02 \times \frac{m_{像} \times f_k}{b} \times 10^{-3} \tag{6-10}$$

式中　$\Delta S$——平面位置较差；

$\Delta Z$——高程较差，m；

$m_{像}$——影像比例尺分母；

$f_k$——航摄仪焦距，mm；

$b$——影像基线长度，mm。

(3)每个像对连接点应分布均匀。自动相对定向时，每个像对连接点数目一般不少于30个；人工相对定向时，每个像对连接点数目一般不少于9个。

(4)在精确改正畸变差的基础上，连接点距影像边缘不应小于100个像素。

3. 绝对定向要求

空中三角测量绝对定向应满足下列要求：

(1)数字线划图、数字高程模型、数字正射影像图制作时，区域网平差计算结束后，基本定向点残差、检查点误差及公共点的较差按照《1∶500　1∶1 000　1∶2 000地形图航空摄影测量内业规范》(GB/T 7930—2008)要求执行，成果仅用于数字正射影像图制作时，高程精度可适当放宽。

(2)B类规范应用《低空数字航空摄影测量内业规范》数字线划图(B类)、数字正射影像图(B类)制作时，区域网平差计算结束后，基本定向点残差、检查点误差及公共点的较差不得大于表6-4的规定，成果仅用于数字正射影像图(B类)制作时，高程精度可适当放宽。

**表6-4　基本定向点残差、检查点误差、公共点较差最大限值**　(单位：m)

| 成图比例尺 | 类别 | 平面 | | | | 高程 | | | |
|---|---|---|---|---|---|---|---|---|---|
| | | 平地 | 丘陵地 | 山地 | 高山地 | 平地 | 丘陵地 | 山地 | 高山地 |
| 1∶500 | 基本定向点 | 0.3 | 0.3 | 0.4 | 0.4 | 0.26 | 0.26 | 0.4 | 0.75 |
| | 检查点 | 0.5 | 0.5 | 0.7 | 0.7 | 0.4 | 0.4 | 0.6 | 1.2 |
| | 公共点 | 0.8 | 0.8 | 1.1 | 1.1 | 0.7 | 0.7 | 1.0 | 2.0 |
| 1∶1 000 | 基本定向点 | 0.6 | 0.6 | 0.8 | 0.8 | 0.26 | 0.26 | 0.6 | 0.9 |
| | 检查点 | 1.0 | 1.0 | 1.4 | 1.4 | 0.4 | 0.4 | 1.0 | 1.5 |
| | 公共点 | 1.6 | 1.6 | 2.2 | 2.2 | 0.7 | 0.7 | 1.6 | 2.4 |
| 1∶2 000 | 基本定向点 | 1.5 | 1.5 | 2 | 2 | 0.8 | 0.8 | 1.5 | 1.9 |
| | 检查点 | 1.75 | 1.75 | 2.5 | 2.5 | 1.0 | 1.0 | 2.0 | 2.5 |
| | 公共点 | 3.5 | 3.5 | 5 | 5 | 2.0 | 2.0 | 4.0 | 5.0 |

注：1. 基本定向点残差为加密点中误差的0.75倍。

2. 1∶500、1∶1 000检查点的误差为加密点中误差的1.25倍；1∶2 000检查点的误差为加密点中误差的1.0倍。

3. 公共点的较差为加密点中误差的2.0倍。

4. 特殊困难地区(沙漠、戈壁、沼泽、森林等)平面和高程中误差可放宽0.5倍，应在技术设计书中规定。

## (三)空中三角测量精度评价

无人机影像进行空三优化时，对空三优化结果的评价主要依赖于像点坐标和控制点坐标的残差偏差、最大残差和标准差等指标，还需考虑点位的分布、数量和光束的连接性等因素。残差反映了原始数据的坐标位置与优化后坐标位置的差；偏差源于输入原始数据的系统误差；最大残差是指大于精度限差点位的残差；标准差反映了优化后的坐标与验前精度的比较，反映了数学模型优化的好坏。对无人机影像空三优化结果进行评价，应从以下几个方面考虑：

（1）对于连接点数量，一般要求每张影像的连接点数不能少于12个，且分布均匀。对于沙漠、林地和水体等困难地区，可以降低要求，但不能少于9个。每条航带间的连接点不能少于3个。

（2）对于空三结果精度报告的评价，一般要求连接点在$x$和$y$方向上的像坐标标准差值小于0.3像素，连接点在$x$和$y$方向的像坐标最大残差值小于1.5像素；每张影像的像坐标平面残差小于0.7像素。地面控制点与自由网联合平差计算时，控制点精度应符合成图要求，特殊地类、特殊影像可以适当放宽。

（3）对于应急响应的项目，空三优化可以放宽精度要求。连接点在$x$和$y$方向的像坐标标准差值可以放宽到0.6像素以内，$x$和$y$方向的像坐标最大残差值在5像素以内，每张影像的像坐标平面残差值在1像素以内。每张影像上连接点个数不低于10个，对于特殊地图类型连接点个数不能少于8个，航带间的连接点个数不能少于2个，满足以上精度要求可以提交快速空三成果，生成应急正射影像图，但不能构建立体相对和生成数字表面模型（DSM）。

### （四）影响空中三角测量精度的主要因素

#### 1. 像片的地面分辨率和影像质量

在摄影测量所有环节中，误差的产生都与像片的分辨率和影像质量有关。分辨率越高、影像质量越好，判读就越准确，误差也就越小。影像的精度依赖于影像分辨率，所以要提高空三精度，必须首先提高像片的地面分辨率和影像质量。根据成像比例尺公式可知，影像的分辨率除与CCD本身像元大小有关外，还与航摄高度有关，在焦距一定的情况下航高越低，分辨率越高。

#### 2. 像控点精度

像控点的可靠性与精度直接影响定位的精度，乃至最终定位能否实现。像控点精度包括像控点的测量精度和像控点影像目标精度。像控点影像目标精度取决于影像纹理的丰富度，如果影像纹理较差，则内业转点误差至少达到2~3像素。由于无人机航线设计的影像重叠度较高，采用先布设像控点再航拍则内业转点精度可提高至1.5像素以内。

#### 3. 量测精度

利用光束法对测量点进行加密的时候，首先对于量测的坐标观测值往往会有一个非常高的精度要求，但是在具体的测量作业过程当中这种粗差往往是不可避免的。当粗差发生的时候，基本上都是在地面控制点及各个人工加密点当中。它不仅影响误差的增大，而且会导致整个加密数学模型的形变，对加密的精度是极具破坏性的。另外，如果控制点或连接点存在较大的粗差，而没有剔除就进行自检校平差，会将粗差当作系统误差进行改正，导致错误的平差结果。因此，有效剔除粗差是提高加密精度的必然选择。

#### 4. 平差计算精度

光束法平差把外业控制点的坐标值直接作为整个系统的观测值使用，赋予各个不同的元素以合适的权重，再列出相应的误差方程，然后与待加密点所列立的误差方程联立求解。

在加密软件中,控制点权重的赋予是通过在精度选项中分别设定控制点的平面和高程精度来实现的。为防止控制点对自由网产生变形影响,不宜在开始就赋予控制点较大的权重,可避免为附合控制点而产生的像点网变形,得到的平差像点精度是比较可靠的。

**(五)区域网平差的误差分布规律**

通过对理论精度的研究,得到的误差分布规律为:

(1)区域网内部精度比较均匀,三种加密方法最弱点位于区域网四周,因此平面控制点应该布设在区域的四周才能起到控制精度的作用。

(2)当控制点稀疏布设时,理论精度会随区域网的增大而降低,但通过增大旁向重叠度,可以提高区域网平面坐标的理论精度,使用60%的旁向重叠度的航片,大约可以提高精度40%。

(3)当周边密集布点时,区域形状无关紧要。光束法区域的理论精度不随着区域大小而改变。

(4)区域网平差高程的理论精度取决于控制点定向的跨度,与区域大小无关。

(5)由于最大的高程误差总是出现在区域的上下两条边缘航带,所以在这些地方增补一个高程控制点,可以有效地提高区域网的高程精度,并改善精度分布的均匀性。

## 任务四　无人机测绘产品生产

测绘产品生产是无人机影像处理的最终目的,也是测绘行业服务于科学研究、经济建设和国防的信息载体。无人机移动测量中生产的测绘产品主要有数字高程模型(DEM)、数字正射影像(DOM)、数字线划图(DLG)、数字栅格地图(DRG)和应急影像图等。本任务主要介绍测绘产品生产技术流程、常用方法等。无人机测绘产品生产基本流程见图6-9。

(1)准备工作:了解测区情况和生产任务概况,对现有数据进行整理、分析。然后以项目区为单元建立测区,设置各类相关参数和规定限差;建立相机参数文件、控制点文件、POS文件,导入航摄影像文件或文件夹,输入影像相关数据,例如像素尺寸、像幅大小等。

(2)进行影像预处理:预处理的主要工作包括畸变校正和辐射校正。畸变差改正是根据数码相机的内方位元素及畸变差模型系数,使用校正软件对原始航摄影像进行处理,消除像点的畸变差和主点偏移量,输出无畸变差影像;匀光匀色(辐射校正)的目的是调整影像间的反差和亮度,消除成像条件(天气、光照、硬件等)对影像的各类影响,尽量保持各航片目视影像效果一致。航带编辑就是利用POS数据,快速完成航片的配准,自动排列航带并进一步构建区域网,生成金字塔影像、快视图等,为下一步自动空三做准备。

(3)自动提取连接点:通过影像匹配技术按指定区域和数量自动提取相邻两张影像同名定向点(连接点)的影像坐标,建立区域网。

(4)自动空三:利用连接点相对定向,完成自由网平差。然后利用已有的控制资料进行区域网平差,求出所有像片的外方位元素和连接点空间坐标,并进行交互编辑,删除粗差大的像点,直至得到的结果满足要求。

(5)产品生产:利用自动空三成果获取立体模型,进行立体测图,生产DLG;使用密集匹配和空三加密结果自动生成DEM,再利用DEM制作测区DOM、DRG及应急影像图等产品。

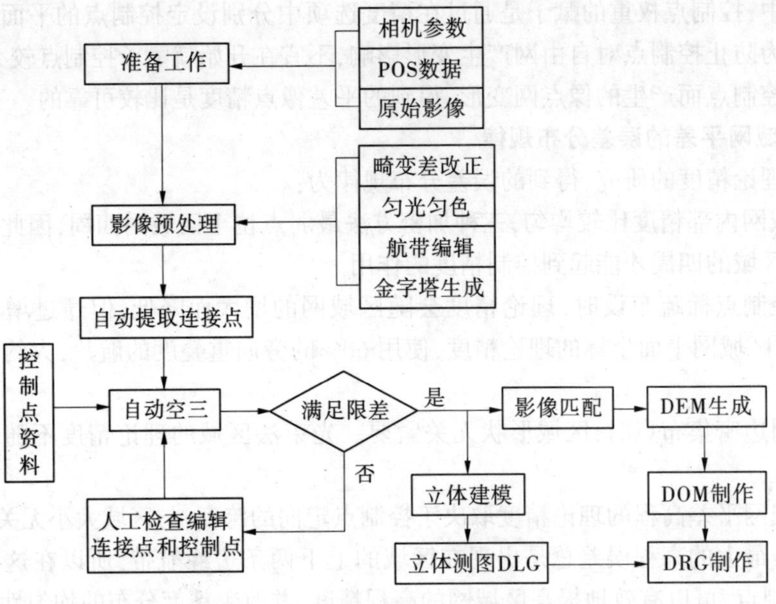


图 6-9　无人机测绘产品生产基本流程

## 一、数字高程模型 DEM 的生产

### (一) DEM 与 DSM

DEM 就是在一定范围内通过规则或不规则格网点描述地面高程信息的数据集,用于反映区域地貌形态的空间分布。DEM 是地形起伏的数字表达,它表示地形起伏的三维有限数字序列,用一系列地面点的平面坐标 $X$、$Y$ 及该地面点的高程 $Z$ 组成的数据阵列。当数据点呈规则分布时,数据点的平面位置便可以由起始点的坐标和方格网的边长等参数准确确定。DEM 的表示形式有四种,分别是规则格网、不规则三角格网、分层格网及混合格网。

与 DEM 相比,DSM(digital surface mode,数字表面模型)不仅包含了 DEM 的地形三维信息,还包括人工地物(地表建筑物、桥梁等)和自然地物(树木等)高度的地面高程模型。在城市地区,DSM 可以理解为数字地面模型加上数字建筑物模型 DBM(digital building model),如图 6-10 所示,表达式为:DSM = DEM+DBM。

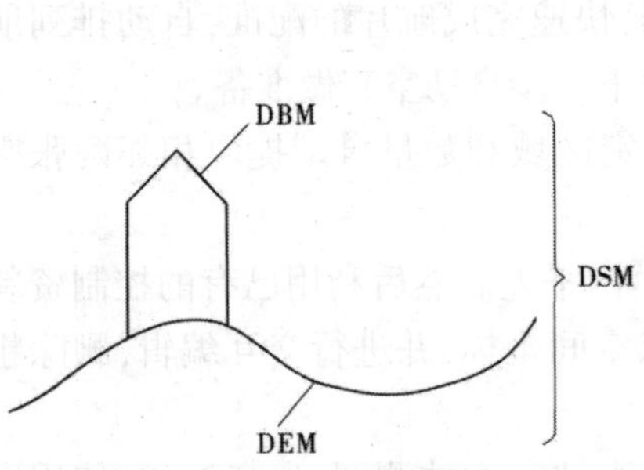


(a) 数字表面模型

(b) 城市数字表面模型 DSM

图 6-10　DEM 与 DSM

DSM 在城市有着广阔的应用情景，它可以反映整个城市人造地物的高程坐标，还可以构建数字城市真三维模型，进行道路、建筑等的规划设计。同时，可以利用不同时期的航空/航天遥感影像数据生成城市数字表面模型，检测出城市人工建筑物、植被等变化区域的发展情况。

DEM 数据源的获取方法主要有航天影像和航空影像、全站仪和 GPS 仪器野外实测、从现有地形图上采集、利用机载激光雷达（LiDAR）采集、干涉雷达（InSAR）采集等。无人机光学影像获取 DEM 的主要方法是全自动匹配提取与自动量测多点，排除和过滤掉不合格的点后，经内插构造 DEM。

航空摄影测量手段采用被动式获取 DSM，需要大量的人工干预，人工成本较高。而利用激光雷达（light detection and ranging，LiDAR）采集 DSM 所需数据，具有极高的数据分辨率及测量范围广、抗干扰能力强、能获得目标的多种图像等特点。此外，LiDAR 系统激光脉冲不易受阴影和太阳角度影响，高程数据精度不受航高限制，相较于常规摄影测量提高了数据采集的质量。

**（二）无人机影像获取 DEM 的特点**

利用无人机摄影测量技术生产 DEM 产品有其自身独有的特点。无人机上一般使用的非量测相机，必须首先进行像点畸变差改正；为了得到较高精度的匹配结果，需要建立分层金字塔影像；为了提高匹配的速度，需要生成近似核线。基于分层的金字塔影像和核线影像，就能在手动提取部分同名点后，自动提取、识别出其他的分布合理、数量庞大且精度可靠的同名点，通过平差，计算出立体像对的相对方位元素和像方坐标，最终获得 DEM。利用无人机影像获取 DEM 成本相对低廉，时效性好，数据可靠；但自动化程度不高，人机交互较多。

**（三）无人机摄影测量技术获取 DEM 的流程**

无人机摄影测量技术获取 DEM 的作业流程如图 6-11 所示。

1. 影像准备及检查分析

无人机在飞行时姿态角和航向受气流与风向影响很大，会产生较大偏差，导致影像倾斜角和旋偏角过大，出现相邻影像重叠不稳定情况，因此在图像处理前需要预先对航摄影像数据、相机检校参数、控制成果及航线结合表等进行分析，其数据的质量会直接影响到内业处理的精度和速度，确保提交成果符合要求。实际作业中，结合惯导数据对影像进行分析检查，去掉突变影像数据，对重叠度过大的进行抽片，重叠度小于 50% 的分航线处理，可保证空三加密网的精度。

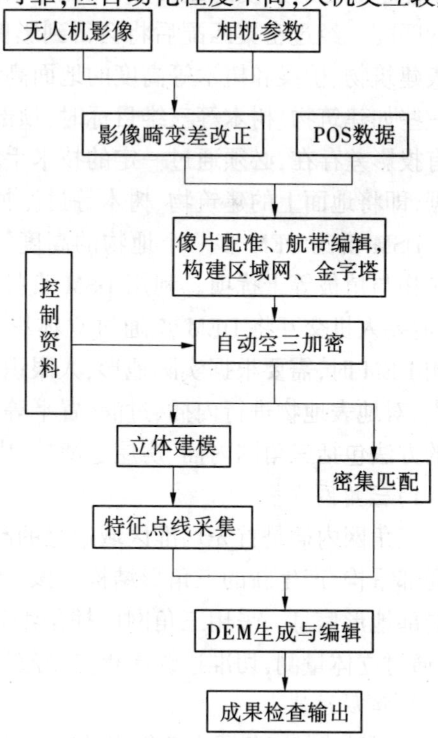


**图 6-11　无人机摄影测量技术获取 DEM 的作业流程**

2. 影像畸变改正

无人机航拍的相机一般为非量测相机，航摄影像必然存在畸变差，需要对畸变图像进行畸变改正之后方可进行空三加密，这是与传统摄影测量技术生产 DEM 最大的不同之处。有时,还需对影像进行格式的转换,并按照飞行方向将像片进行适当旋转以实现纠偏。实际作业时,是利用相机检校参数,通过软件进行无人机航片的畸变差校正,批处理获得无主点偏移及畸变的航拍影像。

3. 空三加密

在无人机影像处理中,空三加密是其中的关键过程,也是整个处理流程中的难点,其加密效果对后续成果的精度有直接影响。

4. 影像匹配

影像匹配是确定相邻两幅影像或者多幅影像之间同名点的过程,同名点匹配的准确性将严重影响后续位置和姿态的估计及三维信息获取的精确性。特征点匹配按匹配获得的同名点数目分为稀疏匹配和密集匹配。稀疏匹配主要采用基于灰度的匹配和基于特征的匹配两类算法。基于灰度的匹配稳定性和精度较好,但是对于影像之间的旋转及光照变化较为敏感;基于特征的匹配对于影像间常见的旋转、缩放、模糊及光照变换均有良好的匹配效果。目前,常见且匹配效果较好的特征匹配算法有 Haris 算子、SIFT 算子、SURF 算子及 KAZE BRIEF、ORB 算法等。

5. DEM 生成与编辑

自动空三结束后,已经获取了每张像片的外方位元素,同时提取到大量的连接点。如果地形起伏不大或者选择快速 DEM 采集,这些连接点可以满足 DEM 的生产。如果任务区内地形起伏较大或者需要高密度的 DSM 点,就需要进行 DSM 密集匹配再一次提取特征点。为了能生成足够密度的数据点,保证数字高程模型的精度,密集匹配需要完成影像之间逐像素的匹配。经过密集匹配后将会得到影像覆盖区域的以点云形式展示的 DSM,它是包含了地表建筑物、桥梁和树木等高度的地面高程模型,在空旷地区和 DEM 基本一致,但当地表分布一些如建筑物、树木等三维目标时,顶部并没有被纠正到应有的平面位置与底部重合,而是有投影差存在,必须通过一定的技术手段,经过人机交互的方式精确去除高出地面的点云数据,即将地面上的建筑物、树木等过滤掉,才是真实的 DEM。

DSM 仅比 DEM 多一个地物的高度,对 DSM 进行匹配编辑及滤波处理,可以去除所有建筑物与植被等干扰项。利用 DSM 直接生成的 DOM 有大量的扭曲变形、拉花,对这些变形,需要人机交互将 DEM 点通过立体影像切准地面,然后采取各种编辑方法,重构 DEM。重构 DEM 时,需要根据实际地形,人眼识别和判定地表地势,通过立体量测,选取正确的高程点,对地表地物进行内插、过滤、置平等处理,该过程需要较多的人机交互,费时费力。常用的方法包括三角网内插、房屋过滤掉、中值滤波等。具体编辑方法如下。

1)三角网内插

三角网内插是首先切准区域边缘的高程值,然后找到内插点所在三角形并对三角网进行局部重构,产生新的三角形结构。该方法能很好地纠正树木、房屋、道路、桥梁,较好地重构局部地形信息。采用三角网内插法编辑前及编辑后效果如图 6-12 所示。对选择好的区域,通过立体量测,切准边缘高程点,经过三角网内插之后,树木被过滤,地形明显清晰。

2)房屋过滤

房屋过滤与三角网内插作用类似,更针对大片房屋,通过设定坡度和宽度阈值,识别房屋后内插出地面高程值,它对于大区域较分散的、高度坡度近似的房屋及树木效果明显,效率较高。如图 6-13 所示,经过房屋过滤,可有效地将成片房屋过滤掉,同时空地高程保持不变。

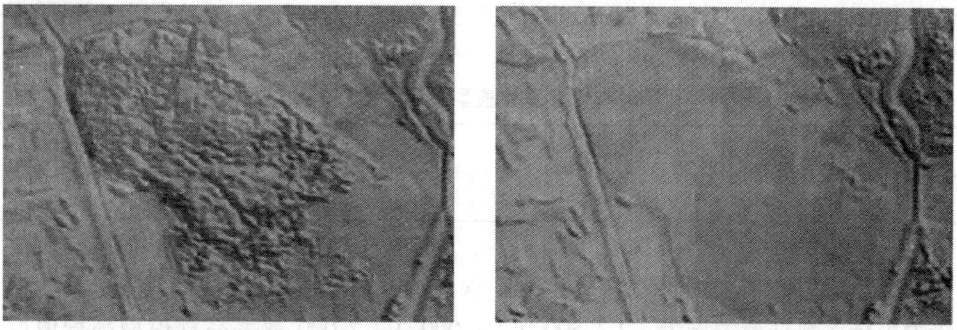

(a)编辑前　　(b)编辑后

图 6-12　三角网内插法编辑前后效果

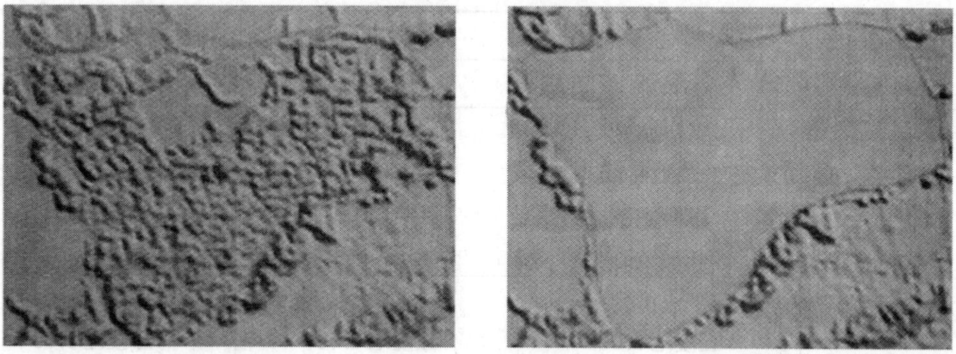

(a)编辑前　　(b)编辑后

图 6-13　房屋过滤编辑前后效果

3)中值滤波

中值滤波是对按指定数学模型获取的数据由小到大,取排在中间位置上的数据作为最终的处理结果,这样,如果一个亮点、暗点为噪声,就会在排序过程中被排在数据序列的最右侧或者是最左侧,由此达到抑制噪声的目的,这种方法对孤立噪声的抑制效果很好,同时能保留图像内容。在 DEM 编辑中常用它来进行整体滤波,采用中值滤波平滑前后效果如图 6-14 所示,从图中可看到,经过中值滤波算法的平滑后,抹掉了树木等地物引起的突起,同时保留了地面高程的整体趋势。

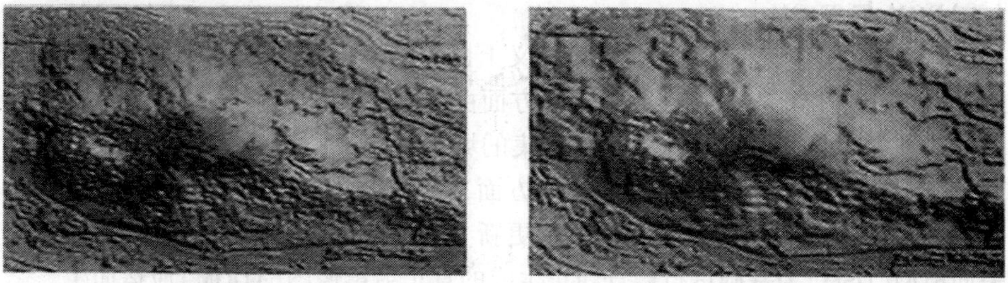

(a)编辑前　　(b)编辑后

图 6-14　中值滤波平滑前后效果

**(四)DEM 精度要求**

利用无人机航空摄影测量获取的 DEM 应满足国家测绘行业标准《低空数字航空摄影

测量内业规范》(CH/Z 3003—2010)。其中1：500、1：1 000、1：2 000数字高程模型采用的格网尺寸见表6-5。

表6-5 数字高程模型采用的格网尺寸

| 比例尺 | 1：500 | 1：1 000 | 1：2 000 |
|---|---|---|---|
| 格网尺寸(m) | 0.5 | 1 | 2 |

数字高程成果的精度用格网点的高程中误差表示,其精度要求见表6-6。高程中误差的2倍为采样点数据最大误差。1：500、1：1 000、1：2 000数字高程模型高程值取位至0.01 m。高程值存储时可以采用浮点型或放大至整型。

表6-6 数字高程模型精度指标

| 比例尺 | 高程中误差 | | |
|---|---|---|---|
| | 一级 | 二级 | 三级 |
| 1：500 | 平地0.20<br>丘陵地0.40<br>山地0.50<br>高山地0.70 | 平地0.25<br>丘陵地0.50<br>山地0.70<br>高山地1.00 | 平地0.37<br>丘陵地0.75<br>山地1.05<br>高山地1.50 |
| 1：1 000 | 平地0.20<br>丘陵地0.50<br>山地0.70<br>高山地1.50 | 平地0.25<br>丘陵地0.70<br>山地1.00<br>高山地2.00 | 平地0.37<br>丘陵地1.05<br>山地1.50<br>高山地3.0 |
| 1：2 000 | 平地0.40<br>丘陵地0.50<br>山地1.20<br>高山地1.50 | 平地0.50<br>丘陵地0.70<br>山地1.50<br>高山地2.00 | 平地0.75<br>丘陵地1.05<br>山地2.25<br>高山地3.00 |

## 二、正射影像图DOM的生产

### (一)DOM与TDOM

传统意义上的正射影像,并不是真正意义上的正射影像。这是因为它是以数字高程模型(DEM)为基础进行正射纠正计算的。一方面由于传统数字正射影像未考虑高出地面的地物(建筑物、树木等)的影响,在建筑物密集的城市地区,高大建筑物会对街道、管线设施和消防设施等地表信息产生严重遮挡;另一方面,由于存在投影差,旧矢量图与正射影像无法套合,进而不能进行变换检测和地图数据更新。为了使正射影像图功能得到最大发挥,以数字表面模型(DSM)为基础进行微分纠正生成的真正射影像图(TDOM)应运而生。

真正射影像是利用包括地形和地物的完整三维数字表面模型进行纠正,可以避免高大建筑物等对其他地表信息的遮挡,从严格意义上得到完全垂直投影下的影像图,因此真正射影像图中不存在投影差。

真正射影像图TDOM的制作原理与正射影像图DOM相同,都是应用数字微分纠正方法进行。但TDOM对航空摄影前期飞行要求有别于传统的正射影像。按照国家相关规范，平地地区，飞行航带的航向重叠度和旁向重叠度分别是60%和25%左右，而真正射影像要求至少分别达到68%和75%左右，这样才能够生产出符合质量要求的真正射影像。总的原则，就是保证航向和旁向的基高比参数值($B/H$)小于0.3，减少因航摄角度偏大对DSM精度的影响。另外，还要保证在航向和旁向分别至少要有3°重叠。符合这些条件的影像才能够生成高质量真正射影像。

**(二)DOM作业流程**

利用无人机影像获取DOM的方法与大飞机全数字摄影测量方法一致，作业流程如图6-15所示。

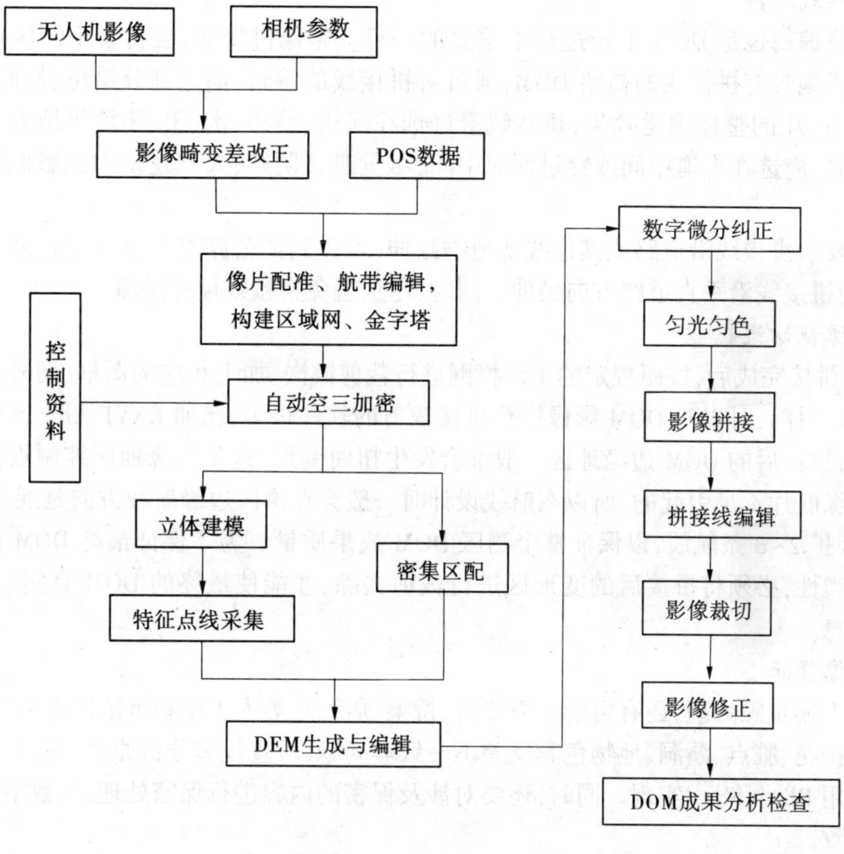


**图6-15　无人机摄影测量生产DOM的流程**

该流程中DEM生产环节之前的作业已在前面做了详细阐述，这里重点介绍后续的匀光匀色、影像拼接、拼接线编辑、影像裁切镶嵌、影像修正、DOM制作成果分析六个生产环节。

1. 匀光匀色

无人机在飞行过程中受天气、飞行方向或云雾等客观因素影响，致使航带之间或航带内影像之间存在色彩、对比度、明暗等方面的差异，影响整个DOM图面信息的直观感知，所以必须对影像进行色彩、亮度和对比度的调整和匀色处理。匀光匀色处理应缩小影像间的色调差异，使影像色调均匀、反差适中，层次分明，保持地物色彩不失真。匀光匀色的目的是使航片之间的影像在纹理、灰度亮度、色相上保持较好的一致性，从而保证影像拼接的准确率和镶嵌后的自然过渡。像片匀光匀色常用的软件是 PhotoShop。

2. 影像拼接

经过正射纠正后获得的单模型 DOM，需要进行拼接获得 DOM 产品。DOM 拼接是通过处理拼接线来实现影像拼接，需要在相邻两幅图像的重叠区域中搜索并匹配相同的图像内容，从而确定两幅图像之间的相对位置关系，实现相邻两幅图像对接处理。目前，利用计算机进行图像的自动拼接，可提高拼接的质量和效率，已成为影像拼接处理的主要方法。影像拼接应确保无明显拼接痕迹，过渡自然，纹理清晰，接边误差不应大于 2 个像素，接边超限应返工处理。如何实现更快速、更精确的图像拼接，是当前影像拼接研究领域的关键问题。

3. 拼接线编辑

拼接线编辑也是 DOM 生产过程中重要的一环。影像拼接后，会将整个测区可利用的影像拼接成幅带有拼接线的初始 DOM，通过对拼接线的编辑，消除部分错位、扭曲等现象。为了保证 DOM 的整体视觉效果，拼接线最好选在河边、路边、沟、渠、田埂等地方。无法避开居民地时，应选在街道中间或穿过河流中间，尽量避开阴影、大型建筑物及影像差异较大的地方。

通常要求拼接线沿道路或其他线状地物延伸，若碰到如公路等具有一定宽度的线状地物，也可使拼接线沿垂直道路方向延伸。同时，尽量避免拼接线横穿房屋。

4. 影像裁切镶嵌

DEM 拼接完成后，按照规定的千米格网进行裁剪镶嵌，加上相应的图框、图号才能作为最终产品。目前，可以对 DOM 影像进行拼接裁剪的软件很多，比如 ENVI、ArcGIS 等。需要注意的是，拼接后的 DOM 边缘地区一般都会发生扭曲变形，这是边缘地区控制点控制效果不好及边缘航片不足引起的，所以在航线设计时一般会在测区边缘航线方向延展 2~3 条基线，旁向外扩 2~3 条航线，以保证整个测区 DOM 成果质量。为了保证最终 DOM 成果的准确性和美观性，必须将拼接后的变形区进行裁剪去除，才能使最终的 DOM 真实、正确地反映地物信息。

5. 影像修正

经过上述步骤处理，还有可能在立交桥、桥梁、居民地等人工地物范围出现错位扭曲、重影、变形、拉花、脏点、漏洞、地物色彩反差不一致等问题，应查找和分析原因，并进行处理，通常此步骤用 Photo Shop 实现。同时，还要对涉及保密的内容进行保密处理，与数字线划图成果保持一致。

6. DOM 制作成果分析

拼接后检查主要包括影像的辐射质量检查和影像的精度质量检查。

影像的辐射质量检查主要从影像的亮度和色彩两方面进行，一般采用目视检查法。内容包括整幅图色调是否均匀，反差及亮度是否适中，色彩是否均衡，饱和度是否适中、自然。

影像的精度质量检查主要是对图幅影像质量、图幅影像接边质量和影像数学精度进行检查。

图幅影像质量检查主要检查整个图幅 DOM 中各像对的正射影像之间是否自然过渡，有无明显接线，图幅影像是否存在影像“拉花”和“变形”的现象，要确保图幅 DOM 清晰易读、反差适中、色调均匀一致。

图幅影像接边质量检查主要检查相邻图幅 DOM 接边线两侧节点处是否有影像错位现象，观察相邻图幅 DOM 之间影像是否模糊、色彩是否均衡等。

检查 DOM 数学精度最直接的方法是在 DOM 上选择一定数量的明显地物点，施测外业坐标，与数字正射影像上的同名点坐标进行比较，每幅图的检测点数量按有关规范要求，通常不少于 30 个点。

## 三、数字线划图 DLG 的生产流程

### （一）DLG 基本概念

数字线划图（data line graph，DLG）是以点、线、面形式特定图形符号形式表达地形要素的地理信息矢量数据集。DLG 是国家基础地理信息数字成果的主要组成部分，广泛应用于各行各业。

数字线划图既包括空间信息，也包括属性信息，是各专业信息系统的空间定位基础。与其他地图产品相比，数字线划地图是一种更为方便放大、漫游、查询、检查和量测的叠加地图。其数据量小，便于分层，能快速地生成专题地图。DLG 能进行各种空间分析要求，被视为多能数据。可随机地进行数据选取、显示及与其他几种产品叠加，便于分析、决策。数字线划地图的技术特征为地图地理内容、分幅投影、精度、坐标系统与同比例尺地形图一致。图形输出为矢量格式，任意缩放均不变形。因此，数字线划图是科学研究、经济建设和国防等领域最基础、需求量最大的测绘产品。

### （二）无人机摄影测量 DLG 制作方法

相较于传统摄影测量技术，无人机摄影测量要处理的影像数量多，重叠度大，模型数量多，导致利用无人机影像制作 DLG 的工作量急剧增大。又因为影像畸变大，模型基高比小，如果不做畸变差改正和选择最佳交会角测图等处理，则空三加密成果较差，3D 产品成果精度低，特别是 DLG 的高程精度低。根据无人机摄影测量的特点，目前利用无人机影像制作 DLG 主要有以下三种方法。

#### 1. 立体采集法

立体采集法是制作 DLG 产品最常用的方法，即利用数字摄影测量系统和带有立体显示、立体观察和立体量测设备的计算机，进行全要素立体采集，当遇到内业无法采集的要素时辅以外业调绘工作。立体采集法是传统摄影测量常用的方法，作业流程如图 6-16 所示。

首先利用无人机影像和基础控制成果，进行野外像片控制测量，根据外业像控成果进行空三加密，在全数字摄影测量系统中恢复立体模型，然后在建立的立体视觉模型上采集居民地、道路、水系、植被、地貌等地形要素特征点的坐标和高程，以图幅为单位回放纸图，进行野外调绘与补测。内业根据外业调绘成果和立体测图数据，对矢量数据进行编辑，保存分层建库数据，再进行数字地形图编辑，提交数字地形图成果。

采用全数字摄影测量工作站进行立体采集，原则上采用空三导入的方法建立数字立体模型。空三导入时，应对各种定向数据进行检查，以消除系统和人眼视差产生的误差，发现问题应及时找出原因，否则不能进入下一工序作业。

无人机航摄像幅小，重叠度大，基线短，立体模型范围较小，模型之间接边频繁，立体采集生产效率较低，高程精度很难得到保证。所以，立体模型恢复时，可采用外方位元素进行恢复，采用隔片构成立体像对，所建模型相对而言范围变大，可有效减小模型之间的接边频

率,此时基线长度增加,前方交会角增大,测图的高程精度提高。

2. 综合法

随着密集匹配技术的诞生,利用无人机航摄数据生产数字正射影像、真正射影像快捷且精度相对较高,生产单位为了提高 DLG 数据采集效率和提高高程精度,地物平面位置的采集直接在正射影像上(需要改正较高大人工建筑物产生的投影差)或真正射影像上进行,对错漏及属性不明确的以野外核查、调绘解决,对较小地物、被遮挡地物、发生变化的地物、阴影之中的和看不清的地物进行实地补测,对各类地形要素的高程进行实地测量。也就是采用内业确定平面位置,外业进行调绘、核查、补测和地貌测绘相结合的综合测绘方法。综合法 DLG 作业流程见图 6-17。

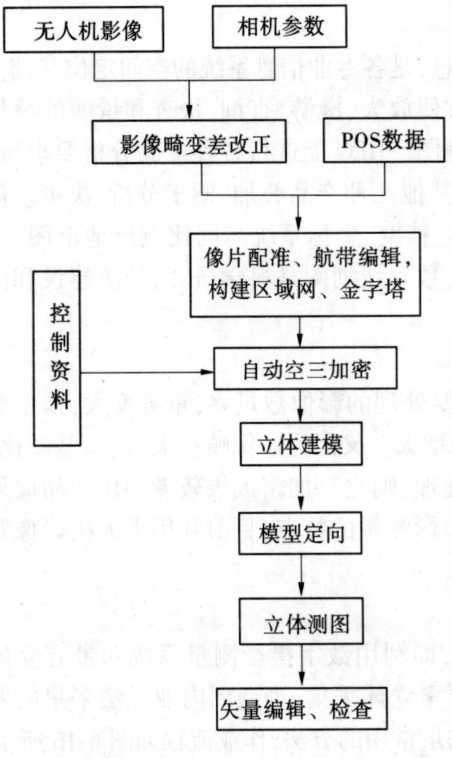


图 6-16　立体采集法 DLG 作业流程

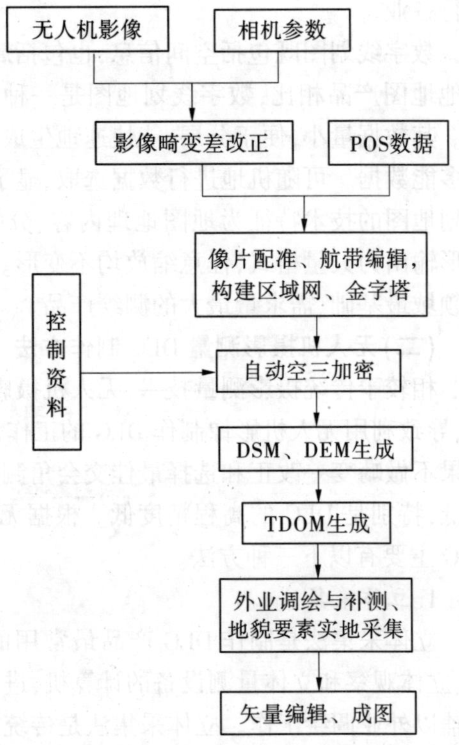


图 6-17　综合法 DLG 作业流程

若是用图单位对高程精度要求不高,可在立体模型上采集特征地貌元素、绘制等高线,尽量选取立体模型中间位置来采集,因为越靠近边缘的位置模型接边差越大。等高线采集时必须切准模型描绘,在等倾斜地段,当计曲线间距小于 5 mm 时,只测计曲线,内插首曲线,在植被覆盖的区域,切准地面描绘,当只能沿植被表面描绘时,应加植被高度改正。为了保证地貌采集精度,可以利用加密点结合真正射影像进行检核和修改。也可在 DEM 上生成等高线,最后将采集的地物、地貌进行合并,再进行相关编辑、修改,完善 DLG 数据采集工作。

3. 倾斜三维实景模型采集法

无人机倾斜摄影测量是指在无人机上搭载相机,在其镜头与地面形成一定角度的情况下进行的航拍,是一种新的获取地表影像信息的技术手段。它颠覆了以往航测只能通过垂直向下拍摄正射影像的局限,通过在同一飞行平台上搭载多台传感器,同时从一个垂直、四个倾斜、五个不同的角度采集影像,通过软件进行后期处理拼接,形成实景三维模型。倾斜三维实景模型采集法制作 DLG 作业流程如图 6-18 所示。

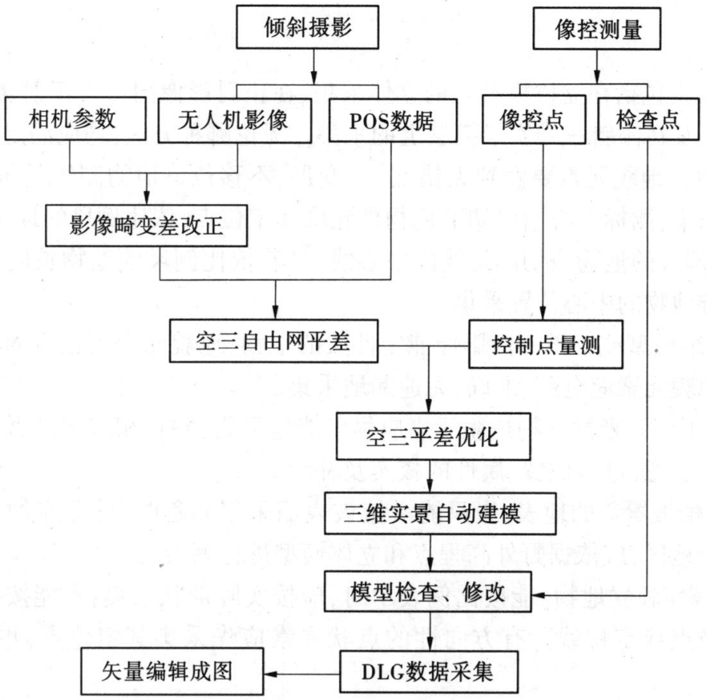


图 6-18　倾斜三维实景模型采集法制作 DLG 作业流程

无人机倾斜摄影三维实景模型采集法制作 DLG 流程的前期工作与 DEM、DOM 的作业内容相同,这里主要了解后续流程。

(1)空中三角测量。传统空中三角测量主要处理垂直摄影数据,对倾斜摄影数据不能实现较好处理,倾斜摄影对数据的处理有几个关键之处:首先要考虑像片之间遮挡和几何变形;然后采用 POS 数据中倾斜影像外方位元素,应用金字塔匹配策略,在每级像片上进行同名点自动匹配和平差,通过联合平差解算由连接点、连接线、控制点坐标等数据与多视影像自检校区域网平差的误差方程,获得高精度平差结果。

(2)三维实景模型制作。基于高质量航测成果,借助计算机视觉、集合算法自动建模。三维模型的建立包括多视影像区域网联合平差和多视影像匹配、高密点云的生成、三维 TIN 网的构建及自动纹理映射,最终获得三维模型。

三维建模通常采用 Smart 3D 软件,其自动化程度较高,处理数据和生成模型不需要太多的人工参与,建模效果主要取决于航拍影像及影像的处理。

(3)DLG 数据采集。在三维实景模型上进行碎部点采集,采点时要根据成图比例尺和地形实际情况对地物、地貌进行取舍、综合,使碎部点具有合理的数量、密度及位置。

(4)矢量编辑成图。将步骤(3)获得的碎部点数据导入常规数字测图软件,根据二维影像和三维影像,使用规定的图示符号绘制、编辑地形图。

(三)DLG产品制作基本要求

制作DLG的三种方法,从数据准备、影像预处理、解析空三,直到模型或DOM生成,其处理过程基本是自动化的,质量主要依赖于影像质量和数据质量,人为误差很少。但是,三种方法后续作业的质量,与作业人员的专业水平和经验关系很大,对最后产品的质量影响很大。

1. 数据采集

DLG内业采集包括在立体模型上的立体采集、在正射影像图或真正射影像图上的二维矢量化平面采集及在倾斜三维实景模型上的采集。无论哪种方法,均应满足如下要求:

(1)测绘地物、地貌元素要做到无错漏、不变形、不移位。地物测绘是根据立体模型或倾斜模型判读采集,测标中心始终切准地物外轮廓和定位点,依比例尺的地物应切准地物外轮廓线,半依比例尺的地物应切准地物的中心线,沿着依比例尺的地物长度测绘,不依比例尺的地物应切准地物的中心位置采集。

(2)根据三维模型或二维平面影像能定性质的地物、地貌元素用相应的符号表示,对影像清楚的地物地貌元素应全部、准确、无遗漏地采集。

(3)对成像不够清晰的地物地貌元素应尽可能地采集,并在相应区域做出标记,以便提醒外业调绘人员注意,进行位置、属性的核实及补绘。

(4)对密集植被覆盖的地表,当只能沿植被表面采集高程时,外业应加植被高度改正。在林木密集隐蔽地区,应依据野外高程点和立体模型进行测绘。

(5)点状要素(独立地物)能按比例表示时,应按实际形状采集;不能按比例表示时,应精确测定其定位点或定位线。有方向性的点状要素应先采集其定位点,再采集其方向点(线)。

(6)地形图测绘内容及取舍要求按《城市测量规范》(CJJ/T 8—2011)及《国家基本比例尺地图图式 第1部分:1∶500 1∶1 000 1∶2 000地形图图式》(GB/T 20257.1—2017)的要求进行。

2. 外业调绘

1)数据修测、补测要求

(1)对航摄后新增地物、阴影及荫蔽地物和内业遗漏地物进行补测。

(2)补测立体模型或倾斜三维实景模型上无法判读的点状地物,如电杆、旗杆、路灯、涵洞、检修井、消防栓等。

(3)对内业采集不准确的要素进行修测、改正。

(4)补测因树木遮盖使内业无法测量的局部地貌。

(5)各等级控制点由内业展绘到图上,以便外业在实地补测、补调新增地物和检测地物点的平面精度时参照使用。

(6)采用RTK实测部分高程点,与图上的高程注记点进行比对检核,统计精度是否满足规范要求。

2)外业调绘一般规定

(1)调绘必须走到、看到、问到、记录到,保证调绘质量,做到判读准确、图面整饰清晰、符号运用恰当、各种注记准确无误。

(2)外业调绘主要做好“性质”和“地理名称”的调查。各种明显的、依比例尺表示的地物,可只做性质、数量说明,其位置、形状以内业立体模型或倾斜三维实景模型为准。

(3)个别补调地物可采用交会法或截距法,在调绘图上标明与明显地物点相关的距离,需补的地物较多时,应把范围圈出并加注说明,需要实测的地物用全站仪或GPS-RTK采集坐标高程。

(4)航摄后拆除的建筑物,应在调绘图上用红色"×"划去,范围较大时应加说明。

(5)重点针对内业标注问题进行外业核实,并调查核实行政村及以上地名,其他地理名称和自然地名择要核实,并按规定将其准确归类。

3. 数据编辑处理

(1)要求点状地物按中心位置准确地用相应的符号表示,不得移位或用错符号。

(2)植被符号和注记可采用移位表示的方法,尽量不要压盖其他线状地物。若实在不可移位,压盖的线状地物也不能断开。控制点的注记按图式要求执行。

(3)线状地物按其性质及起止位置完整连续地表示出来,不得随便中断、变形、移位和出现悬挂节点。同一层中的线状要素不应自重叠、自相交,构成几何网路的线状要素应保证结点的相交性、连通性。

4. 图幅接边

直线地物接边,应按两图邻近转折点连线拼接,不要在接边线上呈现拐点,房屋等面状要素接边后图形不应改变。

曲线(包括地貌、水系等)接边,要保持接边处圆滑,不应出现折点现象。

接边时要注意图幅间的属性(如植被符号、道路等级、名称注记、高压与低压线、陡坎与斜坡等)接边,注记大小应一致。图幅间的接边应保证线状要素合理、完整、无缝地连接。

## 任务五 无人机航摄像片快拼概述

无人机摄影测量存在影像量大、像幅小、无规律、拼接难的缺陷。但在以下情况需要在最短的时间内获取区域的全局信息,完成航飞数据的快拼:

(1)航拍完成后,需要对测区影像进行快速的飞行质量检查。

(2)为了项目的尽快开展,项目前期需完成影像的像控点布设及相关外业调绘工作。

(3)在救灾应用或项目应急需求中,政府部门或相关单位需要迅速做出应急决策。

### 一、无人机影像拼接步骤

无人机影像拼接技术就是将数张有重叠部分的影像拼接成一幅大型的、无缝隙的、高分辨率的影像技术。由于不同无人机影像拼接方法算法的不同,其拼接步骤也有所不同,但是一般而言,无人机影像拼接步骤(见图6-19)主要分为以下五步:

(1)影像预处理。包括去噪、直方图处理等基本

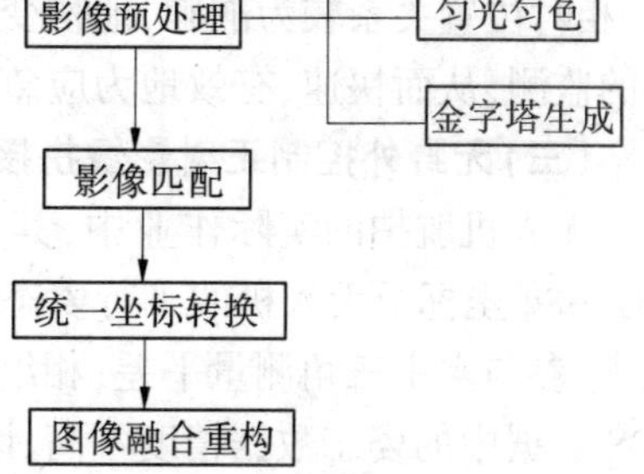

图6-19 影像拼接流程

操作及建立影像匹配模板等操作。

(2)影像匹配。影像配准算法是无人机影像拼接的关键,即利用一定的影像匹配策略,找出待拼接影像中的特征点或者模板在参考影像中的对应位置,从而确定待拼接影像与参考影像间的变换关系。

(3)建立变换模型。根据步骤(2)得出的变换关系,计算出数学模型中的各参数值,并最终建立待拼接影像与参考影像间的数学变换模型。

(4)统一坐标变换。根据步骤(3)建立的数学变换模型,将待拼接影像转换到参考影像的坐标体系中,完成两幅影像的统一坐标变换。

(5)图像融合重构。通过影像融合技术将影像间的重叠区域进行融合重构,最终将多幅影像拼接成为一幅无缝隙、平滑的全景影像。即消除配准之后各相邻影像之间的色彩和亮度差异及解决拼接缝问题。

## 二、无人机影像的几种拼接方法

根据无人机影像拼接目的、拼接速度及拼接精度等要求的不同,无人机影像拼接方法可以分为有缝快速拼接、全景影像拼接、无野外控制正射影像拼接、有野外控制高精度正射影像拼接等四种方法。

### (一)有缝快速拼接

有缝快速拼接原理是将获取的概略 POS 数据转换到测量坐标系中,对影像的主点进行展点,并以影像的主点作为定位中心点,快速排列影像,从而实现无人机影像的快速拼接。

无人机影像有缝快速拼接的速度极快,而且带有坐标信息,但缺陷就是快速拼接后的影像存在明显的接缝。有缝快速拼接方法可用于影像快速检查、野外控制测量作业的影像底图、测区简单变化分析等领域。

### (二)全景影像拼接

所谓全景影像拼接,是指将无人机获得的影像拼接成一个大幅面的全景影像图。无人机在进行拍摄时,因受到气流等因素的影响,无人机的传感器与航测目标的相对位置会产生变化,导致获取的相邻影像拍摄尺度及拍摄角度都会不一样,给全景影像拼接带来了一定难度。全景影像拼接一般利用 SIFT(一种提取特征点算法)进行影像匹配,通过提取影像中的尺度不变特征点,以排除待拼接影像间大的拍摄尺度变化、平移、旋转等因素的干扰,从而实现两幅存在较大差异的影像间的特征匹配,进而通过多个特征匹配点实现高质量的无人机影像的全景影像拼接。

无人机全景影像拼接的最大优点就是航带内可以实现快速无缝拼接,而且拼接速度较快,相对位置关系较为准确,地物变形小。无人机全景影像拼接方法可以应用于应急突发事件的监测,从而快速、有效地为应急突发事件的救援决策提供重要依据。

### (三)无野外控制正射影像拼接

无人机航拍的实际作业中,其自带的 GPS/IMU(POS)系统可以获得像片拍摄位置的 WGS-84 坐标及无人机的飞行姿态数据。将获得的 POS 数据作为遥感影像的初始外方位元素,参与空中三角测量平差,相继自动生成 DEM 与 DOM,并完成影像拼接。由于获取的 POS 数据中的姿态数据精度不高,因此自动生成的 DOM 经过拼接后,还需要对其进行精确配准,以生成高精确度的坐标。

带 POS 的无人机影像进行无野外控制点正射影像拼接,处理后的影像成果精度较高,基本没有拼接裂缝与畸变现象,而且拼接成果还带有空间坐标信息。但是由于无人机航测获得的 POS 数据精度不是很高,导致拼接影像必须经过影像配准及坐标纠正,才能获得高精度的平面坐标。

**(四)有野外控制高精度正射影像拼接**

随着计算机技术的不断提高,以及类似于集群式无人机影像处理软件的出现,应用无人机影像快速制作高精度、高分辨率的正射影像成为可能。无人机遥感影像中由野外控制高精度正射影像拼接方法制作的影像拼接成果精确度最高,但是与其他三种类型的拼接方法相比,有野外控制高精度正射影像拼接方法有生产周期较长的缺点。

## 任务六 无人机倾斜摄影概述

倾斜摄影测量技术是国际测绘遥感领域近年发展起来的一项高新技术,以大范围、高精度、高清晰的方式全面感知复杂场景,通过高效的数据采集设备及专业的数据处理流程生成的数据成果直观反映地物的外观、位置、高度等属性,为真实效果和测绘级精度提供保证,同时有效提升模型的生产效率。三维建模在测绘行业、城市规划行业、旅游业甚至电商业等行业应用越来越广泛,越来越深入。

### 一、倾斜摄影的定义

传统摄影测量航摄时,相机主光轴应尽量与铅垂线一致。倾斜摄影就是拍摄时相机主光轴与铅垂线有较显著的夹角,可分为:

垂直影像:$t \leqslant 5°$;

轻度倾斜影像:$5° < t \leqslant 30°$;

重倾斜影像:$t > 30°$。

传统垂直摄影可以很好地观测到地面和屋顶特征,但缺少侧面信息,整幅影像具有固定的比例尺;而倾斜摄影可以观测到建筑物侧面纹理,但存在更多的遮挡,影像不同地方的比例尺也不一样。

### 二、倾斜摄影特点

传统三维建模通常使用 3DS Max、AutoCAD 等建模软件,用影像或规划图作为底图,贴图采用现场拍照加工,建筑高度依赖已有数据或量估。这种方式制作出的模型数据精度较低,纹理与实际效果偏差较大,并且生产过程需要大量的人工参与;同时数据制作周期较长,造成数据的时效性较低,因而无法真正满足用户需要。

倾斜摄影技术以大范围、高精度和高清晰度方式全面感知复杂场景,所获得的三维数据可真实地反映地物的外观、位置、高度等属性,弥补了传统人工模型仿真度低的缺点。同时,该技术借助无人机飞行载体可快速采集影像数据,实现全自动化的三维建模。试验数据证明,传统方式需要 1~2 年的中小城市人工建模工作,借助倾斜摄影测量技术只需 3~5 个月就可完成。

**(一)倾斜摄影建模的优势**

相比其他三维实景建模方式,倾斜摄影建模具有以下几个方面优势:

(1)反映地物周边真实情况。相对于正射影像,倾斜影像能让用户从多个角度观察地物,能够更加真实地反映地物的实际情况,极大地弥补了基于正射影像应用的不足。

(2)倾斜影像可实现单张影像量测。通过配套软件的应用,可直接基于成果影像进行包括高度、长度、面积、角度和坡度等的量测,扩展了倾斜摄影技术在行业中的应用。

(3)建筑物侧面纹理可采集。针对各种三维数字城市应用,利用航空摄影大规模成图的特点,加上从倾斜影像批量提取及贴纹理的方式,能够有效地降低城市三维建模成本。

(4)数据量小,易于网络发布。相较于三维 GIS 技术应用庞大的三维数据,倾斜摄影技术获取的影像的数据量要小得多,其数据格式适宜快速进行网络发布,实现共享应用。

**(二)倾斜摄影建模存在的问题**

尽管倾斜摄影建模技术有诸多优点,但是也存在不少问题,主要体现在以下几个方面:

(1)高精度影像匹配的问题。倾斜航空摄影后期数据影像匹配时,因倾斜影像摄影比例尺、分辨率差异大、地物遮挡等因素导致获取的数据中含有较多的粗差,严重影响后续影像空三精度。然而,如何利用倾斜摄影测量中包含的大量冗余信息进行数据的高精度匹配是提高倾斜摄影技术实用性的关键。

(2)三维建模完整表达。倾斜摄影测量所形成的三维模型在表达整体的同时,某些地方存在模型缺失或失真等问题。因此,为了三维模型的完整、准确表达,需要进行局部区域的补测,常用方法是人工相机拍照或者使用车载近景摄影测量系统进行补测,增加了人工工作量。

(3)建模并行处理的问题。倾斜摄影影像具有重叠度高、数据冗余度大、影像倾角大、模型成果数据量大等特点,造成在建模中运算速度慢、空三解算失败、模型修正困难和数据应用困难等多方面问题。

## 三、倾斜摄影技术的发展

**(一)国外倾斜摄影技术发展**

从 20 世纪 90 年代,国外就已经开始关注倾斜摄影测量技术,目前在北美和欧洲此技术的应用已经非常普及。美国的 Pictomery 公司研发了 Pictomery 倾斜影像处理软件,可以对倾斜影像实现精确定位,具备影像轮廓自动提取及自动贴纹理等功能。法国 Acute3D 公司自主开发的 Smart 3D Capture 是一款基于图形运算单元 CPU 进行快速三维场景运算的软件,无须人工干预就可以生成实景真三维模型。法国 Infoterra 公司的街景工厂 Street Factory 系统、俄罗斯的 Agisoft PhotoScan 软件、微软 Vexcel 公司的 Ultramap 软件、以色列的 Vision Map 软件,以及基于 INPHO 软件的 AOS 系统都是基于倾斜摄影测量的三维建模软件。2015 年在世界测量和地理信息产业会议 IN-TERGEO 上,Skyline 正式发布其新版本的三维建模软件 PhotoMesh6.6,它运用了底层架构技术,并且设计了全新的用户界面,主要用于处理海量数据,此软件使实景三维建模进入了云计算时代。

航空摄影测量成为三维精细建模的主要手段,多角度倾斜航空系统逐渐成为城市精细三维建模的重要数据采集装备。多时相合成孔径雷达(SAR)干涉测量、极化干涉测量和 SAR 层析建模技术是近年来的研究热点。机载激光雷达(LiDAR)技术已成为复杂地形测量和三维建模的重要手段。地面移动激光扫描系统可以快速获取目标三维坐标和属性信息。基于多源传感器的数据融合与反演服务成为遥感技术应用新趋势。

**(二)国内倾斜摄影技术发展**

2010年,北京天下图公司与美国Pictometry公司合作,第一次把该公司的机载倾斜摄影设备和具体的生产方案引进中国,弥补了我国倾斜摄影技术领域的空白,这也是我国第一次成功引进具有世界领先水平的测绘技术。刘先林院士在河南进行了飞行试验,利用SWDC-5倾斜摄影系统同时从五个角度对建筑物进行拍摄,并利用POS系统获取影像的位置、姿态信息。中国科学院遥感地球所也初步完成了四光学相机无人机遥感系统的研制设计,并且在江苏苏州及浙江嘉善县成功地进行了飞行试验。武汉华正空间有限公司研制了自己的地理信息应用平台系统"3D Real World",它所具有的"影像三维量测"技术能提供真实、实时和可量测的三维空间信息服务,该软件已经超越了国际上其他很多软件。广州市红鹏直升机遥感科技有限公司于2010年研发出国内第一台轻型倾斜相机,并于2013年率先在业内研发出了基于电动旋翼无人机的微型倾斜摄影产品,带动了国内低空倾斜航空摄影技术的迅速发展。

目前,国内很多公司研发了倾斜摄影平台,其中最为典型的就是五镜头倾斜平台,在工作状态下,中间相机光轴垂直于水平面,四个方向上分别分布一个光轴与水平面成45°角的相机,这就满足了无人机在一次飞行过程中,同时完成同地物或特征点三张以上不同角度影像的覆盖,可据此构建三维实景模型。影像数据不仅能够真实地反映地物情况,而且可通过先进的定位技术,嵌入地理信息、影像信息,获得更高的用户体验,极大地拓展了遥感影像的应用范围。

**(三)倾斜摄影技术在大比例尺测图中的应用**

近年来,多家生产单位试验证明,无人机搭载GNSS差分系统或POS系统进行倾斜摄影,在满足相关条件下,可建立高达2~3 cm分辨率的三维模型,能满足1∶500比例尺地形测图的精度。

当倾斜影像精度满足测绘精度要求后,既可基于成果影像量测,也可以利用生成的真实模型进行各种尺寸量测,例如地物高度、长度、投影平面面积、表面积、角度、坡度及量测挖填土方量等。这种高精度、高分辨率真实世界的模型在各个行业领域的实用性将会大大提高。

多年来,地形测绘是地理信息获取的主要工作,这些年主要采用的是野外RTK+全站仪的人工测量模式,外业劳动强度大、工序复杂、耗工费时、成本高。随着社会经济的发展需要,对地形图的精确性、时效性要求越来越高,人工成本和时间成本也为行业带来了巨大的压力和负担。因此,无人机摄影测量成为大比例尺测图越来越普及的方法。

在大比例尺地形测量中,航测方法已经成熟,但依然存在以下两个问题:

(1)无人机航摄像幅小,重叠度大,基线短,造成立体测图时模型范围较小,模型之间接边频繁,基高比小又使得高程精度很难得到保证。

(2)无论是先内后外还是先外后内的航测作业模式,外业调绘、检查的工作量依然很大。

近年来,国内外多家公司陆续推出利用高精度三维模型上直接采集地形要素的解决方案。可在不需要专业立体显示采集设备情况下,利用倾斜摄影侧面信息可用的特点,快速获取地物信息,并且直接在裸眼可视的立体模型表面采集地貌要素和部分属性信息。例如,直接从侧面四周量取房屋外围轮廓线并标注楼层层数，注记各种道路、企事业单位名称等，采集地貌特征点、碎部点等。尤其提高了采集正视方向被遮挡的地物可能性，例如窑洞的位置、大树下的房屋边线的准确位置、树木遮挡的道路边线及道路附属设施等，可用于快速生成数字线划图。

这种新的采集模式既提高了地貌的高程精度，又极大地调节了测绘内、外业的协同工作比例，把过去需要的大量外业工作转变为内业工作，可减少由天气等外因造成的外业调绘工作延误，降低了外业直接生产成本，极大地提高了工作效率。

## 四、倾斜摄影测量的作业流程

### （一）倾斜摄影测量基本原理

倾斜摄影测量技术是国际测绘遥感领域新兴发展起来的一项高新技术，融合了传统摄影测量、近景摄影测量、计算机视觉技术，颠覆了以往正射影像只能从垂直角度拍摄的局限，通过在同一飞行平台上搭载多台传感器（目前常用的是 5 镜头相机），同时从垂直、前视、后视、左视、右视共 5 个不同角度采集影像，获取地面物体更为完整准确的信息。垂直地面角度拍摄称为正片，镜头朝向与地面成一定夹角（一般为 15°~45°）的影像为斜片。

如图 6-20 所示，是在测绘倾斜摄影中常用的两款 5 镜头相机 Leica RCD30、SWDC-5。其中，前者为徕卡相机，后者为中国生产的相机。

(a)Leica RCD30相机

(b)SWDC-5相机

图 6-20　两款 5 镜头相机

如图 6-21 所示，飞机搭载 5 镜头相机进行垂直、斜前、斜后、斜左、斜右 5 张照片数据采集。同时，如图 6-22 所示，飞机高速飞行过程中，镜头高速曝光，形成连续的满足航测航向重叠度、旁向重叠度的影像数据采集。

图 6-21　倾斜摄影 5 镜头影像获取示意图

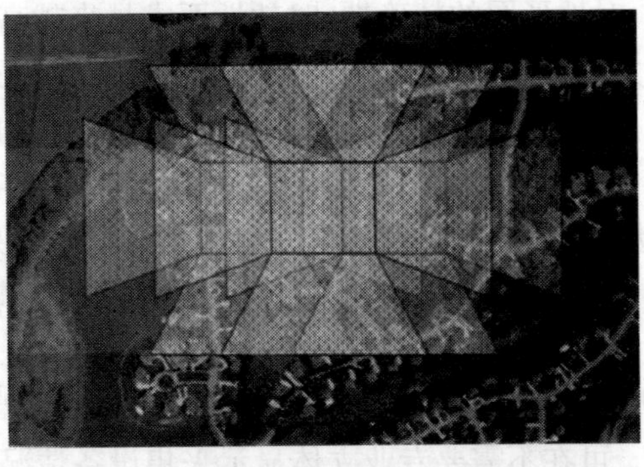

图 6-22　倾斜摄影 3 组影像获取示意图

倾斜摄影采集的多镜头数据,通过高效自动化的三维建模技术,可快速构建具有准确地理位置信息的高精度真三维空间场景,使人们能直观地掌握目标区域内的地物、地貌细节特征,在原先仅有正片的基础上,提升数据匹配度,提升地物平面、高程精度,为测绘、电力、水利、数字城市等提供现势、详尽、精确、真实的空间地理信息数据,如图6-23所示。

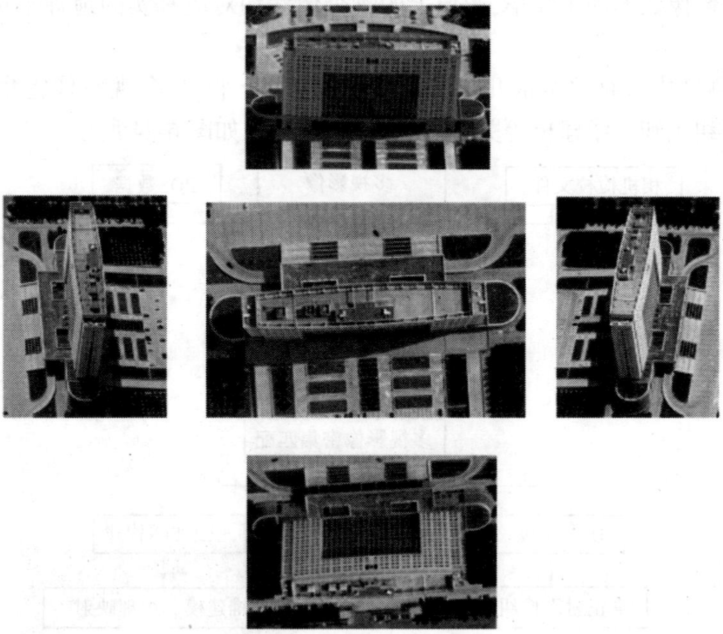

图6-23　同一地物5个镜头的影像

## (二)倾斜摄影测量的作业流程

倾斜摄影测量技术不仅在摄影方式上区别于传统的垂直航空摄影,其后期数据处理及成果也大不相同。倾斜摄影测量技术的主要目的是获取地物多个方位(尤其是侧面)的信息,并可供用户多角度浏览、实时量测、三维浏览等,方便其获取多方面的信息。

### 1.倾斜摄影系统构成

倾斜摄影系统分为三大部分:第一部分为飞行平台,包括小型飞机或者无人机;第二部分为地面控制设备及人员;第三部分为载荷部分,包括传感器(多镜头相机)、POS定位装置。

### 2.倾斜摄影航线设计及相机的工作原理

倾斜摄影航线采用专用航线设计软件进行设计,其相对航高、地面分辨率及物理像元尺寸满足三角比例关系。对地物少且开阔测区,航线设计一般采取30%的旁向重叠度和66%的航向重叠度;对建筑物密集且要全自动生产模型,旁向重叠度往往需要到达60%,航向重叠度需要达到80%。航线设计软件会生成一个飞行计划文件,该文件包含飞机的航线坐标及各个相机的曝光点坐标位置。

### 3.三维建模作业流程

数据获取完成后,要进行数据加工工作,具体如下:

(1)对获取的影像进行质量检查,对不合格的区域进行补飞,直到影像质量满足要求。

(2)进行匀光匀色处理,因在飞行过程中存在时间和空间上的差异,影像之间会存在色偏，这就需要进行匀光匀色处理。

(3)进行几何校正、同名点匹配、区域网联合平差。

(4)运算生成基于影像的高密度点云，并用点云构建 TIN 模型。

(5)生成基于影像纹理的高分辨率三维模型。

至此，倾斜影像数据加工完毕，影像上的每个像素均对应真实的地理坐标，可进行实时测量。

倾斜摄影测量技术通常包括几何校正、区域网联合平差、多视影像密集匹配、DSM 生成、真正射影像纠正和三维建模等关键内容，其基本流程如图 6-24 所示。

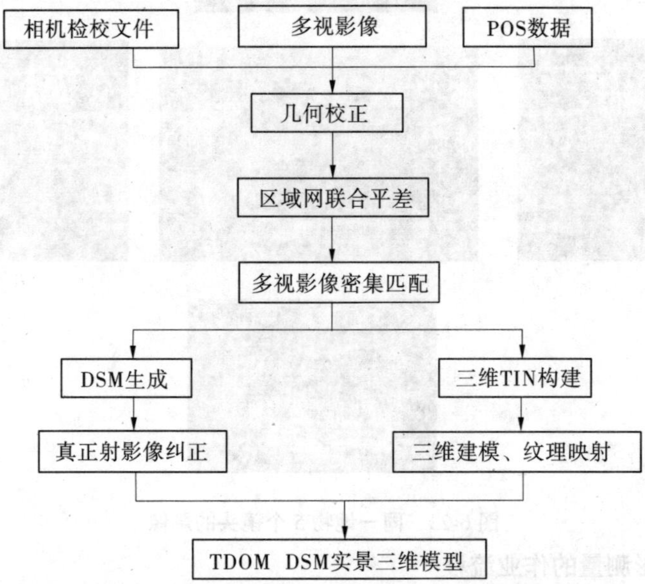


**图 6-24　倾斜摄影测量数据处理基本流程**

目前，倾斜摄影测量数据处理流程几乎是全自动化的生产方式，大大提高了生产效率。比较有代表性的倾斜摄影测量处理软件有上海埃弗艾代理的 Smart 3D Capure、华正及 AirBus 代理的街景工厂(street factory)等。Smart 3D Capure 软件是基于图形运算单元(GPU)的快速三维场景运算软件，可生成基于真实影像的超高密度点云，无须人工干预它就能从简单连续影像中生成逼真的三维场景模型。像素工厂通过对获得的倾斜影像进行几何处理、多视匹配、三角网构建，提取典型地物的纹理特征，并对该纹理进行可视化处理，最终得到三维模型。

## 五、倾斜摄影测量的技术要求

无人机倾斜摄影数据处理过程中，存在模型分辨率不一致、精度不可靠、格式不匹配等问题。但目前国家和行业内还没有明确针对无人机倾斜摄影的技术标准，一般都是以数据质量、甲方的需求和处理软件自身能达到的性能为准。行业内一般认为影像获取应遵循传统低空航摄的相关技术规范，数据处理应满足空三、DOM、DEM、DLG 等产品生产标准。参照《低空数字航空摄影测量内业规范》(CH/Z 3003—2010)，以下提出一些无人机倾斜摄影数据处理技术指标与要求，为无人机倾斜摄影测量技术的从业人员提供一些参考。

### (一)像片重叠度的要求

传统垂直摄影测量要求航向重叠度一般应为60%~70%,旁向重叠度一般应为30%~40%,但无人机倾斜摄影时,这个重叠度是明显不够的,下面分建筑稀少区域和建筑密集区域两种情况阐述。

1. 建筑稀少区域

考虑到无人机航摄时的俯仰、侧倾影响,无人机倾斜摄影测量作业时在无高层建筑、地物地貌高差比较小的测区,航向重叠度、旁向重叠度建议最低不小于70%。要获得某区域完整的影像信息,无人机必须从该区域上空飞过。以两栋建筑之间的区域为例,如果这两栋建筑的高度对这个区域能形成完全遮挡,而飞机没有飞到该区域上空,那么无论增加多少相机都不可能拍到被遮挡区域,从而造成建筑模型几何结构的粘连。

2. 建筑密集区域

建筑密集区域的建筑遮挡问题非常严重。航线重叠度设计不足、航摄时没有从相关建筑上空飞过,都会造成建筑模型几何结构的粘连。为提高建筑密集区域影像采集质量,影像重叠度最多可设计为80%~90%。当高层建筑的高度大于航摄高度的1/4时,可以采取增加影像重叠度和交叉飞行增加冗余观测的方法进行解决。如著名的上海陆家嘴区域倾斜摄影,就是采用了超过90%的重叠度进行影像采集,以杜绝建筑物互相遮挡的问题。影像重叠与影像数据量密切相关。影像重叠度越高,相同区域数据量就越大,数据处理的效率就越低。所以,在进行航线设计时还要兼顾二者的平衡。

### (二)像片倾角的要求

在《低空数字航空摄影规范》(CH/Z 3005—2010)中,对测绘航空摄影中垂直摄影的像片倾角有如下规定:倾角不大于5°,最大不超过12°。现有的航测软件处理能力已经有了很大提升,可以在这个标准的基础上把倾角15°以上的都划归到倾斜摄影的范畴。但像片倾角最大不能超过多少,暂时还没有明确的规定。

此外,对摄区边界覆盖保证、航高保持、漏洞补摄、影像质量等方面的要求,与常规无人机摄影测量的要求相同。

### (三)控制点布设要求

控制测量是为了保证空三的精度、确定地物目标在空间中的绝对位置。在《低空数字航空摄影测量外业规范》(CH/Z 3004—2010)中对控制点的布设方法有详细的规定,这是确保大比例尺成图精度的基础。倾斜摄影测量技术相对于传统摄影测量技术在影像重叠度上要求更高,目前规范中关于控制点布设的要求不适合应用于高分辨率无人机倾斜摄影测量技术。无人机通常采用GPS定位模式,自身带有POS数据,对确定影像间的相对位置作用明显,可以提高空中三角计算的准确度。

1. 常规三维建模

对常规三维建模,从最终空三特征点点云的角度可以提供一个控制间隔,建议值是按每隔20 000~40 000个像素布设一个控制点,其中有差分POS数据(相对较精确的初始值)的可以放宽到40 000个像素,没有差分POS数据的至少每隔20 000个像素布设一个控制点。同时,要根据每个任务的实际地形、地物条件灵活应用,若地形起伏较大的大面积植被及面状水域特征点非常少,需要酌情增加控制点。

2. 应急测绘保障建模

发生地震、山体滑坡、泥石流等自然灾害后，为及时获取灾区可量测三维数据，不能按照传统的作业方式进行控制测量，可通过在 Google 地图读取坐标、手持 GPS 测量、RTK 测量等方式快速获取灾区少量控制点，生成灾区真三维模型，为灾后救援提供帮助。

**(四)倾斜摄影数据处理技术要求**

倾斜摄影的影像预处理、空中三角测量计算要求，与无人机普通摄影测量要求相同，但在空三精度要求方面稍有区别，在《数字航空摄影测量 空中三角测量规范》(GB/T 23236—2009)中，对相对定向中像片连接点数量和误差有明确的规定，但在无人机倾斜摄影空三测量中没有相对定向的信息，单个连接点的精度指标也未体现，不能完全按照传统空三测量挑选粗差点，一般采用对比加密点与检查点(多余像片控制点不参与平差)的坐标差；空三测量常规的精度指标只能表现整体的精度范围，却不能看到局部的精度问题，可通过外方位元素标准偏差全面地表现。

通俗来讲，空三运算的质量指标包括：是否丢片，丢得是否合理；连接点是否正确，是否存在分层、断层、错位；检查点误差、像控点残差、连接点误差是否在限差以内。

## 六、基于倾斜摄影三维模型的数字线划图生产

目前，基于倾斜摄影三维模型进行数据生成、地形测绘的成熟软件较多，比较流行的有山西迪奥普科技有限公司的 SV360、武汉天际航信息科技股份有限公司的 DP-Modeler、北京山维科技股份有限公司的 EPS3D，它们都可以实现利用倾斜摄影技术获取的影像数据进行高精度的大比例尺地形数据的矢量采集工作。无须佩戴立体眼镜，可以根据影像所见即所得的定位地物要素的三维信息，同时赋予要素国标编码。

**(一)三维模型基本作业流程(以 ContextCapture 为例)**

三维模型基本作业流程是：将获取到的符合建模所要求重叠度的航空影像导入 ContextCapture 软件系统，利用一定数量的野外控制点，经过影像预处理、自动匹配运算，进行三维模型生产。

1. 自动化空三加密

在 ContextCapture 自动建模系统中加载测区影像，人工给定一定数量的控制点，软件采用光束法区域网整体平差，以一张像片组成的一束光线作为一个平差单元，以中心投影的共线方程作为平差单元的基础方程，通过各光线束在空间的旋转和平移，使模型之间的公共光线实现最佳交会，将整体区域最佳地加入到控制点坐标系中，从而恢复地物间的空间位置关系，如图 6-25 所示。

2. 影像密集匹配

密集匹配技术，系统根据高精度的影像匹配算法，自动匹配出所有影像中的同名点，并从影像中抽取更多的特征点构成密集点云，从而更精确地表达地物的细节。地物越复杂、建筑物越密集的地方，点密集程度越高；反之，则相对稀疏，如图 6-26 所示。

3. 纹理映射

(1)由空三加密和影像密集匹配后建立的影像之间的三角关系构成三角格网 TIN，如图 6-27 所示。

图 6-25　空三结果示例

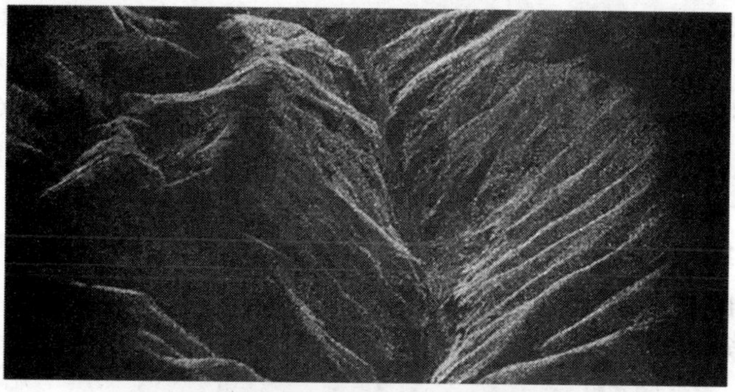

图 6-26　影像密集匹配示例

图 6-27　高精度三角格网 TIN

(2)由三角格网 TIN 构成白模型，软件从影像中计算对应的纹理，并自动将纹理映射到对应的白模型上，最终形成真实三维场景，如图 6-28 所示。

4. 多节点运算

ContextCapture 自动建模系统是为满足多节点并行计算而设计的，适用于大面积的真三维模型和 DOM、DSM 的生产，通过并行运算可大大提高生产效率，具体生产效率根据服务器数量而定。此外，用户只须设置好子节点的环境变量工作目录，即可进行运算。所设计的并行体系架构是基于专用磁盘存储访问的高端计算机群，允许多个节点快速访问数据和高效计算。

图 6-28　TIN 白模型(左)和纹理映射后真实三维场景模型(右)

5. 成果输出

采用 ContextCapture 进行倾斜摄影快速三维建模,可输出的产品有真实三维场景模型、正射影像(DOM)、数字地表模型(DSM)、点云数据(LAS 格式)。真三维模型可输出的数据格式主要有“. DAE”“. OSGB”和“. OBJ”。成果模型中所有建筑物的空间关系和纹理,均采用分层显示技术(LOD),分层多达 20 层以上,既保证任何配置的计算机均能流畅地显示地物模型,又能充分详细地表达建筑物细部特征。

**(二)矢量采集**

将 ContextCapture 输出的成果导入到基于倾斜摄影三维模型的软件中,裸眼进行碎部点采集和地物矢量编辑,获取 DLG 文件。

# 任务七　无人机摄影测量产品质量检查

## 一、DEM 质量检查

DEM 生产手段和方法的多样性,对不同数据来源的 DEM 其质量检查内容不尽相同,归纳起来,DEM 检查内容主要包括高程精度检查和接边精度检查。经常用到的检查方法有基于立体影像对的 DEM 数据质量检查方法、野外实测检查方法、对原始 DEM 数据进行分层设色检查方法、DEM 反演等高线检查方法等。

(1)对于基于立体影像对的 DEM 数据质量检查方法首先需要恢复影像的立体像对,然后将待检查的 DEM 反算到立体像对上进行叠加显示,目视吻合情况。

(2)野外实测检查方法是通过野外实测检查点与 DEM 所对应的栅格单元的像素值对比检查。

(3)对原始 DEM 数据进行分层设色检查方法对于高程明显异常的地方有一定的检查效果,该方法首先需要获取 DEM 数据高程值的最大值和最小值,然后将高程值按照从大到小的顺序分别进行由深入浅渐变的颜色赋值,检查是否存在高程突变情况。

(4)对于 DEM 反演等高线检查方法是将 DEM 数据根据一定的等高线间距反生成等高线,再将该等高线与原始等高线叠加显示,检查是否存在明显错误现象。

## 二、DOM 质量检查

影响正射影像精度的原因是多方面的,对于正射影像的成图检查,要从对生产过程的监督入手,检查各工序的作业程序是否符合国家、行业规范及设计书的要求,各项精度指标是否达到要求，正射影像的生产是否做到有序进行等。

正射影像精度评定的方法主要如下。

**（一）采用间距法进行检查，将正射影像图与数字线划图叠加**

（1）通过量取正射影像图上明显地物点坐标，与数字化地形图上同名点坐标相比较，以评定平面位置精度。地形图采用同精度或者高于本项目比例尺地形图。

（2）通过对同期加密成果恢复立体模型所采集的明显地物点，与正射影像同名地物点相比较，以评定平面位置精度。

（3）通过野外GPS采集明显地物点，与影像同名地物点相比较，以评定平面位置精度。检测仪应采用不低于相应测量精度要求的GPS-RTK接收机、全站仪。

根据图幅具体情况，选取明显同名地物点，所选取的点位尽量分布均匀，每幅图采集的点数原则上不少于20个点，计算相邻地物间中误差。

**（二）接边检查**

（1）精度检查：取相邻两数字正射影像图重叠区域处同名点，读取同名点的坐标，检查同名点的较差是否符合限差，作为评定接边精度的依据。

（2）接边处影像检查：通过在计算机上目视法检查，检测相邻数字正射影像图幅接边处影像的亮度、反差、色彩是否基本一致，是否无明显失真、偏色现象。

**（三）影像质量检查**

通过对正射影像图进行计算机目视检查。图幅内应具备以下特点：反差适中，色调均匀，纹理清楚，层次丰富，无明显失真、偏色现象，无明显镶嵌接缝及调整痕迹；无因为影像瑕损（纹理不清、噪声、影像模糊、影像扭曲、错开、裂缝、漏洞、污点划痕等）而造成无法判读影像信息和精度的损失。

经实践验证，以上3种方法均为检查正射影像质量行之有效的方法。

## 三、DLG质量检查

数字线划图质量检查包括数学基础检查、平面精度检查、接边检查、数字线划图整饰质量检查。

**（一）数学基础检查**

检查数字线划图所用的空间坐标系、高程系统是否正确，是否与所要求的坐标系统一致。

**（二）平面精度检查**

利用RTK外业打点进行检验，通过外业打点数据与DLG数字线划图上相应地物点进行坐标比较，计算检测点坐标差$\Delta X_i$、$\Delta Y_i$，并统计平面位置中误差，需满足表6-7的规定。

**表6-7　地物点相对于邻近平面控制点及相对于邻近地物点的精度要求**

| 地形类别 | 地物点相对于邻近平面控制点的平面点位中误差（图上mm） | 地物点相对于邻近地物点的间距中误差（图上mm） |
|---|---|---|
| 平地、丘陵地 | ≤0.5 | ≤0.4 |
| 山地、高山地 | ≤0.75 | ≤0.6 |

**（三）接边检查**

（1）查看接边线是否有拐点、房屋等面状要素接边后图形是否改变。

(2)查看图幅间的属性、注记大小是否一致。图幅间的接边应保证线状要素合理、完整、无缝地连接。

(3)要素几何图形接边误差不应大于相应比例尺地形图平面、高程中误差的$2\sqrt{2}$倍。

## 任务八　无人机数据处理软件介绍

无人机航摄影像与传统航空摄影影像、卫星遥感影像相比,具有像幅小、分辨率高、重叠度大、数量多等特点。传统的摄影测量处理软件和作业方式已不能满足无人机航摄数据处理需求,无人机航摄数据处理既要在短时间内处理大量的无人机数据,又要保证产品精度,这对当今数字摄影测量作业方式及从业人员提出了更高的要求。目前,国内外科研院所及软件开发商已研发了一些可用于生产 DEM、DOM 的无人机数据处理软件,主要有国内的 PixelGrid、航天远景的 MapMatrix、GodWork - AT 三款软件,国外的 INPHO USA Master、Pix4Dmapper、Agisoft PhotoScan 三款软件。

### 一、国内无人机数据处理软件

#### (一)PixelGrid

PixelGrid 是由中国测绘科学研究院自主研发的新一代数字摄影测量系统,被誉为国产的"像素工厂",曾获得 2009 年度国家测绘科技进步一等奖。PixelGrid 硬件由若干计算能力强大的计算节点组成,具有自动化、并行处理兼容多种影像等特点,代表了当前航空遥感影像数据处理技术的发展方向。PixelGrid 系统全面实现对多种高分辨率卫星影像和航空影像(包括低空飞行器航空影像)的摄影测量处理,可以完成遥感影像从空中三角测量到各种国家标准比例尺的 DLG、DEM/DSM、DOM 等测绘产品的生产任务。其性能大大优于常规的数字摄影工作站,为快速处理海量影像数据提供了解决方法。

无人机处理模块 PixelGrid - UAV 能完成低空航空影像数据预处理、影像畸变改正、自动空三、DSM/DEM 生成、正射影像纠正、匀光匀色及自动拼接整个数据处理流程。该模块采用基于尺度、旋转不变性特征的高精度多基线影像匹配算法,可有效解决大倾角、大旋偏角无人机影像的高精度、高可靠性配准的难题。该软件在数据采集方面比较适合国内作业员的操作习惯。

#### (二)MapMatrix

MapMatrix 是武汉航天远景公司潜心研发的一款功能强大的新型数字摄影测量平台,是专为使用垂直摄影航空影像、卫星影像、无人机影像等快速生产包括数字正射影像 DOM、数字线划图 DLG、数字高程模型 DEM、数字表面模型 DSM 等标准基础测绘产品的专业用户打造的全功能数字摄影测量平台。如图 6-40 所示,MapMatrix 系列产品包括单机版立体测图系统全功能数字摄影测量平台、企业级地理信息处理集群,可以满足不同用户、不同阶段、不同规模、不同生产组织形式进行基础测绘产品生产的功能和配置需求。

MapMatrix 系列软件实现了真正意义上的采编入库一体化功能,打通了采集、编辑、入库数据之间的界限,所采即所得。该软件与传统的摄影测量平台相比,具备以下优势:作业过程自动化、采编入库一体化、数据处理海量化(TB 级),能广泛应用在 4D 数据生产、灾害评估、应急测绘、林业、水利、国防等领域。MapMatrix 独特的传感器模块设计,支持了市面上从星载到机载(包括无人机)、热气球成像的诸多数据源。使用多核处理技术、网络化并行处理技术GPU加速及计算机视觉领域的最新成果,将摄影测量作业从传统的工作站模式提升到现代的网络化集群计算模式。

MapMatrix包括以下产品模块:

(1)DEMatrix数字高程模型模块。

(2)DOMatrix数字正射影像模块。

(3)MicroStation V8联机测图软件模块。

**(三)GodWork**

GodWork是由武汉大学测绘遥感信息工程国家重点实验室郭丙轩教授团队针对无人机像幅小、姿态不稳定、重叠度大、非专业相机等特点,提出并研制成功的无人机摄影测量数据自动处理系统。GodWork产品是国内知名的航空影像数据后处理综合应用系统,具有算法先进、功能完善、配置灵活、高效自动、成果精确等优点。该系统拥有多项自主知识产权的航空摄影测量处理技术:智能化顾及曝光延迟的GPS辅助光束法平差技术、大高差大偏角影像立体匹配技术、像素级点云获取技术,多形式DSM滤波技术、大比例尺多片测图技术、空地一体化倾斜摄影测量技术等,并智慧集成全方位的数字化摄影测量解决方案。

**(四)数字摄影测量网格(DPGrid)**

DPGrid系统是由中国工程院院士、武汉大学教授张祖勋团队研发的、具有自主版权的高性能航空航天数字摄影测量处理平台,主要应用于国家基础测绘、城市基础地理信息动态更新国土资源调查、地理国情监测、快速响应等各个领域。DPGrid是将计算机网络技术、并行处理技术、高性能计算技术与数字摄影测量处理技术相结合而研制的新一代摄影测量处理平台,在影像数据处理的效率方面大幅度提升,填补了我国数字摄影测量数据处理技术的空白,标志着我国数字摄影测量技术整体上达到国际先进水平。

DPGrid系统是历经多年连续研究形成的重大科技成果。DPGrid系统既可以完成传统的航空摄影测量生产,又可以完成现今比较常用的无人机低空摄影测量生产,其应急测绘保障能力要比传统摄影测量更高。它既能生产常规的DEM、DOM、DLG,又能在紧急(突发)状况下通过快拼图功能完成对某一区域的航飞影像的快拼影像。

目前,该软件已在多家测绘单位承担生产和更新等任务。该软件的自动化程度高,包含了整个航空摄影测量的全过程,推行的DPGrid教育版被全国很多高校作为实训教学系统使用。

## 二、国外无人机数据处理软件

**(一)INPHO UAS Master无人机航测系统**

INPHO摄影测量系统由世界著名的测绘学家Fritz Ackermann教授于20世纪80年代在德国斯图加特创立,并于2007年加盟Trimble导航有限公司。经30多年的生产实践创新发展,INPHO已成为世界领先的数字摄影测量处理及数字地表地形建模的系统工具,可以处理航飞、卫星、激光、雷达等数据,为全球各种用户提供高效精确的软件解决方案。其主要功能模块有Applications Masler模块、inBLOCK测区平差模块、MATCH - AT空三模块、MATCH-T DSM提取模、DTMaster编辑模块、Ortho Master镶嵌模块等。

UASMaster软件是Inpho系统中的无人机处理软件,可以处理任意无人机飞行系统获取的数据。该系统包含一键式操作获取结果模式和逐个过程人机交互进行质量控制的模式,既可以保证操作人员在不具备摄影测量知识和经验的情况下也能采用该系统获取高精度和高度可靠的航测成果,也可以供专业人员逐个过程人机交互进行质量控制。该软件针对无人机数据的特点,具有强大的同名点匹配功能,能完成纹理地区、沙漠、林地、水田等各种地块的全自动连接点提取。

**(二)Pix4Dmapper 软件**

Pix4Dmapper 是一款专业的无人机数据与航空图像处理软件。它来自于瑞士的 Pix4D 公司,是世界级研究机构 EPFL 近年的研究成果。Pix4Dmapper 是目前市场上独一无二的集全自动、快速、专业精度为一体的无人机数据和航空影像处理软件,它无须太多专业知识,也无须人工干预,能够快速将影像数据转换为高精度的正射镶嵌、3D 地理模型,以及生成相应的 3D 纹理,从而帮助用户快速生成二维地图与 3D 模型。该软件具有以下特点:

(1)无须专业操作人员,无须人为交互。

(2)数据获取结果迅速,精度可以实现优于 5 cm。

(3)自动生成带纹理的三维模型。

(4)自动生成正射纠正镶嵌结果。

**(三)ContextCapture**

Bentley 公司的 ContextCapture 是一套全球应用最广泛的基于数码照片的实景三维自动建模系统,其前身是由法国 Acute3D 公司开发的 Smart 3D Capture 软件,Benley 公司已于 2015 年全资收购 AculeD 公司,并将其软件产品更名为 ContexCapture。其特点是能够基于数字影像照片全自动生成高分辨率真三维模型。ContextCapture(Smart 3D Captue)集合了先进的数字影像处理技术、计算机虚拟现实技术及计算机几何图形算法;ContextCapture 具备高兼容性,能对各种对象、各种数据源进行精确无缝重建。同时,可加入其他可选的辅助数据:传感器属性(如焦距、传感器尺寸、主点、镜头失真)、照片的位置参数(如 GPS)、照片姿态参数(如 INS)、控制点等来提高建模精度。ContextCapture 的建模,无须人工干预,即可在一定的计算时间内,输出带有真实纹理的高分辨率三角网格模型,准确重建建模对象的几何外观及纹理特征。建模时间根据输入数据量的大小而定,输出模型的精度与输入照片的分辨率和精度高度相关,输入照片的分辨率和精度越高,生成的三维模型的细节越精细。

**(四)PhotoScan 软件**

PhotoScan 是俄罗斯 Agisoft 公司研发的 3D 扫描软件,在影像的快速拼接、DEM 及 DOM 快速生成、三维实景建模等方面具有自身的优势。它可以基于影像自动生成高质量三维模型的软件,根据多视图三维重建技术,可以对任意照片进行处理,小到考古摆件,大到大量航片数据处理,软件仅通过导入具有一定重叠率的数码影像,便可实现高质量的正射影像。

## 三、基于网格的全数字摄影测量介绍

随着数码相机的广泛使用,影像数据量的膨胀已超越了普通计算机硬件的发展水平,迫切需要一种能够处理海量数据、能并行计算和自动化生产高精度产品的新一代数字摄影测量系统。又由于高性能台式机的出现,摄影测量工作站有可能在硬件上使用基于多核 64 位 CPU 的刀片计算机,在软件上使用 64 位操作系统和 64 位高级语言 C++,以及能够做并行化的计算,这为摄影测量工作站从全数字化过渡到全自动化提供了基础。

像素工厂(pixel factory,简称 PF)是当今世界一流的遥感影像自动化处理系统,它集自动化、并行处理、多种影像兼容性、远程管理等特点于一身，通过机柜系统解决海量数据问题，大大缩短了数码相机影像处理的周期，代表了当前摄影测量与遥感影像数据处理技术的发展方向，主要用于地形图测绘、城市规划、城市环境变化监测等。

**(一)像素工厂系统概述**

像素工厂系统是由法国的信息地球公司(INFOTERRA)研制开发的。INFOTERRA是欧洲航空防务与航天公司(EADS)的全资子公司，它的核心业务是地理数据的生产，它也是世界上最大的地理数据存储机构之一。

像素工厂是一套用于大型生产的遥感影像处理系统，由于专门的硬件配置(优化的网络、计算机组、巨大的存量)和与该硬件结构对应的算法，能够进行并行计算，使生产效率大大提高。通过具有若干个强大计算能力的计算结点，输入数码影像、卫星影像或者传统光学扫描影像，在少量人工干预的条件下，自动处理输出DSM、DEM、DOM和TDOM等产品和其他中间产品。

**(二)像素工厂主要工作流程**

像素工厂系统的数据处理是一个自动化的过程，可以对项目进度进行计划和安排，生产数字表面模型(DSM)和真正射影像(true ortho)的内在工作流程如下。

1. 导入数据

像素工厂可以处理不同传感器的数据源，如卫星影像(如SPOT5、HRS、Aster、IKONOS、QuickBird、LandSat)、卫星雷达影像(ERS，RadarSat，SRTM)、数码航空遥感影像、传统胶片影像等。

2. 图像预处理

进行不同的校正(大气校正、辐射校正等)时，同时考虑所有的图像，整个操作过程中保证图像一致，这对制作真正射影像尤为有利。

3. 空中三角测量

在航空测量的飞机上装上惯性测量装置(IMU)和差分GPS接收机，就可以精确地知道飞机在任意时刻的姿态和位置。IMU/GPS使得空中三角测量非常方便，甚至只需很少的地面控制点(GCP)就可完成精确的几何平差。

4. 数字表面模型(DSM)计算

像素工厂能够在地面分辨率25 cm至1 m范围内自动计算DSM，不需要任何人工干预。虽然一些传统摄影测量系统提供自动计算DSM功能，但是在批量生产的工作流程中不太完整。

图像数据导入像素工厂后，系统根据一定的算法创建立体像对，并将计算量分配到多个可用的结点上并行处理，加快影像自动匹配的速度。高程信息的可信度与相应图像处理的人工量不成任何比例关系，其质量是均匀的。

高程信息不仅反映了独立地物的高程，而且考虑了所有地面物体(包括自然的和人工的建筑物、桥梁、植被等)的高程。只有DSM才能执行正射影像的真正射校正，得到保证图像任意点的几何精度的真正射影像。

5. 真正射计算

真正射影像是基于数字表面模型(DSM)对高重叠度的遥感影像进行纠正而获得的。在城市区域较大的航片重叠度，能保证对某一较高建筑多视角立体匹配，获取此建筑物的周围信息,以满足生成真正射影像的需要。

像素工厂中正射校正是全自动化和分布式的,这样的处理只需用较少的时间和人力,就能垂直地看到地面和地面上方每个点(排除了建筑物倾斜)。而且,这种一次恢复算法避免了传统摄影测量中像片镶嵌和装饰的影响。

**(三)与传统处理方法的比较**

像素工厂与传统的数字摄影测量测图软件相比有其优缺点。其优点主要表现在:

(1)像素工厂是目前世界上唯一能生产真正射影像的系统,为三维城市建模提供了良好的数据源。若要生成真正射影像,影像需要较高的重叠度,以保证地面无遮挡。

(2)多种传感器兼容性。像素工厂系统能够兼容当前市场上的主流传感器,只要获取相机参数,像素工厂系统就能够识别并处理该传感器的图像。

(3)并行计算和海量在线存储能力。通过并行计算技术,像素工厂系统能够同时处理多个海量数据的项目,因此大大提高了生产效率。像素工厂系统使用磁盘阵列实现海量的在线存储技术,并周期性地对数据进行备份,尽可能避免意外情况造成的数据丢失,确保了数据的安全。

(4)自动处理功能。传统软件生产 DEM 和 DOM 是以像对为单位一个一个进行处理的,而像素工厂是将整个测区的影像一次性导入处理。从空三解算到最终产品,系统根据计划将整个任务自动划分成多个子任务交给计算结点进行处理,最后自动整合得到整个测区的影像产品。

(5)开放式的系统构架。由于像素工厂系统是基于标准 J2EE 应用服务开发的系统,使用 XML 实现不同结点之间的交流和对话,支持跨平台管理,兼容多个操作系统。像素工厂系统可以通过 Internet 对系统进行远程操作,并整合任何第三方软件,辅助系统完成不同的数据处理任务。

当然,就目前而言,像素工厂也存在一些不足,主要表现在:

(1)像素工厂的自动处理需要一些前提条件。像素工厂处理航空影像需要提供 POS 和 GPS 数据,以及适量的地面控制点。如果航空影像不带有 POS 和 GPS 数据,只有地面控制点,则像素工厂需要使用其他软件进行空三解算,使用其结果进行后续的处理任务,且目前仅支持北美的 Bingo、海拉瓦的 Orima 软件的空三结果,国内 VirtuoZo 和 JX4 需要再转换。

(2)像素工厂只是影像处理软件,只能生产 DSM/DEM/DOM/true ortho,以及等高线,不是测图软件,因此如果做 DLG 等矢量图,只能使用其他测图软件完成。

(3)像素工厂系统庞大复杂,需要操作人员有较高的技术水平和一定的生产经验。

# 任务九　计算机集群并行处理技术介绍

随着无人机续航能力与相机分辨率的大幅提升,倾斜摄影测量不断应用,普通 PC 机已难以满足在自动建模时的需求,即使选购配置高性能的工作站也不得不面对计算资源的局限性。集群技术的出现为普通 PC 机进行大规模的自动建模提供了支撑。

## 一、基于物理并行计算的集群

集群是将多台同构的计算机通过高性能网络或局域网连接起来并协同完成特定任务的

计算机群，它们对外部的表现像一个系统在工作。高性能计算机集群(HPC)是网络GIS中常用的集群方式。一种简易的HPC系统硬件由主节点(服务节点)、一系列从节点(客户节点)和连接到它们的交换机和外部网关组成。它负责管理和控制从节点对外进行通信，从节点执行主节点分配来的任务。这种集群具有成本优势、可扩展性、高可用性、易管理性，一旦需要更多的处理能力只需增加一定数量的服务器或普通电脑即可。但在实际应用中子任务划分在底层，不易控制，且集群运算能力的扩展需要增加特定硬件。

## 二、基于逻辑并行计算的集群

基于逻辑并行计算的集群是基于物理并行计算集群在倾斜摄影测量中的延展。在倾斜摄影测量建模中，测区空三解算与自动建模任务是可自动划分的，基于逻辑并行计算的集群在测区空三解算与自动建模过程中将原本由集群操作系统完成的任务分解交给软件从逻辑上进行人工划分。Bentley公司的ContextCapture Center软件是这种模型的代表。

该软件包括Master、Setting、Engine、Viewer几个模块。其中，Master是人机交互界面，相当于管理者，它可创建任务、管理任务、监督任务的进度等；Setting是中间媒介，帮助Engine指向任务的路径；Engine是引擎端，只负责对所指向的Job Qunue中的任务进行处理，可以独立于Master打开或关闭；Viewer是可预览生成的三维场景和模型。由主机的Master进行任务划分，分成多个子任务块，将主节点进行的任务分配现交给Job Queue，建立"先到先行"的工作队列，进行任务分配，副机的Engine接收分配的子任务块并完成并行计算。在该集群下的各子任务块之间互相独立，在建模过程中随时增加或减少建模计算机，对建模计算机软硬件要求相对较低。

# 思考题

1. 无人机航摄数据的特点是什么？
2. 说明无人机影像数据的基本处理流程。
3. 影像畸变改正的原因是什么？如何改正？
4. 什么是解析法空中三角测量？它的任务是什么？
5. 为什么光束法区域网平差是当前解析空三软件最常使用的平差方法？
6. 与传统解析法空中三角测量软件相比？当前的自动空三软件有哪些显著的不同？
7. POS辅助空中三角测量有哪些优势？
8. 影响空中三角测量精度的主要因素有哪些？
9. 为什么要对DEM进行编辑？有哪些常见的编辑方法？
10. 叙述利用无人机航空摄影制作快速的正射影像图的作业流程。
11. 生产DLG的方法有哪几类？各有什么特点？
12. 无人机影像快拼的目的是什么？有哪几种主要快拼方式？
13. 无人机倾斜摄影与垂直摄影的主要差别是什么？倾斜摄影的主要目的是什么？
14. 如何对制作的DOM进行质量检查？

# 项目七　基于 Pix4Dmapper 的无人机数据处理

## 任务一　软件特点及运行要求

Pix4Dmapper 软件是由瑞士 Pix4D 公司研发的一款集全自动、快速、专业级精度为一体的无人机数据和常规航空影像数据处理软件。对于常规应用和产品需求，Pix4Dmapper 的处理过程专业要求低、自动化程度高，界面友好、运行快速、处理影像数量大、精度高、可快速生产二维影像地图和三维模型。因此，Pix4Dmapper 广泛用于测绘、地矿、公共安全、基础设施、能源、检测、应急响应、房地产、环境监测等行业。

### 一、Pix4Dmapper 影像处理软件的特点

(1)自动化、专业化程度高。无须人为干预即可对从地面或轻型无人机航摄的影像进行处理，得到厘米级精度的二维地图、三维模型和点云。整个过程几乎完全自动化，并且具有专业级精度，大大降低了无人机摄影测量影像数据处理的专业要求，真正使无人机变为新一代专业测量工具。

(2)完善的工作流。提供详细的、定量化的自动空三成果，自动生成标准 Tiff 正射影像并自动镶嵌及匀色，可输出 GeoTiff 和 KML/PNG 瓦片等 GIS、RS 软件中可直接使用的格式，能够与其他摄影测量软件进行无缝集成。其操作直观、简单，学习成本极低。高级用户可以使用空三射线和镶嵌图编辑器，评估、编辑和改善工程质量。

(3)自动获取相机参数，自动从影像 EXIF 中读取相机的基本参数。无须 IMU 数据，只需要影像的 GPS 位置信息，即可全自动处理无人机数据和航空影像。支持. tif、. jpg 格式光学影像及与多光谱、近红外数据。

(4)产品包括自动空三成果及精度报告、高精度三维点云、DSM/DTM、DOM、等值线、三维纹理模型、索引图、热力图等，可方便地进行点云分类、表面/体积量测、三维建模、三维景观制作等。

(5)Pix4Dmapper 是原生 64 位软件，处理速度很快，支持多达 10 000 张影像同时处理。能在同一工程中处理来自不同相机的数据。但需要配备与 Pix4Dmapper 特性相匹配的高性能工作站，才能发挥软件的优势。

### 二、软件运行要求

CPU：推荐多核 i7、i9 处理器；内存：16～128 G；硬盘：推荐 512 G 以上固态硬盘。

GPU:支持 Open-GL 3.2(推荐 GeForce 6G RAM 以上)。

操作系统:Windows 7/8/10,64 位 Linux。

## 任务二 测区数据整理、分析

测区数据整理即确认测区原始数据的完整性,检查所获取的影像中是否有质量不合格的相片。同时查看 POS 数据文件,主要检查航带变化处的相片号,防止 POS 数据中的相片号与影像数据相片号不对应,若出现不对应情况,应手动调整。

测区数据包括无人机影像数据、飞机姿态数据(POS)、控制点数据(坐标文件、点之记)及相机参数文件。

(1)影像数据(见图 7-1)和 POS 数据的文件名及其存放的路径都不要出现中文。原始数据的存储路径和成果数据最好不在同一盘(若只有一个可以存放数据的盘,则两者最好不要在同一路径下,都放在根目录即可),否则有可能影响速度。

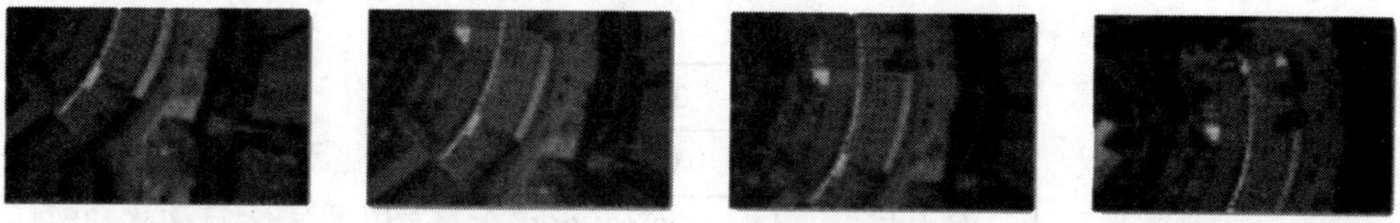

DSC00038.JPG DSC00039.JPG DSC00040.JPG DSC00041.JPG

图 7-1 影像数据

(2)从飞控软件导出的 POS 数据格式并非是 Pix4D 所认可的格式,因此要对 POS 数据进行编辑。首先,用 Excel 表格把 POS 数据按表 7-1 的顺序排列。

表 7-1 POS 数据排列顺序

| 第一列 | 第二列 | 第三列 | 第四列 | 第五列 | 第六列 | 第七列 |
|---|---|---|---|---|---|---|
| 像片号 | 纬度 | 经度 | 高度 | 俯仰角 $\varphi$ | 滚转角 $\omega$ | 航偏角 $\kappa$ |

若无 IMU,则无须 $\varphi$ 、$\omega$ 、$\kappa$ , Pix4Dmapper 只需要像片号、经度、纬度和高度就能计算。排列完成后如图 7-2 所示,将数据另存为 *. csv 格式,关闭该表格。

| | A | B | C | D | E | F | G |
|---|---|---|---|---|---|---|---|
| 1 | DSC00050. JPG | 32. 41316785 | 121. 316061 | 366. 03 | 4. 950355 | 0. 664631 | -51. 938624 |
| 2 | DSC00051. JPG | 32. 4134486 | 121. 3156542 | 366. 95 | 4. 085189 | 0. 95111 | -48. 288883 |
| 3 | DSC00052. JPG | 32. 41374081 | 121. 3152589 | 367. 55 | 0. 509932 | -0. 653172 | -49. 056646 |
| 4 | DSC00053. JPG | 32. 41402729 | 121. 3148635 | 366. 73 | 1. 380828 | -1. 386558 | -51. 600579 |
| 5 | DSC00054. JPG | 32. 41431377 | 121. 3144625 | 364. 67 | 1. 461042 | 0. 252101 | -49. 704089 |
| 6 | DSC00055. JPG | 32. 41459452 | 121. 3140614 | 363. 79 | -1. 208941 | 3. 12835 | -55. 370641 |
| 7 | DSC00056. JPG | 32. 41486381 | 121. 3136431 | 363. 75 | 1. 976704 | 4. 176862 | -58. 710985 |

图 7-2 按顺序排列 POS 数据

(3)控制点数据除坐标数据外,还应有坐标系参数和对应的点之记影像,如图 7-3 所示。

(4)相机参数文件如图 7-4 所示。

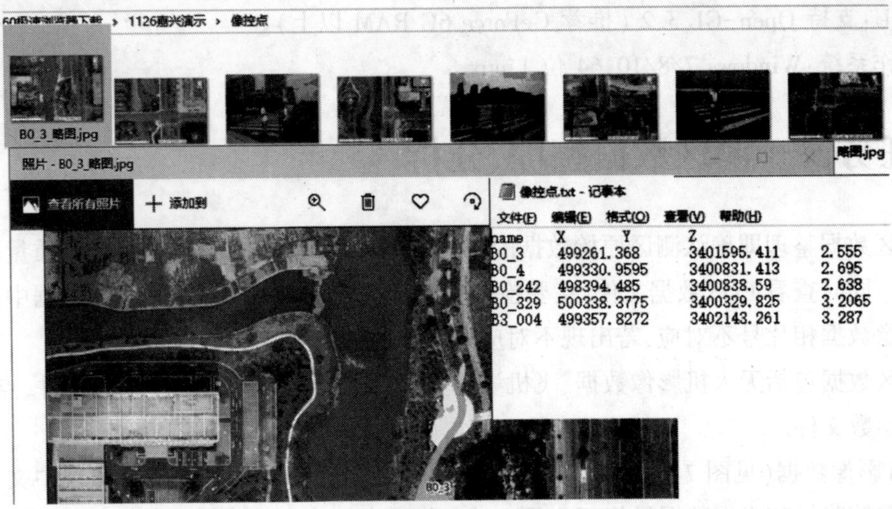


图 7-3 控制点坐标和标记像片

相机型号:SonyRX-1　　测定日期:2014-01-23

像素数:6 000×4 000　　像素尺寸:0.006 42 mm×0.006 42 mm

检测参数:

| | | | |
|---|---|---|---|
| 相机焦距 | | 36.253 979 mm | |
| 像主点 $y_p$ | | 0.011 092 mm | |
| 像主点 $y_p$ | | −0.001 068 mm | |
| $K_1$ | $-2.241\times10^{-010}$ | $P_1$ | $-1.295\times10^{-008}$ |
| $K_2$ | $-4.379\times10^{-016}$ | $P_2$ | $-9.547\times10^{-008}$ |
| $K_3$ | $2.234\times10^{-023}$ | $B_1$ | $7.393\times10^{-004}$ |
| | | $B_2$ | $-1.411\times10^{-004}$ |

图 7-4 相机参数文件

# 任务三 数据处理流程及操作

## 一、基本作业流程

数据处理基本流程如图 7-5 所示。

## 二、建立新项目

### (一) 新建项目

点击图标,打开软件,点击菜单栏中的“项目”,选择“新项目”,如图 7-6 所示。在弹出的“新项目”框中,输入项目名称,选择创建目录,如图 7-7 所示。

### (二) 导入像片

点击“下一步”,界面跳转到“选择图像”对话框,如图 7-8 所示。

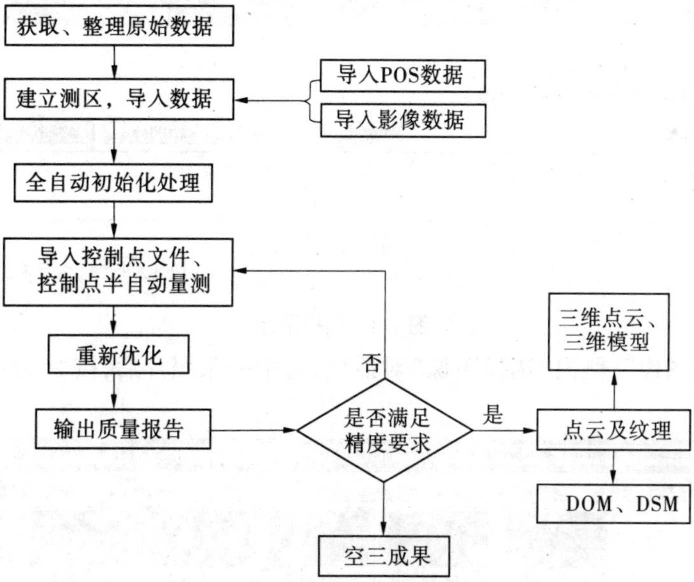


图 7-5　数据处理基本流程

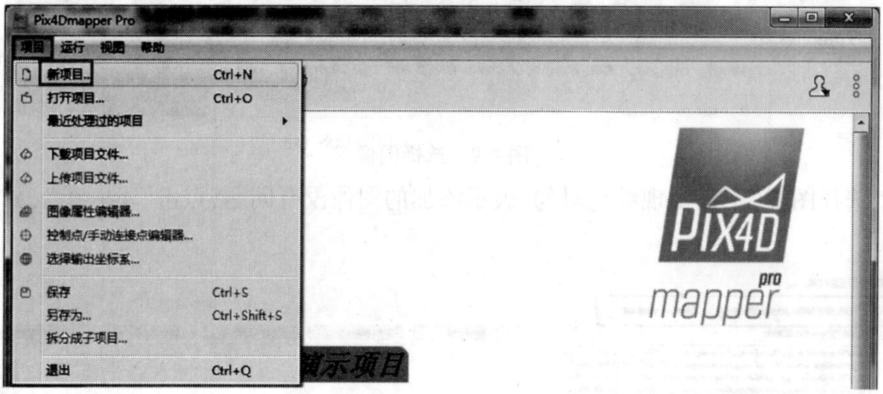


图 7-6　新建项目

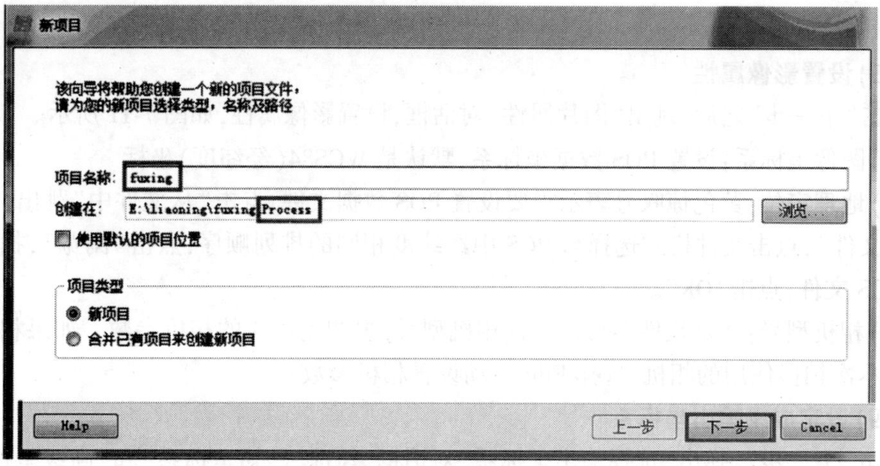


图 7-7　新项目

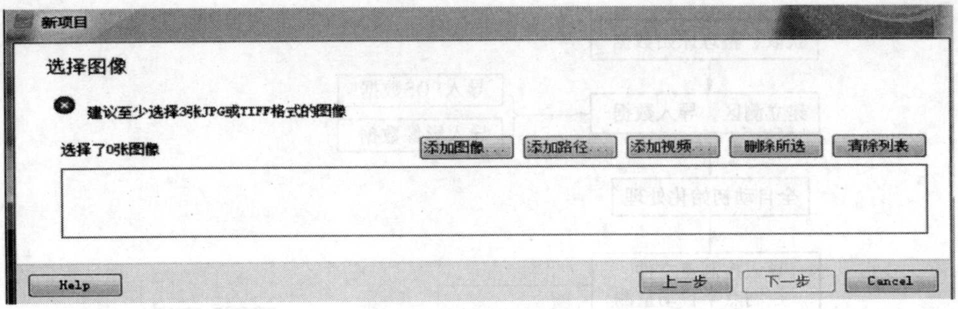


图 7-8　选择图像

点击“添加图像”,跳出“选择图像”对话框,选中一张照片后,按“Ctrl+A”键,如图 7-9 所示。

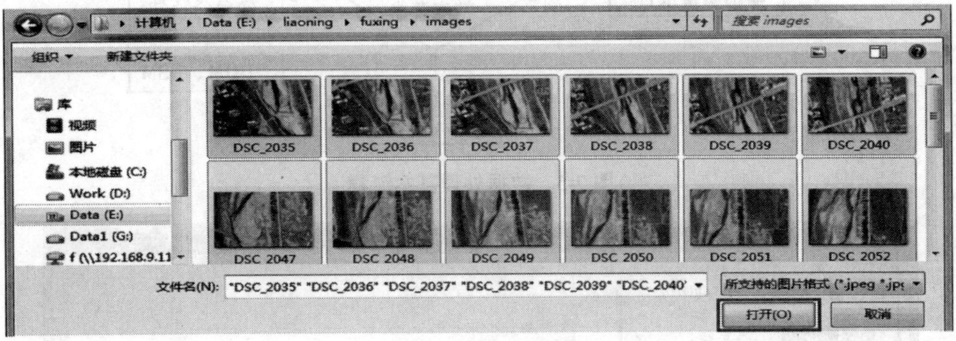


图 7-9　选择图像

在“选择图像”下面出现绿色对勾,表示添加的图像没有问题,点击“下一步”,如图 7-10 所示。

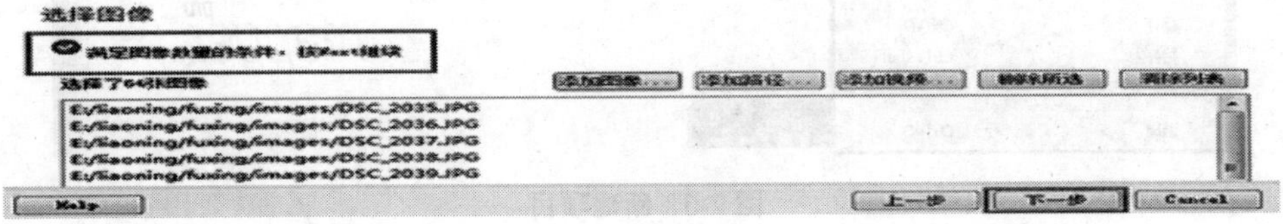


图 7-10　图像合格

**(三)设置影像属性**

点击“下一步”之后,跳出“图片属性”对话框,设置影像属性,如图 7-11 所示。

(1)图像坐标系:设置 POS 数据坐标系,默认是 WGS84(经纬度)坐标。

(2)地理定位:黄色惊叹号表示需要设置 POS 数据文件,点击“从文件中”跳出“选择定位信息文件”,点击文件格式选择与 POS 中经纬度相同的排列顺序,点击“浏览”,找到编辑好的 POS 文件,点击“OK”。

(3)相机型号:通常软件会自动识别相机型号,去调用对应的相机参数。如果相机模型库没有本次拍摄使用的相机,选择 Edit 手动设置相机参数。

**(四)设定成果输出坐标系**

点击“下一步”,弹出“选择输出坐标系”对话框,勾选“已知坐标系”和“高级坐标系”选项,如图 7-12 所示。

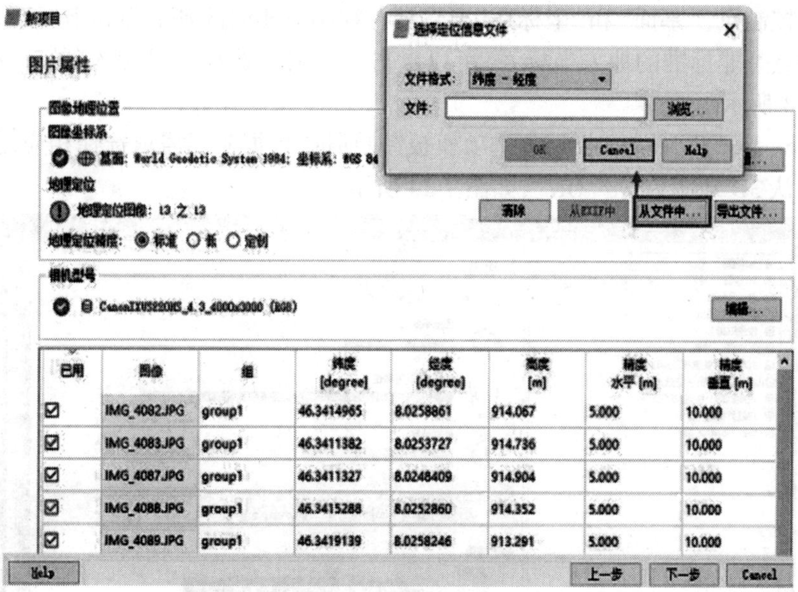


图 7-11 图片属性

图 7-12 选择输出坐标系

点击图 7-13 中的“从列表”,跳出“坐标系”对话框。

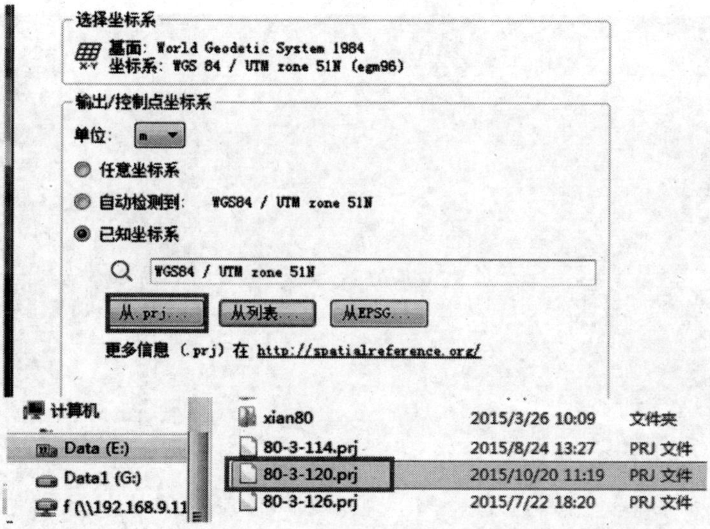


图 7-13 选择输出坐标系

如果有控制点,“基面”和“坐标系”要选择与控制点相同的基准面和坐标系。

若控制点是非标准的地方坐标系,可以点击“从 prj”,选择自己导入的 prj 参数坐标文件,如图 7-13 所示。

点击“下一步”后,跳转到“处理选项模板”对话框,根据实际需求选择相应的选项,大部分情况下默认 3D 地图,点击“OK”,如图 7-14 所示。

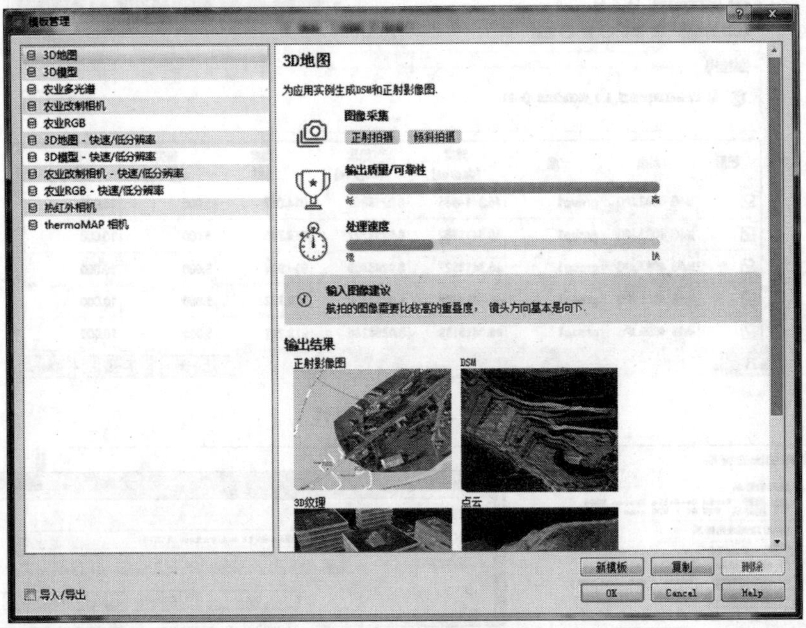


图 7-14　处理选项模板

新项目创建完成后,如图 7-15 所示。

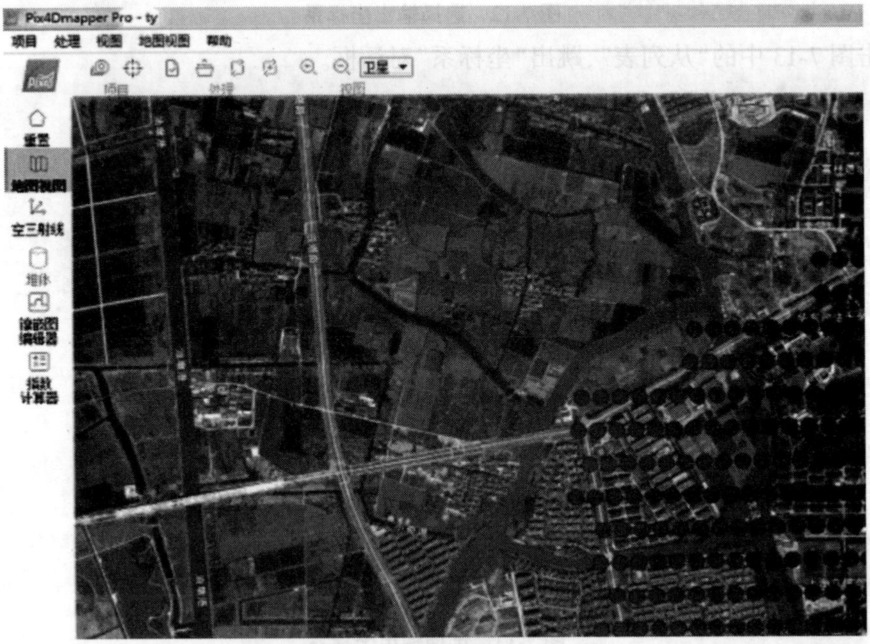


图 7-15　工程主界面

## 三、初始化处理、点云及纹理

应用航摄影像和 POS 数据，通过影像匹配组建区域网，进行自由网平差，获取模型的点云数据和纹理数据。

如图 7-16 所示，在工程主界面下面的“本地处理”栏中，勾选“1. 初始化处理”和“2. 点云及纹理”，把“3. DSM 和正射影像图及指数…”前的勾去掉，再点击“选项”，进入处理选项界面进行设置。

图 7-16 工程主界面

如图 7-17 所示，首先可以在“处理选项”界面左下角勾选“高级”，在这个界面中会显示所有的选项及功能。再在“初始化处理”下的“常规”选项里勾选“全面高精度处理”，完成后点击“OK”。第二项“快速检测”选项处理出来的结果精度比较低，但速度会很快。因此此项处理一般在飞行现场进行，发现问题方便及时处理。如果快速处理失败了，那么后续的操作也可能出现相同结果。

回到主界面，点击“开始”进行全自动处理，直到这两步的处理完成。

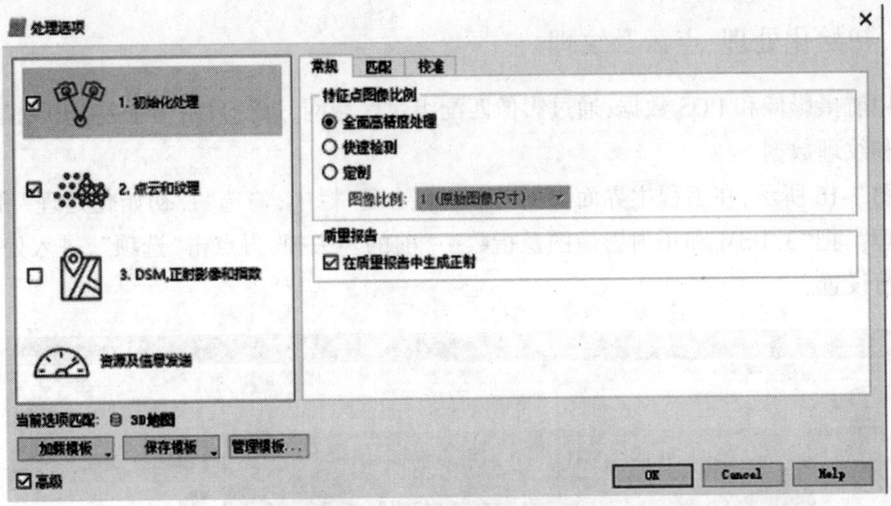


图 7-17　“处理选项”界面

## 四、添加像控点

添加控制点的目的是将产品纳入指定地面坐标系中，这里分为两种情况：一种是使用标准的国家坐标系，软件可以通过导入控制点坐标来预测控制点的点位，从而在影像上刺加控制点；另一种是使用非标准的国家坐标系，如地方坐标系。添加控制点的方式如下。

**（一）使用标准的国家坐标系**

（1）编辑控制点坐标格式（见图 7-18），注意 Pix4D 的 *X*、*Y* 坐标与测量坐标相反。

| | A | B | C | D | E |
|---|---|---|---|---|---|
| 1 | k1 | 3436114.425 | 585084.3876 | 354.2796 | |
| 2 | k2 | 3436340.011 | 586387.8181 | 339.0468 | |
| 3 | k3 | 3434782.303 | 585179.5148 | 344.4034 | |
| 4 | k4 | 3434783.86 | 586437.1401 | 354.3008 | |
| 5 | k5 | 3435647.626 | 585893.5718 | 337.4106 | |
| 6 | | 注：在Pix4d中X位数为六位（如果有带号 | | | |
| 7 | | 为八位），Y的位数为七位 | | | |
| 8 | | | | | |

图 7-18　控制点编辑

（2）在软件“项目”的“GCP/MTP 管理”界面中选择“导入控制点”，在弹出的界面中，选择“坐标顺序”，再在“浏览”导入前期编辑好的控制点坐标文件，点击“OK”，如图 7-19 所示。

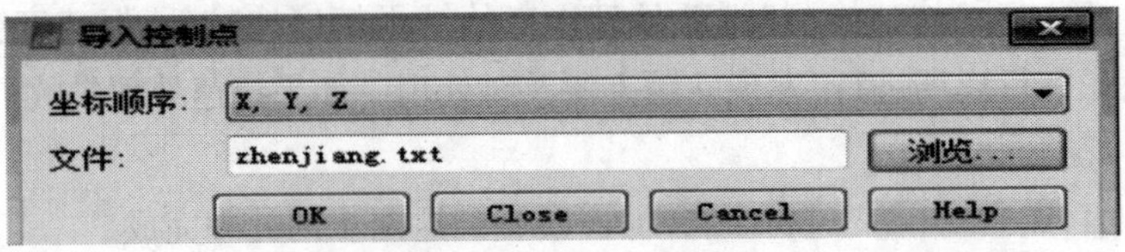


图 7-19　导入控制点坐标

回到“GCP/MTP 管理”界面，如图 7-20 所示，可以看到导入的控制点坐标，点击“OK”。

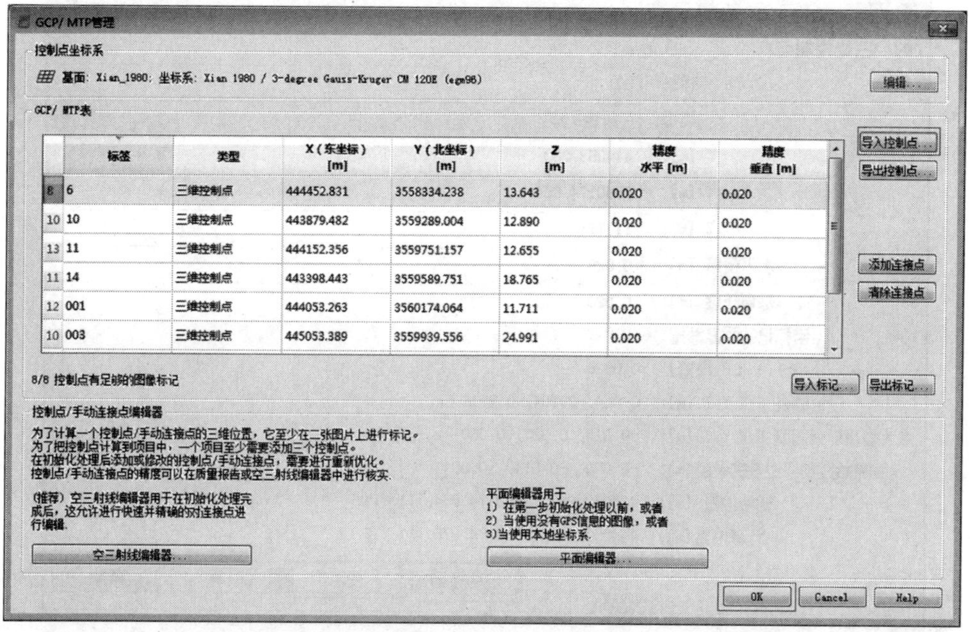


图 7-20　“GCP/MTP 管理”界面

进入“空三射线”界面中，去掉绿色矩形框中“相机”前的勾选，点击“连接点”中的“控制点”选择相应的点号，软件自动预测控制点所在的照片，属性框中会自动弹出相对应的照片，如图 7-21 所示。

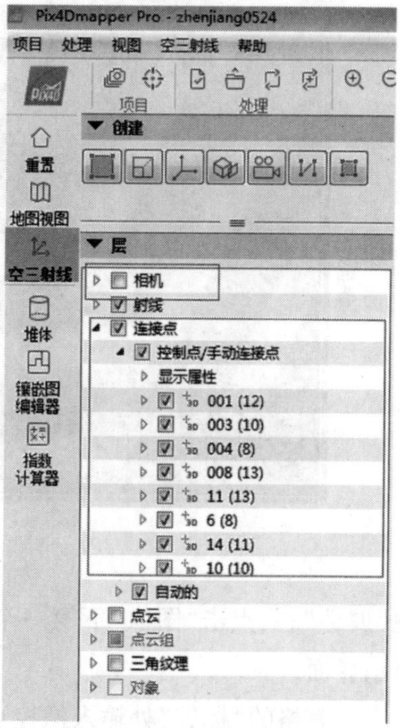


图 7-21　控制点图层

在照片上找到控制点的点位连续点击两张照片后，软件会预测出控制点的点位，但是预测出的点并不是绝对的精确，必须选中该照片，滑动鼠标滚轮放大到一定程度后，点击在像控点的正中间（黄色的点是人为点出的像控点，并被记录下来；绿色的点为软件预测出的像控点，没有被记录下来，需要点击才能被记录；并不是所有的照片中的像控点都要点击，有些模糊的、靠近边角的可不用点击），点击完成后，输入相应的坐标，点击“自动标记”，再点击“使用”，具体情况如图 7-22 所示。

依次选择所有的控制点，直到点位刺加完成。

### （二）使用非标准的国家坐标系

如图 7-23 所示，在“空三射线”界面中，去掉绿色矩形框中“相机”前的勾选，勾选红色矩形框中“点云”前的复选框，弹出“提示”，点击“OK”，把点云加载上，如图 7-24 所示。

在点云图上找到像控点的位置，鼠标单击该位置（见图 7-25）后，软件界面的最右边出

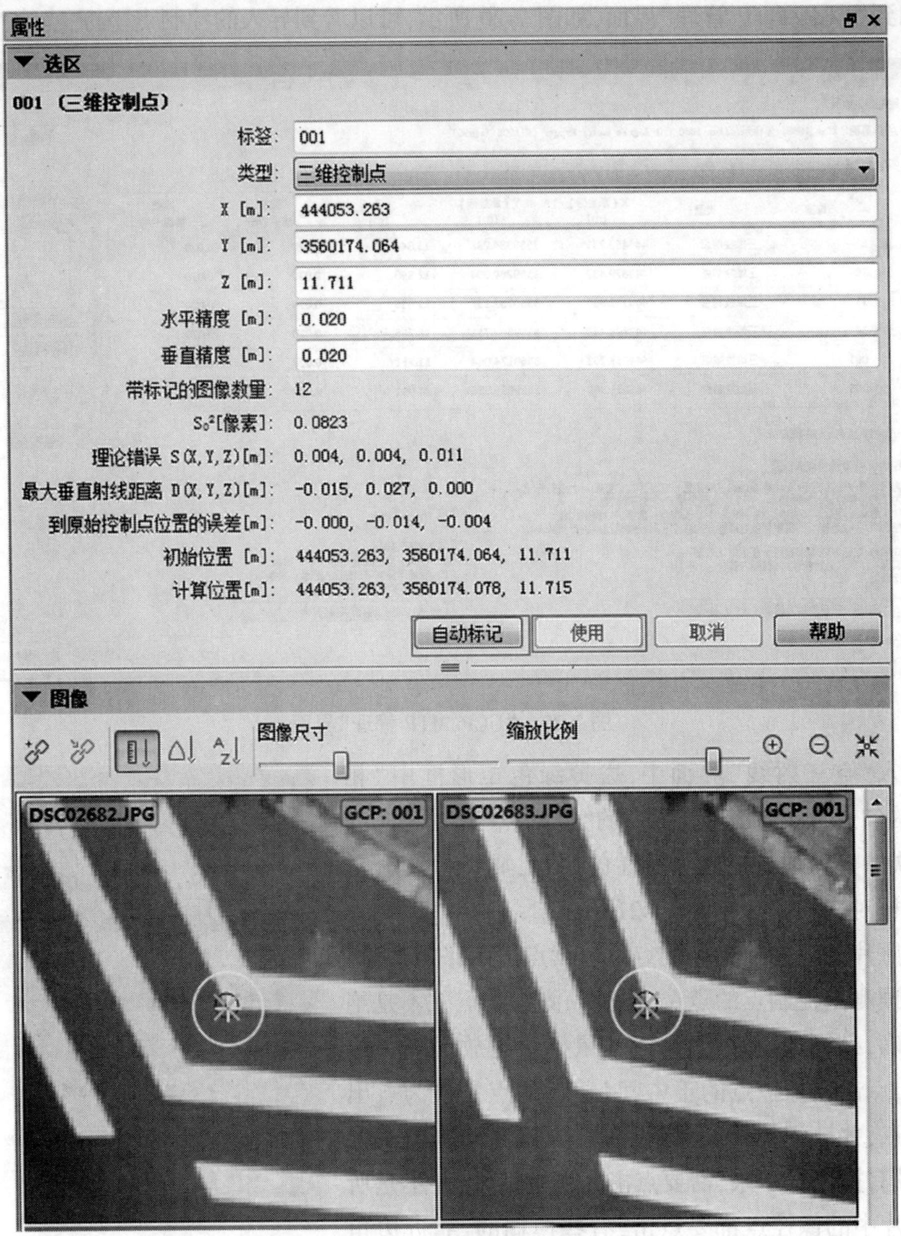


图 7-22 控制点属性

现“属性”栏，点击“图像”下第一个按钮“新连接点”(见图 7-26)，“属性”栏转变成图 7-27 所示界面。

在表格的“标签”处输入像控点的名称，“类型”选择“三维像控点”，$X$、$Y$、$Z$ 为像控点的坐标，稍后输入。“精度”在此处忽略，然后在“图像”下的照片中点击像控点所在的位置，点击两张照片后，软件则会自动在余下的照片中预测出像控点所在的位置，如图 7-28 所示。

预测出的点并不是绝对的精确，必须选中该照片后，滑动鼠标滚轮放大到一定程度后，点击在像控点的正中间(不是所有照片中的像控点都要点击，有些模糊的、靠近边角的可不

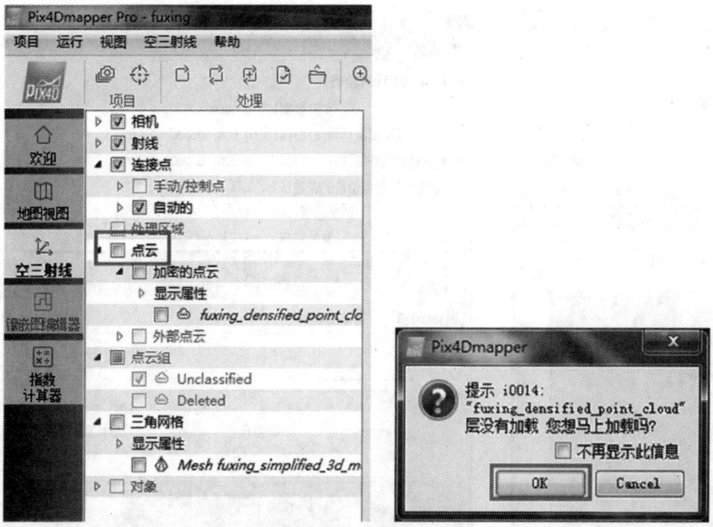


图 7-23 加载点云

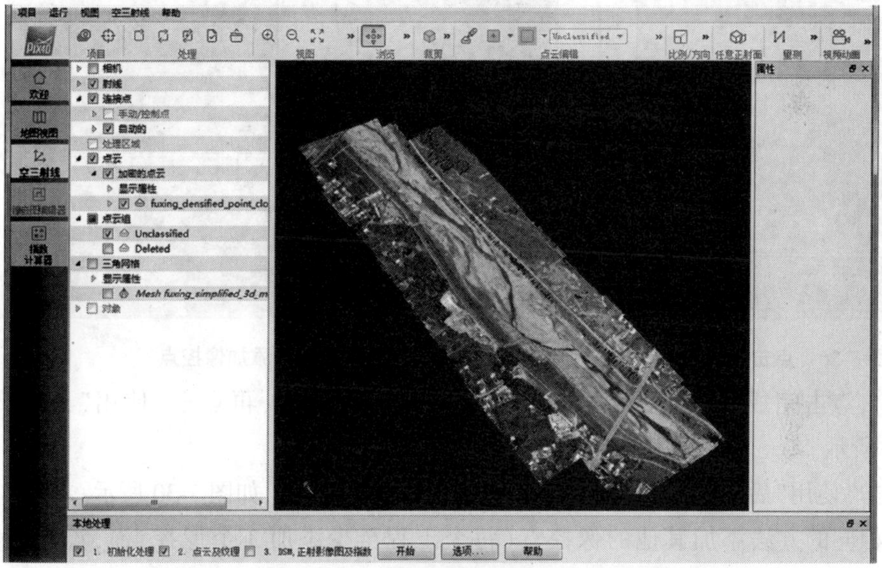

图 7-24 加载点云完成

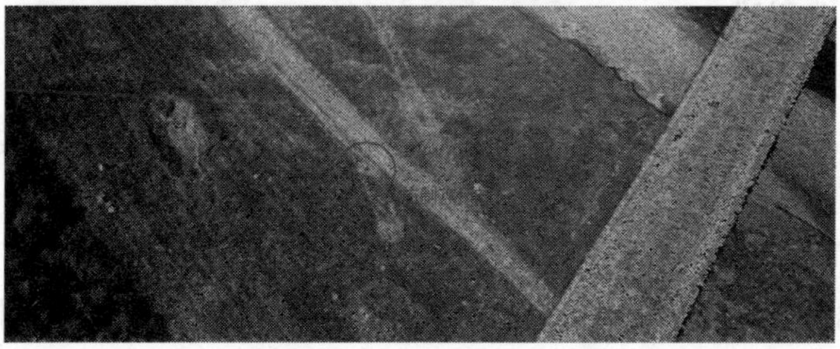

图 7-25 找到像控点

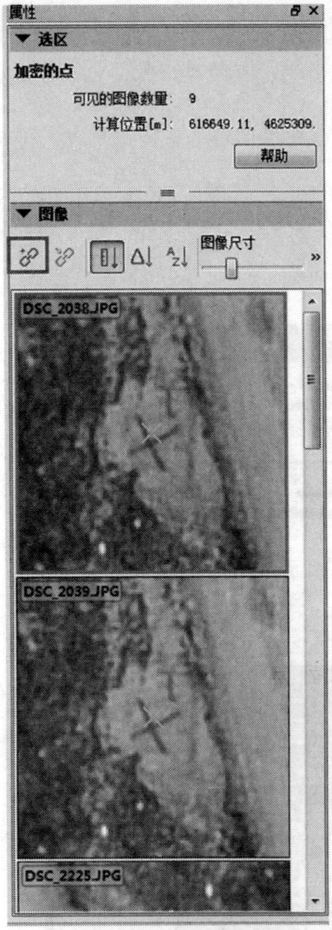


图 7-26 点击“新连接点”

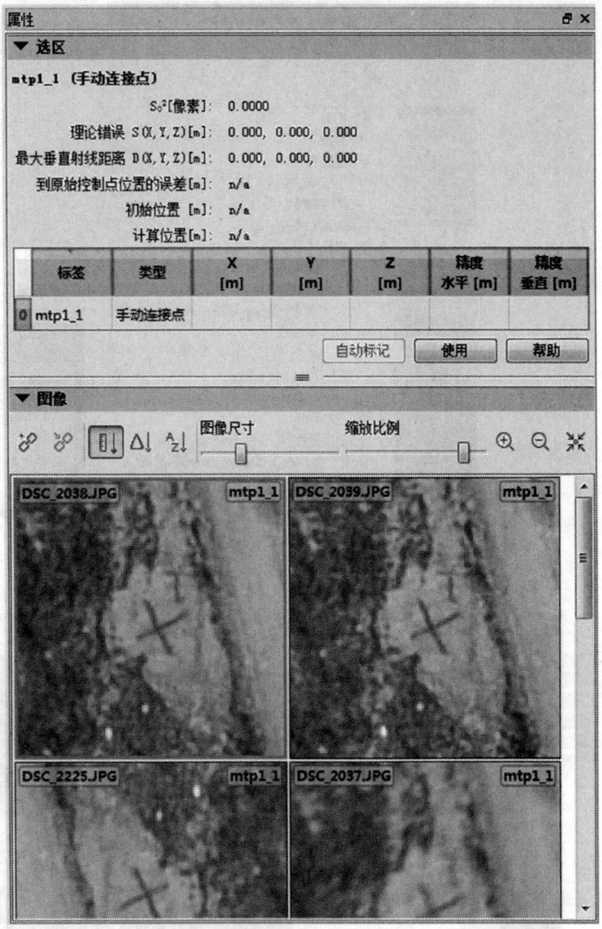


图 7-27 添加像控点

用点击),点击完成后,输入相应的坐标,点击“自动标记”,再点击“使用”,具体情况如图 7-29 所示。

点击“使用”后,点云图上会出现已经添加进去的像控点,如图 7-30 所示。

用相同的方法添加其他的像控点(每个工程至少添加 3 个像控点),添加完成后如图 7-31 所示。

## 五、检查坐标系统

像控点添加完毕后,要检查像控点的坐标系统与输出的坐标系统是否一致。像控点坐标系统的查看方式为:点击“像控点/手动连接点编辑器”,即矩形框住的按钮(见图 7-32),跳出如图 7-33 所示对话框,最上面框内部分即为像控点的坐标系统,若其为指定的坐标系统,关闭对话框即可。

查看输出坐标系统的方式为:点击菜单栏里的“项目”,选中下拉菜单中的“选择输出坐标系...”(见图 7-34),检查显示的坐标系与像控点的坐标系是否一致。

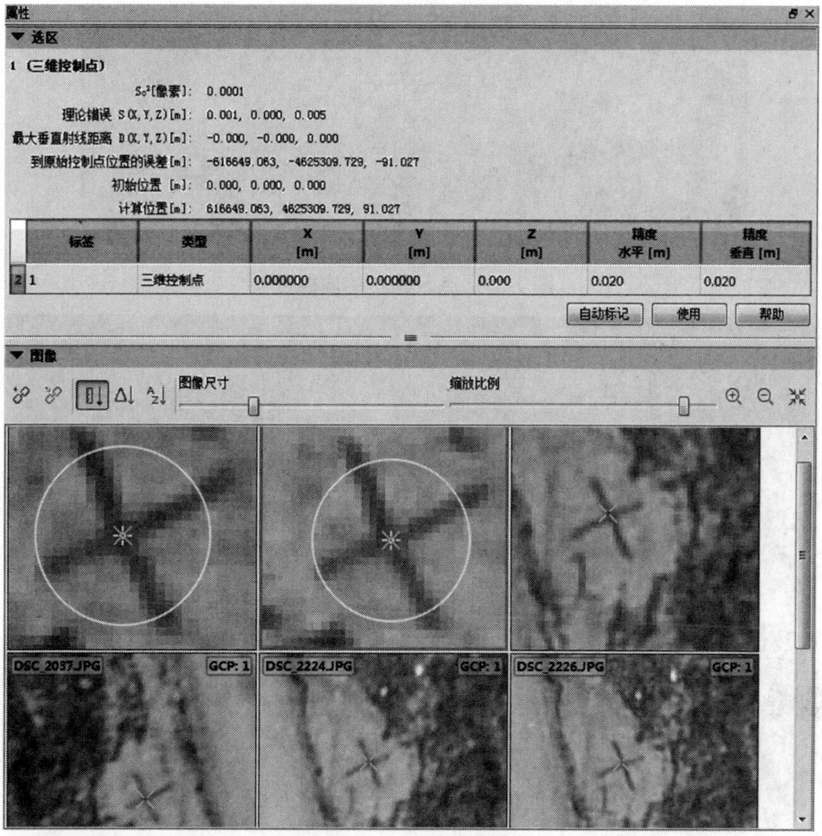


图 7-28　添加像控点(一)

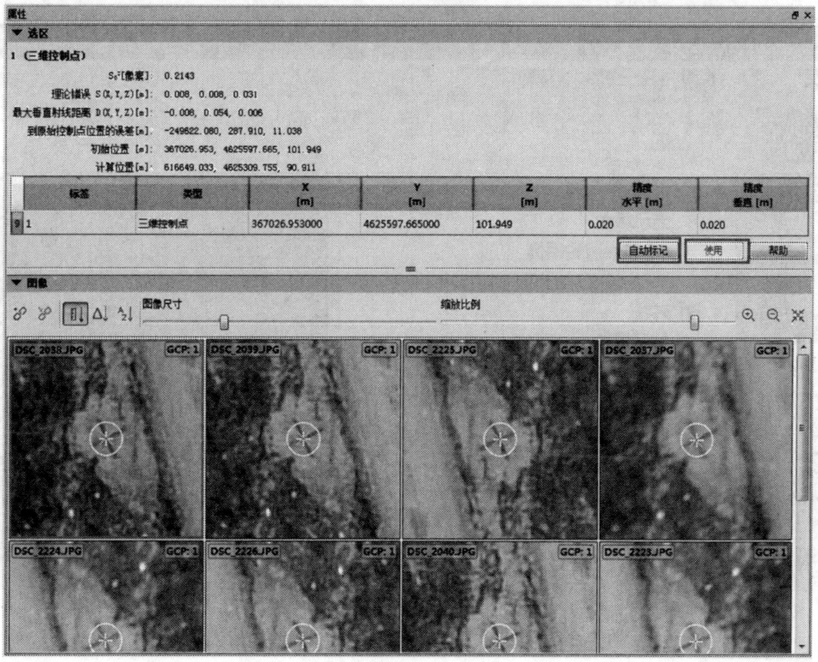


图 7-29　添加像控点(二)

图 7-30　点云图中的像控点

图 7-31　添加完成的像控点

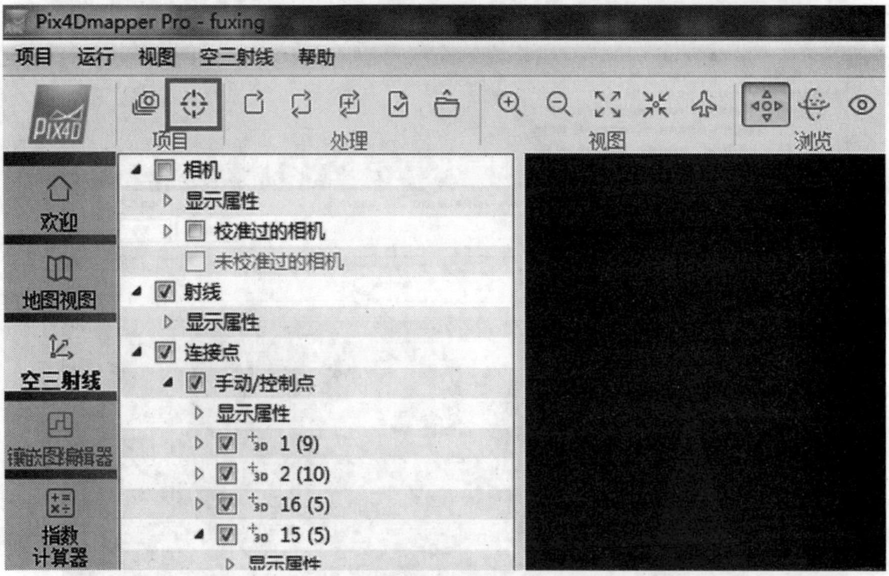


图 7-32　点击“像控点/手动连接点编辑器”

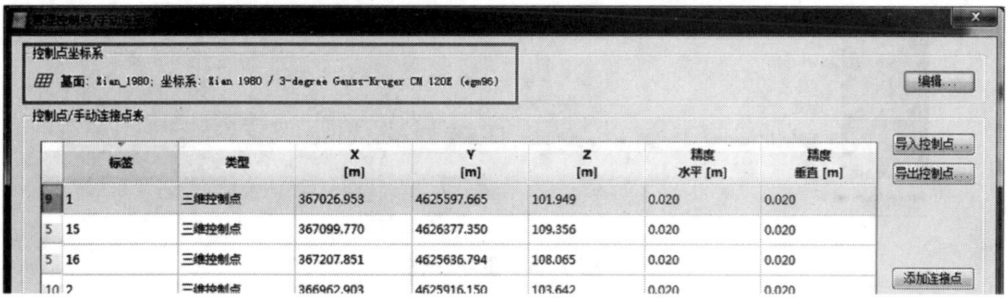


图 7-33　管理像控点/手动连接点

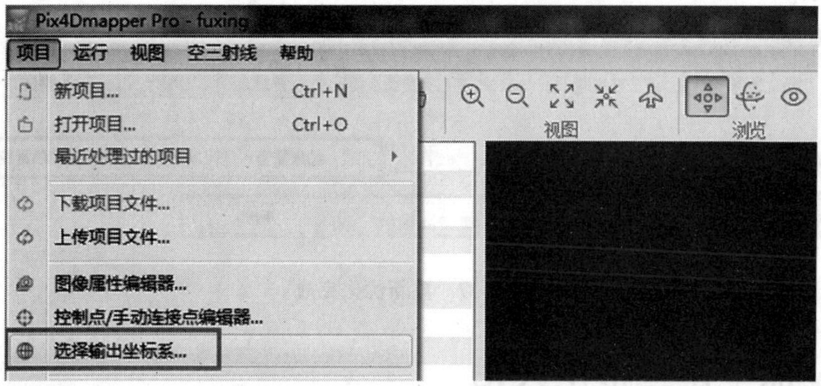


图 7-34　点击“选择输出坐标系统”

## 六、重新优化

坐标系统检查完毕后，点击图 7-35 中矩形框框出的“重新优化”按钮。

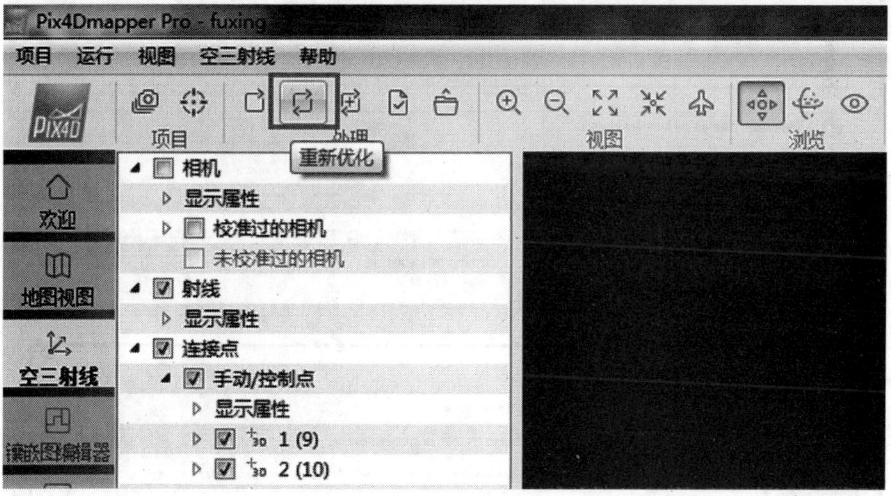


图 7-35　重新优化

跳出“警告”对话框，直接点击“OK”，“本地处理”开始进行“重新优化”，如图 7-36 所示。

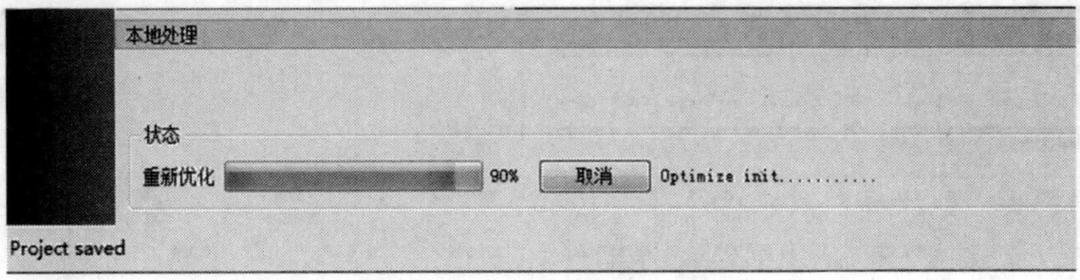


图 7-36　重新优化

重新优化完成后，提示“完成，如果需要，您可以从菜单中重新生成质量报告”，如图 7-37 所示。

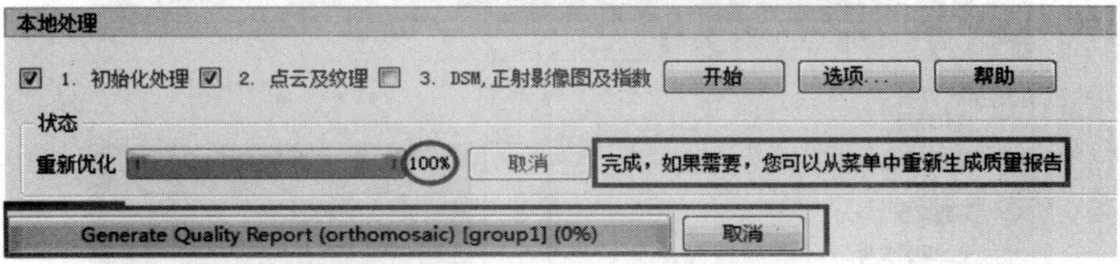


图 7-37　重新优化完成

## 任务四　质量报告分析

点击菜单栏中的“运行”，选择“生成质量报告”后，图 7-37 最下面的进度条开始跑动。当进度条跑完后，质量报告会自动弹出来，如图 7-38 所示。

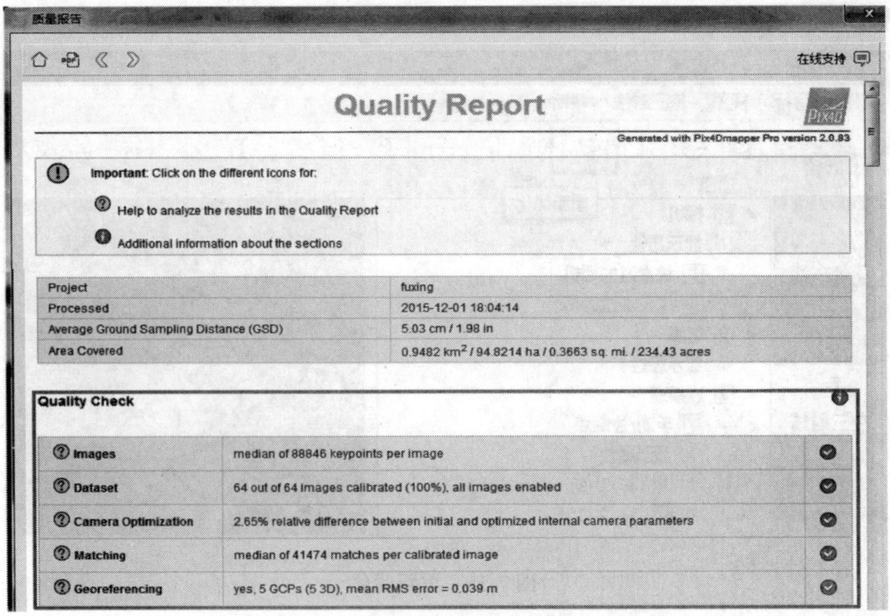


图 7-38　质量报告

## 一、质量报告分析

图7-38中,首先要关注的是矩形框中质量检查(Quality Check)部分,若全部是绿色勾,表示质量报告通过。如果其中有黄色问号或者红色,那么就需要检查问题所在。

(1)Images(图像):在图像上能够提取的特征点的数量,如果图像比例>1/4,那么每张图像上提取的特征点数量应该是10 000个点以上;如果图像比例≤1/4,那么每张图像上提取的特征点数量应该是1 000个点以上。

(2)Dataset(数据集):主要是显示在一个block中能够进行模型重建的图像数量。如果显示有几个block,那么可能是飞行时像片间的重叠度不够或者像片质量太差。一般来说,在一个block中,需要校准的图像要>95%。

(3)Camera optimization Quality(相机参数优化质量):最初的相机焦距及像主点与计算得到的相机焦距和像主点误差不能超过5%,如果显示有超过5%的误差,那么就需要到相机设置对话框中加载优化过的参数,在项目文件中尽量多加一些手动连接点,然后重新开始第一步的处理,直到在质量报告中显示通过。

(4)Matching(匹配):每张校准图像匹配的中位数。如果图像比例>1/4,那么每张校准图像上计算出的匹配数应该是1 000以上;如果图像比例≤1/4,那么每张校准图像上计算出的匹配数应该是100以上。

(5)Georeferencing(地理定位):主要用于检查控制点的误差,首先确认项目使用了控制点,如果没有布控制点,则可以对显示的黄色警告不予理会。

如果使用了控制点,则要求控制点的误差小于2倍的平均地面分辨率。若这一项后面出现"X"或者"!",则表示像控点误差较大。此时,把质量报告向下拉到如图7-39所示界面,可查看是哪一个像控点的误差超限(限差是3倍的GSD值)。

**Geolocation Details**

**Ground Control Points**

| GCP Name | Accuracy XY/Z [m] | Error X [m] | Error Y [m] | Error Z [m] | Projection Error [pixel] | Verified/Marked |
|---|---|---|---|---|---|---|
| 1 (3D) | 0.020/ 0.020 | 0.005 | -0.028 | 0.002 | 0.485 | 9 / 9 |
| 2 (3D) | 0.020/ 0.020 | 0.000 | 0.011 | 0.006 | 0.754 | 10 / 10 |
| 16 (3D) | 0.020/ 0.020 | -0.066 | 0.042 | 0.132 | 0.296 | 5 / 5 |
| 15 (3D) | 0.020/ 0.020 | -0.008 | 0.021 | 0.138 | 0.146 | 5 / 5 |
| 3 (3D) | 0.020/ 0.020 | 0.002 | -0.008 | -0.020 | 0.654 | 10 / 10 |
| Mean [m] | | -0.013407 | 0.007566 | 0.051531 | | |
| Sigma [m] | | 0.026799 | 0.024045 | 0.068539 | | |
| RMS Error [m] | | 0.029966 | 0.025207 | 0.085750 | | |

图7-39 像控点误差

之后再到"空三射线"中,点击"连接点"下拉选项,点击"手动/像控点"下拉选项,出现已添加的像控点,双击超过限差的那个点(见图7-40)。此时在软件界面最右边"属性"下的"图像"中去调整点的位置,调整完成后,依然要点击"自动标记"和"使用",如图7-41所示。

点位调整完毕后,双击每一个像控点,在图7-41上部区域检查该像控点的误差,必须把每一个数值都控制在±0.1 以内,才可以保证每一个像控点都不会超过限差。

检查完毕后,需要再次进行“重新优化”和“生成质量报告”。这里要注意的是,只要调整过点位,就要重新优化和生成质量报告。

## 二、区域网空三误差、相机自检校误差、控制点误差的意义

### (一)区域网空三误差

区域网空三误差如图 7-42 所示,Mean reprojection error 就是空三中误差,以像素为单位。若相机传感器的像素为 6 微米(μm),换算成物理长度单位就是 0.166 577×6 μm。

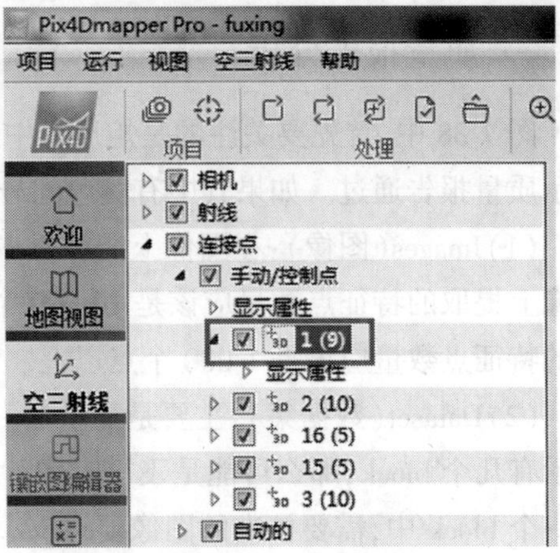


图 7-40 双击像控点

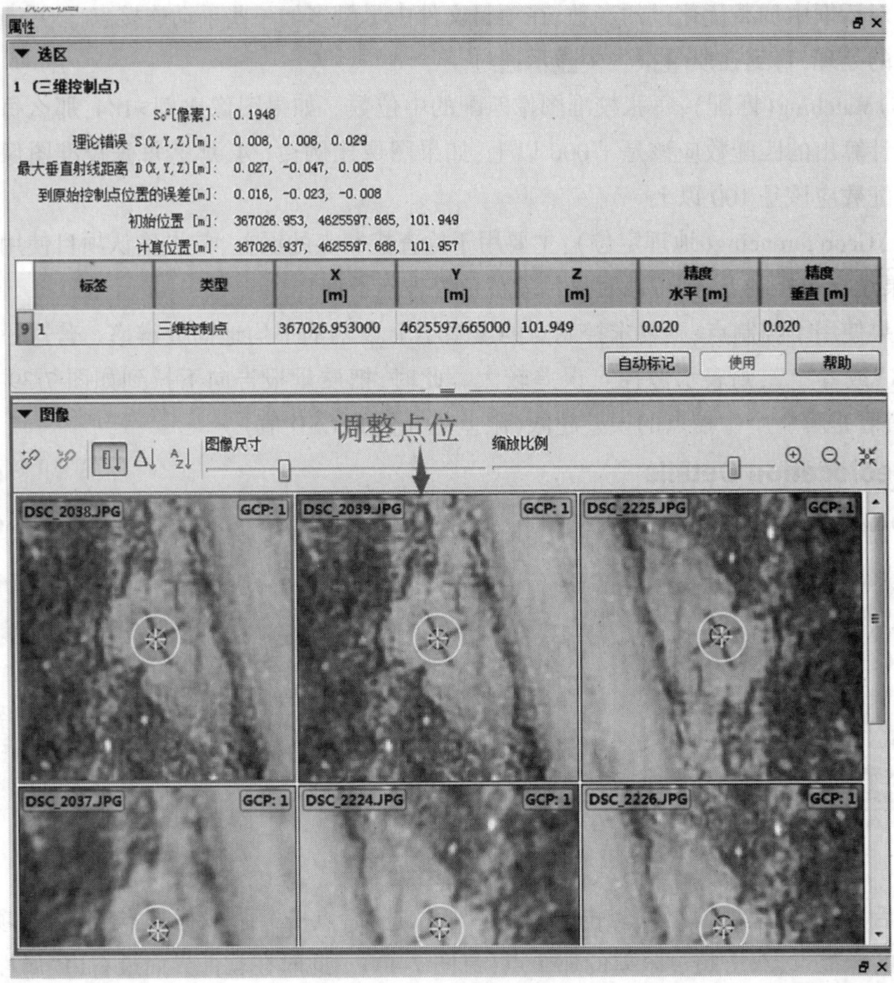


图 7-41 调整点位

**Bundle Block Adjustment details**

| | |
|---|---|
| Number of 2D keypoint observations for Bundle Block Adjustment | 2421255 |
| Number of 3D points for Bundle Block Adjustment | 748374 |
| Mean reprojection error | 0.166577 [pixels] |

图 7-42　区域网空三误差

### (二)相机自检校误差

最初的相机焦距和计算得到的相机焦距相差不能超过 5%,否则就是最初选择的相机模型有误,需重新设置。例如 Focal length 上面是 33. 838 mm,下面是 20 mm,那么肯定是初始相机参数设置有问题,R1、R2、R3 三个参数不能大于 1,否则可能出现严重扭曲现象,如图 7-43 所示。

**Internal Camera Parameters DSC-RX1_35.0_6000x4000. Sensor dimensions: 36 [mm] x 24 [mm]**

EXIF ID: DSC-RX1_35.0_6000x4000

| | Focal length | Principal point x | Principal point y | R1 | R2 | R3 | T1 | T2 |
|---|---|---|---|---|---|---|---|---|
| Initial values | 5639.667 [pix] 33.838 [mm] | 3000.000 [pix] 18.000 [mm] | 2000.000 [pix] 12.000 [mm] | -0.046 | -0.182 | 0.269 | -0.001 | 0.000 |
| Optimized values | 5654.647 [pix] 33.928 [mm] | 3003.492 [pix] 18.021 [mm] | 1984.455 [pix] 11.907 [mm] | -0.032 | -0.288 | 0.463 | 0.000 | -0.000 |

图 7-43　相机自检校误差

### (三)控制点误差

图 7-44 中,ErrorX、ErrorY、ErrorZ 为 $X$、$Y$、$Z$ 三个方向的误差。

**Geolocation and Ground Control Points**

| GCP name | Tolerance XY/Z [m] | Error X [m] | Error Y [m] | Error Z [m] | Projection error [pixel] | Verified/Marked |
|---|---|---|---|---|---|---|
| 3D GCP: 9991060011 | 0.020/ 0.020 | -0.081 | 0.125 | 0.262 | 0.467 | 4 / 4 |
| 3D GCP: 9991072010 | 0.020/ 0.020 | 0.063 | -0.003 | 0.099 | 1.568 | 8 / 8 |
| 3D GCP: 9991076009 | 0.020/ 0.020 | 0.085 | -0.017 | 0.100 | 0.882 | 5 / 5 |
| 3D GCP: 9991146008 | 0.020/ 0.020 | -0.021 | -0.019 | -0.052 | 0.745 | 4 / 4 |
| 3D GCP: 9991147002 | 0.020/ 0.020 | -0.030 | -0.119 | -0.054 | 0.566 | 6 / 6 |
| 3D GCP: 9991048001 | 0.020/ 0.020 | -0.049 | 0.097 | -0.021 | 0.839 | 5 / 5 |
| **Mean** | | -0.005480 | 0.010685 | 0.055497 | | |
| **Sigma** | | 0.059411 | 0.080966 | 0.112443 | | |
| **RMS error** | | 0.059663 | 0.081668 | 0.125393 | | |

图 7-44　控制点误差

同时,在精度报告的结尾,可以显示控制点在哪些相片中已经刺出来,还有哪些相片没有刺出来。如果精度不够好,根据需要可以在这些相片中刺出这些点,提高精度。

## 三、重新运行点云及纹理和 DSM、正射影像图及指数

当“质量报告”合格以后,会发现“本地处理”后两步已经变成了红色(绿色表示处理过,红色表示未处理过),如图 7-45 所示。

这是因为经过“重新优化”和“生成质量报告”后,被覆盖掉了,所以去掉 1,再次勾选 2、3 两步的选框,点击“开始”,如图 7-46 所示。处理完成后,步骤颜色将从红色变为绿色。

图 7-45　本地处理(一)

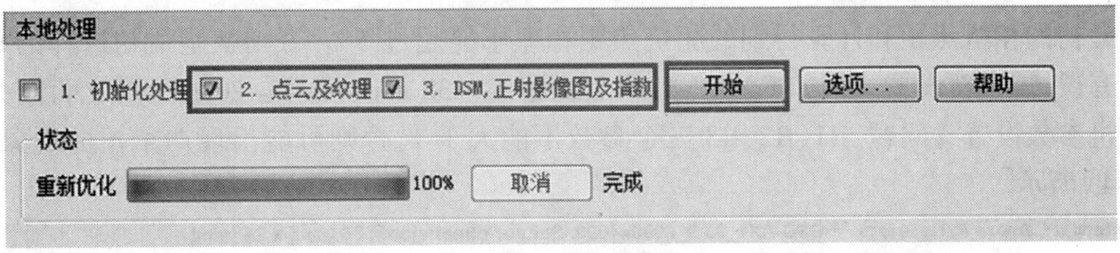


图 7-46　本地处理(二)

# 任务五　产品编辑与查看

## 一、镶嵌图手动编辑

(1)本地处理 2、3 两步完成后,点击图 7-47 中的"镶嵌图编辑器",调出镶嵌图,如图 7-48 所示。

图 7-47　镶嵌图编辑器

(2)在镶嵌图上,滑动鼠标滚轮,放大镶嵌图,查看有无错位、拉花或者扭曲现象(主要查看房屋、道路、河流、湖泊等),若发现,则要进行手动编辑镶嵌图(修图),例如图 7-49 的

图 7-48　镶嵌图

房子边缘出现多处“拉花”现象。

(3)修图的方法是首先找到需要修图的地方,点击界面最右边的“绘制”(见图 7-50)后,鼠标由原来的小手掌变成了十字。鼠标左键把房子框选出来,右键结束绘制。此时,被框出的房屋已经没有了“拉花”现象,因为在被单独“绘制”后,其投影已经变更为“平面投影”(见图 7-51)。

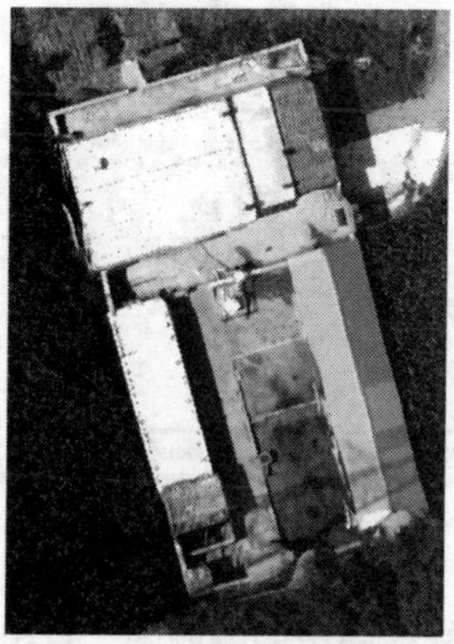

图 7-49　“拉花”现象

图 7-50　绘制

图 7-51　绘制完成

另外,还可以在“图像”下面出现的一系列包含这个房子的图像中选择(点选即可)一个合适的片子,避免绘制的区域和周围的区域拼接错位。

按照上述方法,对出现错位、拉花或者扭曲现象的房屋、道路等进行手动绘制,绘制时要遵循的原则是:房屋没有扭曲,道路没有错位。

(4)保存并导出镶嵌图:手动绘制完成后,要对绘制完成的镶嵌图进行保存。点击界面右下方导出栏中的"保存",界面底部滚动条则开始滚动保存(见图 7-52)。

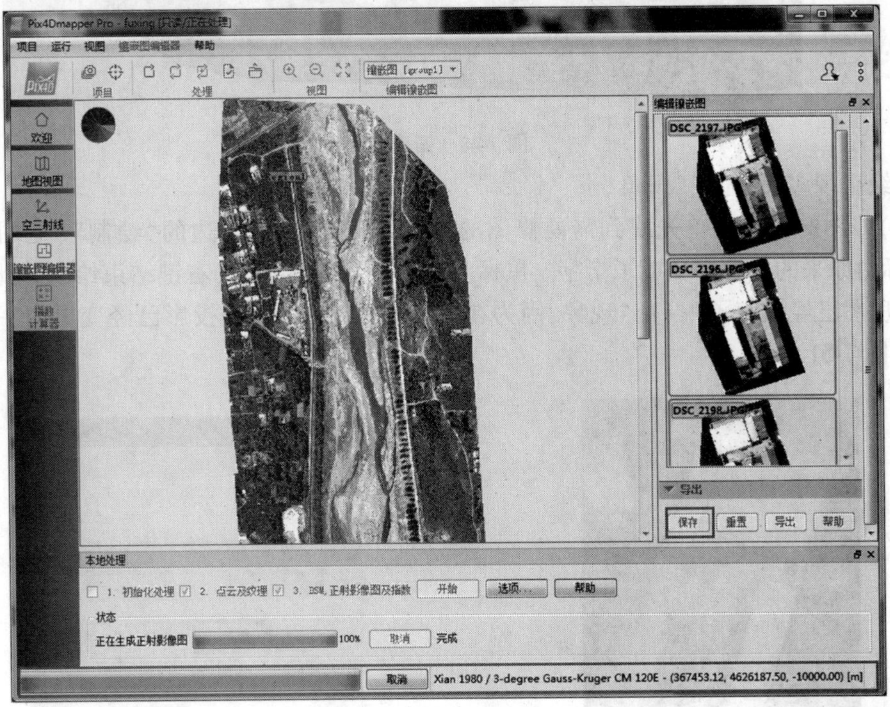


图 7-52　保存

保存完毕后,要把已保存的镶嵌图导出,才可以看到修整完毕的镶嵌图。点击界面右下方"导出"栏中的"导出",弹出"警告",提醒在做"导出"前有没有保存等,确认无误后,点击"OK",界面底部滚动条则开始滚动导出(见图 7-53)。

导出完毕后,自动弹出"提示",指出镶嵌图所在目录。

## 二、查看正射影像和数字表面模型

安装 Global Mapper 软件后即可用其查看正射影像。安装完成后,点击 Global Mapper 图标,按照提升目录找到正射影像图(后缀为. tif),直接把镶嵌图的 tif 文件拖到刚刚打开的 Global Mapper 软件中,等待其加载完毕后,即可浏览正射影像,如图 7-54 所示。

此时只能查看图像的平面坐标,若需获得高程,则需叠加数字表面模型(DSM)。先在相应的文件夹下找到. tif 格式的数字表面模型(文件路径一般在 process\fuxin\3_dsm_ortho\1_dsm),把其直接拖进 Global Mapper 软件中,然后在相应的文件夹下找到. tif 格式的正射影像(文件路径一般在 process\fuxin\3_dsm_ortho\2_mosaic),直接拖进已加载好的数字表面模型中,叠加之后即可在软件界面下方查看鼠标所在位置的平面坐标及高程信息,如图 7-55 所示。

## 三、生成等高线

如图 7-56 所示,点击"本地处理",勾选"3. 数字表面模型和正射影像图",点击"选项"。

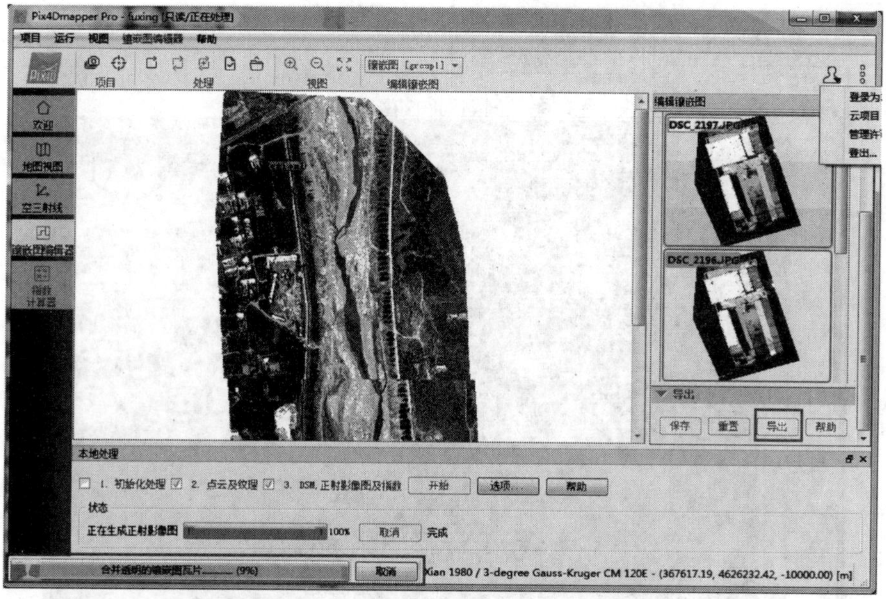


图 7-53　导出

图 7-54　查看正射影像

然后在如图 7-57 所示“等高线”一栏中勾选合适的文件格式，并在下方设置所需的参数。完成后，点击“OK”，可以看到第三步的颜色变成了红色。此时点击“处理”，选择“生成等高线”，如图 7-58 所示。

## 四、堆体的功能

在重新处理完本地处理的第二步点云和纹理后，加载上加密的点云。软件可在点云模式下创建折线、平面及堆体，获取测量结果。如图 7-59 所示，在主界面上点击“堆体”，进入测量工具。

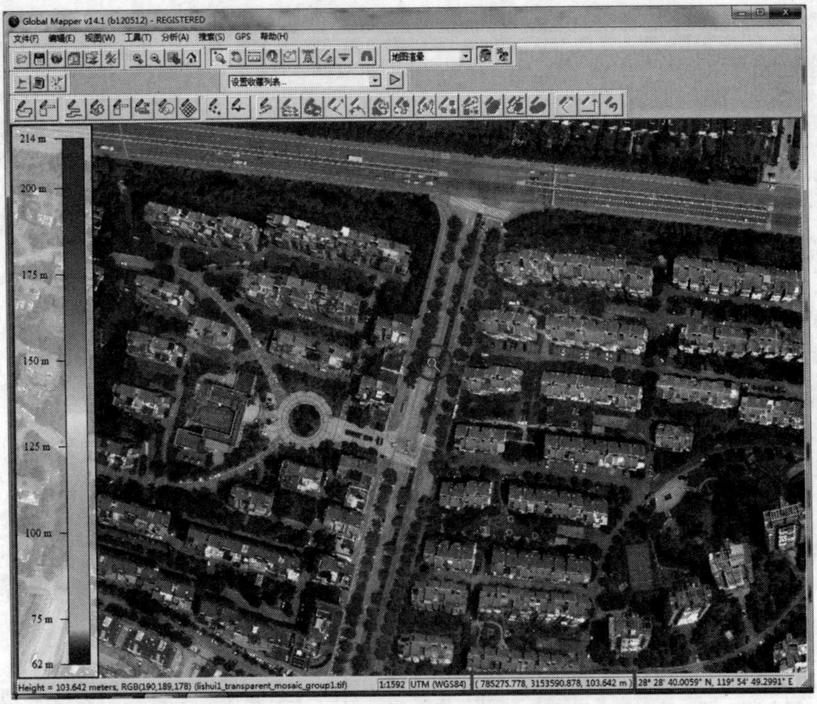


图 7-55　查看正射影像高程信息

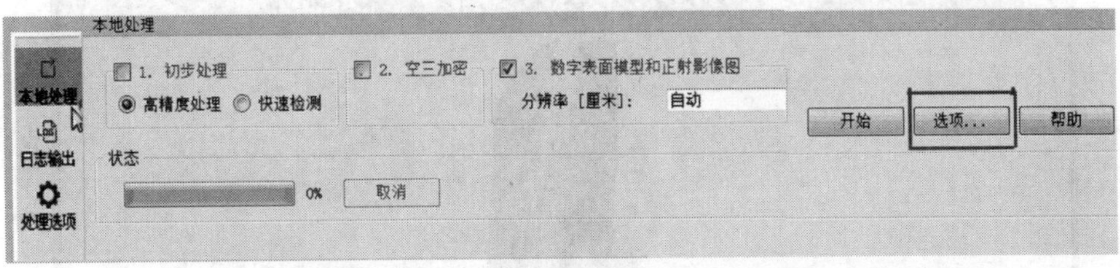


图 7-56　选项

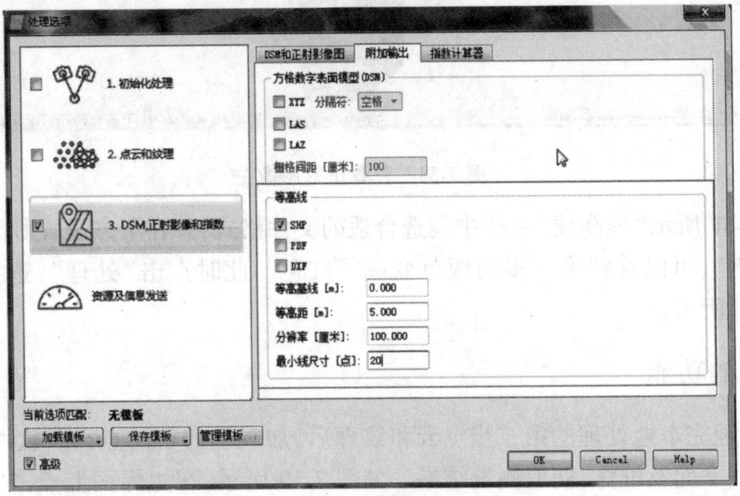


图 7-57　生成等高线

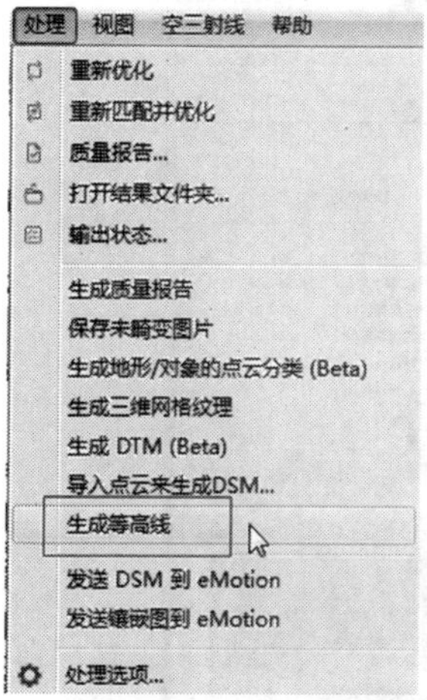


图 7-58　生成等高线

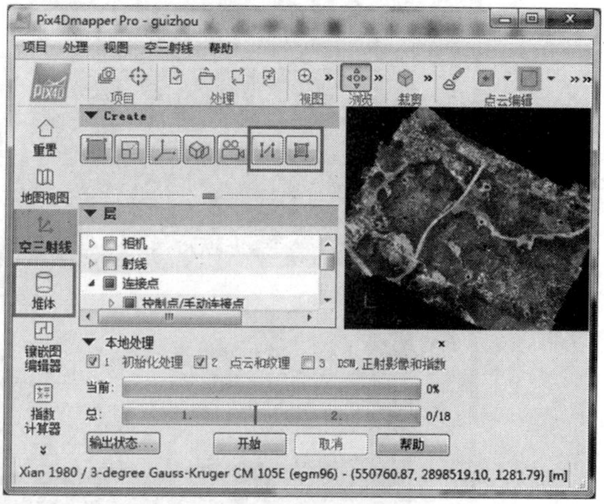


图 7-59　测量工具

## (一) 长度测量

点击“新折线”，在点云模型中需要测量的地方画线，左键开始，右键结束，并在右侧窗口对顶点位置进行精确调整，至少调整两张影像。完成后，点击“使用”，可得到线段的二维长度、三维长度及其误差，如图 7-60 所示。

图 7-60　长度测量

## (二) 面积测量

面积测量方法与长度测量相同，先点击“新平面”，在需要测量的区域建立平面，左键开始，右键结束。然后在右侧图像中对每一个顶点进行精确调整，不能有遗漏，完成后，点击“使用”，获取面积和长度，如图 7-61 所示。

图 7-61　面积测量

## (三)体积测量

点击“堆体”,在该模块中可测量地物体积。点击 ,在需要量测的地物的底面建立平面,接着点击“Compute”,系统将计算出地物的三维地形面积、挖填方量及总体积,如图 7-62、图 7-63 所示。

图 7-62　体积测量(1)建立地面

## (四)新视频动画

点击“ 新视频动画”,选择“从用户浏览记录”,点击“Next”,如图 7-64 所示。

图 7-63 体积测量结果

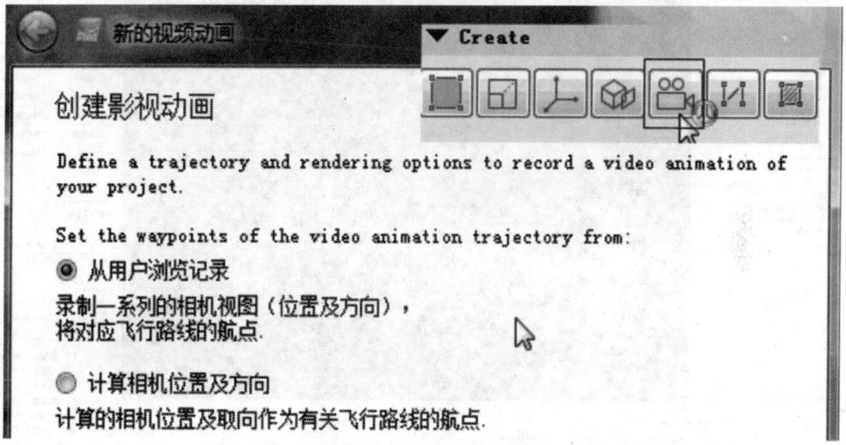


图 7-64 创建新动画

在点云模型中设定好 3D 视图的位置和朝向，根据用户的视角，沿浏览轨迹在点云模型上添加点。在转角处，要注意旋转速度不宜过快，避免视频录制完成后有较大的抖动。每在模型中点击一个点，就点击“记录航迹点”，重复该步骤，直至所有需要的航点都添加完毕。完成后点击“Next”，设置好视频持续时间，点击“Finish”完成视频的录制，如图 7-65 所示。

完成后，双击“动画 1”，可在右侧窗口修改视频的一些参数，点击“播放”可观看视频录制效果。确定无须修改后，点击“导出”，如图 7-66 所示。

图 7-65　创建新动画一

图 7-66　创建新动画二

# 项目八 基于 SVSDPA 和 eFeature 的无人机数据处理

## 任务一 SVSDPA 软件功能及运行要求

### 一、软件简介

航空影像处理系统 SVSDPA 是一款专门处理航空影像的空三和正射影像制作软件，支持各类航空影像的数据处理，包括 eBee、大疆精灵等小型无人机数据及大幅面航空影像数据等。其主要特点有：支持全自动的 POS 空三转点，对落水、云雾遮挡、姿态不好的数据提供更好的支持；支持高精度 GPS 平差解算，能实现稀少控制点条件下的高精度测图；支持海量数据的空三和正射影像制作；能获取高密集、高精细、高精度的 DSM 点云，支持标准 LAS 格式的真彩色点云输出；支持 DEM/DOM 叠加联动编辑，DOM 会根据 DEM 编辑结果实时更新写入，所见即所得；DOM 镶嵌支持智能镶嵌线的生成，提供人性化的交互，操作至简。SVSDPA 的主要功能有：

(1)高效、全自动的空中三角测量。

(2)人性化的空三交互编辑。

(3)自主知识产权的区域网平差模块，支持高精度 GPS/IMU 辅助平差。

(4)高密集、高精度的 DSM 点云生成模块，采用逐像素 DSM 匹配，可以获得比 LiDAR 更密集的真彩色点云。

(5)DEM/DOM 联动编辑模块，DOM 视图上编辑 DEM，DOM 实时更新，所见即所得。

(6)多核并行的 DOM 纠正模块。

(7)智能化的 DOM 镶嵌模块，拼接线自动绕过房屋、道路等地物，有效地减少了人工编辑工作量。

(8)自动化的 DOM 裁切模块。

(9)DEM LOD 细节层次模型生成模块，DOM/DEM 叠加三维显示并实现简单的量测功能。

(10)三维地形浏览模块，提供地形和建筑物的三维场景浏览。

### 二、软件功能

SVSDPA 是一款高度自动化的无人机影像处理系统，它融合了 GPU 高性能计算技术、多核并行技术、计算机视觉方法和摄影测量理论，能进行自动空三，实现 DSM/DEM 产品、正射影像产品及其他相关附属数字产品的生产。具体功能如表 8-1 所示。

表 8-1　SVSDPA 软件功能

| 序号 | 模块名称 | 详细技术参数及特点 |
| --- | --- | --- |
| 1 | POS 空三转点模块 | 支持各类航空影像的数据处理，包括 eBee、大疆精灵等小型无人机数据及大幅面航空影像数据等；<br>支持建完工程后的一键式空三处理，无须进行畸变差修正等预处理工作，处理过程全自动；<br>基于 POS 的空三转点，允许航带连接中断，支持落水、云雾遮挡、姿态不好及存在航摄漏洞的影像数据的处理；<br>支持海量数据的空中三角测量，理论上没有数据量的限制；<br>支持多相机影像处理，支持航带自动划分；<br>支持影像 Exif 信息的读取，直接读取 JPG 影像中的 GPS 等信息；<br>能对所有的工程进行管理，能实现工程的随意切换；<br>支持影像、连接点、控制点按 POS/外方位元素叠加显示；<br>支持工程合并功能、测区接边，支持空三成果质量报告的 PDF 打印输出 |
| 2 | 智能区域网平差 | 支持海量影像数据平差，超 1 万幅大幅面航空影像；<br>提供用户接口，包括提供粗差剔除开关、人工点剔除开关及控制点剔除开关；<br>提供相机自检较功能；<br>支持 GPS 与 IMU 辅助平差，提供偏心改正和漂移改正参数，能实现稀少控制条件下的高精度测图；<br>支持海量数据快速平差，10 min 处理 4 000 幅 |
| 3 | DSM 密集点云生成模块 | 逐像素 DSM 匹配，获得比 LiDAR 更密集的点云；<br>全局约束优化算法保证匹配点云的高可靠性；<br>利用多基线深度图融合技术，使得匹配的物方点高程比仅利用传统单模型匹配具备更高精度；<br>通过设置不同的匹配参数，可以快速获取不同效果的密集点云；<br>可输出标准 LAS 格式的真彩色点云，可对 DSM 滤波直接生成 DEM；<br>支持多线程并行处理 |
| 4 | DEM/DOM 联动编辑模块 | 提供多种 DSM 滤波方式（房屋滤波、三角内插、平滑等），通过设置不同的滤波参数，获取不同的滤波效果；<br>提供多种 DEM 显示方式，以及数据导入/导出功能；<br>DEM/DOM 联动编辑，DOM 上编辑 DEM，DOM 实时更新，文件实时写入，所见即所得；<br>支持立体视图环境下编辑及 DOM 视图环境下编辑，支持流线选择；<br>提供所有当前编辑区域备选片的选择，纠正效果实时预览，所见即所得；<br>提供 PhotoShop 接口，支持选定影像区块的 PS 调整，调整结果直接写入 DOM 成果 |
| 5 | DOM 纠正模块 | 支持 GPU/CPU 并行加速，提高数据处理效率；<br>支持多幅影像并行纠正；支持自动抽片处理，加快纠正速度 |

续表 8-1

| 序号 | 模块名称 | 详细技术参数及特点 |
|---|---|---|
| 6 | DOM 镶嵌模块 | 支持简单多边形及智能镶嵌线等多种镶嵌线的生成；<br>镶嵌拼接线自动绕过房屋、道路等地物，有效减少人工编辑工作量；<br>可对拼接线进行任意多边形扩展，无结点限制，最大限度地减少按钮切换操作；<br>支持 dxf 格式拼接线的导入导出工作；<br>编辑过程中对影像的编辑结果进行实时判断，随时撤销误操作，最大限度地减少支持局部影像替换，允许在不同候选影像中切换，替换效果实时预览；<br>支持多分辨率融合输出，实现拼接缝的自然过渡；<br>支持鹰眼视图导航浏览、急速无缝漫游，支持编辑区域的标记 |
| 7 | DOM 裁切模块 | 支持多种 DOM 裁切方式，包括标准图幅裁切、矩形块裁切、图幅文件裁切及自定义（矩形/多边形）方式裁切 |
| 8 | DEM、LOD 生成模块 | 可生成 DEM LOD、DOM LOD 模型；<br>可将 DEM 和 DOM 叠加，把 DOM 影像纹理映射到 DEM 上面，生成细节层次模型 LOD，供后续浏览、量测、分析 |
| 9 | 三维地形浏览模块 | 支持建筑物的 LOD 三维浏览，支持 DOM/DEM 的 LOD 浏览；<br>支持地形（DEM/DOM）与建筑模型的叠加浏览；<br>提供距离、高度及面积的量测功能 |
| 10 | 飞行模拟模块 | 支持相机参数（分辨率、焦距、像元大小等）的设置，支持航线自动生成；<br>支持曝光参数（航高、重叠度）设置；<br>自动保存航拍影像及对应的 POS 数据，且数据可进行空三及 DOM 等数据处理 |
| 11 | 其他功能 | 空三连接点转 DEM 功能：直接利用空三连接点生成 DEM 数据；<br>DEM 格式转换：支持 BIL、ArcInfo 等格式与 btm 格式 DEM 的相互转换；<br>DOM 格式转换：支持 img、tif 影像格式的相互转换；<br>影像去雾：批量去除影像薄雾、薄霾等功能；<br>影像匀光匀色：全自动进行影像匀光匀色，支持参数调整及 PS 调整底图（缩略图）功能，生成的影像色调与底图完全一致 |

## 三、软件运行要求

### （一）系统环境

64 位操作系统，windows7 以上。

### （二）硬件环境。

（1）CPU：Intel I5 以上，推荐 I7。

（2）显卡：必须 Nvidia 系列显卡，推荐 Nividat GTX 系列（不支持 ATX 及 Intel 等显卡）。

（3）硬盘：机械硬盘 7 200 r/min，推荐企业级硬盘或者固态硬盘。

（4）内存：推荐至少 8 G 以上。

**(三)软件安装**

(1)驱动狗安装:CodeMeter 硬件狗驱动安装(必须安装)。

(2)软件主体安装:自带的环境支持库安装。

## 任务二　测区数据准备和整理

测区数据包括原始影像、相机参数文件、控制点文件、曝光点 POS 文件(见图 8-1)。

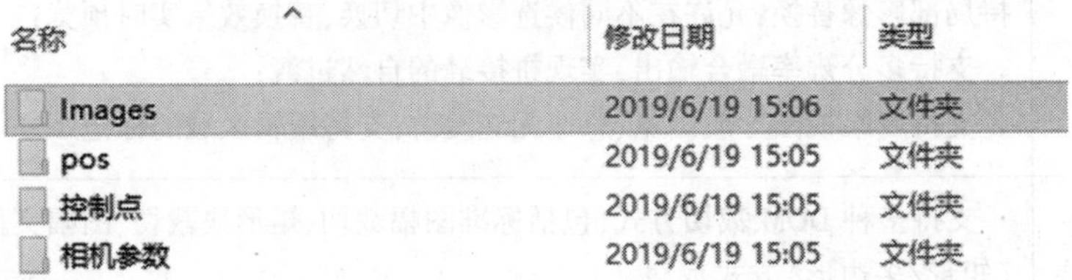


图 8-1　四类数据文件

### 一、原始影像

常用影像格式,包含 jpg、bmp、tif 等多种通用格式,供新建工程时引入。如果影像在不同的文件夹下,需要分文件夹多次导入。

### 二、相机参数文件

相机参数文件一般由标定厂家提供,或者由相机标定软件(如武汉智觉空间相机标定软件 SVSCal)生成,一般以 txt、word 或者 pdf 格式提供。

### 三、控制点文件

控制点文件一般以文本的方式提供,SVSDPA 不限定控制点文件的后缀名,也允许有多余的行和列,但是多余的行只能位于文件开头。另外,控制点数据最好按列排好以下几个属性:点名 $X$、$Y$、$Z$,列之间用固定的分隔符(空格、Tab、逗号等)隔开,如图 8-2 所示。

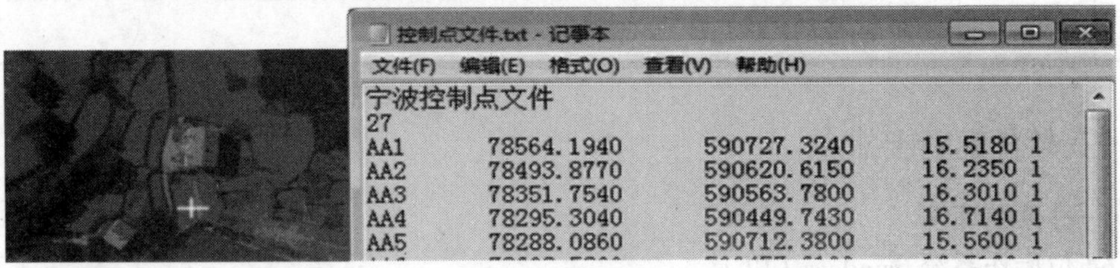


图 8-2　控制点文件

### 四、POS 文件

POS 导入(见图 8-3)的注意事项如下:

(1)必须有 ID,ID 数量必须与影像数量相同,且 ID 与影像的 ID 一一对应。

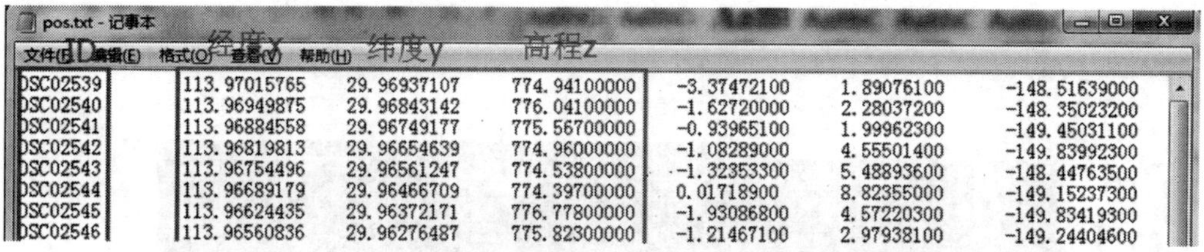

pos.txt - 记事本

文件(F) 编辑(E) 格式(O) 查看(V) 帮助(H)

| ID | 经度x | 纬度y | 高程z | | | |
|---|---|---|---|---|---|---|
| DSC02539 | 113.97015765 | 29.96937107 | 774.94100000 | -3.37472100 | 1.89076100 | -148.51639000 |
| DSC02540 | 113.96949875 | 29.96843142 | 776.04100000 | -1.62720000 | 2.28037200 | -148.35023200 |
| DSC02541 | 113.96884558 | 29.96749177 | 775.56700000 | -0.93965100 | 1.99962300 | -149.45031100 |
| DSC02542 | 113.96819813 | 29.96654639 | 774.96000000 | -1.08289000 | 4.55501400 | -149.83992300 |
| DSC02543 | 113.96754496 | 29.96561247 | 774.53800000 | -1.32353300 | 5.48893600 | -148.44763500 |
| DSC02544 | 113.96689179 | 29.96466709 | 774.39700000 | 0.01718900 | 8.82355000 | -149.15237300 |
| DSC02545 | 113.96624435 | 29.96372171 | 776.77800000 | -1.93086800 | 4.57220300 | -149.83419300 |
| DSC02546 | 113.96560836 | 29.96276487 | 775.82300000 | -1.21467100 | 2.97938100 | -149.24404600 |

图 8-3 POS 文件

(2) $L(x)$、$B(y)$、$H(z)$ 必须有，三个姿态角度值可以没有；若用投影转换后的坐标，$x$ 整数位为 6 位或者 8 位，$y$ 整数位为 7 位。

(3)在投影变换的时候，如果没有提供投影信息或者像控点坐标为地方坐标系，则直接默认投影参数。

(4)当使用的 POS 为后差分的平面坐标数据时，投影变换这步可以省略。

## 任务三 自动空三和 DOM 制作的操作流程

### 一、新建工程

打开 SVSDPA，在左上角点击新建工程(见图 8-4)，在对话框中指定工程的保存路径和工程名称。

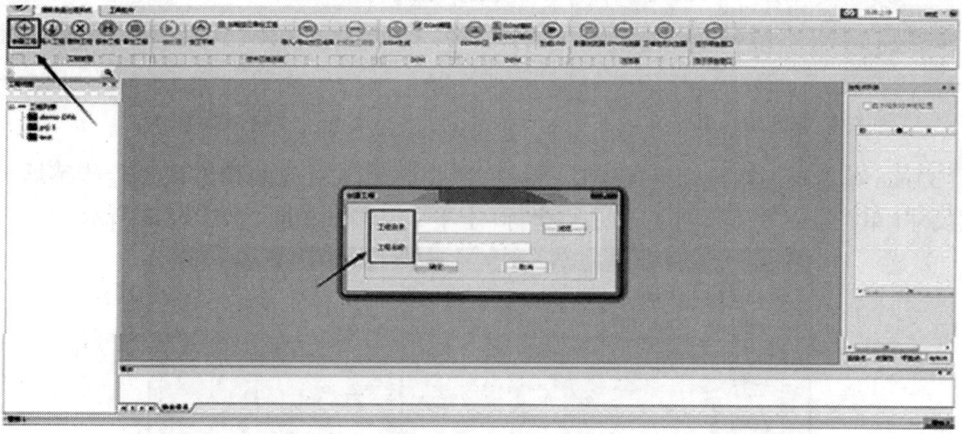

图 8-4 新建工程

**注意：**支持中文路径、中文工程，特殊字符只支持英文输入法的下划线及横杠，禁止使用空格，程序会自动在指定路径下以工程名新建文件夹，后期处理所有数据均在此文件夹。

### 二、输入相机原始数据

#### (一)输入相机参数

(1)在左边工程栏“相机”右键点击添加相机/传感器，如图 8-5 所示。

在弹出的对话框中输入相机 ID，其他默认，点击“编辑”，如图 8-6 所示。

(2)如果相机标定报告中只提供了像素单位，则在“基本设置”栏的“像素单位在此输

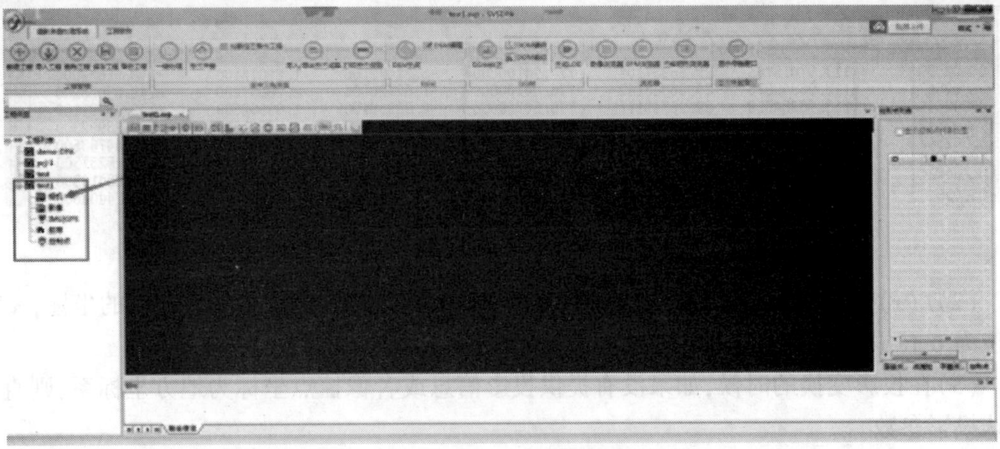

图 8-5　添加相机/传感器

入"中输入对应参数;如果有 mm 单位则直接跳到"检校参数",如图 8-7 所示。

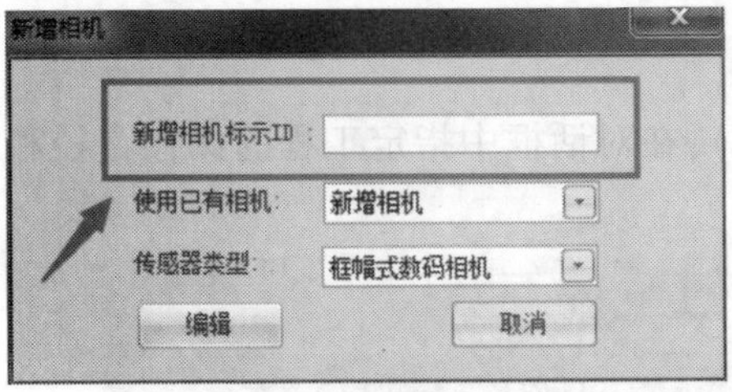


图 8-6　输入相机 ID

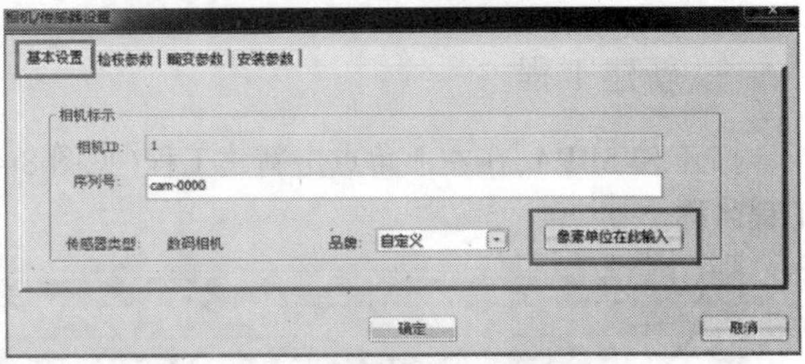


图 8-7　像素单位输入

(3) mm 单位根据相机标定报告在"检校参数"栏输入对应的相机焦距 $f$、传感器尺寸、像素尺寸(单位 μm,宽高相同)、像主点坐标(上下 $x$、$y$ 输入相同),如图 8-8 所示。

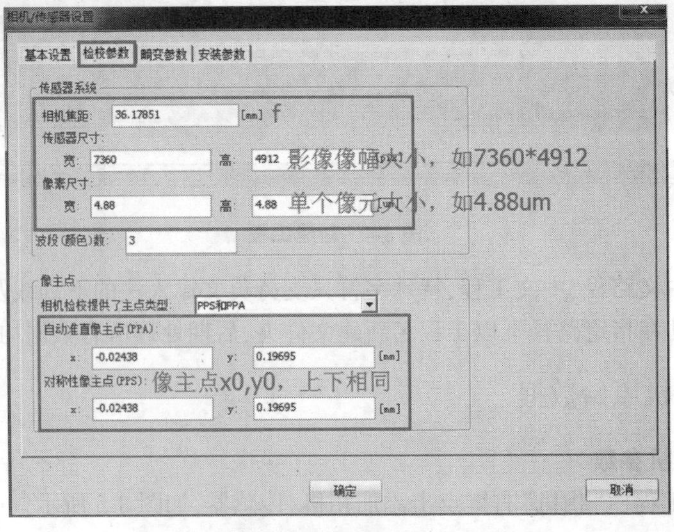


图 8-8　mm 单位输入

然后在“畸变参数”栏的“使用的畸变模型”中选择“畸变系数”,在下面对应输入 K1、K2、K3(没有则为 0)、P1、P2、α、β,其他全部为 0,如图 8-9 所示。

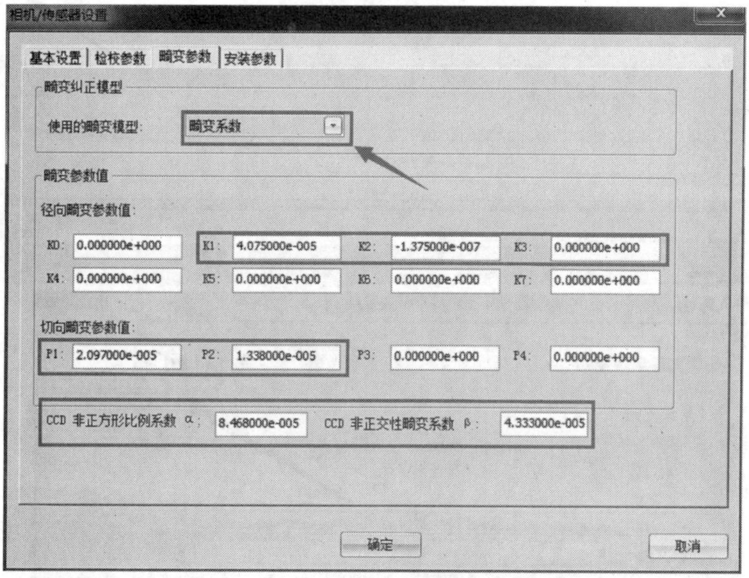


图 8-9 畸变参数输入

**注意**:如果相机标定报告中没有 α、β(也称 a,b),则将 K1、K2、K3、P1、P2 取相反数输入;如果相机标定报告中共线条件方程 Δx、Δy 前面是正号,则将 K1、K2、K3、P1、P2、α、β 全部取相反数输入。

**(二)导入影像**

(1)在左边工程栏“影像”右键点击“影像设置”,如图 8-10 所示。

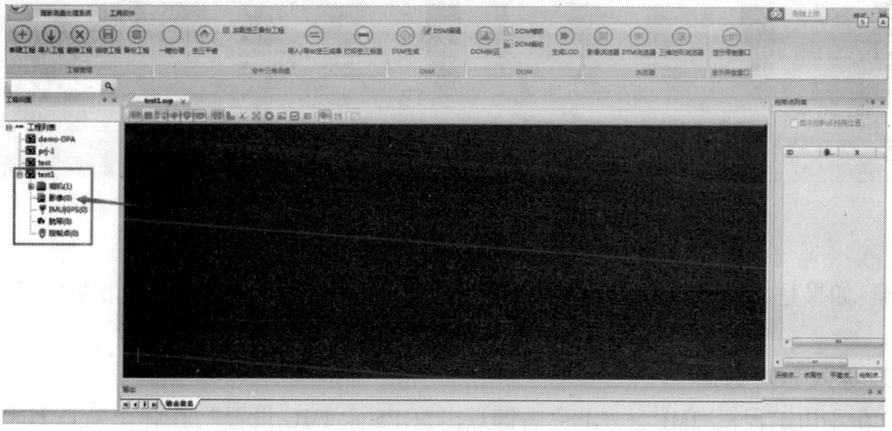

图 8-10 导入影像

(2)在弹出的对话框中右上角点击“导入”,在弹出的对话框中右上角点击“增加”,如图 8-11 所示,选择“按照文件导入影像”将所有影像导入。

(3)导入后直接默认“下一步”,然后在影像文件窗口左下角“设置地面高程”中输入控制点坐标文件中高程 $z$ 最小的整数值(见图 8-12),点击“更新”完成导入。

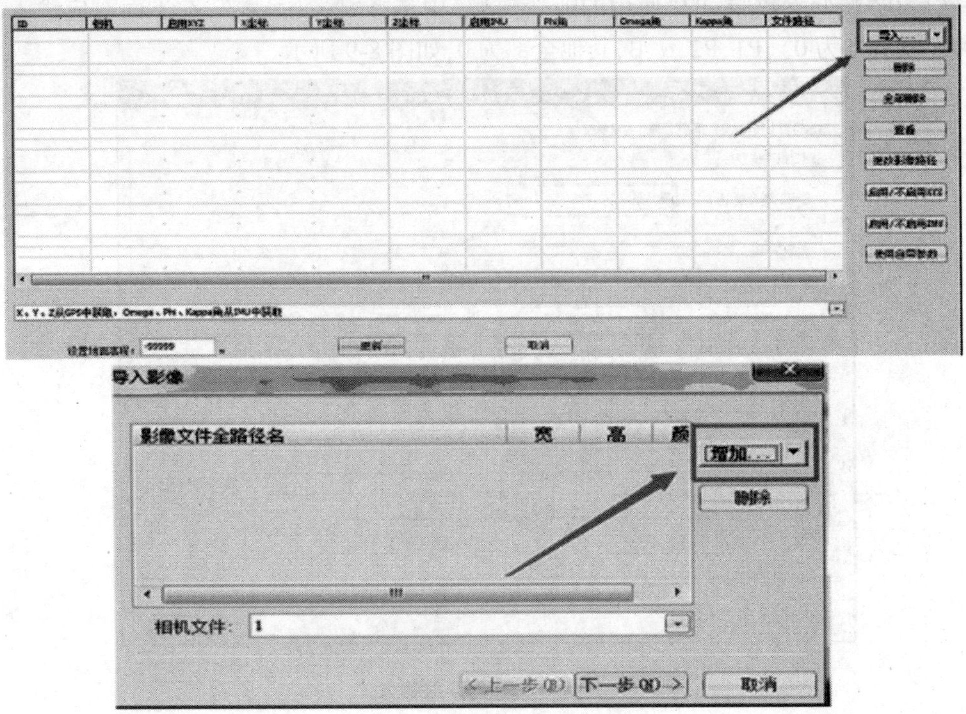


图 8-11　导入影像

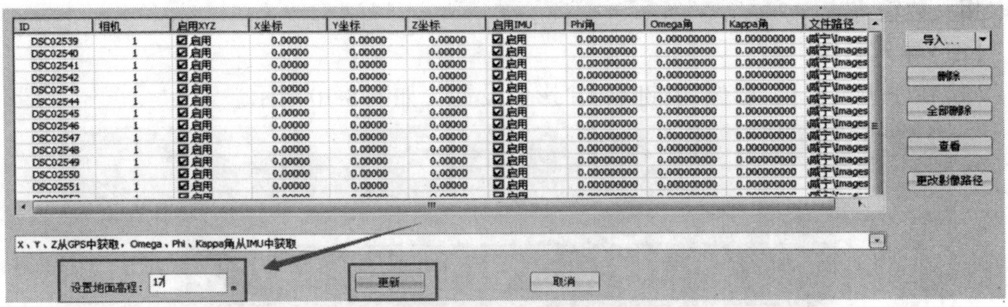


图 8-12　设置地面高程

**注意**：如果是大疆飞机，则影像自带 POS 信息，需在右侧选择“使用自带参数”读取影像的 POS。

**(三)导入 POS 数据**

(1)在左边工程栏“IMU ｜ GPS”右键点击“GPS ｜ IMU 设置”，在弹出窗口右上角点击“导入”，将 POS 文件导入，如图 8-13 所示。

(2)导入后，默认到“GPS ｜ IMU 数据导入”窗口，指定单列代表的值，然后点击“下一步”，如图 8-14 所示。

(3)默认下一步到“GPS ｜ IMU”窗口，如果是经纬度，则在右下角点击“投影变换”；若是投影转换后的坐标，则直接进行第(5)步，如图 8-15 所示。

(4)在弹出窗口中根据控制点文件提供的投影信息选择“参考椭球”和“投影”，点击

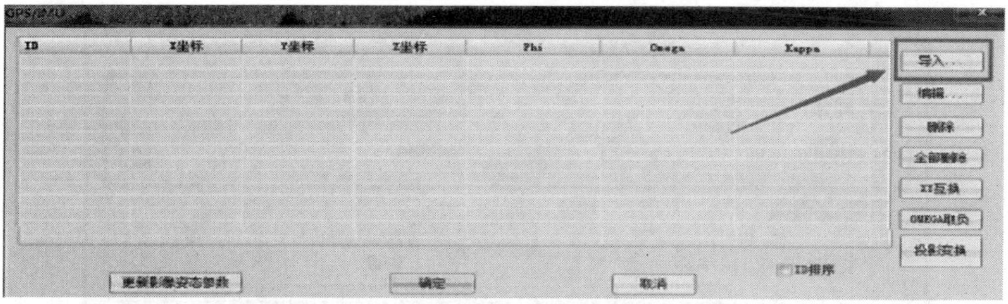


图 8-13　导入 POS 数据

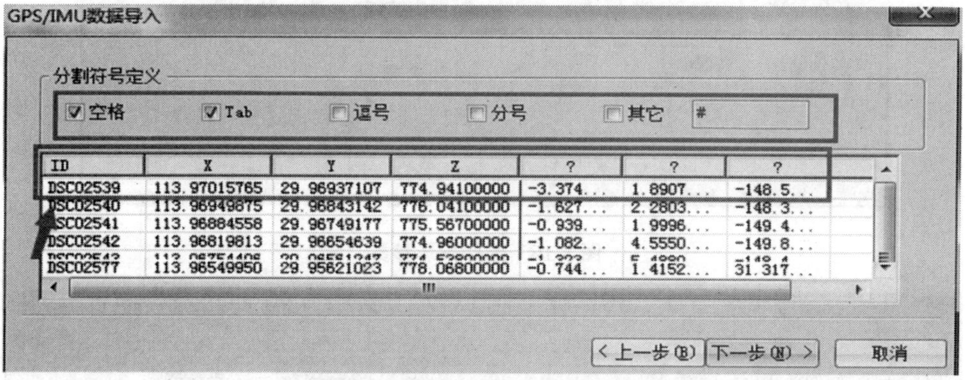


图 8-14　指定单列属性字段值

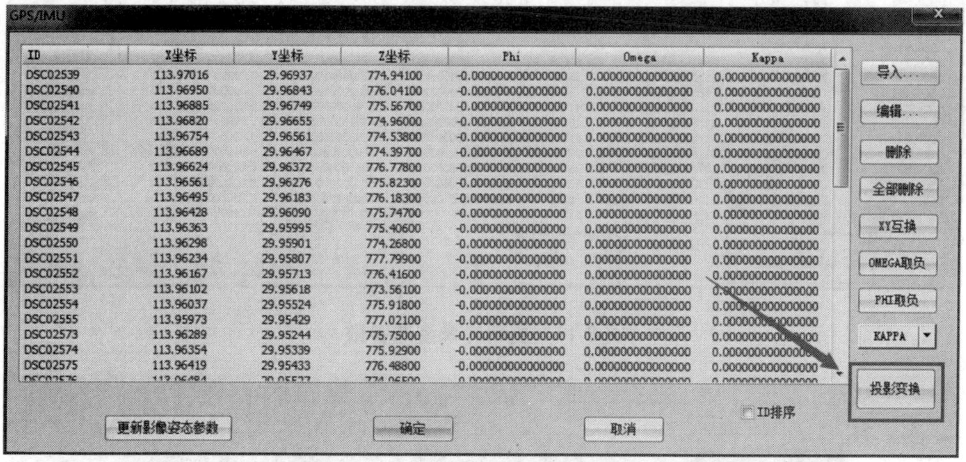


图 8-15　经纬度投影变换

"确定",如图 8-16 所示。

**注意:**如果没有提供投影信息或者控制点坐标为地方坐标系,则直接默认投影参数。

(5)投影变换后,在"GPS ｜ IMU"窗口左下角点击"更新影像姿态参数",再点击"确定",如图 8-17 所示。

**(四)导入控制点**

(1)在左边工程栏"控制点"右键点击"控制点属性",如图 8-18 所示。

(2)在弹出的窗口中右下角点击"导入",如图 8-19 所示。

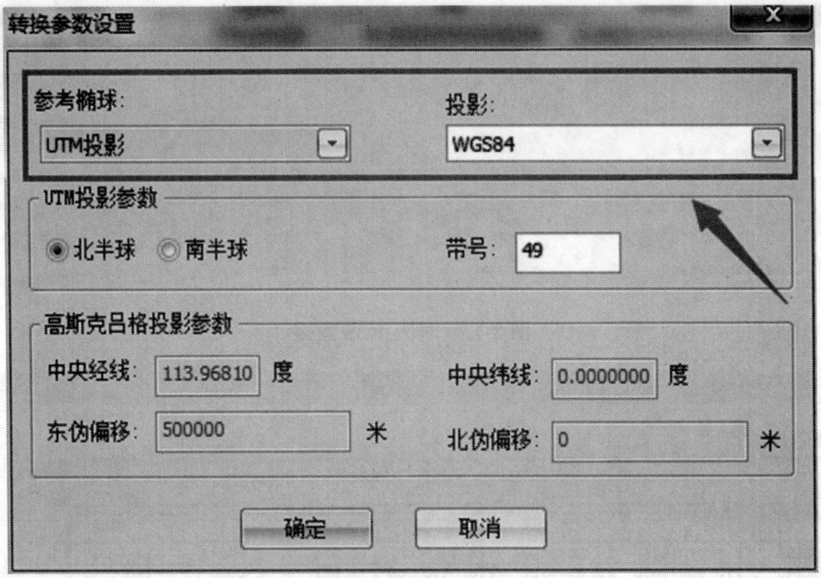


图 8-16　选择投影参数

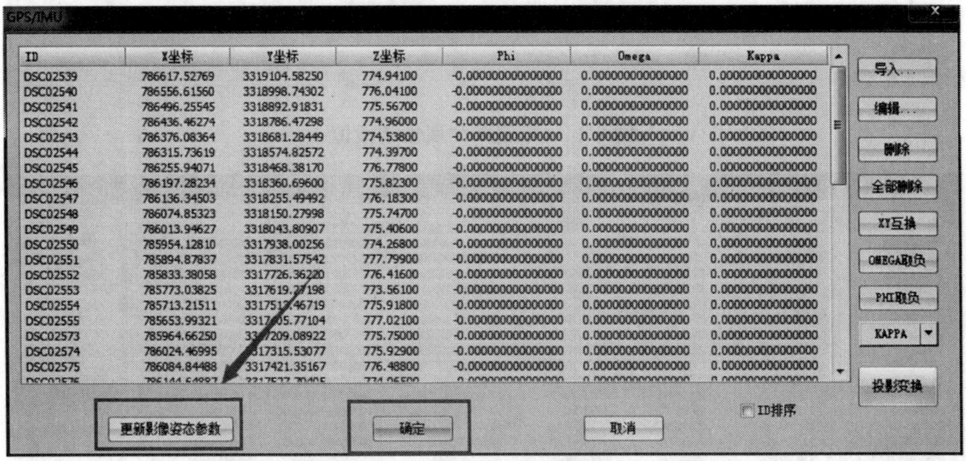


图 8-17　更新影像姿态参数

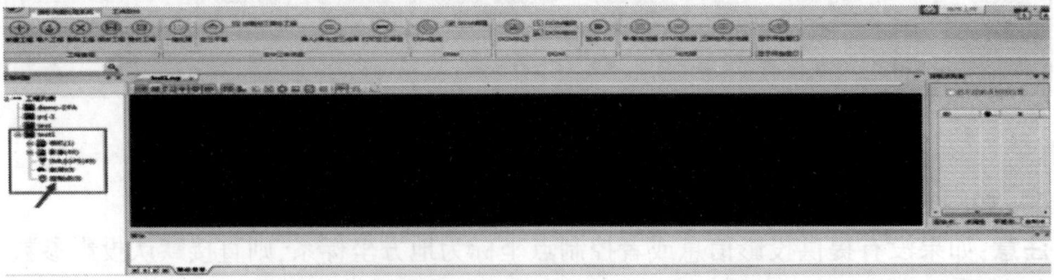

图 8-18　控制点导入

(3)选择控制点文件导入,如图 8-20 所示。

(4)导入后点击“下一步”,对导入数据指定单列属性值(见图 8-21),然后默认“下一步”直至导入完成。

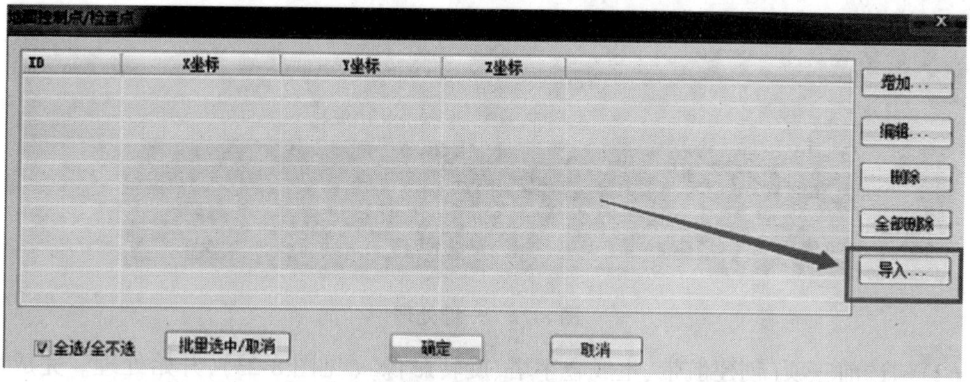


图 8-19　导入

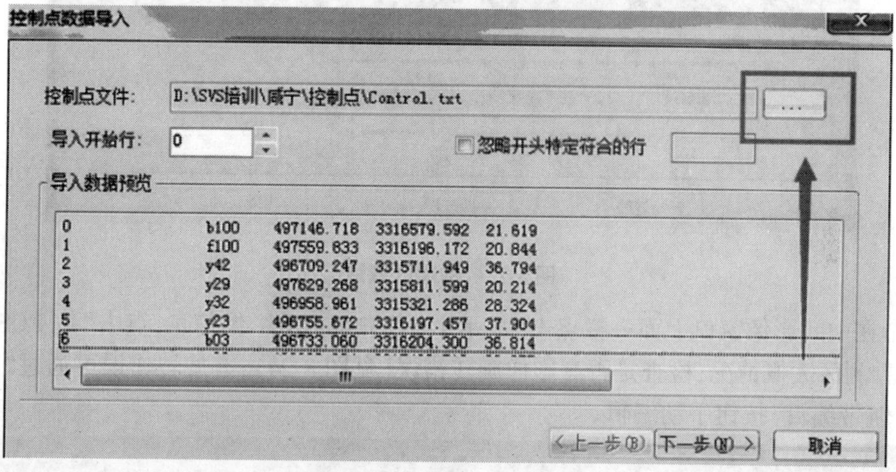


图 8-20　选择控制点文件

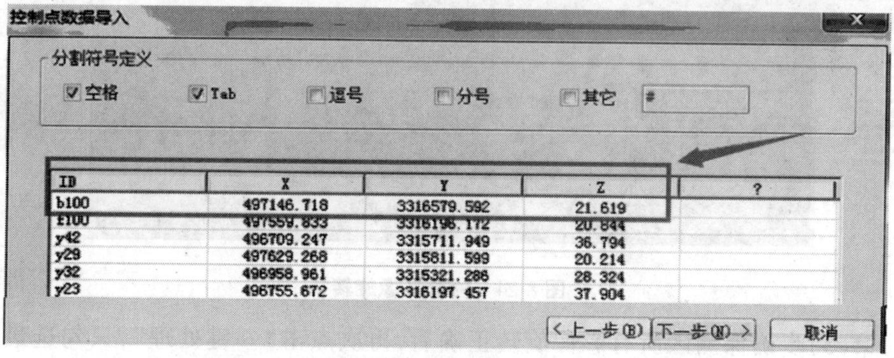


图 8-21　选择单列字段属性

**注意**：$x$ 整数位为 6 位或者 8 位，$y$ 整数位为 7 位，与工程测量中 $x$，$y$ 相反。

## 三、空中三角测量

### (一) 一键处理，构建区域网

(1) 在菜单栏选择“一键处理”，如图 8-22 所示。

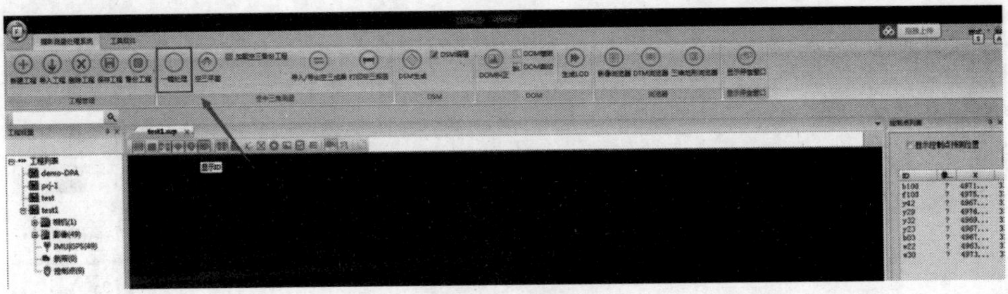

图 8-22　一键处理

(2)勾选前三项(创建航带、生成金字塔、旋转影像)(见图 8-23),开始处理。完成后点击“退出”。

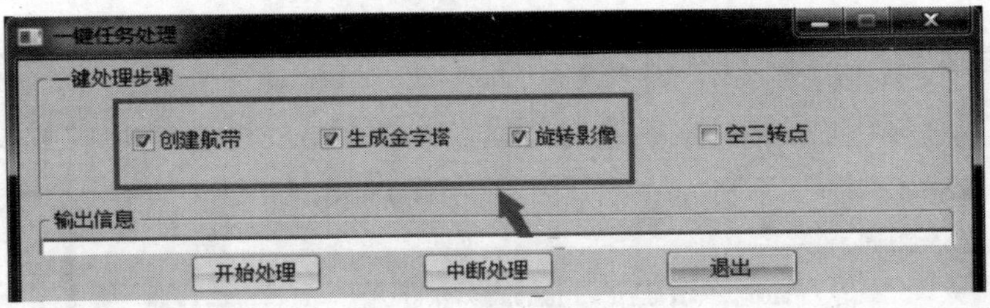


图 8-23　构建区域网

(3)在中间影像窗口上面一栏点击“显示影像”按钮查看影像信息,点击“按 POS 显示”按钮查看测区大概情况,检查是否有影像旋转错误(见图 8-24);有旋转错误可通过“航带旋转”和“航带编辑”按钮手动编辑。

图 8-24　检查影像旋转

(4)第(3)步确保测区所有影像旋转正确后,再次点击“一键处理”,只勾选最后一项“空三转点”,开始处理,等待转点处理完成。

(5)空三转点完成后,可通过“按航带显示”“按 POS 显示”“三维加密点显示”三种方式查看转点情况,在“三维加密点显示”界面可通过“选片模式”旋转姿态,“选点模式”框选飞点按“delete”键删除,如图 8-25 所示。

**注意:**空三转点完成,建议“备份工程”。

**(二)空三平差**

(1)在菜单栏点击“空三平差”,如图 8-26 所示。

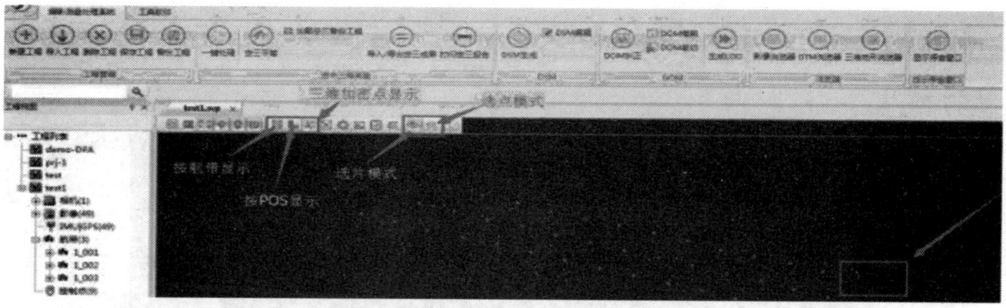


图 8-25　删除飞点

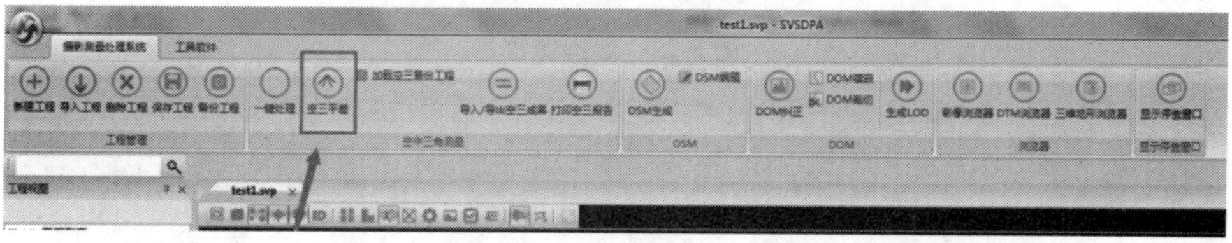


图 8-26　空三平差

（2）进入平差窗口，点击“平差设置”，勾选“直接删除像点观测”“>7 个像素”“智能删点”，然后点击“开始平差”，等待程序处理完成，提示“解算成功”并且进度条为 100%，点击“退出程序”，弹出提示框“接受平差成果”，点击“是”，如图 8-27 所示。

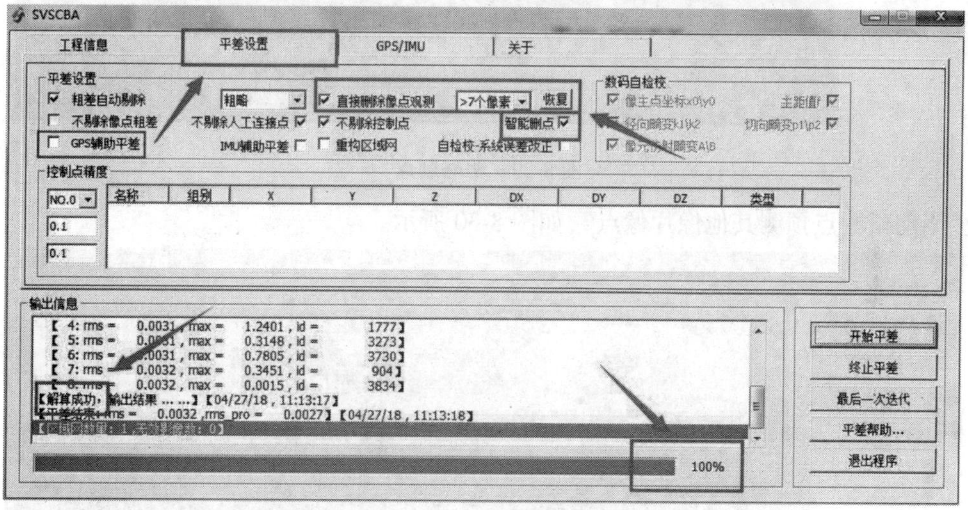


图 8-27　初次粗平差

**注：**如果 POS 数据是差分 POS，则平差过程一直勾选左下角“GPS 辅助平差”。

如果之前 POS 转投影是默认参数，则进行第（3）步，否则直接进行第（8）步。

（3）根据全部控制点测区分布图挑选四个角点控制点，然后分别根据控制点刺点图等信息找到一个控制点位于哪张照片（见图 8-28），左键框选相邻三张照片，按“Enter”键。

（4）进入控制点粗略量测模式，通过左上角进行像片放大，然后用鼠标左键在每张照片上点击控制点的粗略位置，如图 8-29 所示。

（5）接着第二次按“Enter”键进入精准量测，先使用鼠标左键点击到准确位置，然后点击

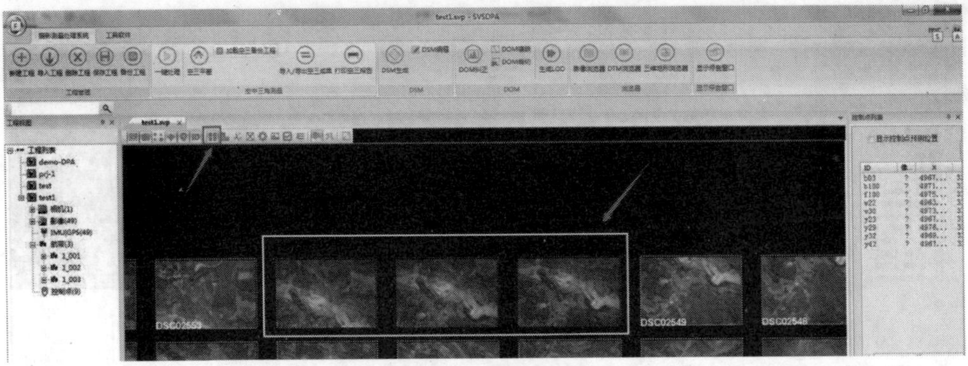

图 8-28　选择照片

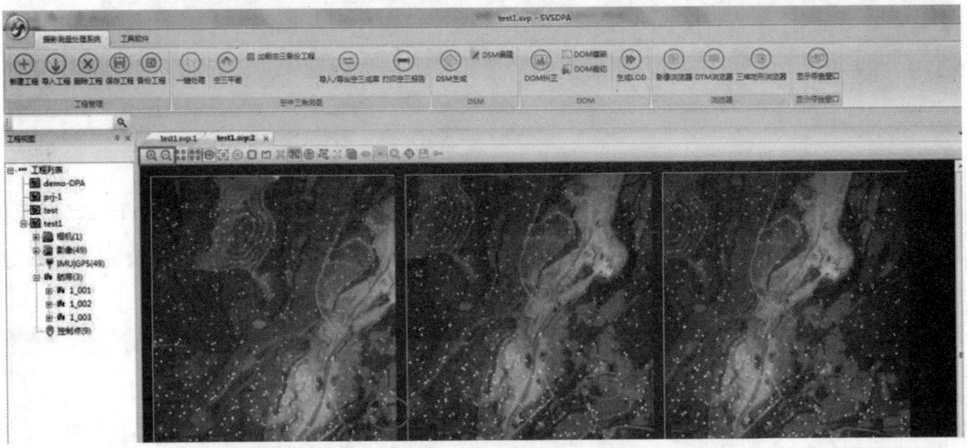

图 8-29　粗略刺点

顶上“当前量测点预测其他像片像点”,如图 8-30 所示。

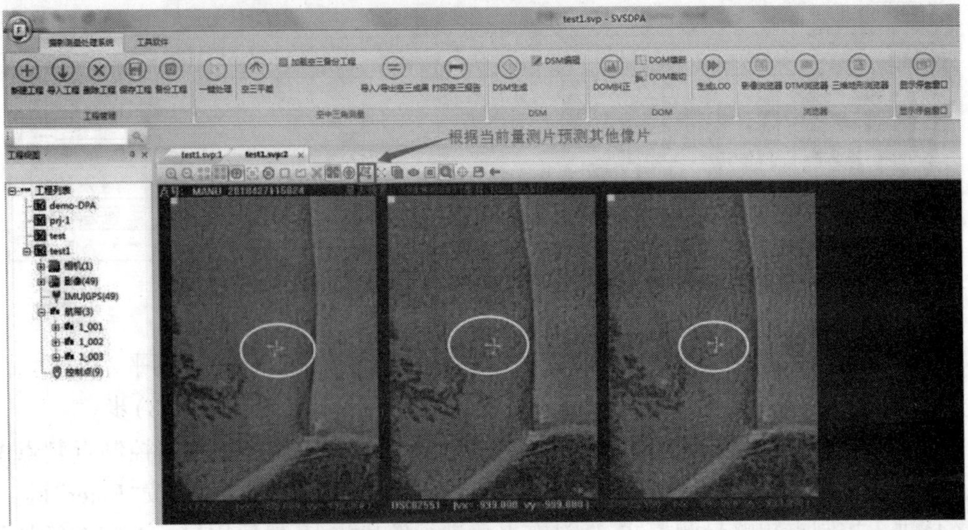


图 8-30　预测其他像片像点

(6)预测出其他所有像片后,对每张像片进行精准量测(右键选中像片,同时按 Ctrl 和

“+”或“-”对所有像片同时放大或缩小，键盘的“上、下、左、右”调节位置），确保所有像片量测精准后第三次按“Enter”键保存，先选中控制点，再通过下拉菜单选择点号；通过这种方式量测完四个角点控制点，如图 8-31 所示。

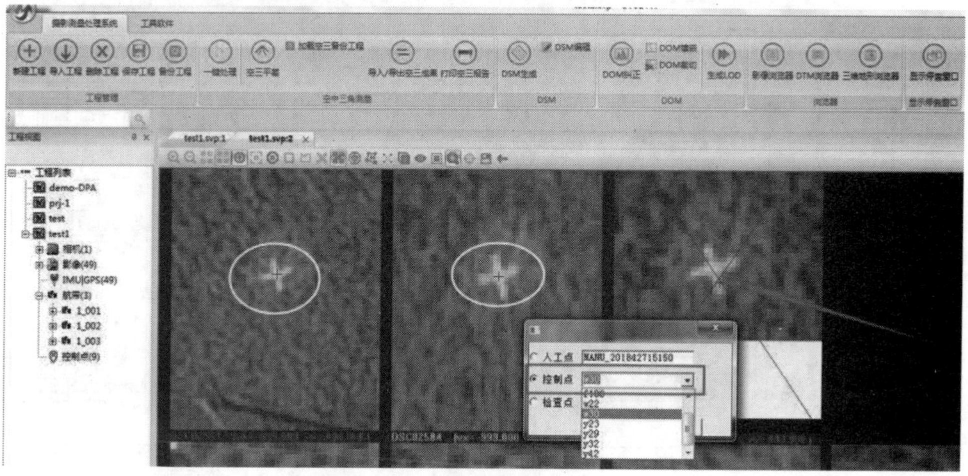

图 8-31　精准量测及保存控制点

**注：**如果预测出的像片有控制点位置位于影像边缘、单横排内只有一张完好像片或像片较模糊，则直接按空格键删除。

（7）确保量测完四个角点控制点后，再次点击“空三平差”，点击“平差设置”，勾选“重构区域网（见图 8-32）”，出现提示，选择“确定”，然后点击“开始平差”，平差成功后退出程序，接受平差成果。

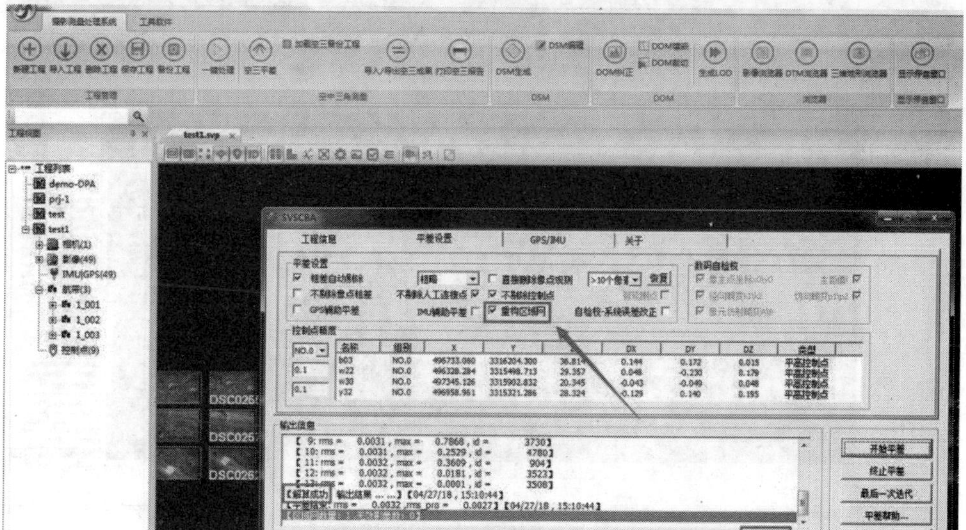

图 8-32　重构区域网

（8）在主程序界面右下角点击“控制点列表”，勾选“显示控制点预测位置”，在列表栏双击带“ * ”的控制点，精准量测完所有带“ * ”的控制点并保存（见图 8-33）；再次点击“空三平差”,默认设置直接“开始平差”,解算成功后“退出程序”,接受平差成果。

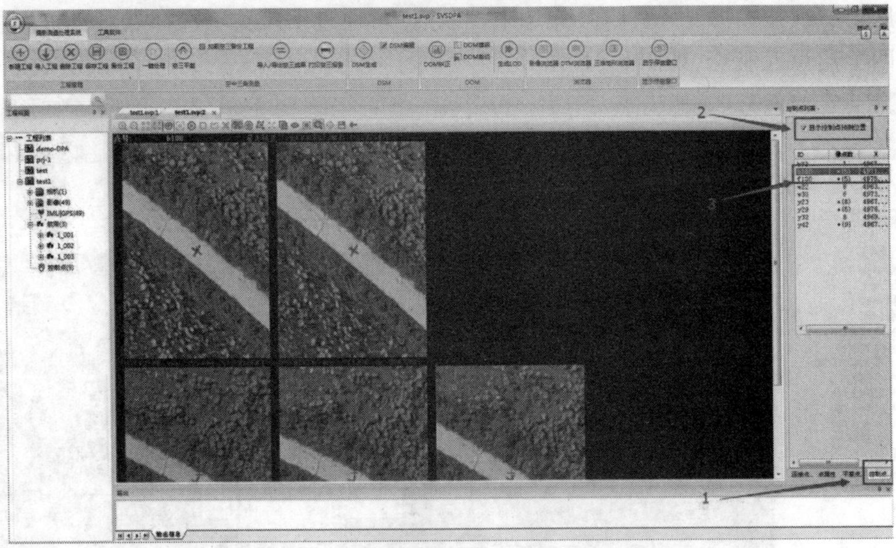


图 8-33 量测所有带“*”的控制点

(9)在主程序界面右下角点击“平差点列表”,然后在列表栏右键选择“批量删除像点观测”,在弹出窗口输入像素值(例如4),点击“确定”,在“按航带显示”下查看中间大部分相片上像点是否分布均匀(没有蓝色的点集中在一个角落,若有则在列表栏右键选择“撤销”,重新删除比刚才输入值稍大的像点观测值,如4.5),再次点击“空三平差”(见图8-34),默认设置并“开始平差”,解算成功后退出程序,接受平差成果。

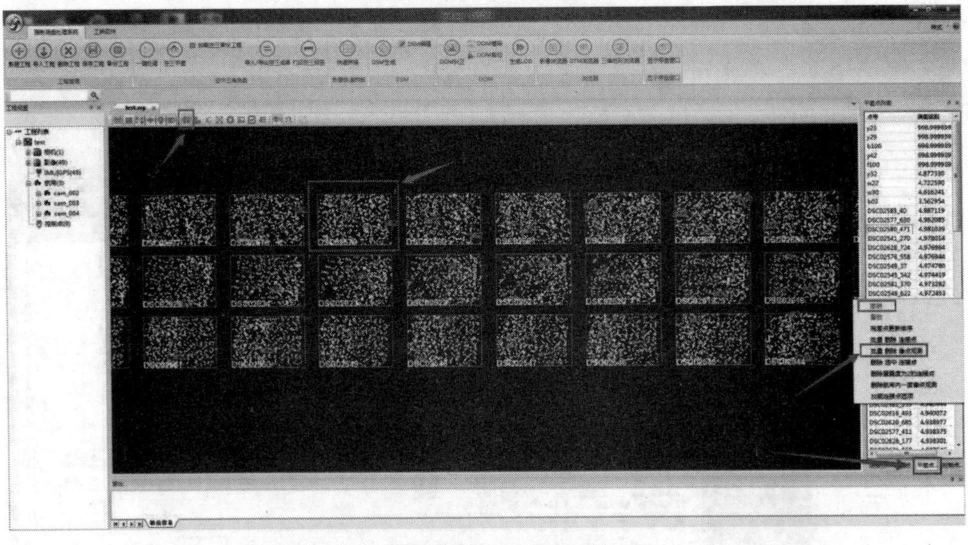

图 8-34 删除像点观测值并再次平差

**注:**此过程是循环往复的过程,输入像点观测值建议为:7→6→5→4→3→2(可小数),每输入一次值后平差一次,如果删除到4(或4.2)出现蓝色点集中,则撤销,删除像点观测值过程结束;不同数据删除的最小观测值不同。

(10)点击“空三平差”,在“工程信息”栏点击“精度报告”,通过“Max”行找到超过精度要求的控制点,然后在"控制点列表"双击该控制点进行微调并保存,再次"空三平差"(默认参数),查看精度报告(见图 8-35),直至调节控制点位置对精度没有太大提升;"Plane"和"Elevation"行为所有控制点的平面、高程中误差。

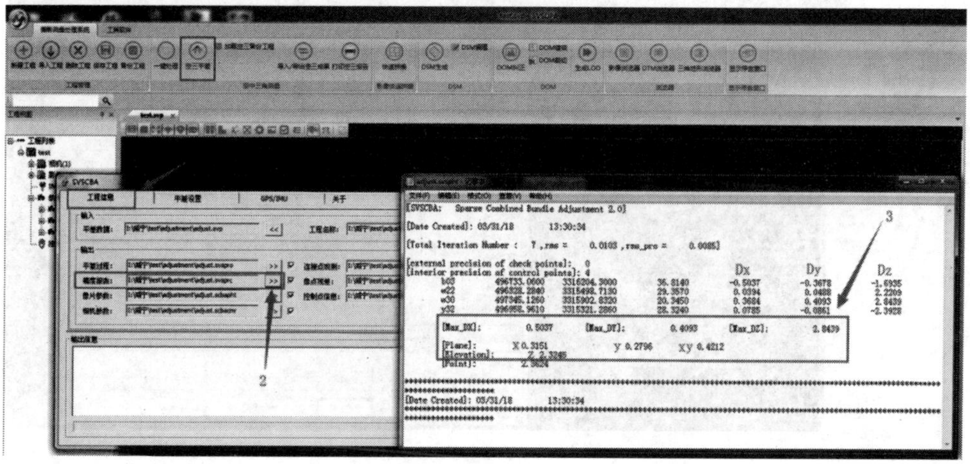


图 8-35 控制点精度报告

(11)点击"空三平差",在"平差设置"栏反选"粗差自动剔除"(见图 8-36),开始平差,解算成功后接受平差成果。

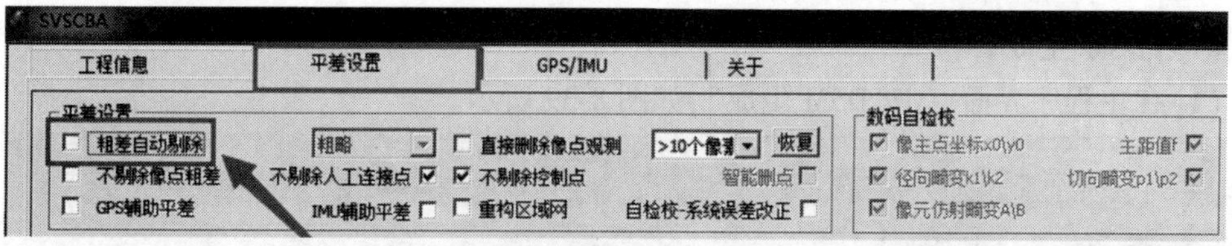


图 8-36 反选"粗差自动剔除"

(12)点击"空三平差",在"平差设置"栏勾选"自检校-系统误差改正"(见图 8-37),开始平差,解算成功后接受平差成果。

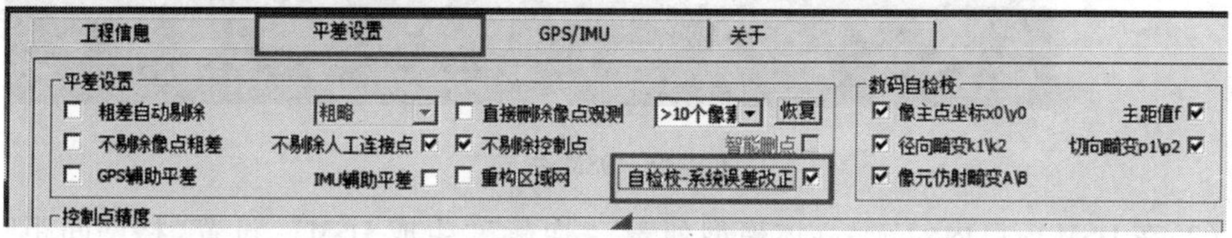


图 8-37 勾选"自检校-系统误差改正"

## (三)导出空三结果

在主程序界面点击"导入/导出空三成果",选择导出的格式,然后导出即可;导出后存放在工程文件夹下以导出格式命名的文件夹内。

## 四、快速拼接

(1)在程序主界面点击"快速拼接",在弹出的窗口内输入"地面分辨率"并选择输出路径,点击"投影纠正",提示处理完成后,点击"快速拼接",弹出拼接窗口,如图 8-38 所示。

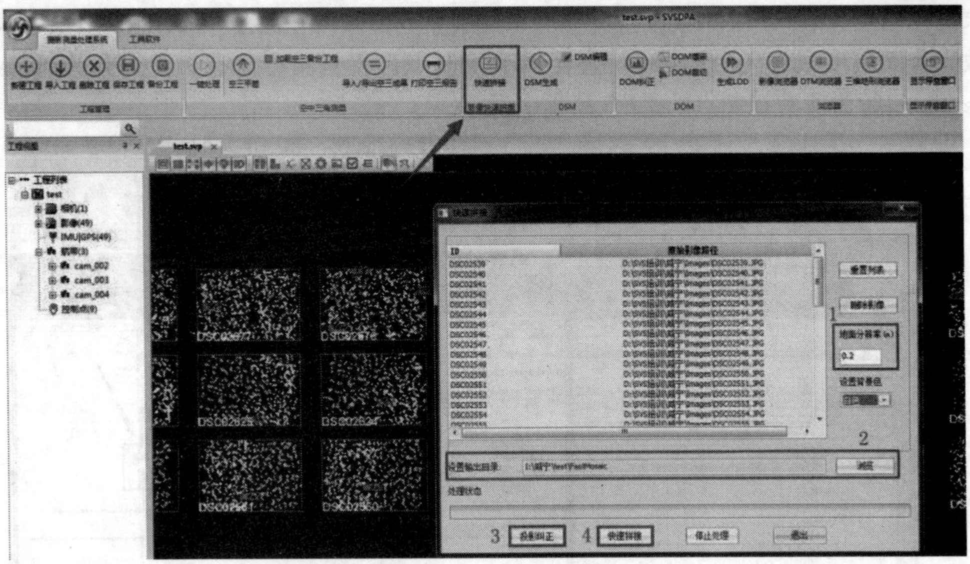

图 8-38　快速拼接

(2)进入拼接窗口后点击“拼接影像”,即完成影像的快拼。

## 五、DSM 生产

### (一)DSM 生成

(1)在主程序界面点击“DSM 生成”,如图 8-39 所示。

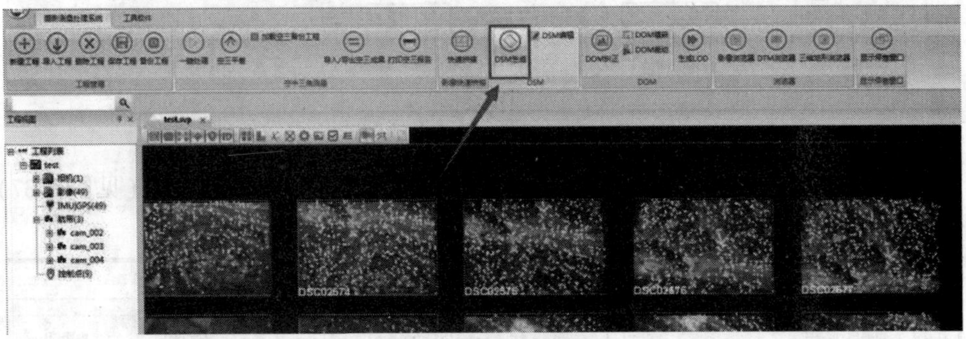

图 8-39　DSM 生成

(2)在 DSM 窗口内勾选“立体模型列表”“均衡”“生成 DSM”,设置“格网间距”(1∶2 000,2 m;1∶1 000,1∶500,1 m),然后点击“开始处理”,弹出“设置线程处理个数”,默认“确定”,等待底下输出窗口提示处理完成,完成后可关闭该窗口。

### (二)DSM 编辑

(1)在主程序界面点击“DSM 编辑”,弹出的提示直接点击“确定”,如图 8-40 所示。

(2)在 DSM 编辑窗口左侧列表点击一个立体模型名称,然后在右侧出现的影像窗口名称上点击右键,选择最后一个“New Vetical Tab Group”,使窗口并列,如图 8-41 所示。

(3)点击顶部“显示设置”栏,鼠标中键点击 dsm 窗口,点击“显示等高线”激活,如图 8-42 所示;然后鼠标中键点击影像窗口,点击“显示等高线”取消激活。

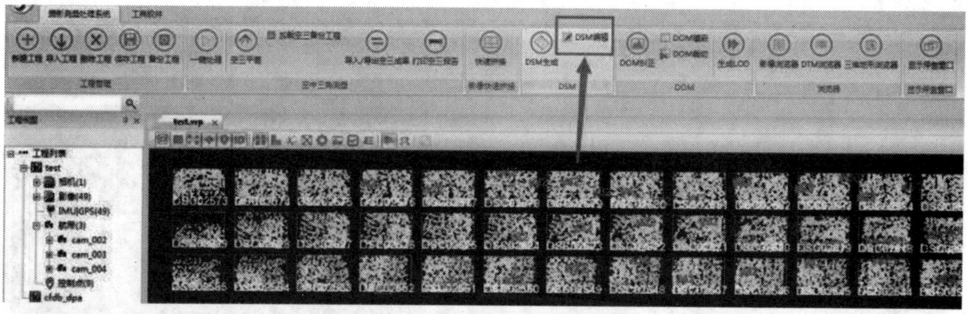

图 8-40 打开 DSM 编辑

图 8-41 并列立体模型窗口

图 8-42 显示参考等高线

(4)点击顶部“主菜单栏”，将 dsm 窗口尽量放大，影像窗口可通过“+”“-”放大、缩小，点击“多边形选择”，将影像上要编辑的房屋地面高程调对(地面位置红绿影像完全重叠)，在影像上左键圈选房屋，右键结束选择，点击“房屋滤波”(点击“房屋滤波”后左边 dsm 窗口对应位置无反应，再点击“仿射内插”或“三角内插”)，处理后左侧 dsm 对应位置房屋被滤掉；通过此方式将 dsm 上所有房屋处理掉，如图 8-43 所示。

(5)激活“多边形选择”，将水面高程调对，在影像上圈选出水域，点击“区域置平”，弹出提示窗口直接默认确定；处理完 dsm 上所有的水域，如图 8-44 所示。

(6)激活“多边形选择”，在影像上圈选出林地(鼠标左键每点击一个点时将该位置的地面高程调对)，使用“平滑”功能 2~3 次，左侧林地位置等高线变平滑；将 dsm 上所有林地编辑完成，如图 8-45 所示。

(7)整个 dsm 编辑完成后直接关闭该界面，dsm 文件就已经修改保存。

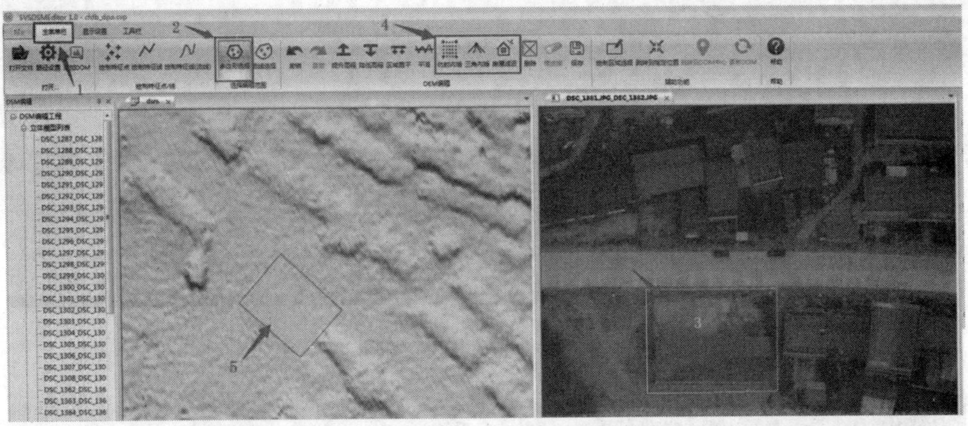

图 8-43　房屋编辑

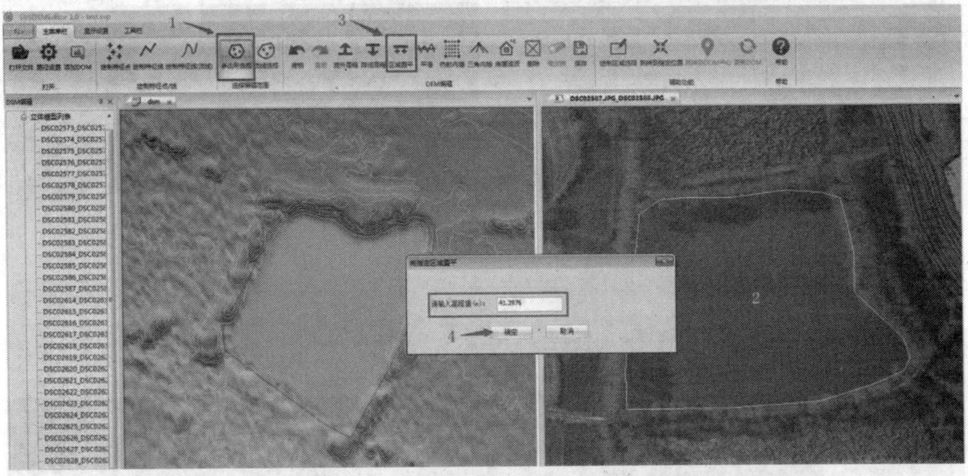

图 8-44　水域编辑

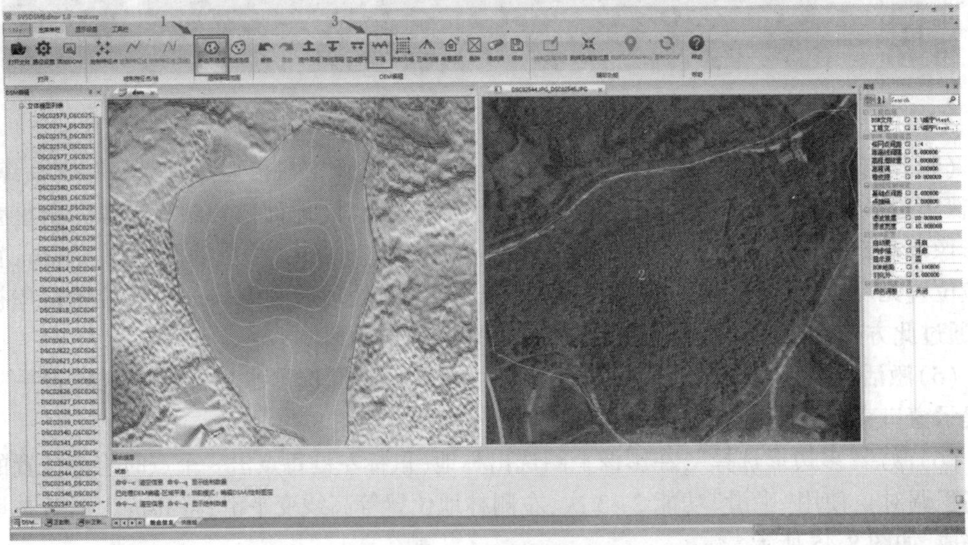

图 8-45　林地编辑

## 六、DOM 生产

### (一) DOM 纠正

在程序主界面点击“DOM 纠正”(见图 8-46),在弹出的 DOM 纠正窗口勾选“启用抽片”后点击“抽片处理”,根据出图比例尺设置“GSD”(1∶2 000,0. 2 m;1∶1 000,0. 1 m;1∶500,0. 05 m),采样方法选择“双线性插值”,点击“处理”等待提示完成,完成后关闭该窗口。

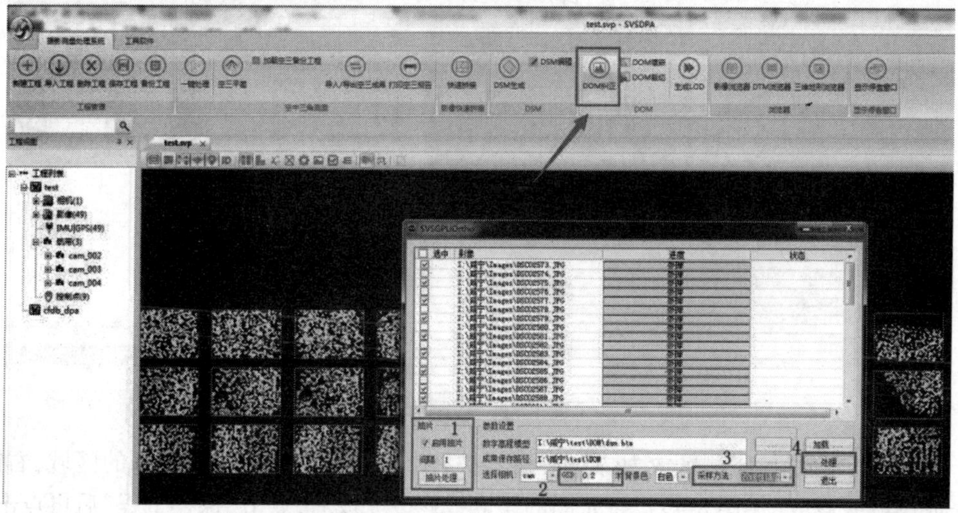

图 8-46　DOM 纠正

### (二) 匀光匀色

首先将工程文件夹下的 DOM 文件夹中所有上一步(DOM 纠正)生成的影像(含 * . tfw 文件)放到新建文件夹下;在主程序界面“工具软件”栏点击“匀光匀色”(见图 8-47),在弹出窗口指定“原始影像路径”“匀色后影像路径”(指定到 DOM 文件夹),点击“统计影像信息”“生成底图”“色彩校正”完成纠正后影像的匀色。

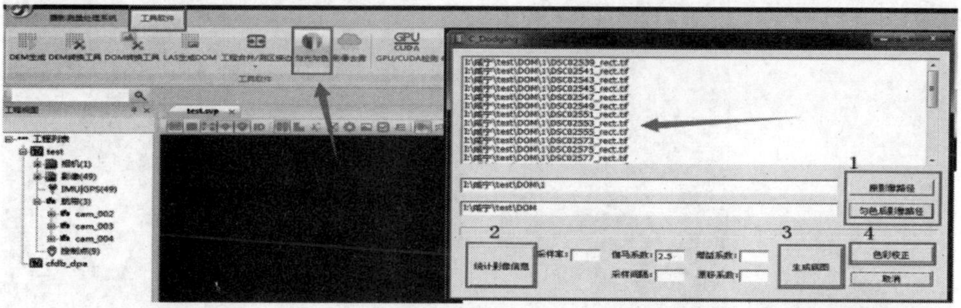

图 8-47　匀光匀色

**注:**此步骤针对不同数据选择性操作,可直接跳过进行下一步。

### (三) DOM 镶嵌

(1)在主程序界面点击“DOM 镶嵌”打开影像镶嵌界面。

(2)在 DOM 镶嵌窗口内点击“新建工程”,在弹出窗口中点击“工程文件”,路径选定当前工程 DOM 文件夹下并输入工程名，点击“一键镶嵌”，等待镶嵌完成，如图 8-48 所示。

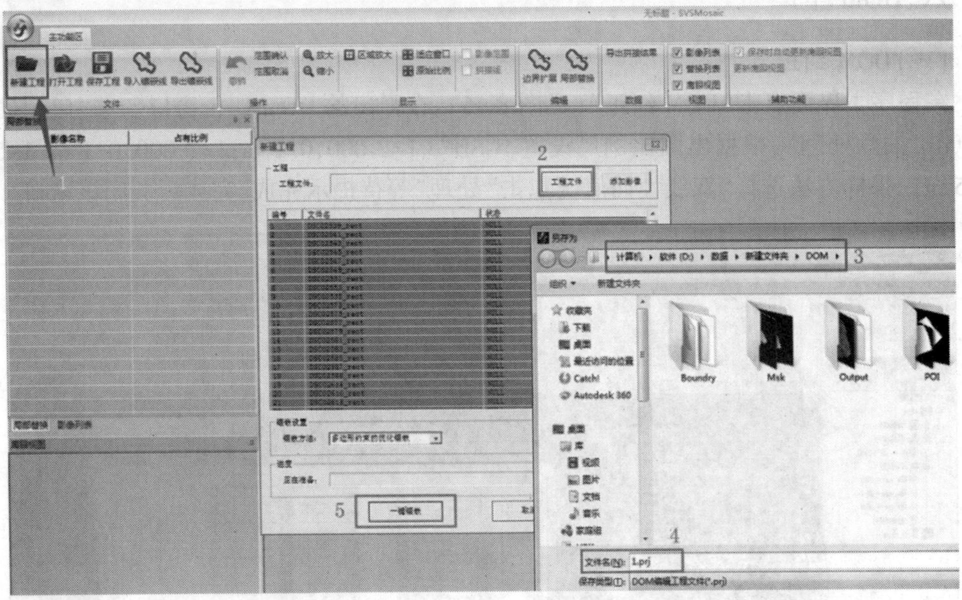


图 8-48　一键镶嵌

(3)镶嵌完成后，将测区放大，点击“边界扩展”，用鼠标左键选择要编辑的区域，右键结束完成镶嵌线修改(见图 8-49)，整张图的镶嵌线修改完成后，点击“保存工程”后再点击“导出拼接结果”“地面分辨率”默认即可，其他默认，点击“确定”即导出完整的 DOM，完成后关闭程序。

图 8-49　局部替换

**注意：**鼠标中键滚动放大缩小，按住拖动，点击左下角鹰眼视图可快速跳到指定位置，按住空格键暂时隐藏镶嵌线，按 Ctrl+Z 回退；编辑主要目的是使镶嵌线不过房屋或改正镶嵌线两边地物的明显错位(例如道路、围墙等)。

**(四)DOM 裁切**

(1)在主程序窗口点击“DOM 裁切”,见图 8-50。

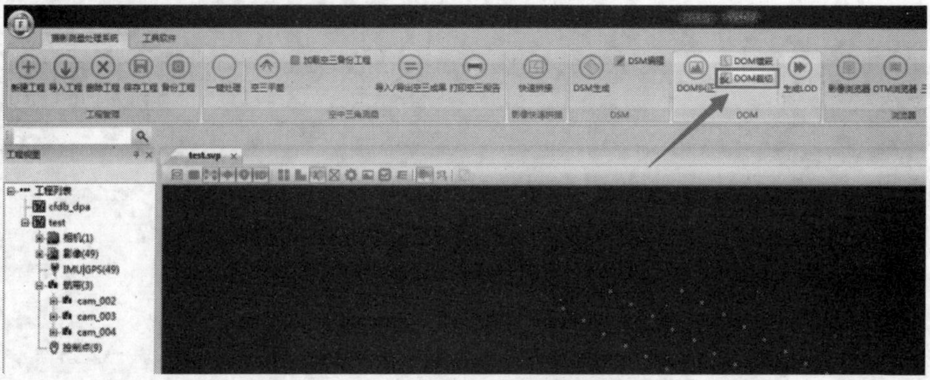

图 8-50　打开 DOM 裁切界面

(2)打开编辑好后的 DOM 文件,点击“全局显示”查看整张影像,如图 8-51 所示。

图 8-51　打开 DOM 文件

(3)点击“矩形块裁切”,在窗口内根据比例尺要求设置对应参数。

(4)点击“选择图幅”后,可通过鼠标左键下拉框选择不需要的图幅,按“Delete”键删除,在底部可查看所有图幅信息,最后点击“输出影像”完成图幅的最终裁切,如图 8-52 所示。

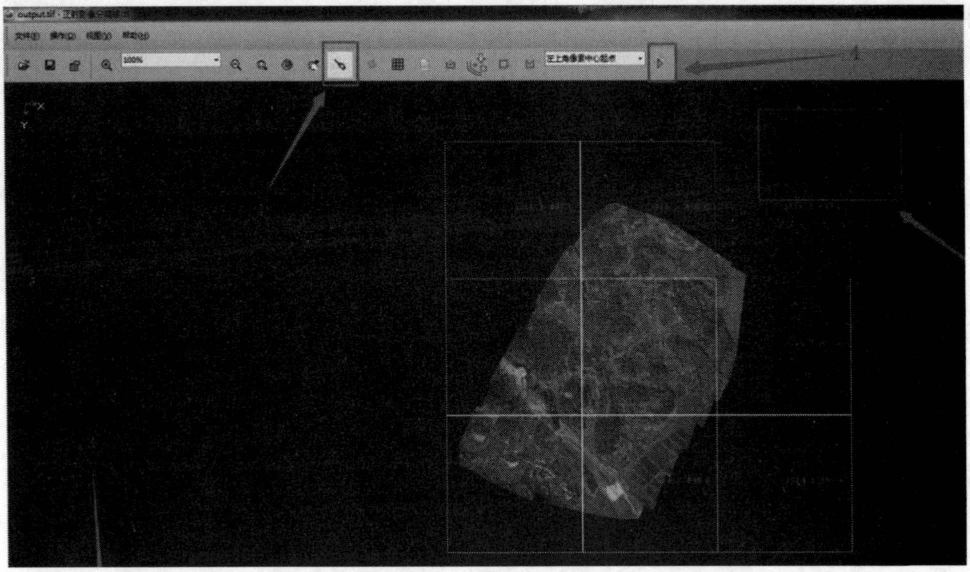

图 8-52　输出最终结果

## 任务四　利用 eFeature 生产 DLG 的方法和流程

易绘空间数据生产加工平台 eFeature 是一款地理信息空间数据生产加工平台：面向基础测绘及更新、地理国情普查与监测、国土调查与变更调查数据库更新、城市或工程大比例尺测图、数字城市等数据生产工程任务，以平面 DOM、各种空三立体像对、虚拟场景为输入数据源，通过计算机辅助交互式引导模式，对地物、地貌、地表覆盖、单体模型等矢量要素，在平面、立体、场景协同环境下，实现快速采集编辑、批量处理、联动更新、作业检查、成果入库与制图。

### 一、软件基本结构

软件基本功能结构如图 8-53 所示。

### 二、软件特色

(1)易上手：交互实时引导，参数设置灵活。

(2)易扩展：项目模板设计及方案符号定义。

(3)高效率：计算机辅助模式及实时空间拓扑维护。

(4)高质量：完整 DLG 检查及半自动交互修复。

(5)无损耗：直接读写 GIS 数据及采、编、更新一体。

(6)支持广：各种空三导入及平面立体各种数据场景。

(7)大数据：海量矢量采编及海量影像漫游。

(8)消耗低：实时核线实时畸变改正，无中间文件。

(9)更专业：高级采编、批处理、自动检查、自动接边。

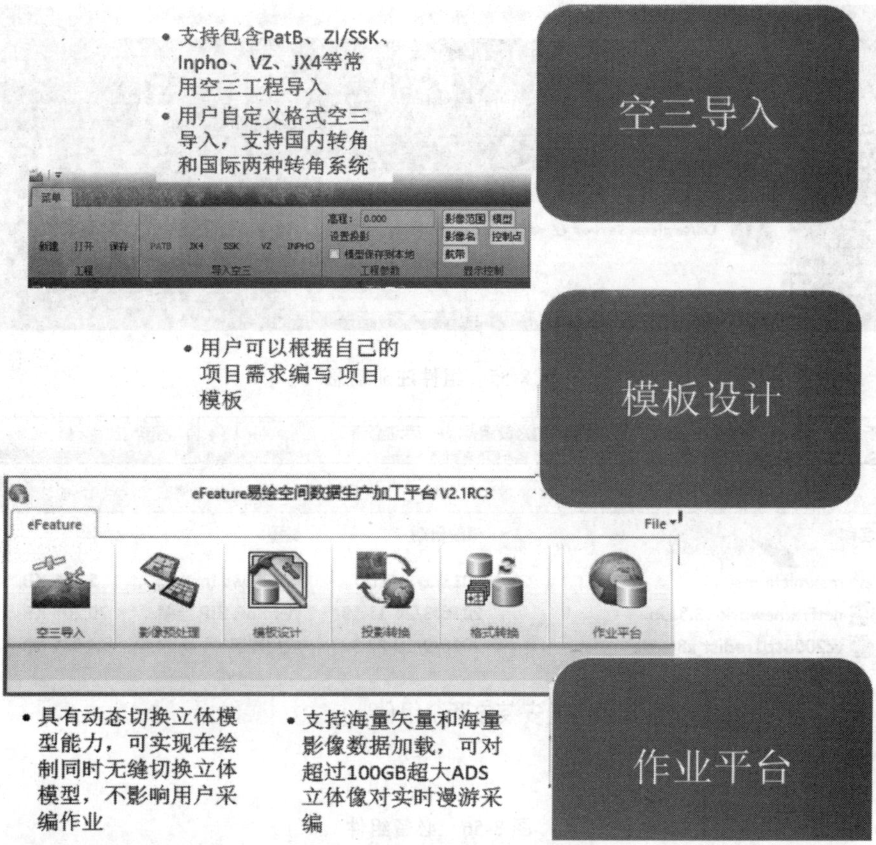


图 8-53　软件基本功能结构

## 三、作业基本流程

作业基本流程见图 8-54。

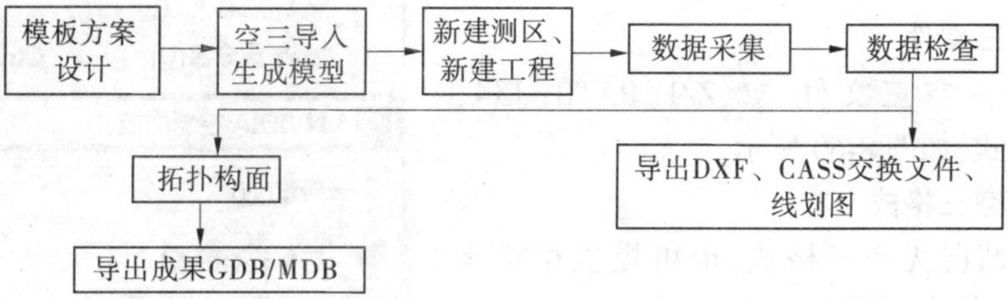


图 8-54　作业基本流程

## 四、安装说明

双击 msxmlcht. msi 安装软件；安装完成后，打开文件所在位置，双击组件注册，检查组件是否注册成功(见图 8-55)。(Windows10 系统需要以管理员身份运行组件注册程序)

若组件注册成功，可直接打开软件；若组件注册失败，则需安装启动必备组件，如图 8-56 所示。

图 8-55　组件注册信息

图 8-56　必备组件

安装软件后，在 Windows 桌面点击鼠标右键进行立体设置，以便观察立体，如图 8-57 ~ 图 8-59 所示。

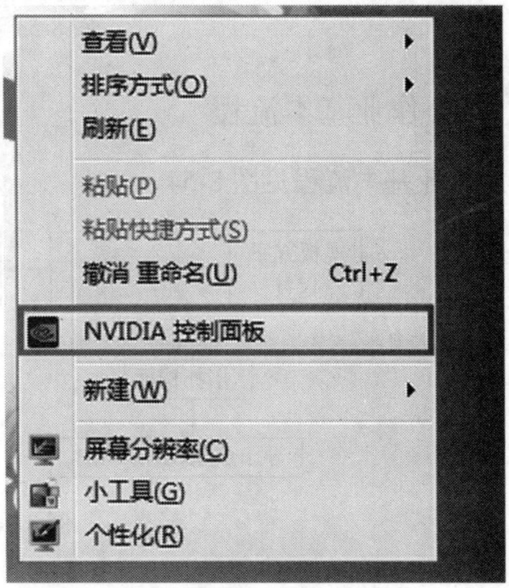


图 8-57　立体显示设置 1

## 五、数据准备

### (一) 空三文件

测图所需空三文件，如 Z/I、PATB、JX4、INPHO 等格式，如图 8-60 所示。

### (二) 无空三格式

若特殊情况无空三格式，也可提供相机参数、外方位元素、原始影像导入。

## 六、数据处理

### (一) 数据处理流程

1. 导入空三

打开图标“mainBar”，在主界面点击“空三导入”（见图8-61），进入空三导入界面（见图 8-62），在工具栏点击提供的空三格式，导入空三。

**注：**其中 SSK 格式即为 Z/I 格式。

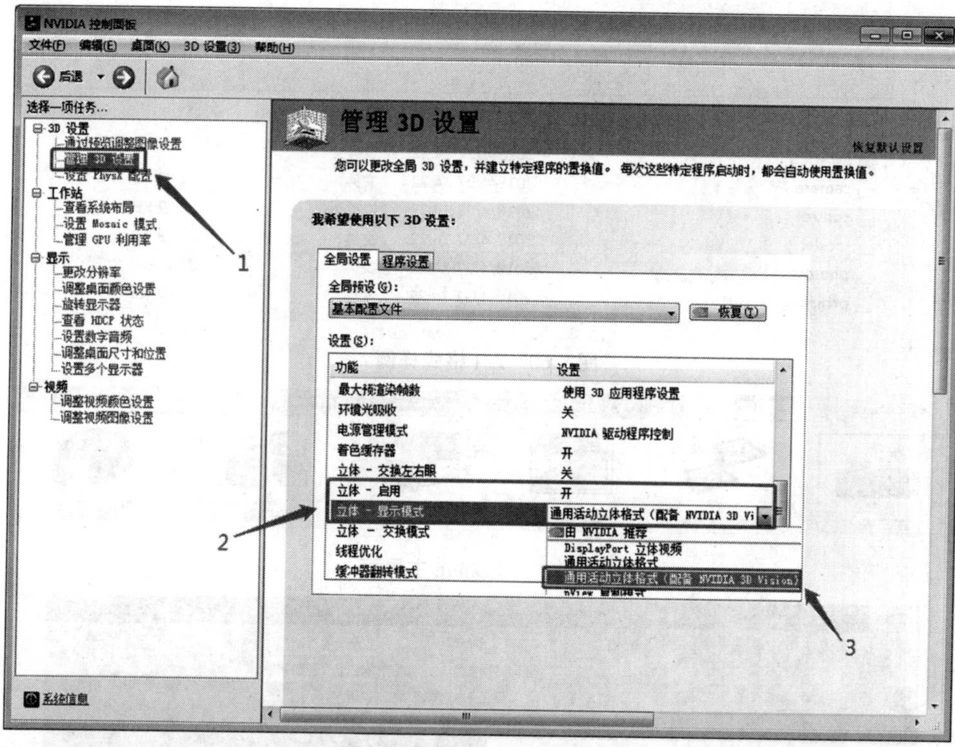


图 8-58　立体显示设置 2

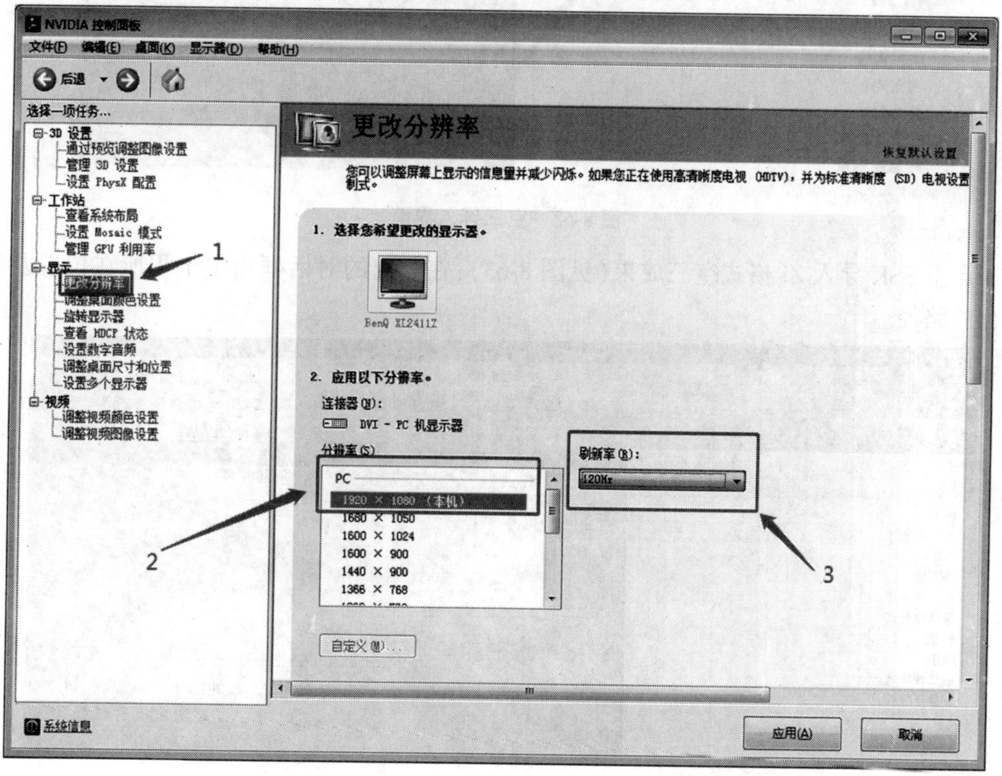


图 8-59　立体显示设置 3

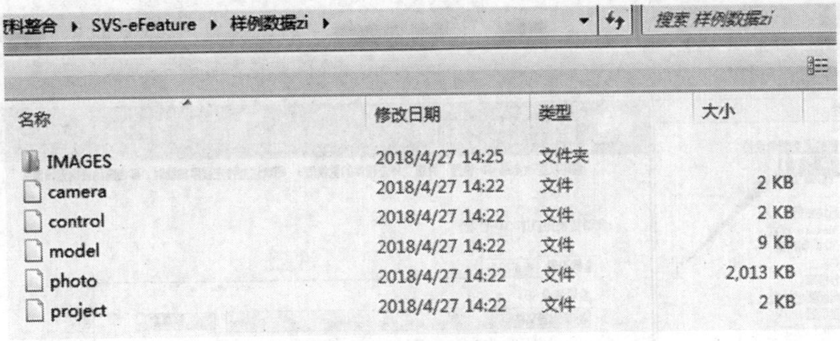


图 8-60　Z/I 格式样例

图 8-61　eFeature 主界面

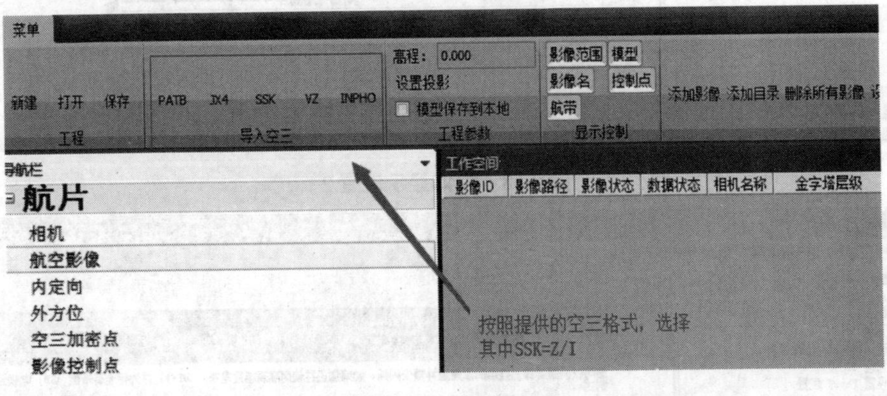


图 8-62　空三导入界面

点击 SSK 导入 ZI 格式空三成果(见图 8-63)，在弹出的对话框指定工程所在位置及影像存放路径。

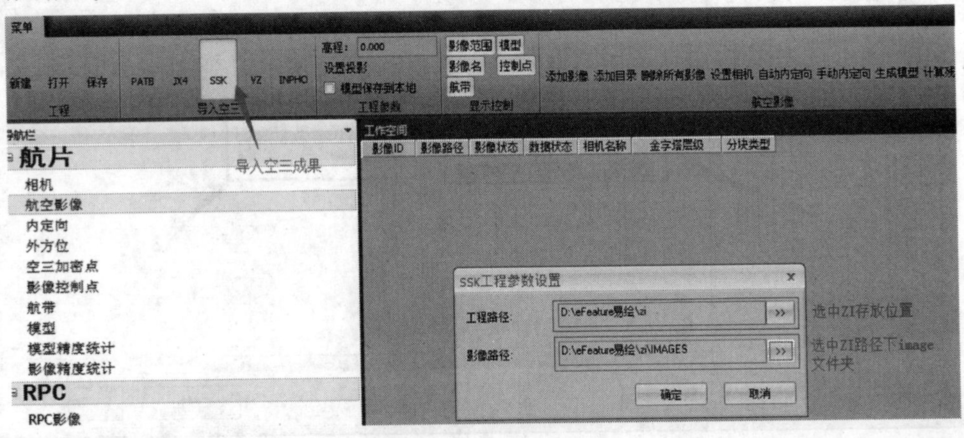


图 8-63　空三导入

工作空间界面若全部显示正常(见图 8-64),直接生成模型;在左栏“航空影像”下点击右键选择生成模型。

工作空间

| 影像ID | 影像路径 | 影像状态 | 数据状态 | 相机名称 | 金字塔层级 | 分块类型 |
|---|---|---|---|---|---|---|
| DSC02539 | D:\eFeatur | 在线 | 完整 | cam | {2, 4, 8} | Scanline |
| DSC02540 | D:\eFeatur | 在线 | 完整 | cam | {2, 4, 8} | Scanline |
| DSC02541 | D:\eFeatur | 在线 | 完整 | cam | {2, 4, 8} | Scanline |
| DSC02542 | D:\eFeatur | 在线 | 完整 | cam | {2, 4, 8} | Scanline |

图 8-64　空三结果正确显示

若空三格式不属于软件指定的类别,按下面流程导入:

(1)新建相机:在左侧视图窗口点击右键选择“相机”,添加相机(见图 8-65),若是航片,选择航片下的“相机”,卫片则选择 RPC 下的“相机”,推扫 ADS 则选择 ADS 下的“相机”。

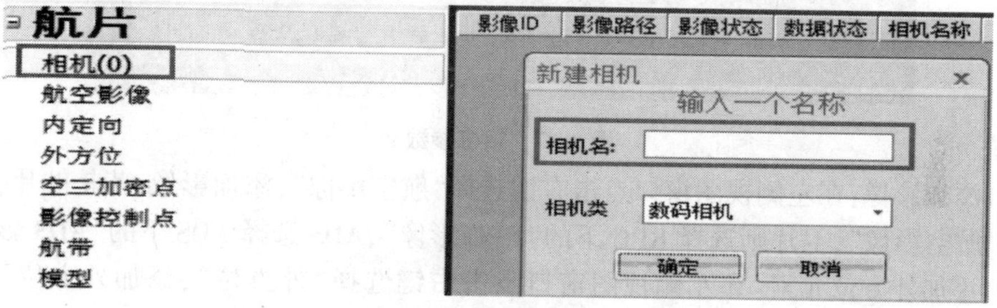


图 8-65　添加相机

在空三成果中,找到相机文件,填写相关数据——焦距、主点偏移、像素大小(见图 8-66、图 8-67);若影像为原始影像,还需输入畸变参数,若影像为改正过的畸变影像,则不需输入畸变参数。

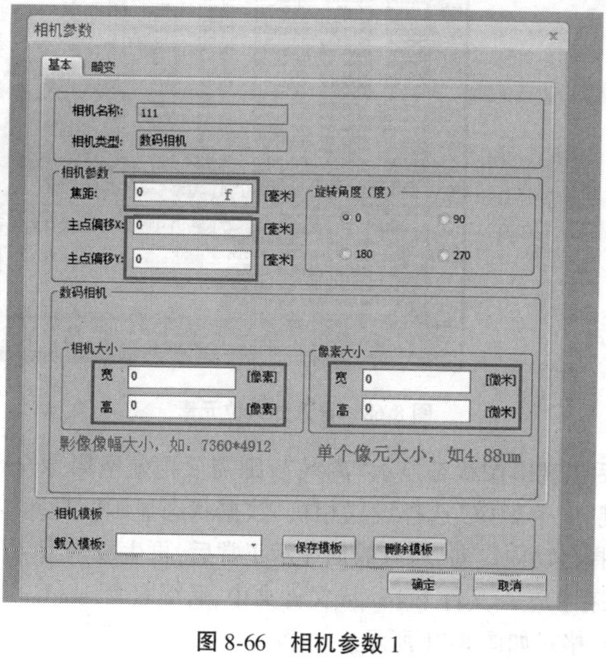


图 8-66　相机参数 1

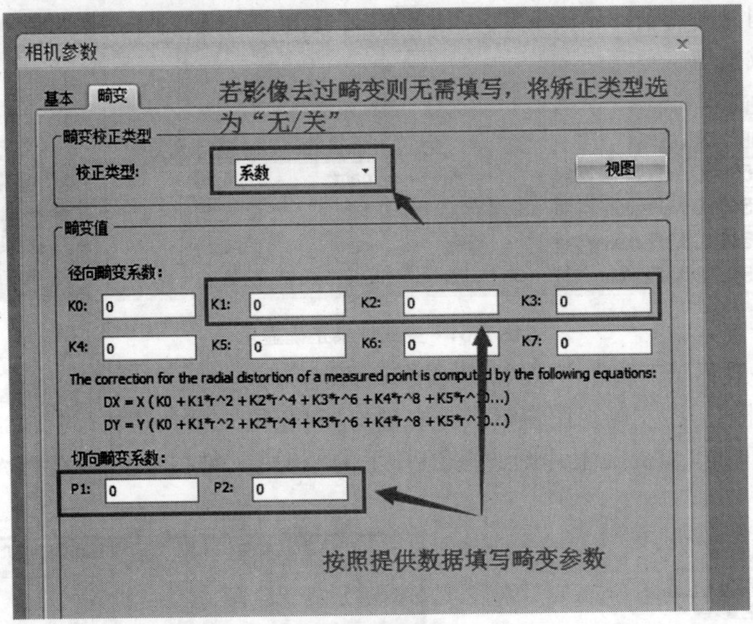


图 8-67　相机参数 2

(2)添加影像：在左侧视图窗口点击右键选择“航空影像”，添加影像，若是航片，选择航片下的“航空影像”，卫片则选择 RPC 下的“RPC 影像”，ADS 选择 ADS 下的“ADS 影像”。

(3)添加外方位元素：在左侧视图窗口点击右键选择“外方位”，添加外方位元素（见图 8-68、图 8-69），只有航片是需要添加外方位元素的。

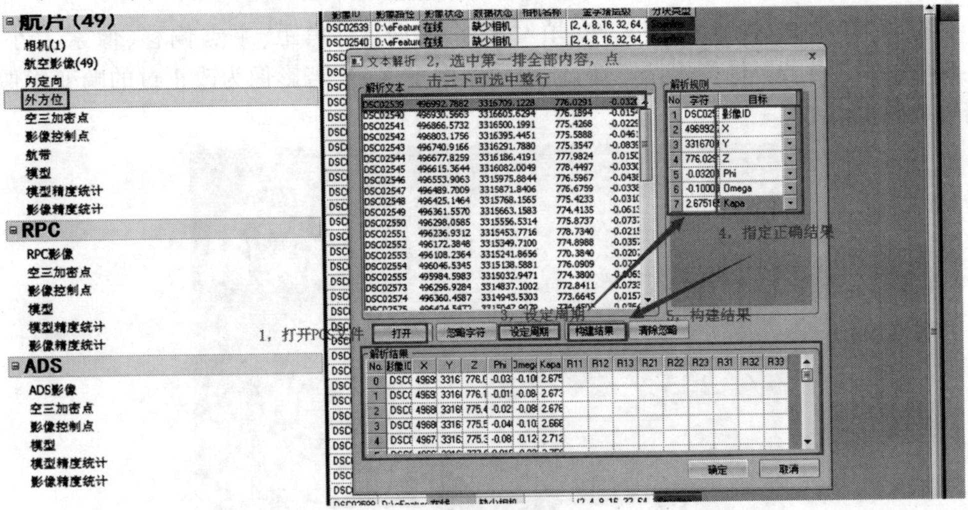


图 8-68　导入外方位元素

空三结果导入后出现影像状态显示“离线”，则需要把航空影像全部删除，数据状态显示“缺少相机”，右键“航空影像”选择设置相机，数据状态显示“缺少内方位”（见图 8-70），右键“航空影像”选择自动内定向，所有数据显示正常后，再生成模型。

**注**：生成模型保存在空三文件下 image 文件夹中，后缀名为. smd。

模型保存位置及格式如图 8-71 所示。

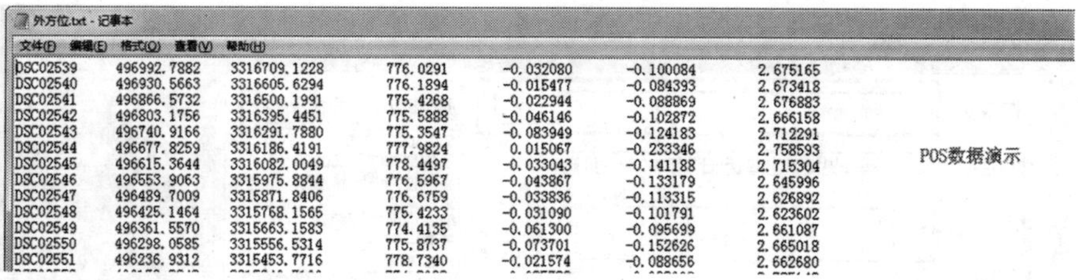


| | | | | | | |
|---|---|---|---|---|---|---|
| DSC02539 | 496992.7882 | 3316709.1228 | 776.0291 | -0.032080 | -0.100084 | 2.675165 |
| DSC02540 | 496930.5663 | 3316605.6294 | 776.1894 | -0.015477 | -0.084393 | 2.673418 |
| DSC02541 | 496866.5732 | 3316500.1991 | 775.4268 | -0.022944 | -0.088869 | 2.676883 |
| DSC02542 | 496803.1756 | 3316395.4451 | 775.5888 | -0.046146 | -0.102872 | 2.666158 |
| DSC02543 | 496740.9166 | 3316291.7880 | 775.3547 | -0.083949 | -0.124183 | 2.712291 |
| DSC02544 | 496677.8259 | 3316186.4191 | 777.9824 | 0.015067 | -0.233346 | 2.758593 |
| DSC02545 | 496615.3644 | 3316082.0049 | 778.4497 | -0.033043 | -0.141188 | 2.715304 |
| DSC02546 | 496553.9063 | 3315975.8844 | 776.5967 | -0.043867 | -0.133179 | 2.645996 |
| DSC02547 | 496489.7009 | 3315871.8406 | 776.6759 | -0.033836 | -0.113315 | 2.626892 |
| DSC02548 | 496425.1464 | 3315768.1565 | 775.4233 | -0.031090 | -0.101791 | 2.623602 |
| DSC02549 | 496361.5570 | 3315663.1583 | 774.4135 | -0.061300 | -0.095699 | 2.661087 |
| DSC02550 | 496298.0585 | 3315556.5314 | 775.8737 | -0.073701 | -0.152626 | 2.665018 |
| DSC02551 | 496236.9312 | 3315453.7716 | 778.7340 | -0.021574 | -0.088656 | 2.662680 |

图 8-69 POS 数据

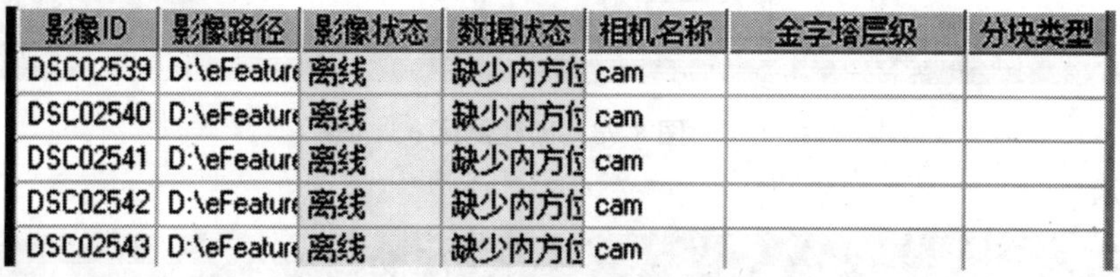

| 影像ID | 影像路径 | 影像状态 | 数据状态 | 相机名称 | 金字塔层级 | 分块类型 |
|---|---|---|---|---|---|---|
| DSC02539 | D:\eFeature | 离线 | 缺少内方位 | cam | | |
| DSC02540 | D:\eFeature | 离线 | 缺少内方位 | cam | | |
| DSC02541 | D:\eFeature | 离线 | 缺少内方位 | cam | | |
| DSC02542 | D:\eFeature | 离线 | 缺少内方位 | cam | | |
| DSC02543 | D:\eFeature | 离线 | 缺少内方位 | cam | | |

图 8-70 空三结果问题显示

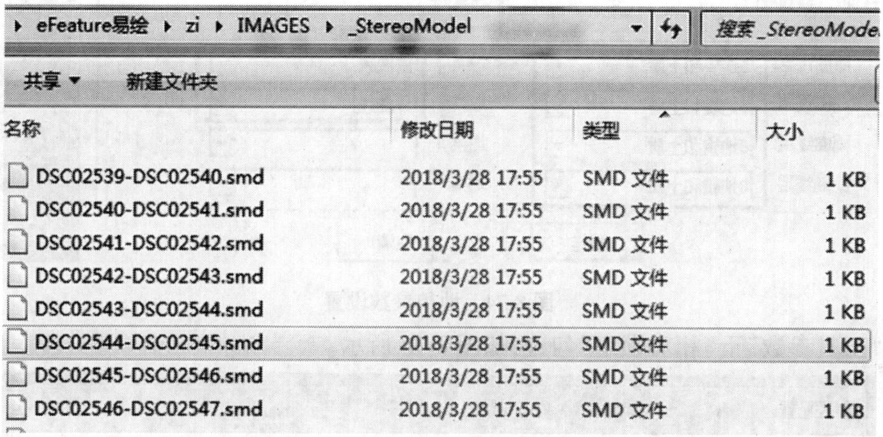


| 名称 | 修改日期 | 类型 | 大小 |
|---|---|---|---|
| DSC02539-DSC02540.smd | 2018/3/28 17:55 | SMD 文件 | 1 KB |
| DSC02540-DSC02541.smd | 2018/3/28 17:55 | SMD 文件 | 1 KB |
| DSC02541-DSC02542.smd | 2018/3/28 17:55 | SMD 文件 | 1 KB |
| DSC02542-DSC02543.smd | 2018/3/28 17:55 | SMD 文件 | 1 KB |
| DSC02543-DSC02544.smd | 2018/3/28 17:55 | SMD 文件 | 1 KB |
| DSC02544-DSC02545.smd | 2018/3/28 17:55 | SMD 文件 | 1 KB |
| DSC02545-DSC02546.smd | 2018/3/28 17:55 | SMD 文件 | 1 KB |
| DSC02546-DSC02547.smd | 2018/3/28 17:55 | SMD 文件 | 1 KB |

图 8-71 模型保存位置及格式

2. 新建测区

(1)打开“mainBar”,在主界面点击“作业平台”图标,如图 8-72 所示。

图 8-72 eFeature 主界面

(2)点击左上角“系统”→“新建测区”(见图 8-73),在弹出的对话框中指定测区保存路径,指定项目模板(一般线划图采集选用旧国标 2007—4 位编码),确定比例尺及测图精度。

(3)配置测区;点击菜单栏中“配置→测区配置→地貌参数”,定义等高距及等高线,如

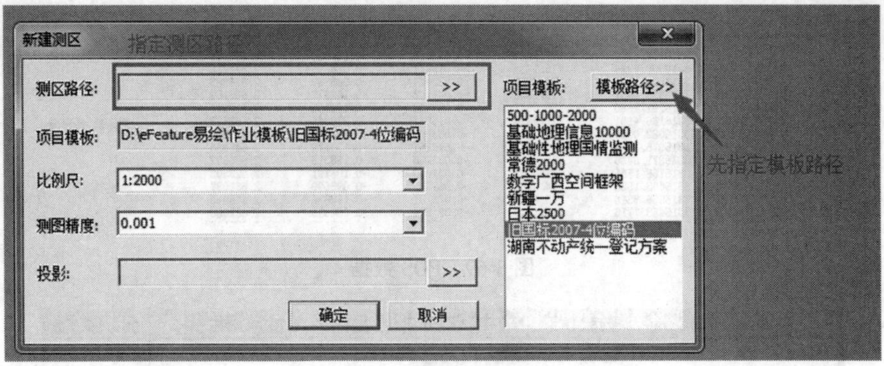


图 8-73　新建测区

图 8-74 所示。

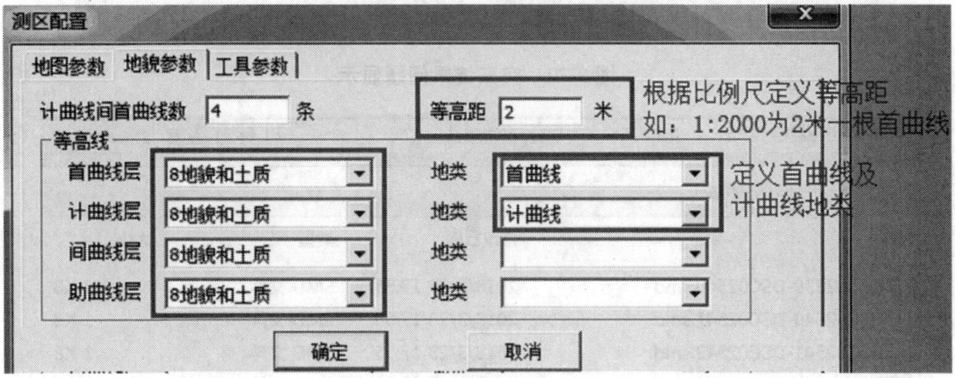


图 8-74　地貌参数设置

将"工具参数"下"相对锁定"勾选,如图 8-75 所示。

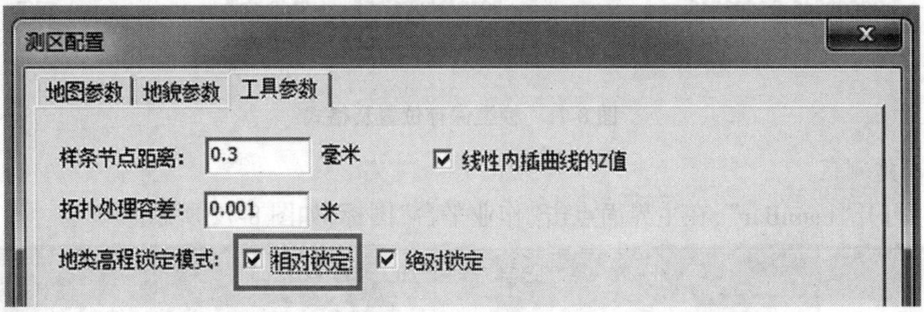


图 8-75　工具参数设置

**注**:一个工程项目只需新建一个测区,新建好测区后分发给作业员新建工程测图。测区文件后缀为. region。

3. 新建工程

点击菜单栏"系统"→"新建"或点击工具栏"新建"按钮,在弹出的对话框设置工程名字,工程文件后缀为. efdb,如图 8-76 所示。

4. 绘制线划图

(1)设置工程范围:左侧工作空间处,右键"xxx. efdb"点击工程范围设置,如图 8-77 所示。

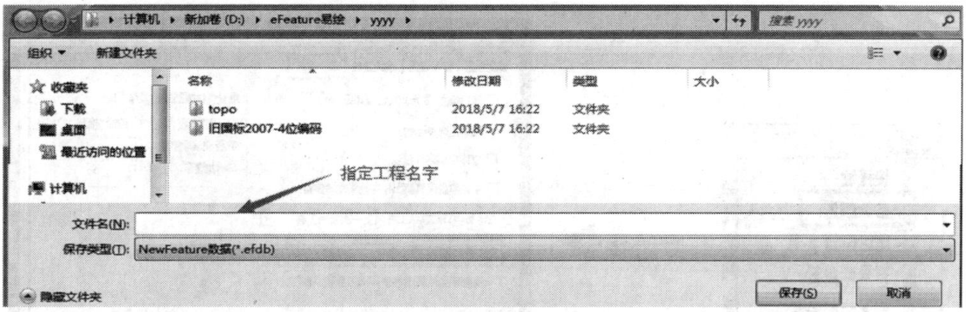


图 8-76　新建工程

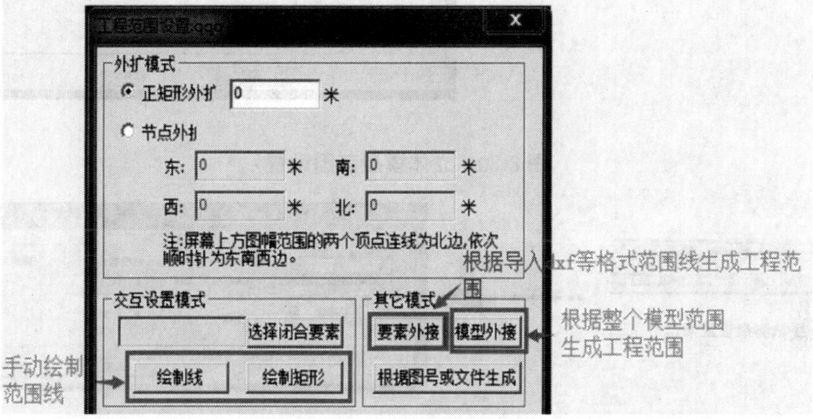


图 8-77　工程范围设置

(2)打开立体相对,左侧模型列表右键打开,也可直接双击打开,如图 8-78 所示。

(3)打开模型后,开始准备测图,F2 调出切换地类界面,输入首字母双击或直接查找需要绘制的地类,在菜单栏选择需要绘制的线型,戴上 3D 眼睛,在立体界面切准高程,绘制图形,如图 8-79~图 8-82 所示。

**注**:测图前期可设置好立体模型的有效范围,可自动直接生成范围线,不需自己绘制,在范围线内绘图,精度更佳,更加方便。使用手轮脚盘者,需在立体窗口处设置手轮脚盘。

图 8-78　模型列表

5. 导出 DXF

线划图绘制完成后需要导出数据在 CASS 等软件中进行精编，在“文件”下拉条中选择

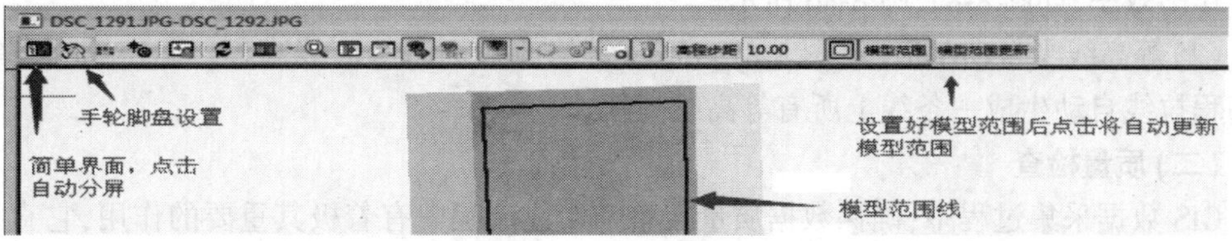


图 8-79　立体窗口主要功能介绍

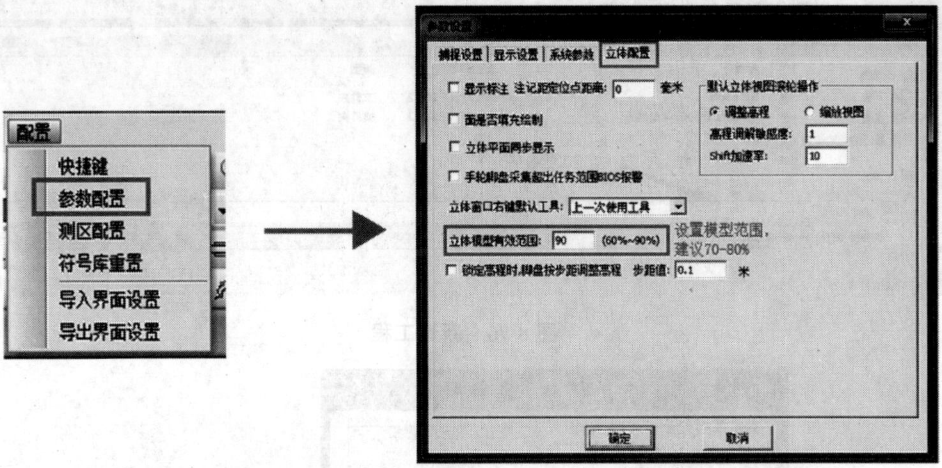


图 8-80　立体模型范围设置

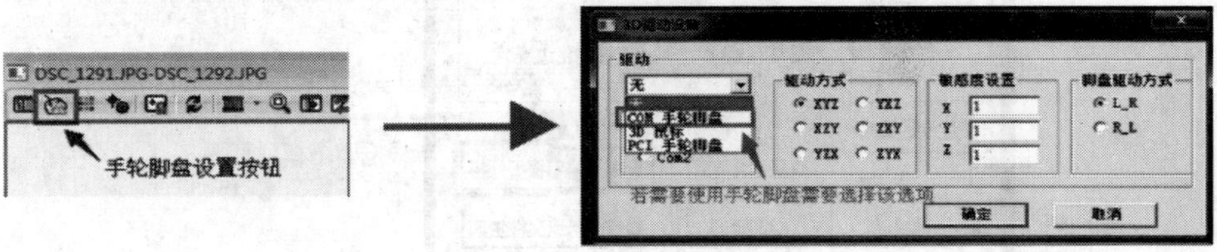


图 8-81　手轮脚盘设置

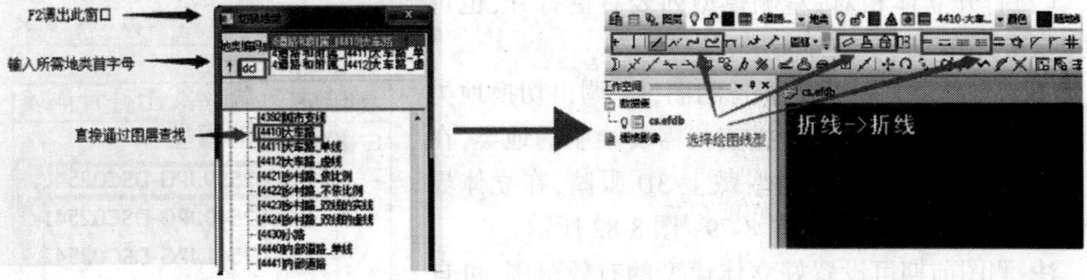


图 8-82　选择地类和线型

“数据导出”→“导出 CASS 交换文件”,如图 8-83、图 8-84 所示。

6. 常用功能介绍

(1)种高程点:在高山区,等高线较多,可用种高程点直接生成高程点再进行局部微调,提升作图效率,如图 8-85、图 8-86 所示。

(2)等高线半自动赋值(见图 8-87):可一键修改大面积等高线高程。确定第一条等高线高程拉线自动生成一条线上所有等高线高程。

**(二)质量检查**

GIS 数据采集过程中,确保数据质量在整个作业流程中有着极其重要的作用,它直接影响了整个作业质量的可靠性。但在实际的数据采集过程中,由于各种客观和主观因素的影响,不可避免地会出现各种数据错误和矛盾。质量检查就是对用户在矢量编辑、拓扑重建及

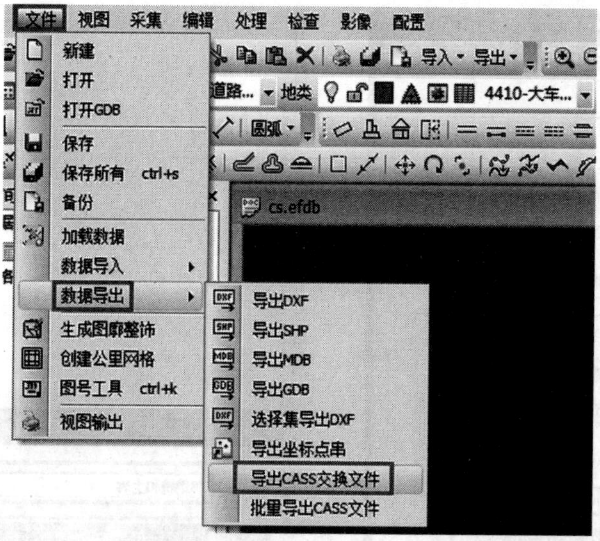


图 8-83 导出交换文件 1

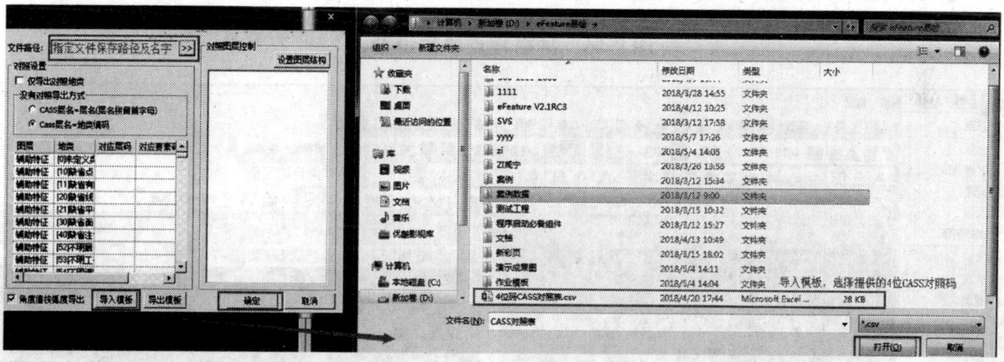


图 8-84 导出交换文件 2

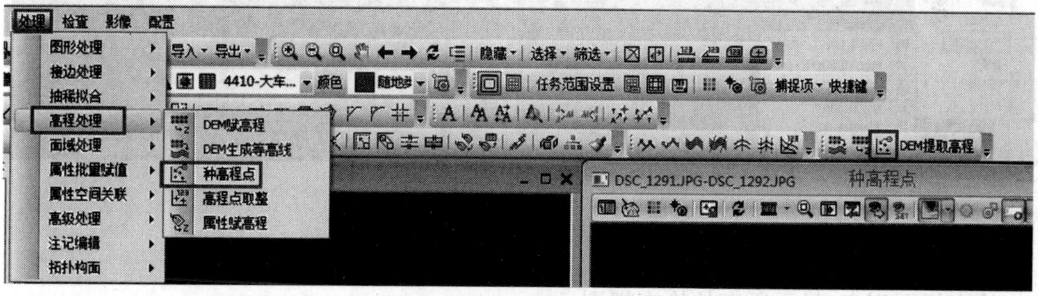


图 8-85 种高程点

属性赋值过程中产生的各种错误检测和处理，并实时对错误进行编辑和修正，以确保数据加工的质量。

1. 检查方案设计

菜单工具栏选择“检查”→“检查方案设计”按钮，弹出组合检查窗口，如图 8-88 所示。

图 8-88 界面中各部分功能：

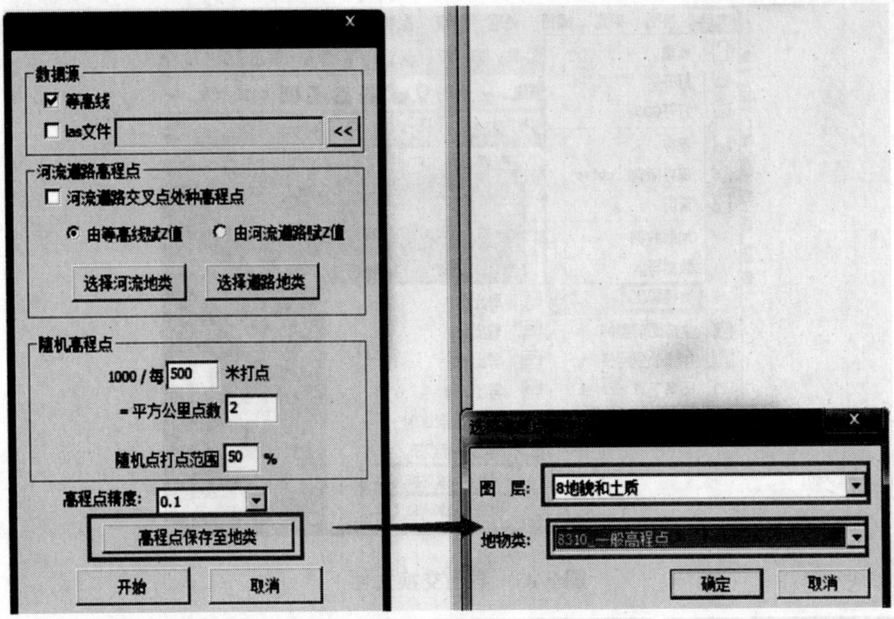


图 8-86 种高程点参数设置

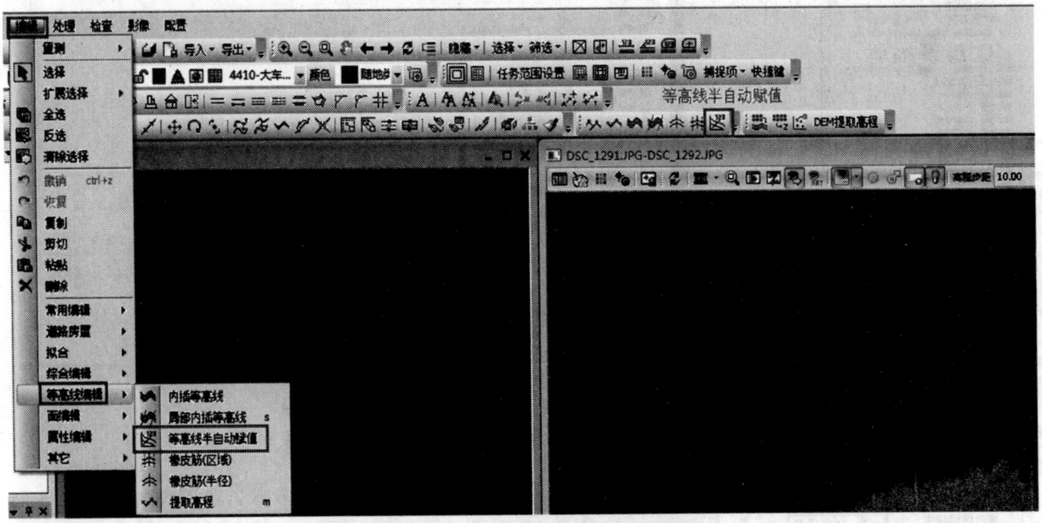


图 8-87 等高线半自动赋值

方案分组列表：新建检查组、业务。

检查规则列表：显示所有的检查规则。

检查规则信息列表：显示检查规则的业务描述等。

检查范围、参考范围、参数列表预览：显示检查规则的检查范围、参考范围及参数。

检查方案保存：检查方案打开、导入、导出。

**2. 检查结果显示设置**

显示设置：设置该规则检查标示大小、线宽、颜色等。

错误标示：显示、隐藏错误标示。

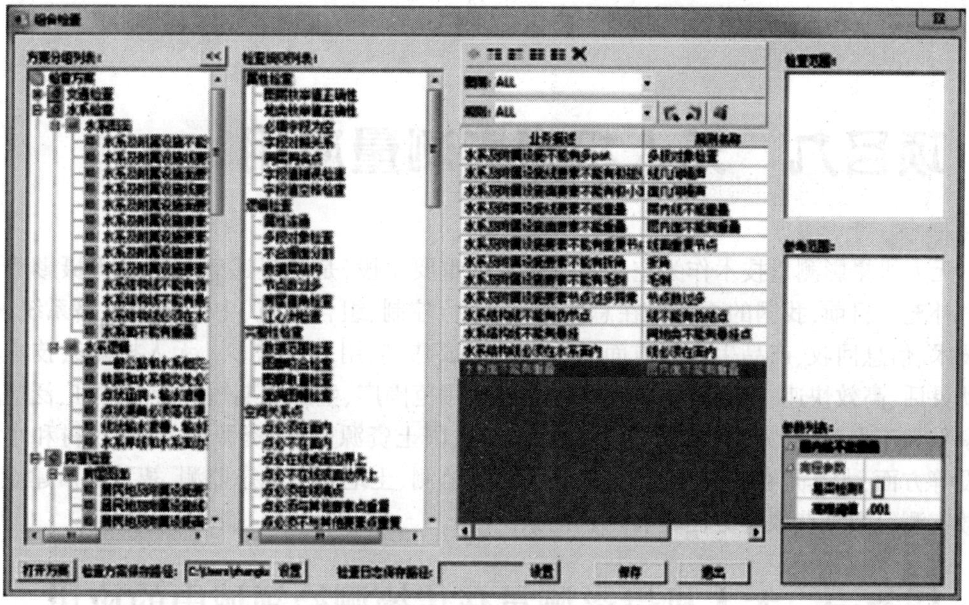

图 8-88　组合检查窗口

错误列表:打开、关闭错误列表。

3. 错误编辑

根据需求设计检查项并进行检查,依据显示的错误位置,手动或自动修复错误。

# 项目九 无人机摄影测量应用

无人机摄影测量技术作为空间数据获取的重要手段,是卫星遥感与有人机摄影测量的有力补充。目前,我国的无人机在总体设计、飞行控制、组合导航、中继数据链路系统、传感器技术、信息回收、产品生产等方面的技术日渐成熟,应用日益增多。无人机测绘技术具有机动灵话、高效快速、精细准确、作业成本低、适用范围广、生产周期短等特点,可广泛应用于国家重大工程建设、灾害应急与处理、城市管理、国土资源监察、资源开发、新农村和小城镇建设等方面,尤其是在基础测绘、土地资源调查监测、土地利用动态监测、智慧城市建设和应急救灾测绘数据获取等方面具有广阔前景。

## 任务一 无人机摄影测量在传统测绘领域中的应用

基于小、巧、灵的特点,无人机在小区域和飞行困难地区快速获取高分辨率影像具有明显优势,而随着无人机摄影测量数据获取和处理技术的提高,其数据和产品精度也越来越高,这使得无人机摄影测量已经成为与传统测量方式一样重要的数据获取手段,逐步在传统测绘领域得到广泛应用。例如大比例尺规模化测绘、4D 产品生产、三维建模、土地利用调查、矿山测量、海岸地形测量、土地整治、地籍测量、大型工程建设等方面,无人机摄影测量技术已显示出其独特的优势。

无人机可以机载多种遥感任务设备,如轻型光学相机、高分辨率数码相机、倾斜摄影相机、全景相机、红外相机、紫外相机和轻小型的多光谱成像仪、合成孔径雷达系统、机载激光扫描系统等。通过这些传感设备,可获取多种类型的影像信息,并利用计算机和相应的专业软件进行处理,生产符合用户要求和技术标准的各类地理信息产品。无人机在测绘行业的应用主要包括以下几个方面。

### 一、4D 测绘成果生产

无人机航空摄影测量是继航天遥感和传统航空摄影测量之后又一重要的地理信息产品生产手段,航天遥感测量适合大区域(1 000 $km^2$ 以上,面积越大,成本越低)中、小比例尺(1:10 000 及更小)4D 测绘成果生产,传统航空摄影测量适合大范围(500 $km^2$ 以上,面积越大,成本越低)大比例尺、中比例尺 4D 测绘成果生产,而由于无人机航空摄影测量具有相对航高低(50~1 000 m)、飞行速度慢(通常小于 200 km/h)、受气候条件影响小(可云下超低空飞行)、影像分辨率高(影像最高 GSD 可小于 5 cm)、起降场地要求低、系统价格低廉、作业方式灵活(可测区内起降,受空中管制和气候影响较小)、安全性较高、作业时效性好、系统性价比高、作业周期短和效率高等特点,更适合小范围(300 $km^2$ 以下)大比例尺 4D 测绘成果生产、地质灾害监测及应急测绘等领域。无人机航空摄影测量主要使用的机载遥感任务设备包括轻型光学相机、高分辨率数码相机和轻小型的多光谱成像仪、合成孔径雷达系统、机载激光扫描系统等。

传统的大比例尺地形图测绘多采用内外业一体数字化测图的方法,即采用 GNSS RTK 与全站仪相结合的方法进行碎部测量。可以看出,传统的地形测量方法为点测量模式,需要测量人员抵达每一个地形特征点,通过逐点采集来获取数据,不但非常辛苦,测量效率也较低,一定程度上限制了其在大范围地形测量中的应用。因此,探讨更加灵活机动、高效率的地形测量方法非常必要。

无人机摄影测量不仅作业速度快,而且将大量的野外数据采集工作移到室内进行,减少了野外工作量,大幅度降低了作业成本。传统测绘方法只能提供数字线划图,无人机航测不仅能提供数字线划图,而且能提供 DOM、DEM 等多种成果,利用起来更方便直观。

对于无植被覆盖,地形破碎、复杂、地势险要及人工难以到达的地方,如果采用传统测绘方法进行,许多地形变换点无法采集,造成图面精度下降、地形表示失真等问题。无人机移动测量成果不受地形条件限制,精度均匀,对微地貌表示逼真,从而整体提高了地形图的精度,在高原、矿区、戈壁滩、草原等边远、复杂地区大比例尺基础测绘(见图 9-1)中具有十分明显的优势。

图 9-1 大比例尺地形图测绘

## 二、三维实景建模

### (一)倾斜摄影三维实景建模

倾斜摄影测量技术是国际测绘领域近些年不断发展的一项新技术,是摄影测量与遥感未来的重要发展方向,它颠覆了以往正射影像只能从垂直角度拍摄的局限,通过在同一飞行平台上搭载多台传感器,同时从一个垂直、四个倾斜五个不同的角度采集影像,将用户引入了符合人眼视觉的真实直观世界。该技术已经获得较为广泛的应用,如应急指挥、国土安全、数字城市(工程)管理、生态与环境治理、工程勘测设计、数字旅游开发、文物保护和房产税收等。无人机倾斜摄影三维实景建模(见图 9-2)主要使用的机载遥感设备包括各种轻小型或微型倾斜摄影相机系统,软件系统主要包括 Bentley 公司的 ContextCapture 软件、Skeline 公司的 PhotoMesh 软件、Pictometry 公司的 Pictometry 软件、法国欧洲空客防务与空间公司的 PixelFactory NEO(原 Street Factory 街景工厂)、俄罗斯的 Agisoft Photo Scan 软件、微软 Vexcel 公司的 Ultramap 软件、以色列的 Vision Map 软件,以及基于 INPHO 系统的 AOS 软件、武汉天际航信息科技股份有限公司的 DP-Modeler 等。

图 9-2 倾斜摄影三维模型

传统三维建模通常使用 3ds Max、AutoCAD 等建模软件，基于影像数据、CAD 平面图或者拍摄图片估算建筑物轮廓与高度等信息并进行人工建模。这种方式制作出的模型数据精度较低，纹理与实际效果偏差较大，并且生产过程需要大量的人工参与，同时数据制作周期较长，造成数据的时效性较低，因而无法真正满足用户需要。面倾斜摄影测量技术以大范围、高精度和高清晰的方式全面感知复杂场景，通过高效的数据采集设备及专业的数据处理流程生成的数据成果直观反映了地物的外观、位置和高度等属性，为真实效果和测绘级精度提供保证；同时有效提升模型的生产效率，采用人工建模方式一两年才能完成的一个中小城市建模工作，通过倾斜摄影建模方式只需要 3~5 个月时间即可完成，大大降低了三维模型数据采集的经济代价和时间代价。

**(二)空中全景摄影**

空中全景摄影技术是国际测绘领域近些年研究的另一项高新技术，它通过在同一飞行平台上搭载多台传感器，同时从多个不同的角度采集影像，将用户视角提高至空中，合成的全景影像范围更大，空中俯瞰的效果更为震撼，更符合人眼视觉的真实直观世界。目前，广泛应用于旅游景点宣传、房地产推介、电子导航地图、智慧城市(工程)、智慧交通、智慧水利、生态与环境治理等领域。

## 三、矿山测量

矿山测量是安全开采的基本保证，可以为矿山开采和管理提供有益的信息依据，可以为矿山周边的生态环境保护提供决策支持。无人机移动测量在矿山的应用如下：

(1)数字矿山建设。数字矿山建设需要大量的影像、地形图件和数字高程模型等基础数据，而无人机技术采用低空飞行方法获取地理信息，能克服矿山处于偏远山区、地理环境复杂的劣势，为数字矿山建设提供大量数据。

(2)矿山环境整治。矿山开采破坏了周边的自然环境，如果不注重环境保护，最终将会影响到矿山开采的顺利进行。然而，矿山所处的地理环境使得环境整治较困难，获取基本环境信息难一直是困扰相关职能部门的问题。而采用低空飞行的无人机技术能快速获取大量目标区域的微波、可见光、红外、多光谱影像数据，经过数据处理，得到更多定量、定性分析数据，为矿山的环境整治提供依据。

矿山地质灾害监测如图 9-3 所示。

(3)矿山资源保护和利用。矿产资源属于不可再生能源，必须合理利用和保护，严禁肆

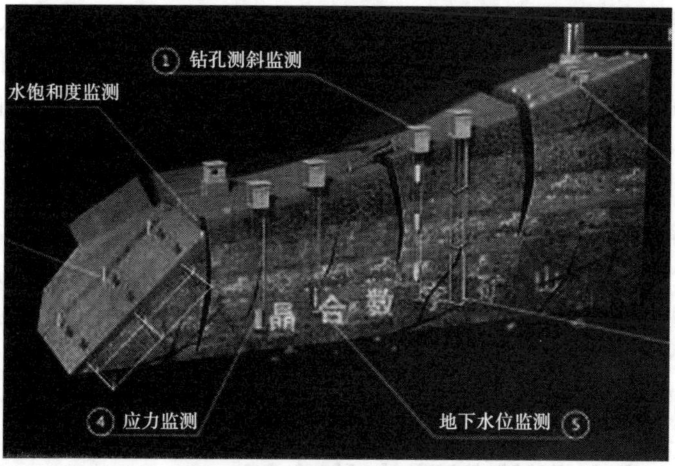


图 9-3　矿山地质灾害监测

意开采。虽然有行政部门监管,但仍存在不少乱采、乱挖现象。采用无人机技术恰好可以实现在无人到达的目标区域即刻取证、空中监测的效果(见图 9-4),实现资源保护和利用的动态检测,保证矿山开采的合理性和科学性。

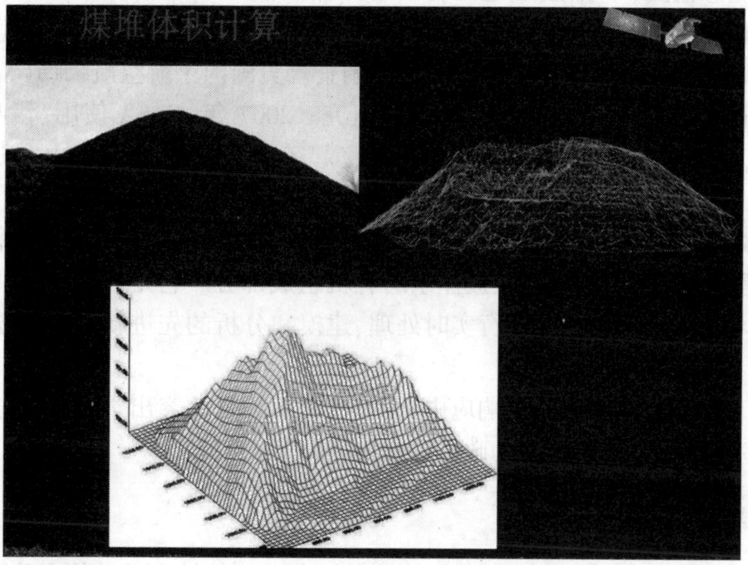


图 9-4　矿山堆体体积计算与监测

## 四、土地利用变更调查与核查

对于土地利用现状的准确掌握是政府科学决策的重要依据之一。随着我国经济建设飞速发展,城乡土地利用状况变化很强烈,个别地区的地图甚至半年就需要更新一次,对目前土地利用调查技术手段的时效性、准确性、经济性提出了更高的要求。因此,我国每年都开展全国土地变更调查监测与核查项目。

土地变更调查监测与核查对影像数据的需求量非常大,且对数据的时效性要求非常强,卫星影像数据往往难以满足需求,特别是在一些重点地区,例如对 35 个国家审批监管城市,要求在1~2个月的时间采用高分辨率的影像数据完成变更监测。由于受天气、过境时间等因素的制约，高分辨率遥感卫星很难在这么短的时间内及时获取全部的影像数据。采用无人机移动测量系统配合高分卫星，对未获取到合格数据的地区，在一定的时间点启用无人机系统进行作业，确保监测地区内高分影像数据全覆盖，保证变更调查和监测有图可依，有据可查(刘洋等，2014)。

采用高分辨率的无人机影像、卫星影像等，利用多数据源、多尺度、多时相的数字高程模型(DEM)构建三维地理数据库，不仅可以满足综合基础信息获取与收集的要求，而且便于相关部门对区域内进行核查、纠错、变更、决策和管理，极大地提高了测绘成果的现势性和通用性，为后期土地开发利用、可行性研究、土地利用空间布局规划、国土资源信息集成平台建设等提供了广阔的空间。

## 任务二 应急测绘保障中的应用

测绘应急保障的核心任务是为国家应对突发性自然灾害、重大事故、社会安全事件等突发公共事件高效有序地提供地图、基础地理信息数据、公共地理信息服务平台等测绘成果，根据需要开展遥感监测、导航定位、地图制作等技术服务。

国外无人机摄影测量技术在应急测绘保障领域的最早应用范例是在20世纪70年代，美国利用无人机对北卡罗莱纳州进行自然灾害调查。美国国家航空航天局(NASA)专门成立了无人机应用中心，利用其对地球变暖开展研究。2007年，NASA使用“伊哈纳”无人机评估森林大火。2011年，日本使用RQ-16垂直起落无人机对福岛核电站进行了监测。2012年，NASA使用全球鹰无人机对飓风“纳丁”进行了长时间监测。

无人机摄影测量技术是现代化测绘体系的重要组成部分，是测绘应急保障服务的重要技术手段，也是国家、省、市级应急救援体系的有机组成部分。它是自动化、智能化、专业化快速获取应急状态下空间信息并进行实时处理、建模和分析的先进新兴航空遥感技术的综合解决方案。

重大突发事件和自然灾害应急响应中，无人机摄影测量的突出贡献是能够第一时间快速获取高分辨率灾情调查数据，辅助政府进行快速决策。

### 一、洪灾救援

近年来，受特殊的自然地理环境、极端灾害性天气及经济社会活动等多种因素的共同影响，各地区洪水、泥石流和滑坡灾害频发，造成人员及财产损失、生态环境破坏严重。随着信息技术的不断发展，以“3S”、LiDar、三维仿真等为主的现代化技术不断用于灾害的防治和研究，为开展防灾减灾工作提供了科学的决策依据。利用航测的三维地形图、实测水文资料及河道断面建立边界条件和特征值，可以以此来推演洪水在真实河道内的淹没范围及程度，进而确定合理的预警指标、安全转移路线及临时安置点等。

2012年8月6日，云南省大理州洱源县炼铁乡和凤羽镇因暴雨引发特大山洪泥石流地质灾害。云南省测绘地理信息局无人机组赶往灾区，对47 km$^2$受灾地域实施低空信息采集，获取地面分辨率为0.2 m的影像981幅，为灾后救援提供了可靠的决策依据。

## 二、气象灾害监测

利用无人机航空遥感系统提供的灾情信息和图像数据可以进行灾害预测与灾害损失评估，预测灾害发生的范围，准确计算受灾面积并估计灾害损失。例如可以对雨雪、冰冻低温灾害的发生强度及分布范围实施实时动态监测，并且能够辅助气象部门研究低温冷害发生发展的地域规律，为相关部门采取有效救灾措施提供及时、全面的信息。

## 三、地质灾害监测

我国是地质灾害最为严重的国家之一。无人机航空遥感系统能够结合地质专业信息，为地质灾害区提供包括地质、地貌、土壤、水文、土地利用和植被等信息的图形图像产品。这些产品及其信息构成了地质灾害灾情评估的基础数据，对提高地质灾害管理和灾情评估的科学性、准确性和有效性具有重要作用，而且可以大大提高减灾、抗灾和防灾的效率及现代化水平。对于山体滑坡和泥石流等重大地质灾害（见图9-5），可以分析灾害严重程度及其空间分布，帮助政府分配紧急响应资源，快速准确地获取泥石流环境背景要素信息，而且能够监测其动态变化，为准确的预报提供基础数据。

图 9-5 无人机完成的滑坡区域 3D 建模

2010 年 8 月，怒江贡山特大泥石流灾害发生后，现场环境十分恶劣，整个泥石流沟长有 14 km，车辆无法前进，救援人员只能徒步推进 3 km。在此情况下，云南省国土资源厅及云南省测绘局首次使用无人机，依托当地小学操场起飞，对整个泥石流发生点进行图像采集，为救灾提供了重要信息。

## 四、地震救援

2008 年的四川汶川特大地震，造成了巨大的人员与财产损失。由于灾区交通通信全部中断，灾情信息无法获取。中国科学院遥感应用研究所无人机遥感小分队在第一时间利用无人机低空遥感平台在 400~2 000 m 的高度采集到高分辨率影像。无人机凭借其机动快速、维护操作简单等技术特点，获取到灾区的房屋、道路等损毁程度与空间分布，地震次生灾害如滑坡、崩塌等具体情况，以及因此而形成的堰塞湖的分布状况与动态变化等信息，为救援、灾情评估、地震次生灾害防治和灾后重建工作等提供了科学决策依据。如图 9-6 所示为无人机拍摄的云南鲁甸县地震后的堰塞湖。

图 9-6 无人机拍摄的云南省鲁甸县地震后的堰塞湖

## 任务三 在国土、城市、海洋等领域的应用

无人机遥感应用于地理国情调查、环境监测、城市规划与管理和海洋监测等领域,是对我国传统摄影测量与遥感基础性、常备型业务的重要补充和技术提升。随着经济的发展,政府对土地资源、环境的管理日益精细化,对动态监测要求更短的时间、更高的分辨率和更常态化,传统航测与遥感方法难以满足当前的需求,尤其是注重精度和时效的监测项目,这给了无人机航测巨大的需求驱动源。

### 一、国土资源行业

(1)应急防灾体系建设。无人机低空航测体系的建立,能切实提高突发事件的响应和处理能力,一方面能及时反映地质灾害事故发生后的影响范围、损失估量等经翔实数据,为政府辅助决策提供重要参考依据;另一方面能通过对地质灾害多发点预先进行定时无人机低空巡查,获取实时的灾害点信息,有效预测地质灾害的发生,减少灾害损失。同时,通过低空航测能及时发布灾害相关数据,大大提高政府的服务能力,提升国土资源管理公众形象。

(2)地籍数据库变更。利用无人机航测技术和相关自动化制图软件完成地形数据采集和快速制图,获得数字化的 4D 产品,可以快速提取地籍变更范围。同时,采用高精度的倾斜摄影成像手段,在云下 500 m 高空飞行可以完成 1:500 航拍图的测量,并通过边缘提取、自动构面等技术制作完成地籍入库数据和地籍数据库的年度变更。

(3)农村集体土地承包经营权确权领证。农村集体土地承包经营权确权颁证牵涉范围广泛,特别是在一些环境复杂的偏远山区,传统方法既费时费力,又降低了测量的精度。无人机航测技术利用丰富的影像信息,具有较高的精度和效率,可以很好地实现农村集体土地承包经营权确权颁证"一体化"发证设想,并能同时完成大比例尺区域的快速测图与发证。

(4)动态巡查监管。通过无人机航测的监测成果,可及时发现和依法查处被监测区域国土资源违法行为,建立利用科技手段实行国土资源动态巡查监管及违法行为早发现、早制止和早查处的长效机制。特别在违法用地不易发现地区,利用无人机低空航测真彩色正射影像数据,执法人员可以更清楚直观地查看违法事实,并通过数据抽取和深加工制作现场照片,成为立案证据。

(5)国土资源"一张图"建设。无人机低空航测成果可以广泛应用于国土资源"一张图"基础数据中。最直观的是影像数据,也可以是通过影像处理进行空三测量形成信息化的4D产品,经过半自动化的处理入库,有力地补充了"一张图"核心数据库,保证了数据的实时性和统一性,既提高了技术人员及部门的话语权,也更便于提高领导决策的科学性和准确性,为各级部门及主要决策者定期提供最实时的土地管理相关信息。

## 二、城市规划与管理

### (一)数字城市建设

为使城市能够适应经济高速发展的需要,城市规划与管理的作用日益明显,对地图产品的更新周期要求越来越短。无人机影像分辨率高、信息丰富,可满足大比例尺4D产品的制作、应用、更新要求,比传统摄影测量和卫星遥感更适于"数字城市"建设;无人机使用方便灵活,成本低廉,维护方便,工作效率高,尤其适合较小面积航空影像的获取,可为城市建设、管理部门提供多种形式的影像数据;无人机可在空中实现拍摄瞬间POS定位、定高、定向,提高了产品生产效率,大大减少了野外工作量。

无人机在空间数据采集方面应用优势明显,已成为数字化城市建设中应用前景最为广阔的一种测绘手段。现阶段,我国的无人机测绘总体水平较好,但各地区差异较大,应用广度也有待提高。随着数字化城市建设对数字测绘信息的需求越来越高,无人机应用将会发挥巨大的作用。

### (二)城市规划

城市规划对城市的发展至关重要,且需要大量的测绘信息。无人机低空摄影测量可为规划区域提供强现势性、大比例尺、高分辨率、高精度的正射影像图DOM、数字高程模型DEM、数字表面模型DSM、数字栅格地图DRG和数字线划图DLG等测绘产品。近年来,随着计算机技术、遥感技术、摄影测量技术及其相关信息技术的飞速发展,使用倾斜摄影测量技术重建地表三维形态已成为现实。以三维数据和影像为基础的三维可视化技术,能产生更加逼真的环境模拟,可以从不同角度多方位反映目标区域的实际情况,为城市规划部门和人员做出科学的城市决策提供可靠依据。

目前,我国有数以万计的小城镇在规划时缺乏高精度空间信息源。特别是许多小城镇,地处边远地区,面积小、分布散,采用常规航空摄影耗费太高,采用人工测量困难多,采用超轻型飞机姿态难控制,而无人机摄影测量系统以其独特的优势,可为规划提供经济快速的数据源。

采用设计模型与三维地形景观相结合的技术,能实时再现设计成果,避免复杂环境下二维图形带来的思维局限性和片面性,提高设计效果的真实表现力。因此,城市规划设计方案可视化,以真实、直观地体验规划设计效果,避免了以往规划设计图纸的欠缺,可通俗、形象、直观地感受、理解规划设计效果,能更好地理解规划师的意图,从而使大众的参与和决策人员的决策过程更准确、更有效,如图9-7所示。

### (三)无人机数字化城市测绘应用案例

1.某小区基础测绘

1)测区概况

有效影像总数526张;总控制点数量84个;每条航带有效影像数量约48张;有效航带

图 9-7　城市规划示意图

数 11 条；有效控制点 76 个（有部分点没有给刺点片）；每张影像 3 744×5 616 个像素；60.1 MB 计算机存储空间。

2）作业概况

（1）空三加密。采用英特尔 i7 920 处理器电脑处理，除前期建工程和添加像控点平差解算外，其余部分全自动处理，整个空中三角测量加密自动化程度达 80%以上，周期为电脑自动处理 12 h 加单作业员人工刺像控点平差 4 h。

（2）DEM 和 DOM 生产。采用同一区段百兆局域网内 5 台电脑解算，DEM（物方匹配）生产耗时约 4 h，单作业员人工编辑 8 h。DOM 生产耗时约 1 h 40 min，匀光匀色耗时 3 h 21 min，拼接裁切一体化耗时 45 min，部分拼接线单作业员人工重新干预耗时 0.5 工作日。

（3）DLG 生产。1∶1 000（城区人工建筑物密集）地物采集，3 个工作日+ 编辑半个工作日；采集 1∶2 000（城区人工建筑物密集），不到 3 个工作日+编辑 0.75 个工作日。

2. 某县城城区无像控快速成图应用

1）测区概况

测区共 265 张影像，重叠度为 70%、40%，拍摄相机为佳能 5D-MARKⅡ，24 mm 定焦，相对航高约为 550 m。利用到的数据为 JPG 格式影像对应的 POS 参数相机文件。

2）数据处理

直接使用 JPG 格式影像，没有对影像做去畸变改正，利用 POS 参数自动划分航带，添加相机文件自动内定向，然后程序全自动处理，处理过程中自动提点，自动利用 POS 数据减去相对航高，作为像主点位置的地面点的大地坐标当作地面像控点坐标值，自动调用 PATB 进行平差解算，自动利用空三加密生成的点云内插生成 DEM，然后利用 DEM 纠正影像得到 DOM，自动匀光匀色，自动拼接 DOM 得到全区影像图。整个过程全自动进行，无须人工干预（软件也提供了人工干预功能）。从建工程到得到全区影像图仅需 3 h 49 min，人工调整全区影像图拼接线约需 30 min。

**（四）城市管理**

（1）城市灾害的监控。当城市发生爆炸、火灾和水灾等灾害时，有时救援人员无法或不能很快进入受灾的区域，这时可利用无人机携带的照相或摄像设备对受灾区域进行侦察，同时将航拍图像传送回来，便于救援人员及时了解灾情。例如，在危险品爆炸火灾现场，在不清楚现场情况下，可首先利用无人机对现场进行侦察，并将侦察数据传回，帮助救援人员及时了解现场情况,做出正确的决策。

(2)小区域的三维测绘。利用多旋翼无人机携带摄像机进行航拍,可获得城市中小区域的影像数据,对这些数据进行专门处理后,可以获得该区域三维数字产品。对小型旅游景点航拍图像进行后期处理,可方便、迅速和低成本地生成三维图,用于宣传与推广。

(3)城市违章建筑的巡查。清理城市违章建筑是城市管理的重要工作。通过航拍图像可以及时发现新出现的违章建筑,特别是高楼上的违章建筑,这些违章建筑危险性大且具有隐蔽性,只有在空中才能发现。通过无人机提供的航拍图像,不仅能够轻易发现是否存在违章建筑,对违章建筑定位,而且可以测量违章建筑的面积和高度。

(4)城市反恐绑架。城市反恐是城市管理中面临的新问题。在反恐指挥控制中,掌握恐怖分子的分布、人质的情况等对指挥决策有重要的作用。无人机可以在技术人员的操控下,飞到恐怖分子所在区域,采用悬停等控制飞行方式,通过窗口等观察屋内的情况。如果恐怖绑架发生在高楼层,利用无人机悬停是侦察的最佳手段。

(5)大型活动现场监控。城市中的大型活动,如集会等,由于人数多,监管难度大,出现突发事件的可能性也很大。通过无人机的空中监控,可以帮助管理机构实时掌握活动现场情况,还可根据需要重点观测某个区域,及时发现异常并持续监控。

## 三、海洋监测管理

### (一)灾害监测

(1)灾前预报:利用无人机在灾害频发时段和区域加强巡检,视察大堤是否受损,调查浒苔、赤潮和海冰的分布,预测走向,及时向可能受到危害的地区发布灾害预警(见图9-8);同时可通过长时间的观测,掌握灾害发生的规律,以便后期做到提前预测,采取应对措施。

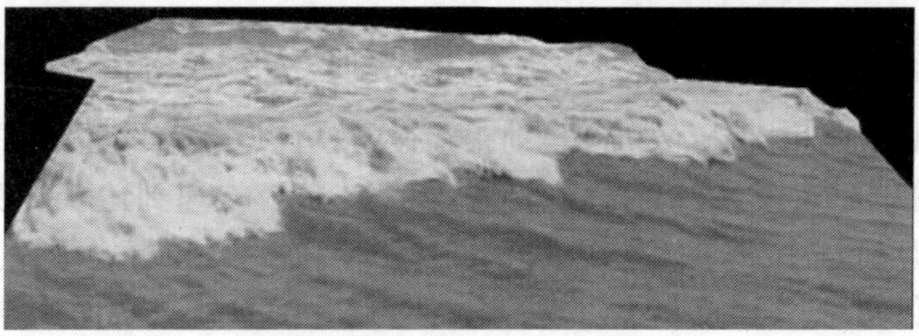

图9-8 钱塘江大潮三维模型

(2)灾中监控:在海洋灾害发生时,一方面,通过无人机可以调查灾害发生的范围、程度,制订合理的消灾方案;另一方面,利用无人机在空中可以实时获取影像、视频,便于布置消灾方案,指挥消灾任务,观察消灾成效。

(3)灾后评估:与GIS技术相结合,通过对无人机获取的受灾遥感数据进行分析,提取受灾范围、受灾等级和损失程度等量化信息,指导灾后补救和后期防范。

### (二)海洋测绘

港口、河流入海口和近海岸等水陆交界地带是人类活动相对频繁的海域,在人为因素和自然环境因素的作用下,这些区域的地形变化比较频繁。人为因素方面,随着经济的发展和需求,人们对水陆交界海域的开发利用不断增强,例如填海造地、养殖区扩展和港口平台搭建等;在自然环境因素的作用下,海岸侵蚀造成海岸线变更,入海口冲击、淤积等原因造成入海口地形变更。加强对这些海域的测绘,对于指导人们开发和利用水陆交界海域具有重要意义。

利用无人机进行海洋测绘,比传统的测绘方法速度快,并能深入海水区域,获取的遥感数据具有更高的空间分辨率,可以完成大比例尺制图。从无人机遥感影像中可以提取海岸、入海口和港口等海域的轮廓线及其变化,结合 GIS 技术对面积、长度和变化量等量化分析并预测变化趋势。在填海造地时,利用无人机搭载 LiDar 实时测量填造区域,指导工程的实施。利用 SAR(合成孔径雷达)和高光谱遥感数据可以探测浅海区域的海底地形,绘制海底地形图。利用 LiDar 数据建立海岸线 DEM,为风暴潮的预警提供参考。在海岛礁测绘中,利用无人机同时搭载 LiDar 和多光谱传感器获取多源数据,提取海岛礁的轮廓线、面积、DEM 和覆被类型等信息,可建立海岛礁三维模型。

**(三)海洋参数反演**

海洋是全球气候变化中的关键部分,海表温度、盐度和海面湿度等环境参数是全球气候变化、全球水循环和海洋动力学研究的重要输入参数。遥感技术是快速大范围监测海洋环境参数的有效手段,可以对海洋长时间连续观测,为气候变化、水循环和海洋动力等研究提供数据。无人机可以监测局部重点海域的环境参数,是卫星遥感大范围监测的重要补充,为海洋区域气候、海洋异常变化、海洋生物环境、入海口海水盐度变化和沿海土地盐碱化等研究提供数据信息。无人机获取的海洋环境参数还可以为海上油气平台、浮标和人工建筑等设备设施的耐腐蚀性、抗冻性研究提供数据支持。

无人机配备微波辐射计、热红外探测仪和高光谱成像仪等传感器探测海洋得到遥感数据,利用海洋参数的定量遥感反演算法模型反演海洋的各个参数。目前,反演模型大多是统计模型,利用遥感数据与反演的海洋参数之间建立起统计关系,通过统计回归的方法可以反演得到海洋温度、湿度和盐度等环境参数。

**(四)海事监管**

无人机配备高清照相机、摄像机及自动跟踪设备,可以执行海上溢油应急监控、肇事船舶搜寻、遇险船舶和人员定位及海洋主权巡查等任务,能够快速到达事故现场,立体地查看事故区域、事故程度和救援进展等情况,即刻回传影像和视频,在事故调查、取证等工作中为事故救援决策提供实时、准确的信息,监视事故发展,是海事监管救助的空中“鹰眼”;由于无人机的特殊性——抗风等级大、遥控不受视觉条件限制,因此比舰载有人直升机更适于恶劣天气下的搜寻救助工作;一旦发生危险,不会危及参与搜救人员的生命,最大限度地规避了风险,是海洋恶劣天气下搜寻救助的可靠装备。目前,我国利用无人机进行海域巡检、监管已经开始进入常规业务阶段。

## 任务四 农林、环保、灾后重建领域应用

### 一、农林应用

无人机遥感在农林行业的应用主要以调查、取证和评估为主,更注重调查现状和地理属性信息,如作物长势、病虫灾害、土壤养分、植被覆盖或旱涝影响等信息,对绝对定位精度、三维坐标观测精度要求较低。在农业领域,我国无人机遥感已在农业保险赔付、小面积农田农

药喷施及农田植被监测方面有了一定的应用;林业方面,无人机遥感在森林调查中的应用还很少,主要应用在林火监测。

(1)土地整治。以往土地整治工作中,无论是整治前的勘测设计还是整治项目完成后的竣工验收,都必须进行外业勘测和竣工测绘;实施过程中的监督检查也只能到项目区实地踏勘,不仅外业工作量很大,还由于检查不能面面俱到而存在争议,整个过程缺乏有效的监督监控手段。在土地整治重大工程项目中引进无人机航空摄影测量技术,拍摄各项目区整理前、中、后期的航片,对获取的影像加工处理,制作大比例尺正射影像图,经过对项目区各阶段影像对比,以及对影像和规划图、竣工图比对,能够及时、全面、准确掌握项目的工程质量和进度情况。

利用无人机获取土地整理后的影像,制作完成了高精度的土地利用分类图,可以作为土地整理项目竣工验收的基础资料。无人机航测技术在土地整理项目中的成功应用,大大提高了土地整理工作的工作效率,可在以后的实际项目中广泛推广应用。

(2)农业信息化。无人机作为新型遥感和测绘平台,相比于传统的卫星遥感观测更加方便灵活、易实现,分辨率也更高,数据信息也具有相当或更高的准确度,因此在农业信息化领域得到了广泛的应用。例如,在土壤湿度监测方面,无人机也能起到重要作用。监测区域土壤湿度有利于对农作物进行信息化管理。传统的土壤湿度监测站不能满足大面积、长期的土壤湿度动态实时监测的要求,限制了其在农业信息化、自动化方面的发展及应用,而光学设备在高空中会受到云层的阻碍,使观测不易实行,因此无人机的应用成为解决问题的关键。无人机可以搭载可见光近红外光设备作为检测手段,通过对比图像的特性,得到关键信息,保证所建立模型的高准确性,完成土壤湿度的准确监测、信息采集与建模,是农业信息化的关键一步。

(3)农作物植保。无人机技术在农作物植保方面的应用主要体现在作物的病虫害监测及农药喷洒方面。病虫害是影响农作物产量和质量的关键因素之一,对于农药喷洒,传统的人工及半人工的方式已经不能满足现代农业生产规模化种植的需要,而且喷药人员中毒事件时有发生。无人机用于农药喷施具有极大的优势,在国内外的应用中,日本等发达国家将无人机用于植保已经比较成熟。我国无人机植保起步较晚,但随着近年来无人机行业的火热,植保无人机一经推出便引起广泛关注。植保无人机可以有效地实现人和药物的分离,安全高效。目前,国内植保无人机领域的研究在不断加深,推广速度和市场认知度也在不断提高,植保无人机的市场前景非常广阔。

## 二、环保应用

无人机遥感系统具有低成本、高安全性、高机动性和高分辨率等技术特点,使其在环境保护领域中的应用有着得天独厚的优势,在建设项目环境保护管理、环境监测、环境监察和环境应急等方面无人机遥感系统均能够发挥其强有力的技术支持作用。

(1)建设项目环境保护管理。在建设项目环境影响评价阶段,环评单位编制的环境影响评价文件中需要提供建设项目所在区域的现势地形图,大中城市近郊或重点发展地区能够从规划、测绘等部门寻找到相关图件,而相对偏远的地区便无图可寻,即便有也是绘制年代久远或精度较低而不能作为底图使用。如果临时组织绘制,又会拖延环境影响评价文件的编制时间,有些环评单位不得已选择采用时效性和清晰度较差的图件作为底图,势必对环境影响评价工作的质量造成不良影响。无人机遥感系统能够有效解决上述问题,它能够为环评单位在短时间内提供时效性强、精度高的图件作为底图使用,并且可有效减少在偏远、危险区域现场踏勘的工作量,提高环境影响评价工作的效率和技术水平,为环保部门提供精确、可靠的审批依据。

(2)环境监测。传统的环境监测通常采用点监测的方式来估算整个区域的环境质量情况,具有一定的局限性和片面性。无人机遥感系统具有视域广、及时连续的特点,可迅速查明环境现状。借助系统搭载的多光谱成像仪生成多光谱图像,直观全面地监测地表水环境质量状况,提供水质富营养化、水体透明度、悬浮物和排污口污染状况等信息的专题图,从而达到对水质特征污染物监视性监测的目的。无人机既可搭载移动大气自动监测平台对目标区域的大气进行监测,自动监测污染因子,也可采用搭载采样器的方式,将大气样品在空中采集后送回实验室监测分析。无人机遥感系统安全作业保障能力强,可进入高危地区开展工作,有效地避免了监测采样人员的安全风险。

(3)环境应急。无人机遥感系统在环境应急突发事件中,可克服交通不便、情况危险等不利因素,快速赶到污染事故所在空域,立体地查看事故现场、污染物排放情况和周围环境敏感点分布情况。系统搭载的影像平台可实时传递影像信息,监控事故进展,为环境保护决策提供准确信息。无人机遥感系统使环保部门对环境应急突发事件的情况了解得更加全面、对事件的反应更加迅速、相关人员之间的协调更加充分、决策更加有依据。无人机遥感系统的使用,还可以大大降低环境应急工作人员的工作难度,同时工作人员的人身安全也可以得到有效的保障。

2010 年 7 月 16 日,大连新港一艘 30 万 t 级油轮因违规操作引起输油管线爆炸引发大火和原油泄漏,约 50 $km^2$ 海面受到污染。国家环境保护部第一时间调配无人机赶赴现场,开展了"天空地"同步监测,这是环境保护部首次利用无人机开展重大环境事故的应急监测。无人机在恶劣条件下多次成功完成低空飞行作业,提供了海面油污监测数据,动态反映溢油发生发展情况,为环境应急管理提供了重要技术支持。

(4)环境监察。当前,我国工业企业污染物排放情况复杂、变化频繁,环境监察工作任务繁重,环境监察人员力量也显不足,监管模式相对单一。无人机遥感系统可以从宏观上观测污染源分布排放状况及项目建设情况,为环境监察提供决策依据;同时通过无人机监测平台对排放口污染状况的遥感监测,也可以实时快速跟踪突发环境污染事件,捕捉违法污染源并及时取证,为环境监察执法工作提供及时、高效的技术服务。

### 三、灾后救援

利用搭载了高清拍摄装置的无人机对受灾地区进行航拍,可提供一手的最新影像。例如当发生地震、滑坡、泥石流、火山爆发、台风、暴雨、洪灾、沙尘暴等突发灾害时,提供最新影像数据,帮助指挥决策。

在无人机上搭载视频传感器和导航定位设备,获取实时动态影像及灾区定位信息,在搜救工作中开展定位服务,弥补救灾人员救援漏洞,提高搜救效率。利用灾后航空影像快速对灾害遥感数据进行解译和评估,开展对比分析,获得倒塌房屋及受损公路桥梁等各种灾情的位置、类型、规模、分布特征等信息,并进行初步的灾情评估,及时了解灾害发生情况、影响范围、道路是否畅通等,提高灾害救助的时效性和针对性。应急处置阶段,预测震后受威胁的对象与潜在次生灾害发生体,如对于滑坡、泥石流、塌方等形成的淤塞,结合降雨统计数据、河流流量信息等,预测蓄满溢流的可能性。通过无人机影像了解安置点周边环境信息和空间分布,分析应急安置点布置的合理性,为灾害预防和救援方案制订提供科学依据。灾后恢复重建阶段,可以对重点地区进行监测,用不同时间数据对比,分析重建进度。

无人机动作迅速,对于争分夺秒的灾后救援工作而言,意义非凡。此外,无人机提高了救援工作的安全性,通过航拍的形式,避免了那些可能存在塌方的危险地带,为合理分配救援力量、确定救灾重点区域、选择安全救援路线及灾后重建选址等提供有价值的参考。同时,无人机可实时全方位监测受灾地区的情况,预防次生灾害。

例如 2008 年 5 月 12 日四川汶川发生 8.0 级特大地震,2010 年甘肃舟曲发生泥石流特大灾害,2013 年 4 月 20 日四川庐山发生 7.0 级大地震。在灾难发生后,无人机对灾区进行航摄勘测,为灾后救援提供现场第一手资料。

## 任务五　矿业、能源、交通等领域应用

无人机移动测量已被广泛应用在矿山开采、电力和石油管线的选址与巡检、交通规划和路况监测等各项工作中。在矿业领域,利用无人机遥感技术获取矿区数据资料,实现矿区的有效监测,从而为矿区的开采工作提供保障;在电力与石油等能源领域,对重大工程的选址、选线、巡线、运行和管理等作用明显,能够满足施工建设过程的持续监测需求;在交通领域,无人机遥感技术能够从微观上进行实况监视、交通流的调控,构建水陆空立体交管,实现区域管控,应对突发交通事件,实施紧急救援,确保交通畅通。

### 一、矿业应用

无人机遥感技术在矿业的各个重要环节都能派上用场,例如爆破、规划、安全监测及矿井的生态重建等。无人机遥感也是地质找矿的重要新技术手段,在基础地质调查与研究、矿产资源与油气资源调查和矿山开采等方面都发挥了重要作用。

(1)爆破。矿井所在地往往是比较偏远的地区,现有地图信息往往不能满足爆破工作的需要。无人机可以用较低的成本、更高的效率提供爆破区域详细的环境信息。无人机可以在短时间之内制作出一个地区的高清地图,有时甚至只需几个小时。由于飞行高度一般得保持在 2 000~ 2 500 m,传统的飞行器必须配备 8 000 万像素以上的摄像头,而无人机最低可以飞行在 80 m 的高度,只需配备一个 1 600 万像素的摄像头就能够绘制出更好效果的地图,大大降低了成本。

(2)生态重建。在矿井的生态重建阶段,了解到矿井在开采前后的形态十分重要。通过无人机获取数据生成准确的三维图像可以帮助矿区尽可能地恢复到开采之前的模样。利用无人机定期调查还能帮助人们了解到生态恢复的进程如何。

2015 年 8 月 25 日,赣州市首次使用固定翼无人机进行矿业秩序巡查,上午对广东省和江西省交界区域进行非法开采的摸底巡查,下午对寻乌县石排工业园稀土矿山环境恢复治理区域进行拍摄,当天两次巡查的航拍总面积约 60 $km^2$,飞行时间约 3 h。

## 二、能源领域应用

无人机在能源领域中的应用越来越广泛,下面列出几种典型应用。

(1)能源勘测设计行业。无人机目前在能源勘测设计行业中的应用主要包括以下方面:一是通过无人机摄影测量与遥感为能源项目勘测设计提供基础测绘资料,包括4D测绘成果、场址实景三维模型等(见图9-9);二是通过无人机辅助完成野外现场选址踏勘工作,可以比传统作业模式获取到项目区域更详细的信息,减轻部分调研工作;三是在施工图设计阶段,通过共享的平台,现场施工人员可以直观地看到设计成果并与设计者进行互动,设计人员可根据现场施工实际情况及时对设计方案进行调整,提高施工效率和设计成果质量;四是在项目施工现场可通过无人机进行工程测量计量和施工安全监控等。

图9-9 三维模型上进行电力线选线与规划

(2)光伏行业。无人机可为光伏行业定制测绘、测温和自动巡检等解决方案,如大疆禅思XT相机在屋顶光伏板检测与大型光伏电站的运行维护上具备明显优势。禅思XT相机可以在短时间内扫输处于工作状态中的光伏板,能清晰地用影像呈现温度异常。通过使用禅思XT检测,用户能迅速确定出现故障的光伏板,及时进行修复,保障发电站处于最佳的状态。

(3)风力发电场、石油和天然气设备巡检。安全和效率是现代化的能源设施检测与维修系统的首要要求,用无人机可从空中对大型设施进行全面检测。传统检测风力发电机需要将工作人员运送到高空中进行作业,不仅有很大的安全隐患,而且需要在检测前停工,影响发电效率。与传统手段相比,使用无人机对风力发电机进行检测,安全、便捷、定位精准,可以空中接近风力发电机,检测人员的安全风险大幅降低,而且先进的环境感知退障功能与精确到厘米级的稳定飞行定位技术,可有效避免撞击事故,确保飞行安全。

(4)电力线路巡检。输电线和铁塔构成了现代电网,输电线路跨越数千千米,交错纵横,电塔分布广泛、架设高度高,使得电网系统的维护困难重重。以往电力巡线工作是通过直升机来完成的,现在,先进的无人机技术让电力巡线工作变得更简单、高效。

(5)核电站巡检。原子能是当今最有效的能源之一。为保障核设施的安全,必须对反应堆进行严格的巡检。然而近距离检测可能给相关人员带来辐射危害,使用无人机进行远程巡检能将危害降至最低。无人机搭载可见光相机和红外相机开展工作,高精度红外相机能够显现 1 ℃的温差成像差别,可有效地探测肉眼无法觉察到的潜在裂缝及结构变形;可见光相机可满足各类巡检场景的需求。

(6)石油管道巡检。无人机巡检系统以技术领先、性能稳定著称,可完成各种对地探测和巡察任务。将无人机用于输油管道的巡检,可直观显示管道线路及地表环境的实际状况,为能源管道系统快速、准确获取第一手信息,实现高效、科学决策,保证输油管道安全运行提供了最新的技术解决方案。

## 三、交通应用

(1)桥梁检测。桥梁多跨越江河,凌空于山涧,在桥梁日常检查与定期检查中,传统观察手段有限,危险性高,准确率低,效率低,经济投入大。针对净空较高、跨河桥梁的检测,无人机的应用可达到事半功倍的效果。

无人机通过搭载不同的传感器获得所需的数据并用于分析。根据桥梁检测的特殊性,通过在无人机侧方、顶部和底部多方位搭载高清摄像头、红外线摄像头,可方便地观察桥梁梁体底部、支座结构、盖梁和墩台结构等病害情况,视频及图片信息可实时回传。斜拉桥与悬索桥的主塔病害情况检测也不需要人员登高作业,桥梁检测工作更为安全。

红外线摄像头可快速检查出桥梁结构中渗漏水、裂缝等病害。多旋翼无人机可定点悬停,便于对病害部位仔细检查。相比桥检车与升降设备,无人机轻巧、效率高、投入少。

(2)施工监控(见图 9-10)。施工规划阶段,无人机搭载高清摄像镜头与测绘工具,回传施工用地的图像、高程、三维坐标及 GPS 定位,后台分析软件对数据识别拼接、3D 建模及估测土方量等,对施工场地的布置和道路选线等提供强有力的信息支持。

图 9-10　施工监控

施工阶段,无人机采集影像资料,可直观地获取工地施工进展情况,在桥梁合龙等关键工序实施过程中借助无人机开阔的视野也可协助发现施工现场的安全隐患情况。

(3)线路巡检。在公路线路、水运航线的线路巡检中,无人机效率高、成本低,可增加巡检频率,加强对线路的监控。

通过公路巡查，可采集全线道路信息，包括车辙、坑槽等破损路面的图片信息，回传给地面站，由后台分析软件对图片分析归类，形成分析报告，辅助现场养护任务的决策。公路两侧的违章占地、堆放也可以通过图像对比技术，得到及时发现与处理。

在高速公路危险品事故应急处理问题中，无人机可代替人员进行初步的事故现场勘察，为事故处理方案的制订提供一手信息，若现场信息不明，贸然出动工作人员进入事故现场，可能会造成不必要的伤亡。

# 参考文献

[1] 王之卓. 摄影测量原理[M]. 北京:测绘出版社,1979.
[2] 李德仁,周月琴,金为铣. 摄影测量与遥感概论[M]. 北京:测绘出版社,2001.
[3] 李德仁,王树根,周月琴. 摄影测量与遥感概论[M]. 2 版. 北京:测绘出版社,2008.
[4] 耿则勋,张宝明,范大昭. 数字摄影测量学[M]. 北京:测绘出版社,2010.
[5] 张军,赵淑湘. 摄影测量与遥感[M]. 成都:西南交通大学出版社,2015.
[6] 邹晓军. 摄影测量与遥感[M]. 北京:测绘出版社,2011.
[7] 郭学林. 航空摄影测量外业[M]. 郑州:黄河水利出版社,2011.
[8] 徐芳,邓非. 数字摄影测量学基础[M]. 武汉:武汉大学出版社,2017.
[9] 段延松. 无人机测绘生产[M]. 武汉:武汉大学出版社,2019.
[10] 张祖勋. 数字摄影测量学的发展与应用[J]. 测绘通报,1997(6).
[11] 程多祥. 无人机移动测量数据快速获取与处理[M]. 北京:测绘出版社,2015.
[12] 郭学林. 无人机测量技术[M]. 郑州:黄河水利出版社,2018.
[13] 万刚. 无人机测绘技术及应用[M]. 北京:测绘出版社,2015.
[14] 吴献文. 无人机测绘技术基础[M]. 北京:北京交通大学出版社,2019.
[15] 全广军,康习军,张朝辉. 无人机及其测绘技术新探索[M]. 长春:吉林科学技术出版社,2019.
[16] 官建军,李建明,苟胜国,等. 无人机遥感测绘技术及应用[M]. 西安:西北工业大学出版社,2018.
[17] 丁华,李如仁,徐启程. 数字摄影测量及无人机数据处理技术[M]. 北京:中国建材工业出版社,2018.
[18] 周友义. 基于 PixelGrid 软件的无人机数据处理[J]. 测绘与空间地理信息,2013(1).
[19] 昂海松. 无人机系统概念和关键技术[J]. 无人系统技术,2018(1).
[20] 周旺辉,蔡东健,甄宗坤. 控制点布设对低空小型无人机高分影像精度的影响[J]. 测绘通报,2017(S).
[21] 朱进. 无人机航测中飞前布控与飞后布控的比较与分析[J]. 科学技术与工程,2015(12).
[22] 低空数字航空摄影测量外业规范:CHZ 3004—2010. 2010.
[23] 数字航空摄影测量-空中三角测量规范:GB/T 23236—2009. 2009.
[24] 刘洋,祁琼. 无人机航摄技术在国土资源领域的应用[J]. 地理空间信息,2014(1).
[25] 吴磊,金伟娜,燕樟林. 无人机摄影测量在公路选线上的应用研究[J]. 大坝与安全,2012(2).
[26] 曾伟,李德龙. 无人机在地理国情应急监测中的应用探讨[J]. 地理信息世界,2013(5).

# 全国测绘地理信息类职业教育规划教材

地形测量（第2版）
测绘基础（第2版）
数字测图（第2版）
园林测量（第2版）
矿山测量（第2版）
测量平差（第2版）
遥感测量（第2版）
控制测量（第2版）
不动产测绘（第2版）
测量学基础（修订版）
GPS测量技术（第2版）
测绘工程CAD（第3版）
测量技术基础（第2版）
测量技术基础实训（第2版）
测绘工程实用英语（第2版）
地理信息系统原理（第3版）
计算机测绘程序设计（第2版）
工程测量技术（第4版）（含实训指导）
CASIO fx-5800P测绘程序设计与应用
不动产测绘实训（活页式、立体化教材）
数字地形测量实训（活页式、立体化教材）
测量学（第2版）
房产测绘（第2版）
摄影测量（第3版）
航空摄影测量学（第2版）
航空摄影测量外业（第2版）
地形测量
地形测量实训指导与习题集
测绘CAD
测绘工程管理
遥感技术应用
数字地形测量
土地利用规划
GIS技术及应用
空间数据库技术
无人机测量技术
测绘工程应用数学
导航定位与精准农业
◆ 无人机航空摄影测量
测绘地理信息职业概论

责任编辑 陶金志
封面设计 谢 萍
责任校对 兰文峡
责任监制 温红建

ISBN 978-7-5509-2894-7
9 787550 928947 >
定价：45.00元